JN198376

国際都市ジュネーヴの歴史

宗教・思想・政治・経済

大川四郎・岡村民夫 編

昭和堂

国際都市ジュネーヴの歴史——宗教・思想・政治・経済

序言

旅行や仕事など何らかの形でスイスに関心を持っている日本の方々に、スイスについての印象を尋ねたらどのように答えるであろうか？　アニメ『アルプスの少女ハイジ』（一九七四年）に象徴されるアルプス（高原牧場）の雄大な自然を挙げる方は多いであろうし、アルプス山麓から展開する丘陵や平野に点在する村々や町、とくに大小の湖に面した町や都市を挙げる方も多いであろう。また、東西に広がるスイス中央台地の雄大な農村風景を挙げる方も多いであろうし、あるいはライン河などの河川に沿った町や都市を挙げる方も多いであろう。

では、スイスの数多くの都市の中で最も印象深い都市を一つに限って挙げるとすれば、おそらくじつに多くの方がジュネーヴを挙げるのではないだろうか。青々としたレマン湖の水面の彼方に望むアルプス山系の山々、中世の面影を色濃く残す旧市街の落ち着いた佇まい、レマン湖畔やローヌ河畔の長閑な雰囲気、数多くの国際機関の建物が緑地の合間に点在する開放感、といったように、他のスイスの大都市と共通するものを備えながらも、スイスの他の都市にはみられない要素も備えている都市として人々の印象に強く訴える都市、それがジュネーヴである。

もっとも、「ジュネーヴ共和国」が二二番目のカントン（州）としてスイス（盟約者団）に加盟したのはかなり遅く、一八一五年のことであり、二〇一五年五月一九日には、スイス加盟二〇〇周年記念の公式行事がジュネーヴ市などで開催された。

歴史的にみてみると、スイスにとってジュネーヴは、西欧、北欧、大西洋世界、そして世界に向けて開かれた「窓」であり、ジュネーヴにとってスイスは、中欧、東欧、ユーラシア世界、そして世界に向けて開かれた「窓」である。

このようなスイスとジュネーヴの関わりということを意識しながら、「国際都市」ジュネーヴの歴史を取り上げるのが本書の課題である。

第一部では「ジュネーヴ史をめぐって」と題して、ジュネーヴ史のあらましとジュネーヴ史の研究史について取り上げたうえで、ジュネーヴを通してみた幕末から現代に至るまでの日本とスイスの関係というテーマを取り上げる。第二部「国際都市ジュネーヴの位相」では、宗教、思想、政治、経済という四つの位相という視角から、中世後期から現代にかけての国際都市ジュネーヴの歴史を取り上げる。読者諸氏からのご批判やご教示を賜りたい。なお、ジュネーブの歴史を扱う以上、啓蒙主義や銀行業という重要なテーマを扱うべきであるが、いずれのテーマもジュネーヴという一都市という枠組みではなく、より広く国際的な思想的・人的・社会的・経済的ネットワークなどの枠組みで扱うテーマであると考えて別の機会に扱うことにした。

ヨーロッパの大都市の多くはローマ時代以来の歴史を有し、なかにはジュネーヴと同じく司教都市として出発した都市もあり、そうした都市についての同じような試みがすでに為されているし、今後さらに為されることであろう。スイスやジュネーヴについて関心を持つ方は多く、本書を通して、ジュネーヴという都市の歴史の広がりと深さについて関心を持たれる方が些かでも増えることがあれば、執筆者一同望外の喜びである。

二〇一六年八月一日　スイス建国の記念日に

大川四郎・岡村民夫

目次

第二部　国際都市ジュネーヴの歴史的位相

Ⅰ　宗　教

Ⅱ 思想

Ⅲ　政治

Ⅳ 経済

第一部　ジュネーヴ史をめぐって

第1章 ジュネーヴ史の旅

岩井隆夫

はじめに

本章の課題は、ジュネーヴ史の概説書として定評のあるアルフレッド・デュフールの『ジュネーヴ史』[1]の叙述に即して、古代から現代に至るまでのジュネーヴの歩みのあらましを辿ることにある。ただし、著者デュフールの該博な知識に基づく含蓄のある叙述について、あくまでも筆者の問題関心に照らして把握し得た限りで取り上げるにとどまる。

第1節　ジュネーヴ史の曙——古代末期・中世初期に至るまで

湖畔集落

スイス連邦鉄道のジュネーヴ・コルナヴァン駅から緩やかな坂を下りていくとレマン湖に出る。このレマン湖の湖畔には、すでに紀元前四五〇〇年から四〇〇〇年頃の新石器時代に人間が生活していた。のちに湖面が上昇したために湖畔集落は水没し、さらにケルト民族がヘルヴェティアの平地へと到来したために、これらの住居は湖の出口に臨む丘へ移動し、紀元前一〇〇〇年代後半にはガリア人の一つの「町」となる。

橋頭堡《きょうとうほ》ジュネーヴ

歴史上、ジュネーヴという地名が最初に登場したのは、カエサル（Caesar, Gaius Iulius, B. C. 100-44）による『ガリア戦記』における次の叙述である。「レマン湖よりローヌ川が流れ出している地点にはヘルヴェティア人の地をガリア人のそれへと結び付けている橋がただ一つある。ヘルヴェティア人らがそこへと移動し定住する計画があることを通報されるや、彼（カエサル）はジュネーヴを占領し、彼らの通路を遮断した。[2]」

このカエサルの記述の中において指摘すべき要素は二つある。一つは交流点、橋頭堡としてのジュネーヴ。すなわち、ローヌ河にかかるイル島の橋が、ヘルヴェティアの平原からイタリア・アルプス峠へと到るにはどうしても通らねばならぬ通過点だったということである。こうした点ゆえにこそ、ジュネーヴはヨーロッパを北から南へ且つ西から東へと繋ぐ両交通要路が交差する要地の一つとなるのである。第二の要素とは、ガリア人の地におけるローマの橋頭堡すなわちローマ文化圏の前哨における辺境都市であったために、ガリアが征服された後には、ローマの広大な領土において交易の中継地となったことである。

ローマ都市

ローマ時代のジュネーヴは、ローヌ河沿いの河川交通路、レマン湖を介して北部や西部や南部に通じる湖面交通路、アルプスの峠を経由してミラーノ、リヨン、ヴィエンヌ、ストラスブールを結ぶ道路交通路といった多様に広がる交通網の要衝であった。

紀元一世紀になると、「ローマの平和」のもとで未曾有の繁栄期に入ったジュネーヴには、高級官僚や軍人などの裕福なローマ人らが豪華な保養別荘をレマン湖岸に建て、湖畔で余生を送るためにやってくるようになる。

ジュネーヴは紀元後三世紀（二八〇年以前）には町の段階から自律した都市の段階へと移行し、ローマ帝国領土の重要な下位行政区画での中心地となった。さらに、ジュネーヴは四世紀には司教座所在地となり、広大な司教区の中心地ともなっていく。

ブルグンド王国と神聖ローマ帝国

五世紀初頭におけるアラン人、スゥエーヴ人、ヴァンダル人によるすさまじい襲来にジュネーヴはもちこたえた後で、四四三年には同盟という手段でブルグンド族の移住を甘受せねばならなくなり、ジュネーヴはブルグンド族最初の首都となるに至った。

商業上の要地、司教座所在地、ブルグンド王国の首都としてのジュネーヴはまもなくブルグンド王国とともにフランク族の侵入に直面し、フランク王国に併合されてしまった。五三四年にフランク王国の一部となるや、ジュネーヴは王国行政上の典型的な単位である伯領という枠組みに組み込まれることになる。

八四三年のヴェルダン条約でのロタール一世の持分領土に帰属したままであったジュネーヴは、九世紀末よりブルゴーニュ第二王国の一部となった。ところが、一〇三二年にブルゴーニュ第二王国のルドルフ三世が後継ぎを残さずして世を去ったので、この王国は、ザーリア朝出身のドイツ国王コンラート二世により継承された。以来、ジュネーヴは神聖ローマ帝国の一部となり、ほどなくこの都市は司教都市となった。以上のことは、ジュネーヴ市の紋章として描かれている鷲の半身と武器庫への鍵の形で追想され、今日に至るまで伝えられている。

第2節　中世──ジュネーヴの飛躍

レマン湖のローヌ河口にかかる橋を渡り、小高い丘の上にあるサン・ピエール寺院の塔に登ると、眼下に広がる旧市街の落ち着いた街並みの向こうに、レマン湖やアルプス山系の山々や田園風景などを望むことができる。このサン・ピエール寺院をめぐって中世ジュネーヴの歴史は展開する。

サン・ピエール寺院は司教アルドゥチウス・ド・フォウシニィ（Faucigny, Arducius de, 1135-1185）の下で改築工事（一一六〇～一二三〇年）がなされ、新たに加えられたゴチック様式のすばらしいシルエットにより、偉大な西欧キリスト教寺院建築の一つに数えられる。

十一世紀から十五世紀にかけての中世ジュネーヴ史では、教会、封建体制、神聖ローマ帝国、コミューン運動の四つの重要な要因を取り上げなければならない。

司教都市ジュネーヴ

ジュネーヴ司教

世俗的次元において、ジュネーヴ司教は都市ジュネーヴの領主であり神聖ローマ帝国君侯でもあった。他方、霊的次元になると、ジュネーヴ司教は広大な司教区の頂点に位置していた。このように司祭であると同時に、領主でもあるジュネーヴ司教は、その利害関係をめぐって、近隣の俗人領主らと抗争することになる。

封建体制（ジュネーヴ伯、サヴォワ伯）

ジュネーヴ司教が俗人領主であるジュネーヴ伯およびサヴォワ伯と対立抗争し合ったことは十二世紀から十五世紀までのジュネーヴ史全体を特徴づけている。

まずは、歴代ジュネーヴ伯が「司教代理職（advocatus）」を行使することにより、都市ジュネーヴにおける司教の諸権限を剥奪せんと試みた。次に、歴代サヴォワ伯が十三世紀末にイル島にある司教城館を奪取した後、「司教領裁判長官職（vice-dominus）」をも掌握し、以後、この権限行使をイル島における、自己の配下の城館主に任せた。歴代サヴォワ伯は、十二世紀から十五世紀にかけて徐々に歴代ジュネーヴ伯を押し退けてこの地方に覇権を振るう家系となり、ついには、かつて歴代ジュネーヴ伯が保有していた所領と特権のみならず、都市ジュネーヴまでをも自らの手中に納めてしまった。そのことにより、歴代ジュネーヴ司教との対立がより顕著となった。

神聖ローマ帝国

中世ジュネーヴにおける政治経済秩序を形成するのに決定的に作用した第三番目の要素とは、神聖ローマ帝国であった。

皇帝フリードリッヒ・バルバロッサから一一五四年にシュパイエルにてジュネーヴ司教に「帝国直臣特権」が下賜される。このことはジュネーヴ司教および都市ジュネーヴが自律し独立を確立していく上では、有利に作用していくことになる。

コミューン運動

中世ジュネーヴの政治と経済の秩序が形成されるにあたり決定的に作用した第四番目の要素は、コミューン運動であった。このコミューン運動がジュネーヴのその後の政治的道程を強く規定することになったのは、サヴォワ伯とジュネーヴ司教からの支援を交互に操ることによって、盟約者団（スイス）のいくつかの邦と「兄弟都市同盟」を結んだり、宗教改革の際に乗じてやっと両方の勢力からの支配を脱したからであった。

このコミューンが制度として公認されたのは、十四世紀末に司教アデマル・ファブリ（Fabri, Adhémar, 1385-1388）の「自由特許状」（一三八七年）が出されたからである。この自由特許状では、コミューンの特権としての地位や、内容的にも極めて多岐にわたりジュネーヴ領民の中で現に援用されていた「慣習法」が、明文にて規定されていた。コミューンがその基盤としていたのは、十四世紀では「市民総会」と呼ばれる総会であった。そこに結集していたのは、都市ジュネーヴに住むすべての「旧市民（シトワイヤン）」と、「新市民（ブルジョワ）」、すなわち直系相続によりまたは「新市民層推薦状」により市民権を保持している者ばかりではない。単なる「新来者（アビタン）」も含まれていた。しかし、新来者はあらゆる公的役職から排除されていた。

街中の様々な区画において大声で発せられる「告示」とサン・ピエール寺院の大鐘楼の音でコミューンが召集されると、これを組織基盤として、市民総会が開催された。この市民総会は、都市ジュネーヴに関わるさまざまな案件を、十六世紀に至るまで非常に活発に議論した。それは、スイス中央部の幾つかの邦（州）に見られる「ランツゲマインデ（邦民集会、スイス連邦の下では州民集会）」のようであった。

国際都市ジュネーヴ

大市の発展

ジュネーヴの「大市（Foire）」がめざましく躍進をしたのはようやく十四世紀になってからである。その要因としては二点が挙げられる。一つは、シャンパーニュの定期市が衰退して商業の主要な流れが東方へと移動したという西ヨーロッパでの経済状況の変化、もう一つは、教皇庁がアヴィニョンへと移されたことを起因としてプロヴァンス地方で商取引や銀行取引が再開されたことである。

ジュネーヴがその最盛期を迎えたのは、十五世紀においてであった。それは大市が繁栄し、司教座所在地ジュネーヴに対するサヴォワ家による支配が確立された時期でもあった。十五世紀前半にジュネーヴの大市は最盛期を迎え、都市ジュネーヴの経済発展にも強い影響を与えた。わずか半世紀間余（一四〇七～一四四九年）のうちに都市の人口は二倍になっている。

商品交換のみならず金融取引という点においても国際貿易上の重要な中継地点の一つとして、ジュネーヴの大市は十五世紀前半にその最盛期を迎える。

大市において商品の大部分を売りさばいたのが短期滞在中の商人と仲買人らである。彼らが露店営業権を使って商いにいそしんだのは、「高い台（hauts-bancs）」という簡易な組立式の店舗であった。木材でできたこのような番小屋露店は「下町通り（les Rues-Basses）」に連なるさまざまな商店をしのぐ軒数となり、旧市街に典型的な大きな軒先または丸屋根で雨風をしのいでいた。他方、外国からの商人たちがその商品をまず運び込まなければならなかったのが「卸売市場（Halles）」であり、ここで主要な卸売取引が行われた。その際に重量、倉入れ、運送につき徴収された税金のうち、三分の二は司教座、三分の一はコミューン、それぞれの財政をうるおした。

サヴォワ家の支配

司教都市ジュネーヴはさまざまな手工業職人をも引き付けていた。それは、外国人あるいは地元の市民の中に裕福な庇護者がいたことにもよるが、とくに歴代サヴォワ伯の宮廷が存在していたからでもあった。

歴代サヴォワ伯はアルプスとジュラ両山脈にはさまれた地域をめぐって領土拡大政策を志向し、ジュネーヴ伯領そのものをサヴォワ伯アメデ八世（Amédée VIII, 1391-1451）が一四〇一年に買い取ることによって、ジュネーヴをサヴォワ領内にまさしく囲い込んでしまった。かねてから、歴代サヴォワ公は、自らへの同調者ばかりでなくコミューンへの敵対者を作るなどの操作をしながら、司教都市ジュネーヴを支配下に置くための政策を進めていった。

コミューンと司教の対抗

最終的に、サヴォワ伯からサヴォワ公となり、さらに後には教皇となったアメディ八世は一四三九年にフェリックス五世という名でローマ教皇に選出された際に、ジュネーヴの司教座へ自らを任じるという迂回策により、司教都市ジュネーヴを支配者として支配下に置くという政策を達成したのである。

これに対応して、ジュネーヴでも歴代司教とコミューンとの間の諸関係も大きな影響を受けていった。十六世紀初頭に両者の間で起こる激しい敵対関係の布石が敷かれたわけであり、ジュネーヴ史に変革がもたらされるのである。

共和国ジュネーヴ

十五世紀最後の三〇年間と十六世紀最初の三〇年間の間にかけてジュネーヴ史に見られる大きな転換は、一つにはジュネーヴ大市が衰退していったこと、もう一つはジュネーヴが盟約者団（スイス）に接近していったことである。このことはジュネーヴ司教ばかりでなくサヴォワ公との緊張関係に直面した都市ジュネーヴがその外交政策で新たな方向を選んだことを意味する。

大市の衰退

一四五〇年と一四八〇年との間に、すなわち、ほぼ四世紀半以上の間ということになるが、ジュネーヴは、アルプス以北の主要なイタリア系市場でなくなるばかりか、当時の国際的金融取引上の要衝の一つでもなくなってしまう。

ジュネーヴ大市の著しいまでの衰退の原因は、リヨン大市を保護するために一四六二年からフランス国王ルイ十一世が講じたボイコット策だけではなかった。この衰退は、景気変動のみならずジュネーヴ大市の構造的な変容という事情に由来していた。こうした変化の最初のきざしはすでにその一〇年前から、すなわち、十五世紀中葉からジュネーヴに現れていた。もちろん、だからといってジュネーヴ大市が消滅することはなかったけれども、ジュネーヴ大市が依拠していくものとしては明らかにスイスとドイツの商人をおいて他にはなかった。そして、これらの商人らが政治ならびに宗教両面において以後のジュネーヴの運命を決定的に方向づけるのである。

盟約者団（スイス）への接近

ジュネーヴ側からのスイスへの接近は三段階で進行した。

第一段階に対応しているのは、一四六二年から一四六三年にかけてルイ十一世が講じたジュネーヴ大市ボイコット策から、一四七七年にベルン、フリブールとの間で締結された第一回「兄弟都市同盟」におよぶ時期であった。この第一段階で決定的な瞬間は逆説的ではあるがブルゴーニュ戦争に由来していた。なぜならば、この時こそジュネーヴが初めて政治的にスイス諸カントンと対峙したからであった。

ジュネーヴがスイスに接近する第二段階はサヴォワ公シャルル三世の治世の前半期、すなわち、一五〇四年から一五一九年に都市ジュネーヴとフリブールとの間で新たに締結される「兄弟都市同盟」までの期間と時期を同じくしていた。

第三段階は、一五二六年についにジュネーヴがベルンとフリブールとの間に「兄弟都市同盟」を締結するに到るまでの時期である。

司教支配の終焉

コミューン当局は常に宗教上の諸問題に介入していたのであるが、とくに「プロテスタント的理念」の伝播を契機とした一連の異宗派間抗争が続発したことを契機に、コミューンはこれまで司教が握っていたレガーリエン（特権）を掌握すると、「市民代表」とジュネーヴの「小会議」は、早くも一五三五年一一月末に、貨幣鋳造を決定した。そして、鋳造した貨幣には、コミューンの武器に加えて、「暗闇の後には光を（Post tenebras lucem）」という標語が刻印された。この標語は、一五四二年になると、「暗闇の後には光あれかし（Post tenebras lux）」という文言に改められ、今日に至るまでジュネーヴの標語となっている。これ以後、ジュネーヴは「主権を備えた共和国」となるのである。

第3節　近世、十六世紀――「プロテスタントのローマ」

近世におけるジュネーヴは、宗教改革を経て社会的にも、文化的にも、経済的にも大きく変容し、ジュネーヴ史の舞台は内政上も外交上も旧市街における種々の変容を内包しながら外延的に新市街などに展開していく。

十六世紀になると、司教領から政治的にも宗教的にも二重の意味でジュネーヴが解放されたことにより、「プロテスタント共和国」としての新しい時代がジュネーヴに到来する。

宗教改革

一五三六年七月に初めてジュネーヴを訪れたジャン・カルヴァン（Calvin, Jean, 1509-1564）は一人の外国人旅行者にすぎなかった。ピカルディー地方出身であり、元来は法律学を修めていたこの若き神学者は、パリから当時神聖ローマ帝国配下の帝国都市ストラスブールへの途上で、たまたまジュネーヴに立ち寄った。

カルヴァンは、一五三七年一月一六日、小会議に「教会規定条項」草案を提出する。そこでは、国家に対する教会の独立という理念が謳われている。その後、カルヴァンが意図していた新しい道徳秩序に対して組織された抵抗が終息する一五五五年頃からカルヴァンの逝去の一五六四年までの期間に、ジュネーヴにおける「プロテスタント共和国」の確立がなされ、カルヴァンの勝利が確定される。まさに、この時にこそ新しいプロテスタント的体制が最終的に確立され、「カルヴァンの都市」が登場することになる。

カルヴァンは教育施設の再編成にも着手し、一五五九年に「学寮（コレージュ）」と「学院（アカデミー）」を創設した。これらの教育施設はフランス改革派諸教会の神学校の役目を担い、その結果として西欧プロテスタンティズムの重要な拠点の一つとなったジュネーヴは、まさしくこの時にこそ、「プロテスタントのローマ」と見なされるに至った。すなわち、カルヴァンの創設した学寮と学院はヨーロッパ全体に影響力を及ぼすようになったのである。創立当初の学院にはわずか四つの講座（神学、ヘブライ語、ギリシア語、哲学）しかなかったのであるが、宗教改革が遂行されたあらゆる諸国から、学生がジュネーヴに参集したのである。

難民都市

「ナント勅令の廃止（一六八五年）」に続く「第二期の亡命難民」とよく対比されるように、「第一期の亡命難民」がたどった最も過酷な時期の一つがサン＝バルテルミーの虐殺（一五七二年）の直後にあたっていた。この第一期の亡命難民は十六世紀後半において、「難民都市」としてのジュネーヴの新たな使命を決定した。さらには、「大市の都市」であったジュネーヴが、社会文化的にも社会経済的にも変貌して、これ以後、「フランス・プロテスタンティズムの牙城」としての役目をはたしていくことにもなる。

信仰上の理由により十六世紀ジュネーヴに押し寄せた亡命難民総数のうち、推計上、その三分の二ないしは四分の三を占めていたフランス人亡命難民が、人口統計上のみならず社会的かつ経済的観点からしても、この新教徒共和国の今後の趨勢にこの上もなく根本的な影響を与えた。

フランス人亡命難民は、人口統計上、ジュネーヴの人口をまさしく爆発的に増加させた。すなわち、ジュネーヴの人口は、一五五〇年から一五六〇年にかけて元の二倍となり、じつに二万名以上を数えるに至った。また、フランス人亡命難民はとくに社会的のみならず文化的な局面において、ジュネーヴに根本的な変化をもたらした。主としてフランスの中小ブルジョアジーを中心とした第一波では、人文主義者、新教教義伝道者、印刷業者、出版業者に限定された知的エリートの他にも、多数の手工芸職人と熟練職人らが到来した。第二波ではかなりの数にのぼる貴族と新教牧師らが、いわば自由業者の代表という形で押し寄せてきた。この時には、ほぼ同等人数の出版業者、卸売業者、熟練職人をも伴っていた。また、これら新教徒難民の出自はフランスのうちでも北部と東部であり、彼らが話していたのは「フランス語」であってジュネーヴの民衆の「フランコ・プロヴァンス方言」ではなかった。そこで、彼らのうちの多くがジュネーヴの新市民層として受け入れられた。他方、彼らの中の知的エリート層が新教教会のみならず高等教育の運営に参画していった。

伝統的には商業を生業としやや停滞気味であった都市ジュネーヴに、何百名もの職人や特殊技能者――例えば、印刷工、出版業者、織師、染物職人、繊維職人、金銀細工職人、金属加工職人――が到来したことは、この都市の経済に転換をもたらした。十六世紀末には毛織物・絹織物業が輸出産業として、地場産業である出版業、印刷業、書籍販売業にとって代わった。他方、十六世紀後半には、大きな将来性を約束された別の産業すなわち時計製造業が新たにジュネーヴで誕生した。その職人となったのは、大半がフランス人亡命難民だった。彼らは金銀細工職人らと連携したので、時計製造業は十七世紀末、とくに十八世紀末までに、ジュネーヴ経済の基幹部門の一つとなる。

盟約者団（スイス）との関係

一五六〇年代以降、都市ジュネーヴのあらゆる対外政策は政治的かつ宗教的に規定されていたので、ベルンの同盟仲間ばかりでなく年来の敵対者たるサヴォワ家歴代諸公との関係により規定されることになる。この点において、都市ジュネーヴの対外政策は二つの時期に区分することができる。

一五三六年から一五六四年にかけての第一期では、これまでジェックス地方、およびジュヌヴォワ、シャブレ両山系のサヴォワ領をベルンが征服し統治することになった。そして、二五年間以上におよんだサヴォワによるジュネーヴ包囲策に終止符が打たれた。その結果、ジュネーヴの対外政策と外交とがまずもってかかえこむことになったのが、強力な解放者でもあるベルンと、そのベルンによる「兄弟都市同盟」に対して、まだ日の浅いこの「プロテスタント共和国」のアンビバレントな立場である。

一方、サヴォワ公は、スイス国内のカトリック系諸邦との同盟条約を一五八一年以降も更新することをとりつけた。サヴォワ公によるこのような外交戦術に直面して、ジュネーヴとベルン両当局は、自らの同盟関係をスイス国内の他のプロテスタント系三邦、すなわちチューリヒ、バーゼル、シャフハウゼンにまで拡大しようと努めた。ところが、これに対してバーゼルとシャフハウゼンがためらったので、ジュネーヴとベルン両当局はチューリヒからの同意をとりつけるに至った。このような次第で、一五二六年にベルンとジュネーヴとの間で締結され、一五三六年と一五五八年に相次いで更新された「兄弟都市同盟」条約は、一五八四年八月三〇日、ジュネーヴがベルンとチューリヒとの間で二重に締結した同盟条約へとその内容を転じた。そして、この同盟条約は、一七九八年に至るまで、プロテスタント的宗教改革の牙城たるジュネーヴに対する、スイスの二つの最強邦であるベルンとチューリヒからの支援を確かなものとしたのである。

第4節　近世、十七世紀——避難都市ジュネーヴ

十七世紀はジュネーヴにとって「不幸の世紀」であり、戦争と社会経済的な危機にさいなまれた時代であった。すなわち、三度続けてのペストの流行を経験し、深刻な食糧危機に襲来される一方で、ジュネーヴの政治史はサヴォワ公からの圧力と、フランス国王からのそれとの間での緊張関係のもとに展開していったのである。しかしながら、十七世紀とは「過渡期の世紀」でもあった。すなわち、社会経済的局面では、深刻な経済的危機と長期の不況の後に起こった新たな産業的、商業的、金融上の動きと、ジュネーヴが地中海方面を対象にした経済から大西洋方面を視野に入れた経済へと方向転換したこと、以上の二点に特徴づけられている十七世紀は、文化的局面では、「プロテスタント的スコラ学」のへゲモニーから、「理性主義」の勃興へと移行していくことで注目を引く。そして、こ

の理性主義は後の「啓蒙精神」の前触れとなるのである。

危機の時代

「プロテスタント的宗教改革の牙城」であるジュネーヴは、十七世紀というきわめて複雑怪奇な国際情勢の中にあって、その政治的かつ宗教上の地位により、戦争と講和とのはざまにあった。

とくにサヴォワ公から度重なる挑発にジュネーヴはさらされた。それを象徴するのが、一六〇二年一二月のサヴォワ軍による「エスカラード（梯子）作戦（le projet d'escalade）」である。これはジュネーヴの市壁に梯子をかけて城内に侵入し奇襲をかけてジュネーヴを一撃のもとに占拠しようとするものであった。しかしながら、この作戦は未然に撃退され、サヴォワ側の攻勢は失敗に終わり、「ジュネーヴのエスカラード」として、ヨーロッパ中に余波を与えた。というのも、宗教戦争の文脈の中で「プロテスタントのローマ」が奇跡的に解放されたことによりはからずも「ジュネーヴ＝聖なる都市」という伝説が生ずるに至ったからである。すなわち、聖なる都市ジュネーヴは、至高の存在である神がジュネーヴ人の守り神として出現されたことにより救われた、というものである。そして、事件を記念して作られた当時の最も有名な歌「セ・ケ・レノー」（Cé qu'é lainô）はこのことを謳いこんだものであり、今日に至るまでジュネーヴでは最も普及した愛郷的民謡として伝えられている。

ユグノー教徒インターナショナル

ナント勅令の廃止（一六八五年）とよく結びつけられる第二期難民流入が実際に始まるのは、ルイ十四世による親政開始後である。そして、十八世紀初頭に至るまでフランス国内の新教徒にふりかかった迫害を原因にして、この難民流入は次第に拡大していった。第一期難民流入時とはまったく異なった政治的、社会的、経済的諸条件のもとで起こった第二期難民流入ではあるが、それでもやはり比肩し得るような影響を人口統計上のみならず社会・経済的観点から見ても「カルヴィニズムの本拠」の趨勢におよぼすことになる。

事の成行き上やむを得ずフランス人難民が大部分となった第二期難民流入ではあるが、第一期ユグノー難民と大きく異なっていたのは、規模ばかりか、難民らの地理的出身地やその社会的出自においてである。

まず、人口統計という観点からすると、ナント勅令の廃止後の一〇年間のうちに、ジュネーヴ市内に三千〜四千名の難民が定住した。これは、都市ジュネーヴの全人口の五分の一に相当した。そして、ジュネーヴの全人口も一六九〇年から一七一〇年の間に、約一万六千名から一万九千名に増大した。しかしながら、このような急激な人口増加は、社会・経済的な観点からすると、第一期ユグノー難民を原因とする爆発的な人口増大とは違う結果である。なぜならば、第二期難民流入は、その難民の地理的出身地やその社会的出自においても異なっていたからである。実際のところ、彼らは、裕福なブルジョアジーやエリート層と共に、十七世紀末にフランス北部やフランス東部からジュネーヴに流入したプロテスタントではなかった。彼らは、フランス国土の四分の一を占めるフランス南部から流入してきていた。そのうち三分の二はドーフィネ地方のアルプス山系やヴィヴァレ地方山間部、ローヌ平野、ラングドックおよびセヴェンヌから、他方、一〇分の一は、ジェックス地方から来ていた。そしてこれら流入民らの特徴は、手先が器用で、かつ商業に従事していた小ブルジョアジーだった。圧倒的多数の職業は手工業や繊維から家畜までを商う商業だった。したがって、知的専門職に従事する者は少なかった。

これらフランス人流入民の先駆的で優れた技術は、十八世紀ジュネーヴ経済の主要部門である時計業、インド更紗製造業、銀行業に対して決定的な貢献をするのである。

理性主義

「カルヴァン主義的正当性」が支配した十六世紀がそうであったように、十七世紀最後の三〇年間のジュネーヴにおいて、大きな変動が知識人社会に起こった。すなわち、「神学的自由主義」と「科学精神」が生じたのである。神学面でこのような変化を担った主要人物は次のような人々であった。すなわち、テオドール・トロンシャンの息子であるルイ・トロンシャン（Tronchin, Louis, 1692-1705）がそうである。彼は、ソーミュール出身のモイーズ・アミロォ（Amyraut, Moïse, 1596-1664）が提唱した新しい思想の信奉者であった。これに続くのが、十七世紀末からは、正統神学者フランソワ・トゥレティーニの息子であるジャン - アルフォンス・トゥレティーニ（Turretini, Jean-Alphonse, 1671-1737）であった。彼は、一六九七年以来、学院（アカデミー）で教会史の新講座を担当する正教授であり、アミロォと同様に、「啓蒙的な正統主義」の系譜を引きつつ、実際のところ、ジュネーヴにおける神学的自由主義の主要論者の一人であり、かつ、その領袖でもあった。しかし、ジュネーヴにおける知識社会を真の意味で改革したのは、哲学および科学の面に関する限り、明らかに、ジャン - ロベール・シュエ（Chouet, Jean-Robert, 1642-1731）である。彼は、思想家であると同時に、科学者にして参事会員でもあった。そして、「デカルト的公理主義」と「実験科学」をジュネーヴに浸透させた仕掛人として、約半世紀間にわたり、都市ジュネーヴの歴史に名を残すことになった。

第５節　近世、十八世紀――啓蒙主義的共和国ジュネーヴ

十七世紀とは対照的に、十八世紀はジュネーヴ史で最も激動的でありかつ最も輝かしい時代であった。実際に、十八世紀は、一方では、「軋轢の世紀」とも呼ばれたように、紛争、騒乱、戒厳令が続発し、こうした政治的・社会的抗争は、内政上、「プロテスタントのローマ」を「ヨーロッパの諸革命の実験室」と化したばかりか、対外的に見ると、外国に介入する口実を与えることになり、ジュネーヴ共和国の終焉をもたらした。しかしながら、他方では、十八世紀とは、経済面ばかりでなく文化面においても、ジュネーヴ史の黄金時代であった。なぜならば、十八世紀には、この上もなく小さな共和国が異例なほどの繁栄に達したばかりか、名実ともに「啓蒙主義発信の共

和国」が出現したという点において意義深いからである。そして、この啓蒙主義発信の共和国は、全ヨーロッパレベルでの科学勃興地でもあり、「神学的自由主義」の中心地でもあった。

「革命の実験室」

ジュネーヴにとって十八世紀は政治的論争と騒乱の時代だった。このジュネーヴにおける政争は、社会・政治上かつ社会・経済上のさまざまなカテゴリーのジュネーヴ住民を巻き込んだ。この政争の場に、当事者として登場したのは次の勢力である。第一には、権力を掌握していた「門閥（パトリシアン）」である。第二には、旧市民と新市民である。彼らは門閥と共に、市民総会を牛耳っていた。第三には、「新来者」である。彼らは、参政権がないものの、手数料を納入した上で得た「居住許可証」により、ジュネーヴで生計を立てていた。第四には、新来者の次世代となる、「土地っ子（ナティーフ）」である。彼らもあらゆる政治的権利や多くの経済的権利から排除され、農村部に居住する「臣民（シュジェ）」であった。土地っ子は、十七世紀中葉より、市民的権利取得からことごとく排除されていた。

十八世紀におけるジュネーヴにおける政争としてとくに挙げるべきは「ルソー事件」と称されたもので、一七六二年に、ジュネーヴ都市当局が、ルソー（Rousseau, Jean-Jacques, 1712-1778）およびルソーの著書『エミール』と『社会契約論』を告発したことがきっかけとなり、翌六三年六月以降、一連の意見が提出された。それらの意見では、ルソーに対する訴追手続が不規則であることを非難されていた。その結果として、「ルソー事件」を通り越して、意見提出権の範囲や市民総会の諸権能といった諸問題までもが提起された。

大革命下のフランスによりジュネーヴが包囲されることを好機として、「平等主義者（エガリジュール）」らは一七九二年一二月六日以後、都市ジュネーヴの支配者として君臨する。一二月一二日、旧体制終焉を告げるジュネーヴ最初の革命的政令が市民総会により採択された。この政令は旧市民、新市民、新来者（居住民）、土地っこ及び臣民の間での政治的平等を同時に宣言するという形式を取りつつ、この三者構成を基盤にした「国民会議」を召集し、当世紀間に出されたあらゆる政治的判決を無効にし、一七九四年二月五日には、「新憲法」が制定された。この新憲法は、ジュネーヴ共和国史上初めて「権力分立」、「人民主権」および「直接民主制」を規定した。

学識者・知識人都市

こうしたさまざまな抗争にもかかわらず、一般的に十八世紀におけるジュネーヴは、フランス大革命勃発まで大きな経済的繁栄を遂げた。十八世紀中葉に至るまで宗教上の理由からのフランス人難民が続いたことにより、良質の労働力に恵まれたジュネーヴは、十八世紀中葉以来、揺るぎない世界的な時計製造業中心地であり、ヨーロッパにおけるインド更紗の一大中心であり、国際金融から見て重要な銀行業の一大拠点ともなった。

その一方で、十八世紀のジュネーヴは例外的なまでに文化的影響力をふるった時期であった。すなわち、「学識者都市」としてのジュネーヴは、『百科全書』において「啓蒙主義的共和国」のモデルとして取り上げられたし、「知識人都市」としてのジュネーヴは、人口の割には、ロンドン、ベルリン、パリの諸アカデミーへ、他のいかなる国よりも科学者を輩出したのである。

ジュネーヴにおける学術の発展に決定的な影響を与えたのは、ジャン - ロベール・シュエである。彼は学院（アカデミー）において「数学」や「自然法」などの講座を創設したり、自然科学部門（植物学、動物学、地質学）の発展に大きく関与した。「自然法」の講義を担当したジャン - ジャック・ビュルラマキ（Burlamaqui, Jean-Jacques, 1694-1748）の著作『自然法諸原理』やモンテスキュー著『法の精神』がジュネーヴで刊行されている。また、地質学者および物理学者としての活動と発見とで知られているオラース - ベネディクト・ド・ソシュール（Saussure, Horace-Bénédict de, 1740-1799）は、「哲学」と「物理学」担当教授として、山岳のみならずアルピニズムについての科学的研究の先駆者の一人として、一七八七年にモンブラン登頂をなしとげたばかりか、太陽エネルギー利用の先駆者の一人でもある。

フランスによる併合

ルイ十五世下で推進された従属化プロセスの帰結として、ジュネーヴがフランスに併合されたことは、旧体制下フランスと大革命フランスとの間に存在する連続性を如実に示している。

一七九二年一二月にジュネーヴでも革命が勝利すると、フランス公使らは前任公使らと同様の注意を払って情勢を見守り、門閥体制を安定化させ、ジュネーヴの革命体制の基盤を固めることに尽力した。とくに、ジュネーヴ革命体制は反革命の危機のみならず、「偉大な国民国家」の政策へ自らのそれを同調させることに直面していた。しかしながら、一七九七年以来、ジュネーヴ国境において密輸入事件が多発するという事態に直面し、フランス領により完全に取り囲まれた小さな共和国に対して、経済封鎖が実施された。経済的に行き詰ったジュネーヴが、併合を最後通牒の形で政治的に押し付けられたのは、一七九八年四月一五日である。フランス軍部隊がジュネーヴ市内に進駐してきたのは、市民総会の真最中であった。

こうして、フランス軍による軍事的占領のもとで、ジュネーヴがフランス領内へ併合されることが最終的に決定された。このことは、同年四月二六日、「併合条約」により確定された。そして、この条約により、以後一四年以上にわたり、ジュネーヴは隣国フランスへ服従させられたのである。

重荷となりかつ出費を要したが、フランスによる統治は、完全に抑圧的ではなかった。当時のジュネーヴは人口統計的にも経済的にも衰退期にあった。とりわけても、ナポレオン戦役ばかりかナポレオンによる大陸封鎖令に深く関わっていたからである。しかし、制度的には、ジュネーヴは特別待遇を受けた。このおかげで、「ジュネーヴ特有の精神」の存続が可能となった。新しく編成された「レマン県」の県庁所在地となると、かつてのジュネーヴ共和国では、共有財と宣告された共和国固有財産の所有権と管理とが、ジュネーヴ人のみの手中にある二つの自律的組織、すなわち「慈善協会」と「経済協会」に委ねられたのである。

また、新たに導入されたフランス的な都市システムの下では、各コミューンごとに「参事会」が置かれ、一名の「区長」と一名ないしは二名の「助役」が配された。こうした機構は今日に至るまで存続しており、「ジュネーヴ的な都市システム」の特徴の一つとなっている。

第6節　近代（十九世紀）——スイスの一員としてのジュネーヴ

十九世紀以降のジュネーヴ史の舞台は都市共和国の枠組みを政治的にも超えた形で外延化していくと共に盟約者団（スイス）を含めた国際社会との関わりへを深め、拡大していく。

盟約者団（スイス）への加盟

オーストリアの自由主義者らからの要求、フランス軍部隊による逆襲の恐れ、ジュネーヴ市民の願望、列強諸国の思惑、そしてスイスの各カントンの慎重な立場、これらの狭間にあって、「ジュネーヴ共和国の独立」を保持していくために、彼らには並々ならぬ根気と外交術が必要であった。その結果、その独立を維持していくためには、ジュネーヴが「スイスのカントン」となるしかなかったのである。すなわち、一八一五年にスイス連邦第二二番目のカントン（州）となることにより、ジュネーヴは独自の外交政策を奉ずることをやめ、以後は連邦政府の方針に従っていくことになる。

急進主義

スイス連邦に加盟したために新たに課せられた諸条件が加わり、十九世紀ジュネーヴの対内政治とは、「半直接民主制」から「世俗化された近代国家」へと移行した過程だと言える。この過程は、互いに対照的な二つの時期に区分される。一八一三年一二月末の「復古」と一八一四年八月二四日の「保守憲法」から一八四六年一〇月の「急進革命」である。この急進革命により、民主制が確立されて、今までの名望家支配が終焉を迎える。

一八四六年の急進革命は十九世紀ジュネーヴの対内政治史において決定的な転換点にあたっている。それを如実に示しているのが「要塞」すなわち市街を囲む市壁の撤去である。この都市郊外の開発によって、十九世紀後半における産業の発展につながる布石をも敷いたのであった。これに加えて、その開放の理念は教会と学院にまで及び、プロテスタント教会は民主化され、学院はジュネーヴ大学へと改組刷新(一八七二年)された。

特筆すべきは、一八四八年にスイス連邦国家が発足してから最初の五〇年の間に、連邦内閣の中に、二人のジュネーヴ出身者が閣僚として選出されるが、いずれも急進党の指導者だということである。その一人が、一八九三年から一九〇〇年にかけて連邦閣僚を務めたアドリアン・ラシュナール(Lachenal, Adrien, 1849-1919)である。彼は、一八九六年に、ジュネーヴ人としては初めて連邦大統領の地位に就いた。

国際主義

ジュネーヴの国際的色彩の源となったのは次の二点である。一つは、かつて権力から追われたプロテスタント指導者らがプロテスタント信仰復興の潮流に乗り、一八四六年になって大挙して帰還してきたこと。もう一つは、急進主義の躍進の下で政治的、思想的、社会的にも寛容な運動があり、古くからの避難都市として、ジュネーヴが政治的な迫害や官憲からの捜査を逃れて来た人々を受け入れてきたことである。

このように政治的亡命者の帰還を許し、そして政治的に迫害された者に対して寛容であるという二重の運動が存在していることから、十九世紀ジュネーヴは次のような三つの姿を有することになった。第一に、ジュネーヴは「人道法」を育んだ地である。すなわち、アンリ・デュナン(Dunant, Henry, 1828-1910)を発案者として「赤十字国際委員会(CICR)」が創立され(一八六三年)、一連の「ジュネーヴ条約」のうちでも第一条約が締結署名された地は、ジュネーヴであった。第二に、ジュネーヴは労働運動発祥上の重要拠点の一つである。すなわち、「第一インターナショナル」の第一回総会はジュネーヴにおいて開催された（一八六六年）。第三に、ジュネーヴは国際紛争を平和裡のうちに解決するための重要拠点の一つである。すなわち、一八六七年に「万国平和会議」がジュネーヴ市内で開催され、一八七一年から七二年にかけて、「アラバマ仲裁裁判所」がジュネーヴ市庁舎内に開設された。

第7節　現代（二十世紀〜）

二十世紀において、ジュネーヴは大学町および国際都市として科学・文化および外交の方面においてめざましい発展を遂げ、現代国際社会の中心地の一つにまで達する。

科学・文化の国際化

科学・文化の国際化はジュネーヴ大学が拡充されたことに関わっている。ジュネーヴ大学は一八七二年に創立されて以来、新たに三つの学部、すなわち医学部（一八七六年）、経済学・社会科学部（一九一五年）、心理学・教育学部（一九七五年）が増設された。とくに心理学のピアジェ（Piaget, Jean, 1896-1980）や言語学のソシュール（Saussure, Ferdinand de, 1857-1913）は国際的に不朽の業績を残した。また、一九二七年には「ジュネーヴ高等国際政治研究所」が創設される。さらに、一九三九年からは「ジュネーヴ国際音楽コンクール」が開催され、一九五〇年には「ヨーロッパ文化センター」が開設された。

国際機関の設置

二十世紀のジュネーヴを特長づけているものといえば、なんといっても、ジュネーヴ市街の中に数多くの国際機関が設置されたことにより、この都市の「コスモポリタン的特長」が確立したことである。まず、戦間期に「国際連盟」の常設本部が、次いで、第二次世界大戦が終結して「国際連合」が発足し、一九四六年以降は「国際連合欧州本部」がこの都市に置かれ、それに伴い種々の国際行政諸機関がジュネーヴに設置された。すなわち、「国際労働機関（ＩＬＯ）」（一九四五年）、「関税及び貿易に関する一般協定（ＧＡＴＴ）」（一九四七〜一九九四年）を拡充した「世界貿易機関（ＷＴＯ）」（一九九五年発足）、「国連人権高等弁務官事務所」（一九四八年）、「国連難民高等弁務官事務所」（一九五一年）、「世界保健機関（ＷＨＯ）」（一九四八年）、「欧州共同原子核研究機関（ＣＥＲＮ）」（一九五二年）である。その他にも、「世界教会協議会」や「国際道路輸送連合」など、約三百にも及ぶＮＧＯ諸機関がジュネーヴに設置されている。

国際社会の中心地としてのジュネーヴ

国際連盟総会の開催を嚆矢として、毎年ごとに総会が開かれ、いくつかの重要な外交会議とともに、戦間期ジュネーヴでの国際社会を彩っていった。そうした外交会議のうちでも、一九二九年に開催されたものは、「第三回赤十字会議」または一九二九年から一九三四年にかけての「ジュネーヴ軍縮会議」のもととなった。

戦後は国際連合関係の諸機関が設置されたことで「国際都市ジュネーヴ」の重要性が再び高まったために、戦間期時代にまして一連の重要な外交会議や首脳会談がジュネーヴで開催されるようになった。例えば、国際会議としては「インドシナ和平会議」（一九五四年）、「中東和平会議」（一九七四年）、「旧ユーゴスラビア内戦調停会議」（一九九二〜九五年）、首脳会談としては、「米ソ首脳会談」（一九八五年）、「アメリカ・シリア首脳会談」（一九九〇、一九九四、二〇〇〇年）、さらには「中東和平に向けたジュネーヴ提案」（二〇〇三年）や「人種差別撤廃世界会議」（二〇〇九年）が開催され、最近ではイランの核開発をめぐる国際交渉の舞台となり国際社会の耳目を集めた。

二十世紀末および二十一世紀初頭の国際都市ジュネーヴには、国連に派遣されている一六二の常駐外交使節団、その九四の領事代表部、WTOへ派遣されている三二の使節団、一万七五〇〇人の国際公務員が存在する。このようなジュネーヴは、国際連合欧州本部ばかりか、新たに二〇〇六年に創設された「人権会議」の所在地でもあり、現代の多元的外交活動上で重要な拠点の一つであるばかりか、平和の牙城の一つともなっている。そして、この国際都市は、「ジュネーヴ精神（l'esprit de Genève）」と呼ぶにつきる気風が備わっている。

おわりに――ジュネーヴ伝説とジュネーヴ精神

最後に、ジュネーヴの歴史を全体として理解するための三つの概念、すなわち、「ジュネーヴ気質（l'esprit genevois）」、「ジュネーヴ伝説（le mythe de Genève）」および「ジュネーヴ精神」を提示する。

ジュネーヴ気質

ジュネーヴの全歴史を特徴づけているのは、縮小と拡大という二重の動きである。それは、近代になるとジュネーヴ気質とジュネーヴ精神との拮抗に見てとれる。すなわち、過度なまでに自らの地域至上主義に固執している共和国という様相と、普遍主義に向かう自らの使命に根ざした、自由至上主義のためには犠牲をも厭わないことを自覚している共和国という様相が、矛盾し合っている。

ジュネーヴ伝説

ジュネーヴ伝説というのは、カルヴァンの説教により育まれた結果、レマン湖畔にあって、さまざまなエネルギーを鼓舞し、様々な諸制度を着想させた都市ジュネーヴが初めて理想的に象徴化されたのが、「信仰の牙城」にして「亡命者の混淆都市」、新しい「聖都」という伝説のことである。第二のジュネーヴ伝説を形成することになったもう一つの変化が生じたのは、十八世紀である。この時に、「啓蒙のジュネーヴ共和国」伝説が生まれた。

ジュネーヴ精神

第三のジュネーヴ伝説というのは、「諸国家の首府、ジュネーヴ」かつ「人道主義の殿堂」という姿である。この変容は、一八六三年にジュネーヴに赤十字国際委員会が創設され、翌一八六四年にジュネーヴ条約が締結されたことで始まり、一九二〇年以降、ジュネーヴ市内に主要な国際諸機関を誘致するに至ることによって生まれた。この第三のジュネーヴ伝説こそがジュネーヴ精神という名の下に普及していったのである。

◈註

（1）Dufour, Alfred, *Histoire de Genève*, 5e éd. [Que sai-je? No.3210], Paris 2014. この書物については、本書の執筆者の一人（大川四郎氏）による邦訳が近く公刊される予定である（『ジュネーヴ史』白水社、文庫クセジュ）。

（2）カエサル、ユリウス（国原吉之助訳）『カエサル文集（ガリア戦記・内乱記）』（筑摩書房、一九八一年）「ガリア戦記」第一巻、五頁。

第2章 ジュネーヴ史の過去と現在

大川四郎

はじめに

ジュネーヴ史は三つの側面を有している。第一には、ジュネーヴという一都市の地方史という側面である。第二には、ヨーロッパ史の一部という側面である。なぜならば、レマン湖畔の小都市でありながら、交通の要地であるため、ジュネーヴは、古くからヨーロッパ各地と政治的、経済的に結びついていたからである。第三には、世界史の一部という側面である。十九世紀のウィーン会議で、小国ジュネーヴは列強に伍して、その主張を展開した。二十世紀に至っては、国際連盟本部次いで国連欧州本部の所在地となったばかりか、重要国際会議開催地ともなっているからである。

第1節　古代ローマ時代よりアンシャン・レジーム時代まで

「はじめに」で言及されているように、歴史上、初めてジュネーヴの地名が登場するのは、ユリウス・カエサルの『ガリア戦記』においてである。それ以後、ジュネーヴは歴史書にどのように記されてきたであろうか。

アンシャン・レジーム時代が終焉を迎えるまで、ジュネーヴは小国ながら、ヨーロッパの主要都市の一つであった。十五世紀ドイツの人文主義者ハルトマン・シェーデル（Shaedel, Hartmann, 1440-1514）は、その『年代記』（Liber chronicarum）の中で、わずかに都市名を出しただけであるが、挿絵をつけてジュネーヴを紹介している。[1] そのジュネーヴは、近隣諸国からの侵略に抗して、独立を保持してきた。従って、ジュネーヴは独立精神が旺盛な都市国家だった。そして、自らの歴史を書きとどめようとする試みが十五世紀頃から始まっている。以下では、主要な歴史家とその著作を挙げておく。[2]

その嚆矢となったのは、フランソワ・ボニヴァール（Bonivard, François, 1493?-1570）による『ジュネーヴ年代記』（Chronique de Genève）である。元来、彼は隣接するサヴォワ領内の小貴族に生まれた。聖職に就くために、イタリアのトリノ大学、そしてドイツのフライブルク大学で市民法と教会法を学んだ。とくに、フライブルク大学では、ウルリッヒ・ツァジウスから人文主義法学を吸収した。聖ヴィクトール修道院を相続するためにジュネーヴに到着すると、当地の聖堂参事会書記となった。サヴォワ領民でありながらジュネーヴ側を支持するようになったため、ボニヴァールはサヴォワ側によって二度も投獄された（二度目はシヨン城に六年間投獄された。このエピソードは、十九世紀イギリスの詩人バイロンにより「シヨンの囚人」として謳われた）。解放後、ジュネーヴに戻ると、宗教改革を支持し、ジュネーヴの市民権を取得した。そして、二百人会議の議員となった。その学識を見込んで、小会議（Petit Conseil）はボニヴァールに公的な市史の編纂を依頼した。こうして、ジュネーヴの起源に加え、一五〇四年から一五六三年までのジュネーヴにおける日常の出来事を、機知に富む文体で、彼は詳細につづっていった。しかし、この作品は、当時の検閲制度のため、公表されず、市公文書館内に秘蔵されたままだった。とくに歴史書の場合は、外交、軍事に関わる国家機密が漏洩する恐れがあったからである。最初の官撰史書『ジュネーヴ年代記』として公刊されたのは、十九世紀になってからである(3)。

続いて、同名の官撰史書『ジュネーヴ年代記』を執筆したのが、ミッシェル・ロゼ（Roset, Michel, 1534-1613）である。彼の青年期については定かではない。その父クロードはカルヴァンが指導する宗教改革に共鳴し、ジュネーヴの要職を歴任した人物である。クロードの指示で、チューリッヒに遊学したロゼは、現地でビュリンガー等の改革派指導者らと交流した。ジュネーヴに戻ると、父クロードの引きで政界入りし、市民代表《サンディック》、さらには首席市民代表《プルミィエール・サンディック》をも歴任した。ジュネーヴ学院（のちのジュネーヴ大学）創設には、行政面で関与した。外交面でも、ベルン、チューリッヒとの間で兄弟都市同盟《コンブルジョアジー》関係を永続的なものにすることに成功したばかりでなく、エスカラード事件直後のサヴォワ公国との間で、サン・ジュリアン条約を締結することに尽力した。ロゼは、二五歳の時に、当時の小会議からの要請を受け、年代記の執筆を始めた。その際に、彼は、単なる噂に依らず、古い公文書や会議の審議録を参照している。こうして、ロゼは、ジュネーヴ発祥から一五六二年までのジュネーヴの歴史を叙述した。彼の『ジュネーヴ年代記』も、ボニヴァールの場合と同様に、検閲制度のために、十九世紀まで公刊されなかった(4)。

その後も、官撰史書『ジュネーヴ年代記』の編纂は、小会議からの要請により、ジャック・サヴィオン（Savion, Jacques, 1546-1613）、ダヴィッド・ピアジェ（Piaget, David, 1580-1644）、ピエール・ペラン（Perrin, Pierre, 1593-1636）らにより、加筆されていった。従前どおり非公開のままだった。ところが、彼らの草稿を参照した上で、最初のジュネーヴ史がジュネーヴの国外で執筆され、刊行された。

その執筆者となったのが、ジャコブ・スポン（Spon, Jacob, 1647-1685）である。フランス領リヨンに生まれたスポンは、元来、医師であった。古代史への強い関心から、彼は、一六七四年から一六七六年にかけて、はるばる小アジアまで赴き、ギリシア・ローマの史跡を探訪した。こうした見聞や、自らの研鑽をもとに、彼は数多くの歴史書を著した。ナントの勅令が廃止されると、迫害を逃れるために、スポンはリヨンを離れた。そして避難先のヴェヴェイで客死した。彼がジュネーヴへの関心を抱いたきっかけは、古代史跡探訪の旅の帰途、グリゾン、バーゼル、ジュネーヴを経たことと、自らが新教徒だったからであろう。ジュネーヴ国内の史料が公開されていなかったにもかかわらず、この小都市の歴史書を執筆することができた理由を、スポンはその『ジュネーヴ史』冒頭序文の中で、ジュネーヴの市民代表ジャック・ゴドフロワ（Godefroi, Jacques, 1587-1652）の蔵書と、彼自らが手掛けていたジュネーヴ史の草稿類を参照することができたからだと述べている。これに加え、スポンは、ジュネーヴ領内ジュッシィの牧師であったジャック・フルノワ（Flournoy, Jacques, 1645-1693）の仲介で、サヴィオン、ピアジェ、ペランらの『年代記』加筆草稿の写しをも参照することができた。発祥から一六七八年までのジュネーヴの政治史、軍事史を、典拠に基づいてスポンが叙述した最初の『ジュネーヴ史』は、一六八〇年にリヨンでフランス語初版が刊行された(5)。当時のリヨンは、衰退したとはいえ、出版業の一大拠点であった。しかも、フランス語は、外交や知的交流の場で意思伝達手段として当時のヨーロッパに広く普及していた。このため、ジュネーヴの歴史は広く知られることになった。その後、ロンドンで英訳が、アムステルダムでオランダ語訳が刊行された。これまで自国史が書かれなかっただけに、ジュネーヴでも、彼の著作は多くの読者を獲得した。さらに、スポンに触発され、イタリア人文筆家グレゴリオ・レッティがジュネーヴ史に関する類書を刊行した。

しかしながら、ジュネーヴの指導者らはスポンの著書に不満だった。なぜならば、国防上の理由から、自国歴史書の出版を禁じていたからである。そして、スポンの記述が「不正確であり」、「根拠に欠ける」と彼らは判断したからである。レッティの著書では、「存在していない手稿史料を閲覧したと称し」、「ジュネーヴを専ら中傷」していた。とくに、ジュネーヴ学院教授でもあり、ジュネーヴ市の市民代表《サンディック》でもあったジャン - ロベール・シュエ(Chouet, Jean-Robert, 1642-1731)は、スポンの著書に多くの不備を指摘した。なぜならば、個人的な関心からとはいえ、彼は、小会議の承認を得て、市公文書館内の史料を閲覧しながら、ジュネーヴ史について草稿を執筆していたからである。ヨーロッパ各国ばかりでなく、御膝元であるジュネーヴにまでも流入している以上、ジュネーヴ市当局としては、禁書にするよりも、補訂という措置で対応する方法を選んだ。シュエの推挙で、その任に当たったのが、ジャン - アントワーヌ・ゴウティエ(Gautier, Jean-Antoine, 1674-1729)である。

ジュネーヴ新市民の家庭に生まれたゴウティエは、地元の学寮《コレージュ》と学院《アカデミー》に学ぶと、バーゼルに遊学し、法律学を修めた。その後、シュエの後任として、ジュネーヴ学院で哲学担当教授に就任した。一七一七年から一七二一年にかけて、学院総長をも務めた。その傍ら、父ピエールの後押しにより政界入りした。後に学院教授の職を辞すると、小会議議員(conseiller d'Etat)、小会議書記(secrétaire d'Etat)の要職を務めた。多忙であったにもかかわらず、ゴウティエはまったく個人的な動機からジュネーヴ史の記述を始めた。すなわち、「これまで(ジュネーヴ)共和国がいかに統治されてきたか」を叙述し、「共和国の普遍的な統治原理」を解明しようとした。当初、彼はこれまでに公刊された文献のみで執筆をしていた。スポン、レッティらの既刊書に対抗して正確な叙述をするために、ゴウティエは市公文書館を利用する必要を感じた。小会議の承認を得た彼は、ボニヴァール、ロゼ、サヴィオン、ゴドフロワらをも含め、市公文書館内の手稿史料を閲覧していった。もとより、「政務にたずさわる者ら」を読者として想定していたため、ゴウティエ自身も公刊を意図していなかった。発祥から一六九〇年までを叙述した膨大な未完原稿が浩瀚な『ジュネーヴ史』として刊行されたのは、十九世紀末から二十世紀初頭にかけてである(6)。

スポン著『ジュネーヴ史』を補訂するにあたり、ゴウティエは、小会議からの許可を得て、市公文書館所蔵の史料と対照させつつ、膨大な脚注を加えていった。この作業により、自らの著作執筆が遅れただけでなく、彼の命を縮めた。その結果、この補訂作業も未完に終わった。

十八世紀になり、ジュネーヴはヨーロッパの重要な文化的拠点の一つとなった。俄然、この小共和国への関心が高まった。啓蒙主義者の一人ダランベールが、自分の編集する『百科全書《アンシクロペディー》』の中で、「ジュネーヴ」という項目を設け、都市の概況を執筆したほどである。(7) 彼と共に啓蒙主義者として名高い文筆家の一人が、ジャン - ジャック・ルソーである。彼は、ジュネーヴを出奔し、フランスのパリで文名を挙げた。自著『エミール』、『社会契約論』が生まれ故郷で禁書扱いを受けたことを知るや、ルソーは、ジュネーヴ当局に対して論集『山からの手紙』の中で激しい論陣を張った。その際に、同書所収「第五の手紙」において、スポン著『ジュネーヴ史』からの一節を引用している。

長く小会議を門閥に牛耳られたジュネーヴにおいても、十八世紀時代精神の啓蒙主義が浸透してきた。この立場からジュネーヴ史に向き合ったのが、文筆家にして政治家でもあったジャン - ピエール・ベランジェ（Bérenger, Jean-Pierre, 1737-1807）である。彼はフランス人移民の息子としてジュネーヴに生まれ、市民権をもたない「土地っ子」（ナティーフ）だった。金銀細工師の修行を半ばにして、独学で文筆家となった。そして、ベランジェは、自分の出身階層である「土地っ子」にも新旧市民層と同等の権利を獲得するために、政治活動を始めた。一七九二年一二月にジュネーヴで革命が起こると、彼は新政府の一員となった。一七九六年には刑事裁判所を担当する四名の代表市民の一人に任命された。しかし、一七九六年のフランスによるジュネーヴ併合に、ベランジェは反対して下野した。文筆家時代に著した『ジュネーヴ史』(8) の序文で、彼は、自らをも含む「土地っ子」階層の不満を叙述するのではなく、広く「啓蒙化された人」（オム・エクレレ）を対象にした歴史書を編むのだと述べている。脚注で、ボニヴァールの『年代記』手稿等の史料を多数引用している。

第2節　十九世紀以後、現代に至るまで

アンシャン・レジーム終焉により、これまで国家機密とされてきた歴代公文書を一般に公開する方向で、公文書館が整備されるようになった。「ジュネーヴ州立公文書館（Archives d'Etat de Genève）」として発足し、所蔵史料目録が作成されはじめ、かつ閲覧室も開設された。[9] これに伴い、ジュネーヴ史に関する研究が盛んになった。

一八三九年、「ジュネーヴ歴史考古学協会（Société d'Histoire et d'Archéologie de Genève）」が発足した。ここに集う研究者による成果が「ジュネーヴ歴史考古学協会研究調査報告集（Mémoires et documents publiés par la Société d'Histoire et d'Archéologie de Genève）」あるいは「ジュネーヴ歴史考古学協会年報（Bulletin de la Société d'histoire et d'archéologie de Genève）」として、刊行されている。[10] こうした第一次史料に基づく研究から、次のような歴史家が輩出している。

ジョン・ジュリアン（Jullien, John, 1818-1887）は、兄のジャン - ルイとジュリアン書店を始めた。自らの書店より『若きジュネーヴ人のためのジュネーヴ史』[11]を刊行した。同書は、ジュネーヴ人による最初のジュネーヴ通史として、長く読み継がれた。これ以後、ジュリアン書店は、ジュネーヴの歴史、文学に関わる書籍を出版していくことになる。ちなみに、これはジュネーヴ旧市街ブルグ・ド・フールに創立以来の店舗を構え、ジュネーヴ市内最古の老舗書店でもある。

エドゥアルド・マレ（Mallet, Edouard, 1805-1856）は、元来、ジュネーヴ学院で法学を修め、法学博士号を取得し、弁護士実務に就いた。市政にも参画した。その一方で、州立公文書の運営にも参画した。中世ジュネーヴの特許状研究から出発し、ジュネーヴ人口動態や市内の主要家系についての著作を残した。『ジュネーヴの人口に関する歴史統計学的研究』[12]が代表作である。これにより、マレは「ジュネーヴ歴史人口統計学派」（école genevoise de démographie historique）の先駆者となった。彼は、ジュネーヴ歴史考古学協会を創設した際の発起人の一人でもある。

ジャン・バルテルミィ・ガヤフル（通称ジョン）・ガリフェ（Galiffe, Jean-Barthélemy-Gaïfre (dit John), 1818-1890）は、ドイツに遊学し、ハイデルベルク大学で法学博士号を取得した。帰国後、ジュネーヴ州内サティニィの区長に就いた後、政界入りした。短期間、ジュネーヴ学院でスイス史担当教授として教鞭を執った後、デンマーク駐在スイス領事在任中に客死した。彼は、その父ジャック・オギュスタン（通称ジェイムズ）ガリフェ（Galiffe, Jacques-Augustin (dit James), 1776-1853）と共に、『ジュネーヴ旧家家系誌』[13]を編纂した。ガリフェ父子の生前、第三巻までが刊行された。彼らの死後、ジュネーヴ大学文学部教授（言語学、文学史担当）エミール・リッター、ジュネーヴ州立公文書館アーキヴィストのルイ・デュフール・ヴェルヌらに受け継がれ、第七巻まで編纂刊行された。

テオフィール・デュフール（Dufour, Théophile, 1844-1922）は、ジュネーヴ学院そしてハイデルベルク大学で法律学を修めた後、パリの古文書学院に学び、アーキヴィストの資格を取得した。弁護士、判事の職を経て、ジュネーヴ州立公文書館館長、ジュネーヴ州立兼大学図書館長をも歴任した。カルヴァンそしてルソー書簡の研究に専念した。

エミール・リヴォワール（Rivoire, Emile, 1850-1944）は、ジュネーヴ大学法学部で法律学を修めた後、ジュネーヴ市庁舎で法実務に就いた。保険会社「ジェネエヴォワーズ」の副社長をも歴任した。スイス民法典が編纂された際には、ジュネーヴ州への導入に尽力した。ジュネーヴ州における公証人法の編纂にも従事した。十八世紀ジュネーヴへの強い関心から、『十八世紀ジュネーヴ史書誌録』を編纂した[14]。

ヴィクトル・ヴァン・ベルシェン（Berchem, Victor van, 1864-1938）はジュネーヴ大学文学部に学ぶと、ベルリン、ライプチヒ両大学に遊学し、ドイツ史学の方法論を吸収した。ジュネーヴに戻ると、ヴァリス州の中世史研究に従事した。その後、生地であるジュネーヴの歴史に関心を移していった。ジュネーヴ歴史考古学協会の中でも中心的な役割を果たした。

リヴォワールとベルシェンは協力して、一七〇〇年までのジュネーヴ地方の法源を『ジュネーヴ州の法源』（全四巻）に編纂した[15]。さらには、十五〜十六世紀までの小会議議事録を編纂した[16]。

シャルル・ボルジョオ（Borgeaud, Charles, 1861-1940）はヴォー州ピュリーの出身である。ジュネーヴ大学法学部を卒業すると、ドイツのイエナ大学文学部で文学博士号を、次いでジュネーヴ大学法学部で法学博士号を取得した。アメリカのハーバード大学で講師職を経て、ジュネーヴ大学法学部で員外教授（スイス国制史担当）、正教授（比較憲法）を短期間勤めると、ジュネーヴ大学文学部教授に就任し、スイス史を講じた。宗教改革史研究に造詣が深く、ジュネーヴ市内バスチオン公園内の宗教改革記念碑創設に尽力した。一九二四年には、ジュネーヴ市名誉市民の称号が贈られた。彼の著作で最も有名なものは、一四年の歳月を費やして上梓した『ジュネーヴ大学史[17]』である。カルヴァン創設の学院に始まるジュネーブ大学の歩みを、ボルジョオは十九世紀末まで叙述した。彼の死後、ジュネーヴ大学文学部の同僚ポール・E・マルタンにより、一九五六年までの各学部史と各附属研究所史が増補された。第一巻冒頭でボルジョオが述べているように、本書は「比類なき大学史にとどまらず、ジュネーヴの知識社会史」を意図している。

ウィリアム・エマニュエル・ラパール（Rappard, William Emmanuel, 1883-1958）は、ニューヨークで生まれ、初等教育をアメリカで受けた。その後、両親と共にスイスへ帰国し、ジュネーヴ大学法学部を卒業した。ベルリン、ミュンヘン、パリ、ハーバード、ウィーン、各大学へ遊学した。このうち、ウィーン大学ではカール・グリュンベルクの指導を受け、以後、社会経済史研究を志すようになった。外遊から帰国後、ジュネーヴ大学経済学部で正教授として経済史、財政史を講じた。二期にわたり、総長をもつとめた。また、長い海外との学術交流経験をもとに、ジュネーヴ高等国際研究所の創立に参画し、その所長を長く務めた。ジュネーヴ史に関する著作として、『ジュネーヴにおける近代民主制の黎明（一八一四〜一八四七）[18]』がある。本書において、ラパールは次のように主張している。すなわち、「（啓蒙主義的保守主義者であった）市民代表デザールのジュネーヴが、一世代の間に、ジェームズ・ファジィーによる扇動政治体制へと化していったか」を「明らかにすること」は、「直接民主制が普及していった十九世紀西欧社会において」、ジュネーヴが「内政上、極めて興味深い実験室」だったからだ、と。なお、豊富な海外経験を評価され、国際連盟本部のジュネーヴ誘致、第二次世界大戦中の連合国側との交渉、国際連合発足時等の重要な外交折衝で、スイス政府代表をつとめた。一九二〇年から一九二四年にかけて、国際連盟委任統治委員会委員長を務めていたラパールは、当時の日本代表委員だった柳田国男とも交流している。

ポール・フレデリック・ガイゼンドルフ（Geisendorf, Paul-Frédéric, 1910-1965）は、ジュネーヴ大学文学部で古典学を修めた後、パリの古文書学院に聴講生として学び、高等司書免状を取得した。ジュネーヴ州立兼大学図書館での勤務を経て、ジュネーヴ州立文書館でアーキヴィストとしてのキャリアを積んだ。ジュネーヴ大学文学部で正教授としてスイス史および古文書学を講じた。ガイゼンドルフは、宗教上の亡命難民を受け入れてきたジュネーヴの「住民簿」（ジュネーヴ州立公文書館蔵）を、アーキヴィストとして丹念に調査してきた。その研究成果は、『ジュネーヴ住民簿[19]』（全二巻）として上梓されている。その執筆の途中でまとめられた『エスカラード期ジュネーヴの日常生活[20]』は、一般読者向けの十六世紀ジュネーヴ史である。さらに、一七八九年までのジュネーヴ史研究の手引書として、『テーマ別ジュネーヴ史研究必携[21]』をも著した。

フランソワ・ルション（Ruchon, François, 1897-1953）は、ジュネーヴ市内パキ地区の労働者階級の出身である。ジュネーヴ大学文学部を卒業後、彼は、ジュネーヴ学寮《コレージュ》でフランス語を教えた。母校で私講師をつとめながら、ジュール・ラフォルグの文学的評伝をテーマにした論文を文学部に提出し、文学博士号を取得した。現実政治に積極的に参加し、急進党ジュネーヴ支部党員であり、同党機関誌「ジェネヴォワ」の編集に携わった。ルションはフリーメーソンスイス支部の会員でもあった。短い生涯の間に、文学評論、政治史論文を残している。主著『ジュネーヴ政治史』[22]（全二巻）は、彼の死後にジュリアン書店から刊行された。その冒頭で、ルションはラパールの言葉を借用しつつ、次のように執筆動機を述べている。すなわち、「十八世紀同様に、十九世紀のジュネーヴは、政治的実験室だった。……（中略）……市民と国家、国家と教会の諸関係に由来するあらゆる問題が論議されたからである」、と。一四年以上の歳月を要したこの研究成果の中では、ジュネーヴ州立公文書館所蔵の議会資料のみならず、多数の政治パンフレット、新聞、回顧録が引用されている。

以上の研究成果を踏まえ、ジュネーヴ歴史考古学協会は、創立一〇〇周年を迎えた一九三八年に、同協会を拠点にして、ジュネーヴの通史を刊行することにした。その際に、対象となる時代、叙述項目が広範になることから、同協会は、単独の著作者による執筆が困難であると判断した。むしろ、複数分野の専門家らによる共同執筆によることを決定した。その結果、政治史、教会史、法制度史、文化史を基軸にし、一九五一年から一九五六年にかけて、『ジュネーヴ史』（全二巻）（以下、協会編『ジュネーヴ史』）が刊行された[23]。各章末では、執筆者の判断で、基本文献と専門文献に関する書誌情報を掲載している。第二巻の副題が「一七九八年～一九三一年」となっているように、関係資料が膨大となり、しかも、対象によっては、客観的評価が定着するまで時間経過を待たねばならないことから、近現代史の叙述は一九三一年で止められている。とはいえ、本書は、学問研究に裏付けられたジュネーヴ通史として今日でも参照されることが多い。

その後は、この協会編『ジュネーヴ史』を出発点にして、数多くのジュネーヴ史研究が発表されている。協会編『ジュネーヴ史』編纂には間に合わなかったものの、経済史分野の研究を大きく推進したのがアントニー・バベル（Babel, Antony, 1888-1979）である。ジュネーヴ大学で経済学を修めると、大学院に進学した。一九一六年に博士号（社会学）を取得すると、バベルは、新設間もないジュネーヴ大学経済学・社会科学部の私講師に就任した。その後、専任講師、正教授に就任し、経済史、社会経済史を講じた。経済学・社会科学部学部長、そして、二期にわたり総長の要職を経験した。バベルの知的関心は経済史を起点として、組合活動史、労働問題にまで及んだ。このため、彼は、スイス政府の要請で、社会政策に関する国際会議にスイス代表として出席した。また、「ジュネーヴ国際フォーラム（Rencotres internationales de Genève）」の発起人の一人として、長らくその議長を務めた。主著『ジュネーヴ経済史――都市発祥から十六世紀初頭まで』[24]（全二巻）はジュリアン書店から刊行された。本書では、ジュネーヴに関するこれまでの一般史研究の中からジュネーヴ経済史に資する成果が貪欲に吸収されている。そして、後述するジャン・フランソワ・ベルジェの博士論文に大きく示唆を受けたバベルは、ジュネーヴ経済史をヨーロッパ経済史の文脈の中でとらえつつ、研究対象をジュネーヴに限定するのではなく、経済活動を通じてジュネーヴとつながっていた周辺地域をも考察対象に含めている。

バベルに大きな刺激を与えた論者として二名を挙げておく。

その一人は、ヘルベルト・ルシィ（Lüthy, Herbert, 1918-2002）である。彼は、バーゼルに生れた。グラールス、サンクト・ガレンで教育を受けた後、チューリッヒ大学文学部に学んだ。論文「ルイ十四世下フランスにおけるスイス人商人らの活動」で文学博士号を取得した。「ザングトガーラー・タークブラット」紙記者として勤務した後、フランス・パリでジャーナリストとして活動する傍ら、歴史研究に従事した。一九五八年より一九七〇年にかけて、チューリッヒ連邦工科大学正教授として歴史学およびスイス史を講じた。一九七一年から一九八〇年に定年を迎えるまで、バーゼル大学哲学・歴史学部で歴史学を講じた。一九七五年から一九七九年まで赤十字国際委員会委員でもあった。歴史家および文筆家でもあった彼の論稿は全七巻本として刊行されている。バベルに大きな刺激を与えたのは、パリ滞在中のルシィが高等研究実習院より刊行した論文『フランスにおけるプロテスタント銀行――ナント王令廃止から大革命まで』[25]（一九五九～一九六一年）である。マックス・ウェーバー著『プロテスタンティズムの精神と資本主義の「精神」』、エルンスト・トレルチ著『キリスト教教会および教団の社会理念』、リチャード・へンリー・トーニー著『宗教と資本主義の勃興』に触発されつつも、ルシィは、次のように考える。すなわち、「『プロテスタント倫理』、『資本主義の精神』は、生身の肉体をもった人間らにより具現されるのであって、信条や社会条件だけに還元され得えない」、「歴史家にまずもって要求されることは、……（中略）……問題となる人間らの氏名と共に、統計データを正確に確認した後、それらの氏名を系図学で正すことである。なるほど、系図学とは、真の学問的手法とは言えないかもしれない。しかしながら、この補助的手法は、単純とはいえ、生誕地および生誕日により、対象となる人や、その家族を特定化することができる。歴史を叙述するにあたり、こうした手続きが必要である。なぜならば、経済史、社会史、政治史であれ、歴史は匿名で為されるものではない。『出来事』や、統計データ等の背後には、行為し、あるいは影響を蒙っている人々の姿があるからだ。これを欠いては、『歴史の動き』など在り得ない」と。フランス、スイス各地の公文書館所蔵史料を丹念に分析した上、ルシィは次のことを実証した。すなわち、ナント王令廃止により、迫害を逃れてフランス国外に脱出したユグノー教徒らは、ジュネーヴに流入した。このうち、金融業に従事していたフランス人プロテスタントらは、互いに、そしてジュネーヴの支配層らとも婚姻関係を結び合い、現在の個人銀行（ピクテ、オディエ等々）の源流を形成した。

もう一名はジャン - フランソワ・ベルジェ（Bergier, Jean-François, 1931-2009）である。ベルジェは、ヴォー州ローザンヌの出身である。ローザンヌ大学文学部を卒業後、パリ古文書学院に留学し、同学院の権威ある古文書学士号（diplôme d'archiviste-paléographe）を取得した。ジュネーヴ大学経済学・社会科学部から経済学博士号を取得すると、一九六三年より同学部教授として経済史および社会経済を講じた。一九六九年に転籍したチューリッヒ連邦工科大学では、一九九九年の定年退官まで教授として歴史学を講じた。彼の博士論文『ジュネーブとルネッサンス期ヨーロッパ経済』[26]は、フランスの歴史家フェルナン・ブローデルから大きな示唆を受けている。すなわち、ヨーロッパを北と南とに分断しているアルプスは、一見障壁ではあるが、むしろ、物や人の交流の中継地点となった。その一つの拠点として、中世末期から十六世紀にかけて、ジュネーヴおよびその周辺地域の経済活動にベルジェは光を当てている。なお、彼は、一九九六年から二〇〇一年まで、スイス連邦政府から任命された「独立専門委員会」（いわゆる「ベルジェ委員会」）の座長として、第二次世界大戦中のスイスがナチス・ドイツに対して経済的協力をした疑惑に関し、報告書をまとめることにも尽力した。

ロバート・M・キングドン（Kingdon, Robert McCune, 1927-2010）は、米国イリノイ州シカゴの出身である。オパリン・カレッジを卒業後、コロンビア大学大学院で博士号を取得した。マサチューセッツ大学アマースト校、アイオワ大学を経て、一九六五年にウィスコンシン大学マディソン校で歴史学担当の正教授に就任した。アメリカ人研究者としては、ジュネーヴ州立公文書館で実地に史料調査をした最初の世代に属する。その成果が、『ジュネーヴとフランスにおける宗教改革の当来――一五五五～一五六三年』[27]である。本書の中で、キングドンは、カルヴァンが指導する宗教改革がジュネーヴからフランスへ伝播していく過程を裏付けた。ジャン・フランソワ・ベルジェと協力して、ジュネーヴ州立公文書館所蔵の「神聖牧師会議事録」[28]を刊行する作業にも関わっている。その後も、私財を投じて、カルヴァン時代の「長老会議事録」をも刊行するプロジェクトを推進した。

アラン・デュフール（Dufour, Alain）は、ジュネーヴ大学文学部を卒業後、パリ古文書学院に留学し、同学院の古文書学士号を取得した。ジュネーヴにもどると、地元出版社ドロー（後述）の編集部に入り、一九九五年まで編集部長を務めた。その傍ら、ジュネーヴ大学附属宗教改革史研究所の客員研究員でもある。スイスロマンド地方の古文献学、ジュネーヴ史、テオドール・ド・ベーズを研究対象としている。主著に『一五八九年から一五九三年までの戦争』[29]、『政治史および歴史心理学』[30]がある。この他にも、テオドール・ド・ベーズの書簡集を編纂している。

E・ウィリアム・モンター（Monter, E. William, 1936-）は、アメリカのウォーバッシュ大学を卒業後、プリンストン大学大学院で哲学博士号を取得した。ノースウェスタン大学歴史学科で長らく教鞭を執り、現在は同大学名誉教授である。彼の関心は、近世ヨーロッパにおける魔女、異端審問、女性史にわたっている。ジュネーヴ州立公文書館で実地に史料を調査研究した結果として、『ジュネーヴ共和国政府　一五三六〜一六〇五年』[31]、『カルヴァン時代のジュネーヴ——宗教改革と都市国家』[32]が代表作である。後述するギショネ編『ジュネーヴ史』に、モンターは分担執筆者としても寄稿している。

ルイ・ビンツ（Binz, Louis, 1930-2013）は、『ジュネーヴ司教区における宗教生活と教会改革』[33]論文で文学博士号を取得後、ジュネーヴ州立公文書館にアーキヴィストとして勤務した。同館研究部長（一九六六〜七五年）を経て、ジュネーヴ大学文学部正教授に就任し（一九七一〜九五年）、古書体学とスイス史を講じた。主たる関心領域は中世ジュネーヴ司教区における宗教史である。ジュネーヴ史全般にわたり、数多くの著者や論稿を発表している。なかでも、『ジュネーヴ小史』[34]（一九八一年）は、小冊子ながらも、アーキヴィスト時代の史料研鑽に裏付けられたジュネーヴ通史である。遺著として『一試論としてのジュネーヴ史』[35]が刊行された。

エーリッヒ - ハンス・カデン（Kaden, Erich-Hans, 1898-1973）はドイツのマインツ近郊に生まれた。第一次世界大戦では無線通信兵として西部戦線に従軍した。戦後、ドイツ国内のギーセン、フライブルク、ライプチヒの諸大学で法律学を修め、法曹資格を取得した。ボン、ベルリン両大学での助手勤務と外務省嘱託を経た後、一九二四年にハイデルベルク大学で教授資格を取得した。一九二五年に、ジュネーヴ大学法学部に員外教授（ドイツ民法担当）に就任した。一九三一年に、カデンは正教授に昇進し、ローマ法を担当した。その後、関心領域を中世・近世法史にまで拡大し、ジュネーヴ州公文書館等での未公刊史料を研究した。最晩年の著作『ジャン・カルヴァンおよびテオドール・ド・ベーズの友人でもあった法律家ジェルメン・コラドン』[36]（一九七三年）はその成果である。本書では、「一五六八年に施行後、二世紀間にわたり、ジュネーヴ社会を規律した『民事布告』の主たる起草者であるコラドン」について、その生涯と法的活動が明らかにされている。十六世紀から十八世紀末までのジュネーヴの私法制度を概観した古典的著作である。

ポール・ギショネ（Guichonnet, Paul, 1920-）は、フランス東部オート＝サヴォワ県に生まれ、グルノーブル大学大学院を卒業後、ジュネーヴ大学経済社会科学教授に就任し、同学部長を歴任後、現在は同大学名誉教授である。彼の主たる関心は、「アルプス山脈地域とそれをはさむ諸国・諸地域の地理・歴史」である。したがって、その対象は、フランス・サヴォワ地方、イタリア、スイスにまたがっている。ジュネーヴについても、『フランス・スイス国境の政治経済史――越境、中立、フリーゾーン』(37)等の著書や論稿を発表している。ギショネが編集した『ジュネーヴ史』(38)（一九七四年）は、協会編『ジュネーヴ史』に次ぐコンパクトなジュネーヴ通史である。その前書で、編者はジュネーヴ史の特長を次のように要約している。すなわち、「都市国家ジュネーヴでは、領土が狭く、人口にも制約があり、天然資源をも欠いている。しかも、宗教改革以後は、流入してきた宗教難民の坩堝と化した。この都市が、ヨーロッパでも未曾有の発展を遂げたのは、地理的条件よりも歴史的条件の結果である」と。本書は、初版刊行後、版を重ね、頻繁に参照されている。

ミッシェル・ポレ（Porret, Michel, 1955-）は、ジュネーヴ大学文学部を卒業後、『犯罪とその情状　啓蒙の世紀における自由裁量の精神――ジュネーヴの主席検事たちの論告文をもとにして』(39)論文で文学博士号を取得した。現在は、母校文学部近代史学科主任教授である。彼の主たる関心は、ヨーロッパ史の文脈の中で、十八世紀ジュネーヴにおける刑法史の研究を進めている。著書として、『悪魔の影――ジュネーヴ最後の魔女裁判で処刑されたミッシェ・ショデロン』(40)等多数である。編著として、『十八世紀の恐怖』(41)がある。二〇一五年以後、「ジュネーヴ国際フォーラム」の議長である。

アルフレッド・デュフール（Dufour, Alfred, 1937-）は、ジュネーヴ大学法学部および文学部を卒業後、ドイツハイデルベルク大学、フライブルク大学留学を経て、ジュネーヴ大学法学部で法学博士号を取得した。一九八〇年に母校法学部正教授に就任し、法制史、法哲学史、カノン法史、政治理論史、スイス国制史を講じた。法学部長の要職を経て、二〇〇三年より名誉教授である。主たる関心は、十七世紀以後のヨーロッパを席巻した近世理性主義的自然法学派、ドイツ歴史法学派、ジュネーヴ史である。法制史、法思想史の観点から、ジュネーヴに関する論稿を多数発表している。これまでの研究成果をもとに、デュフールは『ジュネーヴ史』[42]（一九九七年）をクセジュの一冊として刊行した。カエサル著『ガリア戦記』の記述から二十一世紀までのジュネーヴ通史を単独の著者が著したものとしては、唯一の書である。本書は、協会編『ジュネーヴ史』に依拠しつつも、これまでの隣接諸分野の研究成果を踏まえ、法制度史という著者独自の視点で叙述されている。なお、政治思想史にも造詣が深い著者は、生誕三百周年を機に、シャンピオン社（在パリ）とスラトキン社（在ジュネーヴ）より刊行が始まっている新ルソー全集編集委員の一人でもある。

イレーヌ・エルマン（Herrmann, Irene）は、ジュネーヴ大学文学部で歴史学およびロシア語を学んだ後、一九九七年に同大学で文学博士号を取得した。博士論文「ジュネーヴ共和国からスイス連邦ジュネーヴ州へ――連邦統合までの変遷（一八一四〜一八四六）[43]」の中で、エルマンは、社会史の手法を導入することにより、ジュネーヴ史研究に新機軸を展開した。すなわち、十九世紀以後、スイス連邦への加盟により、ジュネーヴは、その領域を広げ、新しい住民を迎える一方、「ジュネーヴ共和国」時代の独立を失い、プロテスタント的同質性をも失う。だが、巧みな方策により、共和国時代の個性を保持しつつ、ジュネーヴは他カントン以上に「スイス的」となることに成功した、と主張している。

これに続き、近時では、マシュー・ケザール、コリンヌ・ウォーカー、オリヴィエ・ペルー共編著『ジュネーヴ史』[44]（全三巻）がアルフィル社（在ヌーシャテル）の「フォーカス」新書の一環として刊行されている。これまでのジュネーヴ史叙述に対して、「歴史とは絶えず書き直されるべきである。なぜならば、考古学上の新たな発見や、これまで注目されないかあるいは未知であった史料を分析することが、これまでの歴史観を豊かにし、多様化してくれるからだ」（ケザール）との方針で編集されている。各巻とも新進の研究者が、それぞれの専門的視点から叙述している。ケザールは中世ジュネーヴ経済史、ウォーカーはアンシャン・レジーム期ジュネーヴ文化史、ペルーは十九世紀以後のジュネーヴ経済史の専門家である。

文学作品は、その中に時代や社会を反映していることが多い。したがって、ジュネーヴ史を考えるにあたり、文学史の視点も有益である。ロジェ・フランシヨン（Franicillon, Roger, 1938-）は、長らくチューリッヒ大学文学部でスイス・ロマンド文学を研究してきた。スイスの国民的作家の一人、シャルル・フェルディナン・ラミュの全集編纂に大きな役割を果たした。フランシヨン監修による『スイス・ロマンド文学史』[45]には、ジュネーヴゆかりの作家をも数多く取り上げられている。

最後に、ロベール・ド・トラ（De Traz, Robert, 1884-1951）を挙げておく。彼は、歴史家ではない。むしろ、作家、文芸評論家である。にもかかわらず、本章で取り上げる理由は何か？　それは、彼の評論『ジュネーヴ精神』が、ジュネーヴ史をコンパクトに要約した古典として、評価されているからである。

ド・トラは、誕生後、高等行政学院で銀行家・経営者としての教育を終えるまでを、パリで過ごした。一九〇六年、父の郷里であるジュネーヴに落ち着くと、文筆活動を始めた。その年より一九一〇年まで、「ラテン帆──スイス文芸（La Voie latine - revue suisse de littérature et d'art）」誌、一九二〇年から一九三〇年にかけて、「ジュネーヴ評論（La Revue de Genève）」誌、それぞれの編集長をつとめた。後者は短命に終わったとはいえ、スイス・ロマンド地方誌の枠を超えて、執筆者が当時のヨーロッパ大陸全域に及ぶ国際色豊かな文芸誌だった。さらに、「ジュネーヴ評論」誌は、単なる文芸誌にとどまらず、社会科学関係の論稿や、さまざまな国際時事評論記事をも掲載した。これには、少年時代から、父と共にヨーロッパ各地を旅行したというトラの国際感覚と、一九二〇年に国際連盟がジュネーヴに創設され、スイスがこれに加盟した時代背景が反映している。こうした編集活動をもとにして、一九二九年、ド・トラは『ジュネーヴ精神(46)』を発表した。彼はジュネーヴ史を俯瞰して、古くからの土着の気風である「ジュネーヴ気質（esprit genevois）」と、近世以降の「ジュネーヴ精神（esprit de Genève）」とを区別する。そして、これら二つの流れがジュネーヴ史を織りなす、と解している。前者は、長く周辺地域から侵略を受けてきたためか、異質なものへの警戒感・排斥感であり、身近な者のみを受け入れる偏狭な心情である。他方、後者は、カルヴァンの宗教改革、ジャン゠ジャック・ルソーの思想、アンリ・デュナンが創始した赤十字運動、のように普遍性を志向し、コスモポリタンな心情である。

ジュネーヴ市当局が公刊している『ジュネーヴ史文献案内(47)』は、小冊子ながら、便利である。通史、家系史、政治史、法制度史、経済史、経済史、宗教史、教育史、科学史、文学史、文化史、定期刊行物、等々について、平易に解説している。

出版社ドロー（Droz）は、小規模ながら、ジュネーヴにおいて、人文・社会科学部門の出版を専門にしている老舗書店である(48)。「人文主義・ルネサンス叢書（Travaux d'Humanisme et Renaissance）」、「パリ高等研究実習院第四部門叢書（Travaux de la IVe section de l'Ecole Pratique des Hautes Etudes）」を刊行している。

同じくジュネーヴに本拠を置く出版社スラトキン（Slatkine）は、フランス語圏の絶版書をもっぱら復刻出版（リプリント）してきた。近年では、ジュネーヴ史関連書も含め、人文・社会科学部門の新刊書を意欲的に刊行している(49)。

「ジュルナル・ド・ジュネーヴ」紙は、一八二六年に発刊されたジュネーヴ地元紙の一つである。他紙との合併により一九九八年に廃刊となった。チューリッヒの大手新聞「ノイエ・チューリッヒャー・ツァイトゥング（NZZ）」紙に比べると、発行部数は少なかった。しかし、スイスロマンド地方におけるジャーナリズムと文化の有力な担い手だった。その紙面にもジュネーヴ史の歩みをたどることができる。[50]
一九八二年から一九九六年にかけて『ジュネーヴ百科事典』[51]が編纂された。総索引となっている第一一巻をのぞき、各巻では特定のテーマに絞って現代ジュネーヴを紹介している。ジュネーヴ史への理解を深める上で有益である。

第3節　わが国におけるジュネーヴ史研究

日本人がジュネーヴを実地に訪問したはじめての記録は、明治初年に欧米諸国を歴訪した岩倉使節団が残した視察報告である。[52]これを嚆矢として、ジュネーヴにゆかりの歴史的著名人やその事績がわが国でも知られるようになった。

ジャン・カルヴァンとその教義が翻訳紹介されたのは、キリスト教布教の一環による。[53]ジャン - ジャック・ルソーの社会契約論が中江兆民により翻訳紹介されたのは、自由民権運動論者らがその理論的根拠を広く欧米の政治理論に求めたからだった。[54]アンリ・デュナンの事績と赤十字運動が紹介されたのは、日本がジュネーヴ条約に早期に加盟し、先進国の仲間入りをするためだった。[55]言語学者小林英夫がフェルディナン＝モンジャン・ド・ソシュールの言語理論を世界に先駆けて翻訳し日本へ紹介したのは、後の西欧近代思想への懐疑につながる。[56]ヌーシャテルに生まれたマルセル・ジュノー医師は、ジュネーヴの赤十字国際委員会（以下、ＣＩＣＲと略）から駐日代表部首席代表として派遣された。滞日中、彼は連合国軍捕虜の本国帰還業務と、被爆後の広島における救護活動に従事した。ジュノー医師の手記が翻訳紹介されている。一九七九年には、ジュノー記念碑が広島平和記念公園内に建立された。[57]

そして、これらの人物について、ジュネーブと関連させた歴史的背景も研究されてきている。カルヴァンについては、出村彰著『スイス宗教改革史研究』（日本基督教出版団、一九七一年）、倉塚平氏による一連の論稿、[58]そして田上雅徳著『初期カルヴァンの政治思想』（新教出版社、一九九九年）がある。ルソーについては、桑原武夫編『ルソー研究』（岩波書店、一九五一年）、鳴子博子著『ルソーにおける正義と歴史――ユートピアなき永久民主主義革命論』（中央大学出版部、二〇〇一年）、小林義彦著『誇り高き市民――ルソーになったジャン＝ジャック』（岩波書店、二〇〇一年）、川合清隆著『ルソーとジュネーヴ共和国――人民主権論の成立』（名古屋大学出版会、二〇〇七年）がある。近年では、ヌーシャテル大学で研鑽を積んだ小林拓也氏が、ルソーの植物学者としての側面に注目した論稿を発表している。(59) その上、同氏は、前述のアルフレッド・デュフール教授と共に、生誕三〇〇周年を機に、パリとジュネーヴより刊行が始まっている新ルソー全集編集委員の一人でもある。アンリ・デュナンについては、橋本祐子著『私のアンリー・デュナン伝――赤十字の創立者に学ぶ』（学習研究社、一九七八年）、吹浦忠正著『赤十字とアンリ・デュナン――戦争とヒューマニティの相克』（中公新書、一九九一年）がある。最近では、岡村民夫氏の論稿もある。(60) ソシュールについては、丸山圭三郎著『ソシュールの思想』（岩波書店、一九七一年）がある。同じく岡村民夫氏がジュネーヴで調査した結果を論稿にまとめている。(61) マルセル・ジュノーについては、大佐古一郎氏が、『ドクター・ジュノー　武器なき勇者』(62)（新潮社、一九七九年）、『平和の勇者ドクタージュノー――探せ！ヒロシマの恩人の軌跡』（蒼生社、一九八九年）を著した。近時では、ジュネーヴのＣＩＣＲアーカイヴ史料や日本国内史料に依拠し、大川そして東浦洋氏が翻訳あるいは論稿を発表している。(63)

政治史の領域では、宗教改革前ジュネーヴ政治史、政治制度、政治制度に関して、井口吉男氏による論稿がある。(64) 政治思想史の領域では、十七世紀末から十八世紀のジュネーヴを知識社会史の観点から論じた、小林淑憲氏の論稿がある。(65)

外交史の領域では、ジュネーヴについての記述はないが、篠原初枝著『国際連盟――世界平和への夢と挫折』（中公新書、二〇一〇年）がある。失敗に終わったジュネーヴ海軍軍縮会議（一九三二年）は、日本政治史・外交史において、重要である。随員であった堀悌吉（当時、海軍大佐）が膨大な記録を残している。(66) 最近では、倉松中氏による論稿がある。(67)

法制度史の領域では、十九世紀後半ジュネーヴ大学法学部で教鞭を執り、来日後、当時の東京帝国大学法科大学で比較法を講じたルイ・ブリデルに関し、古くは松本暉雄氏の論稿(68)や、近時では小沢奈々氏の研究がある。(69) ブリデルの指導をジュネーヴ大学法学部で受けた、日本人留学生野澤武之助に関する大川の論稿がある。(70) ジュネーヴ発祥のジュネーヴ条約に基づく赤十字活動について、ジュネーヴのＣＩＣＲアーカイヴ史料と日本国内史料をも駆使した大川らの研究がある。(71) 東浦氏は、国内外の史料を駆使して、日本人国際法学者蜷川新（一八七三〜一九五九）が国際赤十字・赤新月社連盟の発案者の一人であったことを、明らかにした。(72)

経済学説史の領域では、ジュネーヴ出身の経済学者ジャン－シャルル－レオナール・シモンド・ド・シスモンディ(Sismondi, Jean-Charles-Léonard Simonde de, 1773-1842)の経済学説が吉田静一氏、小池滲氏、中宮光隆氏らにより紹介・研究されてきている。(73)

経済史の領域では、住民簿の分析をもとにした十八世紀後半ジュネーヴの職業構成研究や、十八・十九世紀ジュネーヴ時計産業と周辺地域の部品製造業との関係を、尾崎麻弥子氏が研究している。(74) 時計産業については、小谷年司氏の論稿もある。(75) ジュネーヴの銀行業については、その重要性が翻訳文献等を通じて指摘されている。(76) しかし、管見の限り、邦語での研究論稿はまだない。(77) 今後の研究が待ち望まれる。

こうした研究趨勢の下で、本章の冒頭に記した分類（「地方史」、「ヨーロッパ史」、「世界史」）に従うならば、「ヨーロッパ史」、「世界史」への関心から、わが国におけるジュネーヴ史研究は、ようやく「地方史」としてのジュネーヴ史にまで対象を広げているという現状である。

おわりに

ジュネーヴは一八一五年以後、スイス連邦の一州（カントン）に過ぎない。しかし、もともとジュネーヴは、独立した共和国だった。独特の文化と経済力をもち、固有の歴史を歩んでいた。この傾向は、連邦加盟後も、変わらない。例えば、筆者が留学中、一九九三年一月に、ヨーロッパ経済地域へのスイス加盟をめぐり、国民投票がスイス全土で実施された。ドイツ語圏、イタリア語圏、レトロマンシュ語圏諸州の強い反対により、この提案は否決された。テレビやラジオの報道では、否決の結果報道に沸き返る市民らの歓声が伝わってきた。これに対し、加盟を強く支持したフランス語圏諸州のうち、ジュネーヴでは、外国人である筆者でも感じ取ったほど、重苦しい雰囲気に包まれていた。同じスイスとは信じがたかった。おそらく、ジュネーヴでは、州内に数多くの国連諸機関があり、人口の約三分の二が外国人だからであろう。また、スイス他州の市民から、ジュネーヴ人は「個性的な者が多い」と酷評されることがある。

とはいえ、ジュネーヴは連邦の一洲であることを決して拒むわけではない。過去の歴史が示すように、一小共和国時代のジュネーヴは、レマン湖周辺地域、そして広くヨーロッパ政治の文脈の中で、政治的・経済的抗争を経験してきた。独立を維持するために、ある時にはスイス側諸邦と、別の時には隣接する大国フランスと連合し、難局を切り抜けてきた。連邦加盟後よりも加盟前の歴史が長いジュネーヴは、過去の教訓をもとに、自己のアイデンティティと連邦の一州との間にバランスを保ちつつ、個性ある歴史を今後も歩んでいくことだろう。

筆者の力量およばず、本章では、ジュネーヴ史に関し、総ての研究を網羅することができなかった。今後、ジュネーヴ史に関する研究が発展していくことだろう。近い将来、別の論者がジュネーヴ史研究史を補完して下さることを筆者は切に願っている。

（後記）本章を執筆する過程で、資料収集等のために、ジュネーヴ大学法学部法制史研究室のヴィクトル・ムーニエ（Victor Monnier）教授とその助手をつとめるアレッサンドロ・カンパネルリ（Alessandro Campanelli）氏にご協力いただいた。ここに記して御礼申上げる。本章初校校正中に、ヴェロニック・メットラル／パトリック・フルーリー共編『史料で読むジュネーヴ史——その起源から今日まで』を入手した（Mettral, Véronique et Fleury, Patrick (éds.), *Histoire de Genève par les textes - Des Origines à nos joues*, Éditions Slatkine, Genéve, 2011）。

◆註

（1）Cf., Schedel, Hartmann, *La chronique universelle de Nurumberg. L'édition de 1493,coloriée et commentée*, Introduction et Appendice par Stephan Füssel, Librairie Taschen GmbH (Köln, London, Madrid, New York, Paris, Tokyo), 2001, p. ccxii.

（2）以下の叙述は、次の論稿に依っている。Cf., Dufour, Alain et Lecaze, Bernard, "Les historiens genevois", dans *Encyclopédie de Genève tome 4 Les institutions politiques*, judiciaires et militaires, sous la direction de Bernard Lescaze et François Hirsch, Association de l'Encyclopédie de Genève, Genève, 1985, pp. 37-45.

（3）Bonivard, François, *Chroniques de Genève*, édition critique par Micheline Tripet, 3 tomes., Droz, Genève, 2001-2014.
ボニヴァールに関する本文の叙述は、この刊本の校訂者であるミシュリヌ・トリペ女史の解説文に依っている（Cf. Tripet, Micheline, "Introduction", *op.cit.*, tome 1. pp. vii-xxxi）。邦語文献としては、次の訳書を参照されたい。モンター、E・W（中村賢二郎・砂原教男共訳）『カルヴァン時代のジュネーヴ——宗教改革と都市国家』ヨルダン社、一九七八年、三八〜四四頁。

（4）Cf., Fazy, Henri, "Avant-propos" et "Notice biographique", dans *Les Chroniques de* Genève écrites par Michel Roset, publiées par Henri Fazy, Genève, Georg & Co, Librairie de l'Institut, 1894, pp. iii-xliii.

（5）一七三〇年リヨン版がジュネーヴのスラトキン社から復刻されている。Spon, Jacob, *Histoire de Genève*, réimpression de l'édition de Genève, Édition Slatkine, Genève, 2 tomes, 1976.

（6）Gautier, Jean-Antoine, *Histoire de Genve des origins l'anne 1691*, 8 vols., avec un volume supplant pour tables, 1896-1914, Genve, Rey et Malavallon Imprimeurs.

（7）Cf., art. "Genève", dans *Encyclopédie ou dictionnaire raisonné des sciences* des arts et des métiers, paru une société des gens de lettres, mis en ordre & publié par M. Diderot, de l'Académie Royal des Sciences & des Belles-Lettres de Prusse, nouvelle impression en facsimilé de la première édition de 1751-1780, Stuttgart-Bad Cannstatt 1966, Friedrich Frommann Verlag (Günther Holzboog), volume 7, pp. 578$_{\text{sic}}$ (précisément 574) -578.　西川長夫訳「付録——ダランベールによる「ジュネーヴ」の項目（『百科全書』第七巻五七八《ママ》［正しくは五七四（引用者補訂）］頁）」［西川長夫ほか共訳『ルソー全集　第八巻』白水社、一九七九年、一七九～一八九頁］。

（8）Bérenger, Jean-Pierre, *Histoire de Genève depuis son origines jusqu'à nos jours*, 6 vols., 12°, Georg, Genève, 1772-1773.

（9）ジュネーヴ州公文書館では、その沿革、所蔵史料の概要、利用案内等を、次の書籍の中で詳細に伝えている。これは同公文書館入口受付で販売されている。責任編集者のカトリーヌ・サンチ女史は、長らく同館にアーキヴィストとして勤務し、館長をも務めた経歴の持ち主である。Archives d'Etat de Genève, *Etat général des fonds* sous la direction de Catherine Santschi, Genève, Société auxiliaire des Archives d'Etat, 2004. 今日では、小会議、市民会議の議事録も、整理が終わったものから、同公文書ホームページ上で閲覧することができる（Cf., site "Fonds et Collections" des Archives d'Etat Genève (URL: https://ge.ch/arvaegconsult/ws/consaeg/public/FICHE/AEGSearch, consulté le 13 février 2018)。

（10）「研究調査報告集」は、かなりまとまった研究報告、重要史料復刻等を内容としている。通常の場合は八つ折判（イン・オクタヴォ）で、大きな写真図版等を掲載する際には四つ折判（イン・クワルトォ）で、毎年または数年おきに刊行されている。一八四一年の創刊号より、本章執筆時点までに第六七号（二〇一四年）が刊行されている。不定期ではあるが、特別号は四つ折判で刊行されている。一八七〇～一八八七年にかけて四分冊で発刊された第一号より、本章執筆時点で第一二号（一九九九年）まで刊行されている。他方、「年報」は、学術論文の他、書評、文献目録、協会関係者消息記事等が掲載されている。一八九二年に創刊された。本章執筆時点で、第一七五号（二〇一三年）まで刊行されている。

（11）Jullien, John, *Histoire de Genève racontée aux jeunes Genevois*, 3 vols., Librarie Jullien, Genève, 1843-1863.

（12）Mallet, Edouard, "Recherches historiques et statistiques sur la population de Genève - son mouvement annuel et sa longévité, depuis le XVIe siècle jusqu'à nos jours (1549-1833)", dans Annales d'hygiène publique, tome 17 (1837), 1ère partie. 筆者未見である。

（13）Galiffe, Jacques-Augustin (dit James), *Notices généalogiques sur les familles genevoises depuis les premiers temps jusqu'à nos jours*, continuées par Jean-Barthélemy-Gaïfre Galiffre, Louis Dufour-Vernes, Eugène Ritter et al., Genève, J. Barbezat, puis, J.

Jullien, 1829-1908, 7 vols, réimprimées par Éditions Slatkine, 1976.

広瀬隆氏は、スイスとフランスの経済界の人的系譜を調査するに際して、ガリフェ父子による『ジュネーヴ旧家家系誌』全七巻を参照している（広瀬隆『赤い楯――ロスチャイルドの謎（下）』集英社、一九九一年、五五八頁。同「私の血となり肉となってきた人名事典」『kotoba』二九（特集「わが理想の本棚」）、二〇一七年秋号）。

(14) Rivoire, Emile, *Bibliographie historique de Genève au XVIIIe siècle,* 3 vols., Mémoires et documents publiés par la Société d'histoire et d'arhcéologie de Genève (tome 26, 27, 35), Genève, J. Jullien et Georg, Paris, A. Picard, 1897-1935.

(15) Rivoire, Emile et Berchem, Victor van, *Les sources du droit du canton de Genève,* 4 vols., Aarau, H. R. Sauenländer, 1927-1935.

(16) Rivoire, Emile et Berchem, Victor van, *Registres du Conseil de Genève,* publiés par la Société d'histoire et d'archéologie de Genève, Genève, H. Kündig, 1900-1940, 13 vols.

(17) Borgeaud, Charles, *Histoire de l'Université de Genève,* Georg & Co, Libraires de l'Université, Genève, 1900-1934, 6 vols.

(18) Cf., Rappard, William Emmanuel, *L'avènement de la démocratie moderne à Genève (1814-1847),* Alex. Jullien, Éditeur, Genève, 1942.

(19) Geisendorf; Paul-Frédéric, *Livre des habitants de Genève,* collection *Travaux d'humanisme et Renaissance,* tome 25 et 26, Librairie Droz, Genève, 1957-1963. 筆者未見である。

(20) Geisendorf; *La vie quotidienne à Genève au temps de l'Escalade,* Libraire Labor et Fides, Genève, 1952. 筆者未見である。

(21) Geisendorf, *Bibliographie raisonnée de l'histoire de Genève des origines à 1789,* collection *Mémoires et documents publiés par la Société d'histoire et d'archéologie de Genève,* tome 43, Librairie A. Jullien, Genève, 1966.

(22) Ruchon, François, *Histoire politique de la République de Genève de la Restauration à la suppression du budget des cultes* (31 décembre 1813-30 juin 1907), 2 vols., Alexandre Jullien, Éditeur, Genève, 1953.

(23) Societé d'Histoire et d'Archéologie de Genève, *Histoire de Genève,* 2 vols. (1er vol. Des Origines à 1789, 2 vol. De 1789 à 1931), Genève, Alexandre Jullien, Éditieur, 1951-1956, Imperimerie du Journal de Genève.

(24) Babel, Antony, *Histoire économique de Genève des origines au début du XVIe siècle,* 2 vols., Alexandre Jullien, Éditeur, Genève, 1963.

(25) Lüthy, Herbert, *La Banque Protestante en France – de la Révocation de l'Edit de Nantes à la Révolution,* École pratique des haues études, sixième section, Centre de recherches historiques, collection *Affaire et gens d'affaires,* vol. 19, S.E.V.P.E.N., Paris,

1959-1961, 2 vols.

(26) Bergier, Jean-François, *Genève et l'économie européenne de la renaissance*, École pratique des haues études, sixième section, Centre de recherches historiques, collection *Affaire et gens d'affaires*, vol. 29, S.E.V.P.E.N., Paris, 1963.

(27) Kingdon, Robert McCune, *Geneva and the Coming of the Wars of Religion in France: 1555-1563*, collection *Travaux d'humanisme et Renaissance*, vol. 22, Librairie Droz, Paris et Genève, 1956. 筆者未見である。

(28) *Registre de la Compagnie des Pasteurs de Genève au temps de Calvin*, publiés sous la direction des Archives d'Etat de Genève, collection *Travaux d'humanisme et Renaissance*, vol. 55, Librairie Droz, Genève, 2 tomes, 1962-1964. 筆者未見である。

(29) Dufour, Alain, *La guerre de 1589-1593*, vol.4 de *La Seigneurie de Genève et la Maison de Savoie de 1559 à 1605* (4 vols.) dirigée par Lucien Cramer, Librairie Alexandre Jullien, 1958. 筆者未見である。

(30) Dufour, *Histoire politique et psychologie historique; suivi de deux essais sur Humanisme et reformation; et Le mythe de Genève aux temps de Calvin*, Collection *Travaux d'histoire éthico-politique*, tome 11, Librairie Droz, Genève, 1966. 筆者未見である。

(31) Monter, E. William, *Studies in Genevan Government: 1536-1605*, Collection *Travaux d'humanisme et Renaissance*, vol. 62, Librairie Droz, 1964. 筆者未見である。

(32) Monter, *Calvin's Geneva*, Collection New Dimensions in History (Historical Cities), John Wiley & Sons Inc., New York/London, 1967, iii. 本書は邦訳されている［モンター著（中村・砂原共訳）、前掲書］。

(33) Binz, Louis, *Vie religieuse et réforme ecclésiastique dans le diocèse de Genève*, *Vie religieuse et réforme ecclésiastique dans le diocèse de Genève pendant le grand schisme et la crise conciliaire (1378-1450)*, thèse (Lettre Genève), collection Mémoires et Documents publiés par la Société d'histoire et d'arhéologie de Genève, vol. 46, Genève, Librairie Alexandre Jullien, 1973. 筆者未見である。

(34) Binz, *Brève histoire de Genève*, Chancellerie d'Etat, Genève, 1981.

(35) Binz, *Une histoire de Genève - Essais sur la Cité*, recuillis par Serge Desarnaulds, édités par Barbord Roth-Lochner, Marc Neuerschwander, Jean- François Pitteloud, Editions La Baconnière, Genève, 2016.

(36) Kaden, Erich-Hans, *Le jurisconsulte Germain Colladon, ami de Jean Calvin et de Théodore de Bèze*, Mémoires de la Faculté de Droit de Genève, N° 41, Georg, Librairie de l'Université, Genève, 1974.

(37) Guichonnet, Paul, *La Savoie du Nord et la Suisse. Neutralization, Zones françaises,* collection L'Histoire en Savoie (nouvelle série), No.2, Société Savoisienne d'Histoire et d'Archéologie, Chambéry, 2001. 本書は邦訳されている［ギシュネ、ポール（内田日出海・尾崎麻弥子共訳）『フランス・スイス国境の政治経済史――越境、中立、フリーゾーン』昭和堂、二〇〇五年］。

(38) Guichonnet (éd.), *Histoire de Genève,* Univers de la France et des pays francophones (Collection dirigée par Ph.Wolff de l'Institut - Série: *Histoire des villes*), Libraires Privat (Toulouse en France) et Payot (Lausanne en Suisse), première édition (1974), troisième édition mise à jour (1986).

(39) Porret, Michel, *Le crime et ses circonstances: de l'esprit de l'arbitraire au siècle des Lumières selon les réquisitions des procureurs générales de Genève,* avec le préface de Bronislaw Baczko, collection *Travaux d'histoire éthico-politique*, vol. 54, Droz, Genève, 1995. 筆者未見である。

(40) Porret, *L'Ombre du diable : Michée Chauderon, dernière sorcière exécutée à Genève,* avec préface d'Alessandro Pstore, Georg, Genève, 2009.

(41) Berchtold, Jacques et Porret, Michel (éds), *La peur au XVIIIe siècle: discours, représentations, pratiques,* études réunies et présentées par Jacques Berthtold et Michel Porret, collection Recherches et rencontres, vol.5 (Littérature), librairie Droz, Genève, 1994. 本書は邦訳されている［ベールシュトルド、ジャック／ポレ、ミシェル編（飯野和夫・田所光男・中島ひかる訳）『十八世紀の恐怖―言説・表象・実践』叢書ウニベルシタス第七八二巻、法政大学出版局、二〇〇三年］。

(42) Dufour, Alfred, *Histoire de Genève, collection Que sais-je?,* Presses Universitaires de France, 1ère édition (1997), 5e édition, (2014). 目下、筆者がその日本語版を準備中である（白水社より文庫クセジュの一冊として刊行予定）。

(43) Cf., Herrmann, Irene, *Genève entre Republique et Canton – les vicissitudes d'une intégration nationale (1814-1846),* Éditions Passé Présent/Presses de l'Université Laval, 2003.

(44) その構成は次のとおりである。

Caesar, Mathieu, *Histoire de Genève. Tome 1 – La cité des évêques (IVe - XVIe siècle),* collection *Focus*, Éditons Alphil - Presses universitaires suisses, Neuchâtel, 2014.

Walker, Corinne, *Histoire de Genève. Tome 2 - De la cité de Calvin à la ville française (1530-1813),* collection *Focus*, Éditons

Alphil - Presses universitaires suisses, Neuchâtel, 2014.
Perroux, Olivier, *Histoire de Genève. Tome 3 - De la création du canton en 1814 à nos jours*, collection *Focus*, Éditons Alphil - Presses universitaires suisses, Neuchâtel, 2014.

（45）一九九六年の初版時は、ローザンヌにてパイヨ社から三巻本として刊行された（加太宏邦「スイス・ロマンド文学という制度」（森田安一編『スイスの歴史と文化』刀水書房、一九九九年、三八九〜四一三頁、特に三九八〜三九九頁）。二〇一五年より、ジュネーヴ市内カルージュの出版社ゾエから一巻本として刊行されている。Cf. Francillon, Roger (éd.), *Histoire de la littérature en Suisse romande*, nouvelle édition, Édition Zoe, Genève-Carouge, 2015, p.1726.

（46）Cf., de Traz, Robert de, *L'Esprit de Genève*, collection *Les "Écrits"* sous la direction de Jean Guéhenno, Bernard Grasset, Editeur, Paris, 1929, réédité en collection *Poche suisse*, n° 139, L'Age d'Homme, Lausanne, 1996, avec la préface d'Alfred Dufour (pp. 9-20).

（47）Duboisson, Françoise, *Guide bibliographique de l'histoire de Genève*, Bibliothèque publique et universitaire, ville de Genève, Départment des affaires culturelles, Georg Editeur, Genève. ジュネーヴ州立図書館（Bibliothèque de Genève. 旧称ジュネーヴ州立兼大学図書館（Bibliothèque publique et universitaire de Genève））入口受付で市販している。

（48）ドロー社は、ショードフォン出身のエウジェニィー・ドロー女史（Droz, Eugénie, 1893-1976）が一九二四年にパリで開業した。書店主の娘として生まれた彼女自身が、ヌーシャテル大学文学部、パリ高等研究実習院、パリ大学文学部で古文書学、印刷文化史について研鑽を積んだ知識人だった。一九四七年にジュネーヴに店舗を移した。一九六三年より、現代史家ジョヴァンニ・ブジノ（Busino, Giovanni, 後にローザンヌ大学社会科学・政治学部教授）、近世史家アラン・デュフール両氏が経営にあたってきた。一九九五年以後は、現社主マックス・アンガマール氏（Engammare, Max）が同社の責任者である（Cf., Candeaux, Jean-Daniel, art. "Eugénie Droz se retire", dans l'édition du 2 février 1963 du Journal de Genève, p. 8 (URL: http://www.letempsarchives.ch/Repository, consulté le 9 décembre 2015; Busino, Giovanni, art. "Edition genevoise: Une femme redoutable", dans l'édition du 4 décembre 1993 du Journal de Genève et Gazette de Lausanne, p. 24 (URL: http://www.letempsarchives.ch/Repository, consulté le 4 ocrobre 2015）: site "Historique" et "Politique éditoriale" de la librairie Droz (URL: http://www.droz.org/world/fr/content/4-présentation, consulté le 9 décembre 2015)。

（49）スラトキン家は、帝政ロシア時代のドン川河畔都市ロストフ・ナ・ドヌーのユダヤ教ラビの家系である。海上保険業に転進して成功を収めたが、ユダヤ人迫害を逃れて、一九〇四年にジュネーヴに移住した。破産後の生計を立てるため、創業者メンデル・スラトキンは、一九一四年、旧市街ショウドロニィエール通りで古書店を開業した。ここには、レーニンをも含め、ジュネーヴに滞在中のロシア人らが出入りしていた。孫のミッシェル・エドゥアール・スラトキン（1933- ）は、カルヴァン学寮で古典学を修めると、パリ大学文学部（ソルボンヌ）で学士号を取得した。彼は、ジュネーヴに戻ると、ドロー書店で研鑽を積み、家業に就いた。オフセット印刷技術を導入して、稀少本や、学術書の復刻出版を始め、大成功を収めた。現在、玄孫イヴァン・スラトキンを社主とするスラトキン社は、デジタル技術をも導入して、新刊書の出版を幅広く手掛けている（Cf. Demidoff, Alexandre, art. “La fortune des Slatkin - un roman russe à Genève”, dans l’édition des 21-22 avril 2018 de *Le Temps*, pp. 30-31; Chaix, Benjamin, art. “1918 Mendel Slatkine ouvre une librairie à Genève”, dans l’édition du 12 avril 2018 du *Tribune* de Genève (https://www.tdg.ch/culture/livres/1918-Mendel-Slatkine-ouvre-une-librairie-a-Geneve/story/13107284, consultée le 29 avril 2018); Éditions Slatkine Genève (URL: https://www.slatkine.com/fr/content/11-notre-societe, consultée le 13 février 2018)。

（50）廃刊されたため、現在ではスイス国内の公立図書館で保管されている現物ないしはマイクロフィルムを閲覧するしかない。もっとも、後継「ル・タン（Le Temps）」紙のインターネット版には、「アーカイブ（Archives）」というサイトがある。ここでは、「ガゼット・ド・ローザンヌ」紙、「ル・ヌーヴォー・コティディエン」紙と共に、過去の「ジュルナル・ド・ジュネーヴ」紙掲載記事を無料で検索することができる（SERVICES/ARCHIVES/Rechercher dans les archives de la Gazette de Lausanne et du Journal de Genève (URL :http://www.letempsarchives.ch/, consulté le 30 avril 2018)。

（51）Association de l’Encyclopédie de Genève (éd.), *Encyclopédie de Genève*, 11 tomes, Office du Livre S. A., Fribourg, 1982-1996.

tome 1 (édité par Paul Guichonnet): Le Pays de Genève,

tome 2 (édité par Chals Bonnet): La cam pagne genevoise,

tome 3 (édité par Marian Stepczynski): La vie des affaires,

tome 4 (édité par Bernard Lescaze): Les institutions politiques, judiciaires et militaires,

tome 5 (édité par Monique Ribordy et Rémi Jequier): Les religions,

tome 6 (édité par Catherine Sanischi et als.): La science et l’école,

tome 7 (édité par Claude Raffestin): L’industrie, l’artisanat et les arts appliqués,

tome 8 (édité par Alexandre Hay): Genève, ville internationale.
tome 9 (édité par Catherine Samschi et Jean de Senarclens): L'art de vivre,
tome 10 (édité par Catherine Santschi): Les plaisirs et les arts,
tome 11: Index général et tableau chronologique.

(52) 明治六年（一八七四年）六月二九日から同年七月一五日まで、使節団はジュネーヴに滞在している（久米邦武編［田中彰校注］『特命全権大使　米欧回覧実記（五）』岩波文庫、一九八二年、九七～一一二頁）。

(53) 渡辺信夫訳『カルヴァン・キリスト教綱要（Ⅰ・Ⅱ・Ⅲ／1・Ⅲ／2・Ⅳ／1・Ⅳ／2・別巻）』（一九六二～一九六五年）、竹森満佐一訳『カルヴァン・新約聖書註解（Ⅰ～ⅩⅤ）』（一九六二～二〇〇五年）、出村彰訳『カルヴァン・詩編註解（Ⅰ～Ⅳ）』（一九七〇～一九七四年）、赤木義光訳『カルヴァン・神学論文集』（二〇〇三年）が、新教出版社から刊行されている。最近では、アジア・カルヴァン学会編訳『命の登録台帳――エフェソ書第一章（上）』（「カルヴァン説教集」一、二〇〇六年）、『神への保証金――エフェソ書第一章（下）』（「カルヴァン説教集」二、二〇一〇年）がキリスト新聞社から刊行されている。

(54) ルソー著『社会契約論』を中江兆民は、当初、『民約論巻之二』（一八七四年）として訳出した。次いで、彼は『民約訳解巻之一』（一八七五年）、『民約訳解巻之二』（一八八三年）として漢訳した（松本三之介他共編『中江兆民全集（一）』、岩波書店、一九八三年、一一～一八、六五～一〇三、一〇五～一二九頁に所収）。その後、ルソーのほぼ全著作が小林善彦他共訳により、『ルソー全集（全一四巻）』（一九七八～一九八四年）が白水社から刊行されている。この他にも、数多くの訳書が刊行されている。

(55) 例えば、アンリー・デュナン（木内利三郎訳）『ソルフェリーノの思い出』が、当初は『赤十字の誕生――ソルフェリーノの思い出』（一九五九年）として白水社から刊行されていた。二〇〇一年以後は、日赤サービスから新装版として刊行されている。

(56) ソシュール、フェルディナン・ド・（小林英夫訳）『言語学言論』岡書院、一九二八年。後に、同著同訳『一般言語学講義』（岩波書店、一九七二年）がある。

(57) ジュノー医師による広島救援を最初に証言したのは、松永勝医師である。松永医師は、ジュノー医師の広島での四日間の滞在中、通訳をも兼ねて同行した。その後、松永医師は自らの体験を手記にまとめた（松永勝「原爆秘話　広島の恩人ドクター・ジュノー」（『婦人公論』一九七八年八月号。翌一九七九年、松永医師は、同稿に「ドクター・ジュノーの思い出」という一文をも加筆し、私家版として頒布した）。

丸山幹正訳「マルセル・ジュノー『広島の惨虐（広島一九四五・八・六）』」（「広島県医師会速報」通巻第九三九号、昭和五三年（一九七八年）八月五日）。マルセル・ジュノー（丸山幹正訳）『ドクター・ジュノーの戦い――エチオピアの毒ガスからヒロシマの原爆まで』勁草書房、一九八一年。

一九九〇年より、ジュノー医師の命日（六月一六日）に近い六月の日曜日に、彼の功績を顕彰する「ジュノー記念祭」（広島県医師会、日本赤十字社広島県支部主催）が記念式前で開催されている（天瀬裕康［本名、渡辺晋］『ジュノー記念祭――広島からのルポとエッセイ』渓水社、二〇一〇年）。

（58）倉塚平「ジュネーヴ神政独裁の理念と形態（一）（二）（三）（四）」（『明治大学政経論叢』第二九号第五号、一九六〇年、第三〇号、第三・四号、一九六一年、第三一巻第二号、一九六三年、三三巻第二号、一九六五年。同「ミカエル・セルヴェトゥスの思想形成」前掲誌、第三五巻第一号、一九六六年。同「ジュネーヴ神政政治の体系――革命独裁の一先駆形態として」」「『歴史学研究』第二七四号、一九六三年。

（59）Cf. Kobayashi, Takuya, “Vitam impendre vero”, dans *Traces des pérégrinations de Rousseau dans ses écrits sur la botanique - Hommage à R. T. Tousson et F.S.Eigeldinger*, Champion-Slatkine, Paris et Genève, 2012, pp. 151-180; “Quelles sont les plantes favorites de Rousseau ?”, “La bibliothèque botanique de Rousseau”, “Une herborisation avec le docteur Neuhaus”, “Les herbiers de Rousseau”, dans *Rousseau botaniste - Recueil d'articles et catalogue d'exposition* sous la direction de C.Jaquier et T. Léchot, Fleurier et Pontalier, Belvédire, 2012, pp. 67-83, 142-145, 151-152, 178-180. 小林拓也「植物学者『ルソー』」『思想』第一〇二七号、岩波書店、二〇〇九年。同「植物学者としてのルソー――ルニョー『有用植物誌』への書込みからみた新局面」『フランス語フランス文学研究』九〇号、二〇〇七年。

（60）岡村民夫「アンリ・デュナン（一八二八～一九一〇）――情熱的博愛と国際志向」鈴木靖・法政大学国際文化学部編『国境を超えるヒューマニズム』法政大学出版局、二〇一三年。

（61）岡村民夫「ソシュールの方言研究とスイス・ロマンド」森田安一編『スイスの歴史と文化』刀水書房、一九九九年。

（62）その原型となったのは、大佐古一郎「ドクター・ジュノーと広島　連載〈一〉～〈二八〉（最終回）」（広島県医師会速報誌通巻第九〇〇号（昭和五二年［一九七七年］七月五日）～第九三一号（昭和五三年［一九七八年］五月一五日号）である。

（63）ジュノー、マルセル（大川四郎訳）「参考資料Ⅱ　Dr.ジュノーの一九四五年一一月九日付け報告」「参考資料Ⅲ　Dr.ジュノーの一九四五年一一月五日付け報告」『人道研究ジャーナル』第二号、二〇一三年。東浦洋「〈研究ノート〉Dr.ジュノーの幻の原爆被災者支援？」『人道研究ジャーナル』第二号。大川四郎「〈研究ノート〉一九四五年来日前の赤十字国際委員会代表マルセル・ジュノー博士による人道活動について――日本国内史料をもとにして」『愛知大学法学部法経論集』第一九三号、二〇一二年。

(64) 井口吉男「ジュネーヴ宗教改革史――都市コミューン・ジュネーヴにおける宗教改革導入（一）～（三・完）」大阪市立大学『法学雑誌』第三七巻第二号、一九九〇年、第三七巻第二号、一九九一年、第三八巻第一号、一九九一年。同「〈研究ノート〉フランソワ・ボニヴァールの政治思想」同上誌、第四一巻第二号、一九九五年、。同「〈研究ノート〉中世都市ジュネーヴにおける福祉施設」同上誌、第四八巻第一号、二〇〇一年。

(65) 小林淑憲「文芸共和国におけるスイス――ジュネーヴとその周辺」踊共二・岩井隆夫共編『スイス史研究の新地平――都市・農村・国家』昭和堂、二〇一一年。同「アルプス発の文明批判――ジャン＝ジャック・ルソーの世界」踊共二編『アルプス文化史』昭和堂、二〇一五年。同「内乱後のジュネーヴ共和国と『社会契約論』」『政治思想研究』第一号、二〇〇一年。

(66) 今井清一「堀さん談話の断片」堀悌吉君追悼録編纂委員会編『堀悌吉君追悼録』堀悌吉君追悼録編纂委員会発行、一九五九年、非売品、国立国会図書館蔵書（昭和三五年一月二七日受入。五一〇一〇七号）。同じく随員であった佐藤市郎が残したメモが公刊されている（佐藤信太郎編『父、佐藤市郎が書き残した軍縮会議秘録』文芸社、二〇〇一年）。当時のジュネーヴにおける対日感情についての記述がある（角田房子『いっさい夢にござ候――本間雅晴伝』、中央公論社、一九七五年）。

(67) 倉松中「海軍軍縮をめぐる一九二〇年代の英米関係――一九二七年ジュネーヴ海軍軍縮会議を中心として（両大戦間の国際関係史）」日本国際政治学会編『季刊国際政治』第一二二号、有斐閣、一九九九年。同「一九二〇年代の海軍軍縮会議とその影響――一九二七年ジュネーヴ海軍軍縮会議を中心として」横井勝彦編『武器移転の世界史　「軍縮下の軍拡」はなぜ起きたのか』東洋経済評論社、二〇一四年。筆者未見である。

(68) 松本暉雄「身分法学者ルイ・ブリデルのフェミニズム――『女性と権利』を中心として」『関西大学法学論集』第九巻第二号、一九六〇年。

(69) Ozawa, Nana, *Louis Adolphe Bridel – Ein Schweizer Professor an der juristischen Fakultät der Tokyo Imperial University (Die geschichtliche Bedeutung der Yatoi zur späten Meijizeit)*, collection Rechtshistorische Reihe N° 382, Peter Lang, Frankfurt am Main/Berlin/Bern/Bruxelles/New York/Oxford/Wien, 2010. 小沢奈々『大正期日本法学とスイス法』慶應大学出版会、二〇一五年。

もっとも、両著とも、ジュネーヴ時代のブリデルについての叙述は少ない。

(70) 大川四郎「明治期一日本人留学生の大日本帝国憲法論――野澤武之助(一八六六～一九四一)がジュネーヴ州立大学法学部に提出した博士号請求論文について」『愛知大学法経論集』第一七二号、二〇〇六年。

(71) 大川四郎・加藤順一・原禎嗣・上野史朗共編『太平洋戦争中の日本国内における欧米人捕虜の待遇に関する日本赤十字社文書の研究』平成一八～一九年度科学研究費補助金基盤研究(C)研究成果報告書、課題番号一八五三〇〇一五、二〇〇八年一二月。

(72) 東浦洋「〈講演録から〉日本人がその創設に影響を与えた国際機関」『人道研究ジャーナル』第四号、二〇一五年。

(73) 吉田静一『異端の経済学者――シスモンディ』新評論社、一九七四年。同『フランス古典経済学研究――シモンド・ド・シスモンディの経済学』有斐閣、一九八二年。小池渺「シスモンディ研究序説――シスモンディの生涯と彼の遺産(上)(中)(下)(完)」『関西大学経済論集』第四二巻第六号、一九九三年、第四三巻第四・五・六号、一九九四年。中宮光隆「シスモンディと周囲の人々との交流の一齣」熊本県立大学総合管理学会編『アドミニストレーション』第一五巻第三・四号、二〇〇九年。

(74) 尾崎麻弥子「十八世紀後半ジュネーヴ市の移入民における出身地・職業構成の転換と連続――アビタンの記録と滞在許可証の分析を中心として」『社会経済史学』第七一巻第二号、二〇〇五年。同「近代スイスの時計産業と部品製造業――十八・十九世紀のジュネーヴと周辺地域の事例」踊・岩井編『スイス史研究の新地平――都市・農村・国家』。

(75) 小谷年司「スイスと国交の始まった頃の時計産業」森田安一編『日本とスイスの交流――幕末から明治へ』山川出版社、二〇〇五年、特に一三八～一三九頁。

(76) スイス銀行協会編(全国銀行協会連合会調査部訳)『技術進歩と金融』至誠堂、一九六二年、三五～三七頁。フェーレンバッハ、T・R(向後英一訳)『スイス銀行――世界経済、影の巨大組織』早川書房、一九七四年、二五頁、二〇〇～二〇六頁。ビュッヘンバッハ、G(織田正雄・倉田勝弘共訳)『スイス経済の秘密』東洋経済新報社、一九七九年、一七～二三頁。フェイス、ニコライ(斎藤精一郎訳)『秘密口座番号――スイス銀行の秘められた世界』日本放送出版協会、一九八二年、三三～四一頁。広瀬、前掲書、九四一、九四六、九六二頁。

(77) わずかにカルヴァンの利子論についての研究がある(沢崎堅造『キリスト教経済思想史研究――ルーテル、カルヴァン、聖トマス、アウグスチヌス研究』未来社、一九六五年)。

第3章

ジュネーヴ史と日本の交流史
——幕末から現代

ヨナス・ルエグ／岡村民夫／津川清一

はじめに

パリ史や、ロンドン史と日本との交流史に比べれば、「ジュネーヴ史と日本の交流史」に関係した人物は極めて少ないといえよう。そのかわり、残念なことに通史的な先行研究が皆無に等しい。本章では、三人の執筆者が、スイスにおける日本学・オリエント学、国際連盟で働いた日本人知識人、ジュネーヴと品川の交流史という各人の関心と研究の範囲内で、幕末から明治、両大戦間、第二次大戦後から現代という三つの時代を取りあげる。欠落の多いささやかな試みではあるが、今後の研究の呼び水となることを願う。

（岡村民夫）

第1節　幕末、明治――十九世紀後半ジュネーヴ市における日本研究

十九世紀スイスとオリエント研究

スイスは内陸国であるために、オリエント研究に対する関心は十九世紀後半まではあまり強くなかった。ヨーロッパ諸国の貴族層が以前から収集していた中国趣味（chinoiserie）のコレクションも、スイスにはあまり多くない。最も早く日本美芸術の大きなコレクションをスイスへ運んだのはヌシャテル（Neuchâtel）出身の外交官エメエ・アンベール（Humbert, Aimé, 1819-1900）であった。アンベールは日本とスイスの外交関係を築く上でイニシアティブを執り、一八六四年に調印された日瑞修好通商条約をめぐる外交交渉を繰り返しながら一八六三～六四年に一〇ヶ月を日本で過ごした。帰国後に刊行された旅行記『図解日本（*Le Japon Illustré*）』[1]はアンベールの名を日本学の歴史に刻むことになる。日本をきわめて好意的に紹介するこの著作においてアンベールは、十九世紀に特徴的であった目的論に染まった考えを表し、日本はスイスと似た道を経て近代化するだろうと予想した。その上で、彼のリベラリストとしての価値観がその日本観を形成した。例えば、「貴族」や「僧侶」の権力を倒し、知識を普及させることは必ず社会的進歩の前提だと信じていた。百姓を搾取し、その野心の発展を抑えているのは仏教の僧侶だといった社会観は、スイスの十九世紀中旬に於けるリベラリストとカトリック保守派の対立を日本に映したものだと言えよう。アンベール自身はリベラリストの政治家である上に、ヌシャテル州がプロイセンの貴族支配を打倒し、ブルジョアの民主主義制度に変えた一八五六～五七年の革命（“Affaire de Neuchâtel”）に中心的な役割を負った過去があった。したがって、日本の歴史的発展も自由主義の革命を必要とすることを予言した。徳川政権が打倒されることにより日本人の経済的野心が発展し、彼らは「西洋の最も優秀な生徒になるに間違いない」と楽観的であった。[2]

アンベールは日本語に堪能ではなかったが、外交官であったために一般の外国人には非公開の場所も訪れることが許され、西洋における日本に関する知識を大きく広げた。帰国後はヌシャテル大学の学長を務めたが[3]、その後日本へ旅行することは二度となかった。一八七一年には、日本在留の時期に収集した三三六八点の美術工芸品のコレクションをジュネーヴの出版業者フランソワ・トゥレティーニ（Turrettini, François, 1845-1908）に売り渡した[4]。トゥレティーニは日本好きな書籍収集者であり、東アジア諸言語の代表作品を出版していた。その活動を介して、彼はジュネーヴを中心とした、ヨーロッパ各国を含める研究ネットワークを築いたのである。

アンベールの『図解日本』にはヨーロッパ中心主義的世界観が読みとれる。野心にあふれる日本人はヨーロッパの国家体制つまり「文明」を受け入れることによって進歩するだろうと、アンベールは信じていた。ヨーロッパを模倣した政府の革新によって、民衆の経済的かつ文化的水準は発展するとも述べている[5]。東アジアで軍事的権力を排他的な植民地主義に使うことを望めない小さな内陸国の代表としては、アンベールは弱小の国々にも世界貿易の「民主化」による豊かな未来を予言することに至った。このリベラルであまりにも楽観的な見方は、輸出市場へのアクセスに頼る小国スイスの経済的事実を配慮すれば論理的な結論に過ぎなかった。ところが、アフリカの植民地化などを背景にして、十九世紀半ばに特徴的であった自由貿易イデオロギーは、その後半にはいよいよ人種差別主義によって隅に追われつつあったのである。

エドワード・サイードが指摘した通り、オリエント学がヨーロッパの権力政治に貢献した例は多い[6]。アンベールのように政治的な関心があった場合には、異国情緒と共感を往き来するオリエント学は政治的力関係を反映したのである。その一方、スイスのオリエント学で先進的であった二つの研究会、「ジュネーヴ地理学研究会」と「ヌシャテル地理学研究会」は、フランス人のエリセ・レクル（Reclus, Elisée, 1830-1905）やロシア人のレオン・メチニコフ（Metchnikof, Léon, 1838-1888）といった無政府主義者の亡命者たちの影響が強かった[7]。

メチニコフは、お雇い外国人として一八七四年から一八七六年まで日本に滞在し、日本語に堪能であった。[8] 日本語の歴史資料を研究対象に取り上げるほどの野心まで抱いていた。[9] 一八八一年にトゥレティーニによって刊行された著作『日本帝国（*L'Empire Japonais*）』はフランス語圏における日本研究に大きく貢献し、受け入れられた。この実績により、メチニコフは一八八三年、ヌシャテル大学の地理学教授に任命された。[10]

レクルはトゥレティーニやメチニコフも関与した主著『新総合地理学（*Nouvelle Géographie UniverselleNouvelle Géographie Universelle*）』（1882）において、社会の進歩は人類の団結を経て起こるものだと述べ、当時流行していた人種差別のイデオロギーを疑っている。当時のオリエント学では、民主主義を発明したといわれていたギリシャとの比較対象に、「アジア」の文化的基盤として古代エジプトやシリアの独裁社会が挙げられることが多かったにもかかわらず、レクルは古代中国を古典ギリシャに比することによって中国の文化基盤を西洋と同じ地平に引き上げたのである。[11] メチニコフもトゥレティーニも原語や歴史史料の真なる理解を重要視し、言語障壁が多かったといえどもオリエント諸文化の史料を原語で解釈する理想に向かって努めた。十九世紀に流行していた目的論に基づいた世界史観を抱いていたとはいえ、一八七〇年代という時代背景を考慮すると、彼らはきわめて進歩的なアプローチを望んで研究していたといえよう。

日本文学を出版したジュネーヴ人

ジュネーヴの周辺で活躍したオリエント研究者たちを結びつけた一つの施設は、トゥレティーニが営んだ専門出版社「あつめぐさ」であった。トゥレティーニはジュネーヴ市の上層ブルジョワジーの息子であり、その豊富な資金を使い、東洋文学の普及に情熱を捧げた。[12] トゥレティーニの父親であるウィリアム（Turrettini, William, 1810–1876）はジュネーヴ市の最も高い役職の一つを務めた。トゥレティーニは父に東アジアの諸言語の魅力を理解してもらうよう、説得を続けたが、日本語や中国語を勉強したいという夢が許されることは難しかった。トゥレティーニはその代わり一八六五年に、古典ギリシャ哲学を学ぶためにローマへ留学することになった。

プロテスタントの信仰心が深い父にとって不満であったのは、トゥレティーニがローマで中国語を研究していたイエズス会士ジョセフ・グリエル（Guriel, Joseph, †1890）に出会ったことである。[14] 中国語の基礎知識を築いた後で、当時最も有名な中国学者の一人、スタニスラ・ジュリアン（Julien, Stanislas, 1797–1873）の下で勉強を続けるために、トゥレティーニは一八六六年にパリへ引っ越した。[15] パリでは日本語、満州語やモンゴル語の授業も受けることができ、オリエント文学の専門出版社を創立したいという計画を立てるに至った。ナポリの中国宣教学校の恩師への手紙では、トゥレティーニは一八六七年、ジュリアン氏が北京から注文した四万二千本の木製漢字活字が届いたと報告している。この手紙で彼は「これからは銅の鋳型をつくって、活字を好きなだけ複製する予定だ」とも述べている。[16]

ジュリアンはこの膨大な数の活字を、『新中国語統語論』（1869/1870）を印刷するために必要としたのである。[17] 文字のスタイルは一致するので、トゥレティーニは出版社「あつめくさ」を創立するために、恩師から活字セットを譲り受けたことが推測される。漢字を印刷することは西洋の研究者にとっては大きな挑戦であり、以前は辞書ですらローマ字しか使えなかった。一つの例外としては一八三〇年の『メドハスト和英辞典』[18] が挙げられるのだが、三四四頁の石版画から成るこの稀な本の印刷は非常に大きな費用を伴い、困難だったはずである。ウィーンの言語学者アウグスト・プフィツマイアー（Pfizmaier, August, 1808–1887）も一八五一年に漢字入りの日本語辞書を刊行するという野心的なプロジェクトに取り組んだ。後述するように、プフィツマイアーは一八四七年に仮名の活字を作り、日本の絵本を複写した。しかし辞書となると非常に多くの漢字の活字が必要になったため、活字の製造は望めなかった。石版画による複写の費用はあまりにも高くつき、プロジェクトは途中で中止された。この事実を踏まえるならば、トゥレティーニの漢字印刷機の有する意義は明白である。

一八七一年に、トゥレティーニは『平家物語』をフランス語訳として初めて出版したが、この時はまだ漢字の活字を使っていない。言語学者として最も興味を持っていたのは、日本語を正確に翻訳する方法だったと考えられるが、絵の魅力も見過ごすことはなかった。日本の絵巻物や木版画は当時の読者にとってはあまり見慣れたものではなかったにもかかわらず、トゥレティーニは木版画の複写もそのまま書物に掲載したのである。アンベールの『図解日本』に掲載されたイラストの大半はこれとは異なり、日本の風景をヨーロッパの視覚芸術に移したものである。たとえば、日本の伝統的な絵に頻繁に現れる鳥瞰図などと違って、アンベールが載せた絵は必ず中央遠近法を使い、日陰で立体感を創る。人々の身体は勿論、自然主義的な描き方しか選択技に入らなかった。当時はこのように「翻訳」すれば、ある絵は真実を表すといった信憑性が高まったのである。

一八七二年には、チン・ター・ニー（陳大年、Tschin, Ta-Ni, 1842-?）という中国出身の印刷師を助手として雇った。チンは中国の田舎から上海に出てきてイギリス人の使用人となった際に、外国語に才能がある点が際立っていた。不幸なことに、仕事を探す際に騙されて奴隷としてキューバのプランテーションに売られるけれども、そのプランテーションの経営主によってフランスに連れられていかれ、当地の法律に基づき自由になった。清国の大使館を介して、チンはやがてジュネーヴの出版社「あつめぐさ」に就職した。[19] どこまでトゥレティーニの研究に影響を及ぼしたかは推定しがたいが、日本語には堪能でなかったものの、漢字を間違えずに印刷できるチンの特別な才能はきわめて役立ったと考えられる。

トゥレティーニの刊行物は珍本になったのだが、筆者が入手できた最も興味深い著作は一八七五年刊行の『浮世形六枚屏風』（図１‐３‐１）のフランス語訳である。江戸の人気作家である柳亭種彦の原作は文政四年（一八二一年）に刊行され、ウィーンのプフィッツマイアー氏のドイツ語訳（一八四七年）のお陰でヨーロッパのオリエント研究者の間でも有名になった。[20] なぜなら、プフィツマイアーは翻訳のみならず、種彦の合巻の複写本も付録としたのである。仮名の活字を使って印刷した。この傑作は驚くほど本物に近似している。[21] しかしながら、日本の大衆文学は当時ヨーロッパの評論者の期待していたこととは異なったためか、種彦の表現方法は受け入れがたいものとの批評を受けた。ヨーロッパにまで届いた日本文学作品があまりにも珍しかったことから、プフィツマイアーにもこれらの批判をより広い観点から受けとめる余地はなかったのであろう。それにもかかわらず、『浮世型六枚屏風』は唯一の、

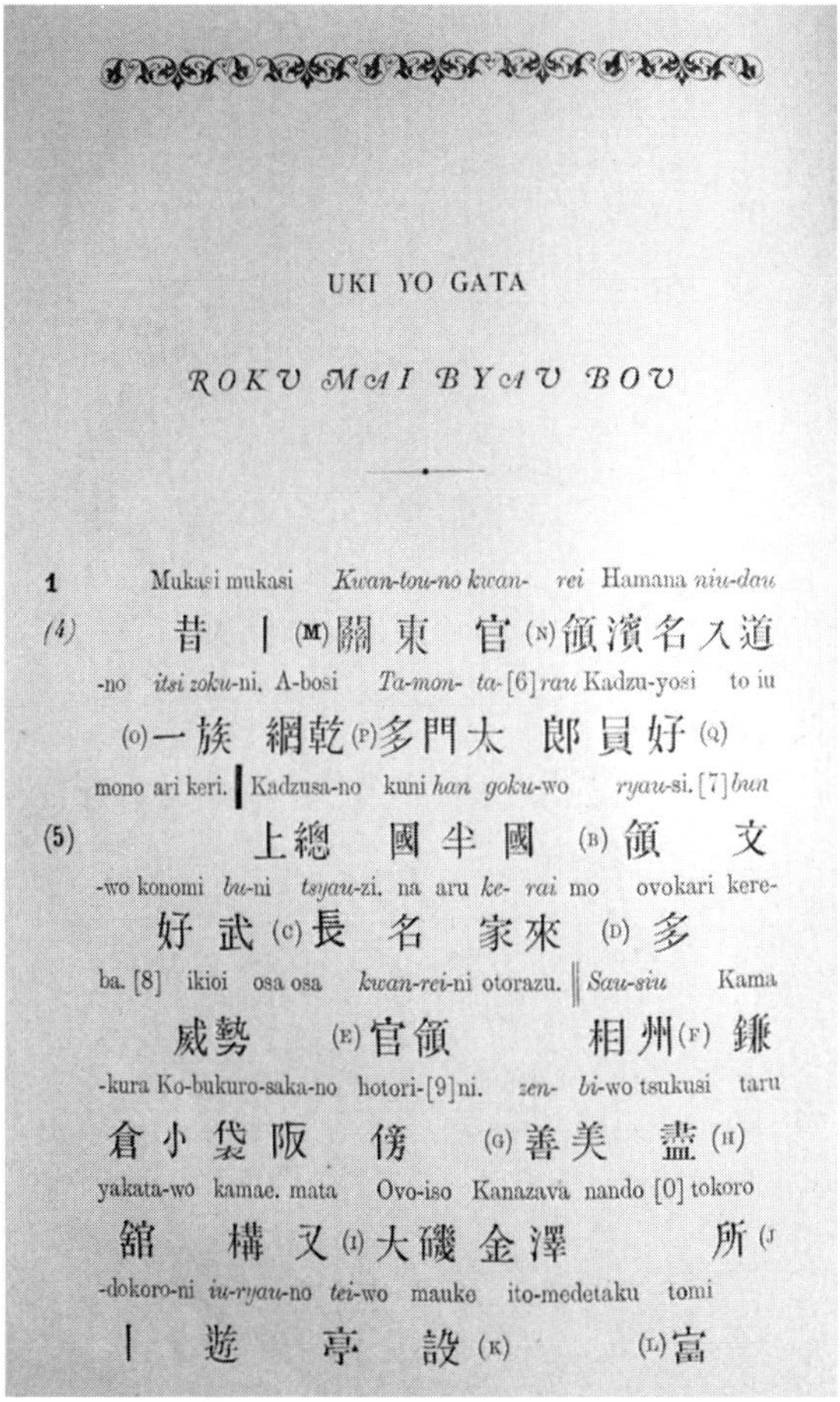

UKI YO GATA

ROKU MAI BYAU BOU

1 Mukasi mukasi *Kwan-tou-no kwan- rei* Hamana *niu-dau*
(4) 昔 ｜ (M)關 東 官 (N)領濱名入道
-no *itsi zoku*-ni. A-bosi *Ta-mon- ta-*[6]*rau* Kadzu-yosi to iu
(O)一族 網乾 (P)多門太 郎員好 (Q)
mono ari keri. ‖ Kadzusa-no kuni *han goku*-wo *ryau*-si. [7] *bun*
(5) 上總 國半國 (B)領 文
-wo konomi *bu*-ni *tsyau*-zi. na aru *ke- rai* mo ovokari kere-
好武 (C)長 名 家來 (D)多
ba. [8] ikioi osa osa *kwan-rei*-ni otorazu. ‖ *Sau-siu* Kama
威勢 (E)官領 相州 (F)鎌
-kura Ko-bukuro-saka-no hotori-[9]ni. *zen- bi*-wo tsukusi taru
倉小袋阪 傍 (G)善美 盡 (H)
yakata-wo kamae. mata Ovo-iso Kanazava nando [0] tokoro
舘 構 又 (I)大礒金澤 所 (J
-dokoro-ni *iu-ryau*-no *tei*-wo mauke ito-medetaku tomi
｜ 遊 亭 設 (K) (L)富

図 1-3-1 『浮世形六枚屏風』

『浮世形六枚屏風』のフランス語訳（1875）の第 1 ページ。仮名の活字がなかったため、トゥレティーニはローマ字の原作に漢字だけを加えた。

（出典）Turrettini, François, *Komats et Sakitsi ou: la rencontre de deux nobles cœurs dans une pauvre existence. Nouvelles scènes de ce Monde périssable, exposées sur six feuilles de paravent. Par Riutei Tanefiko*, Genève, Paris, London 1875, p. 2.

複数の図書館にある日本語の資料になり、ヨーロッパ各国の研究者が日本語学習に当たって、その文章に触れ合ったでしょう。トゥレティーニも、早くも一八六七年に、日本在住の友人に『浮世型六枚屏風』の原本を探すように頼んだことから、学生時代からその小説に憧れていたことがうかがえる。[22]

日本語のテキストを入手することは、果たしてトゥレティーニの最も大きな挑戦であった。中国趣味の芸術品を収集することは十八世紀から流行していたとは言え、ヨーロッパの図書館にはアジアの言語で書かれた文書は稀にしか見当たらなかった。さらに、かつて「鎖国期」とも言われている、西洋との直接な接触が限られていた江戸時代においては、日本の書物は入手しにくかったのである。しかしプフィツマイアーの例からもわかる通り不可能でもなかった。彼が使った文献の一部はドイツの医者シーボルト（von Siebold, Philipp Franz, 1796-1866）が持ち込んだものであった。日本古典文学や国学思想の代表作の他に、蘭学者によるオランダ語辞典や漢語辞典も一八三五年にオーストリア宮廷図書館に購入された。[23] ヨーロッパの日本研究専門書がまだ乏しかったなかで、プフィツマイアーは日本におけるヨーロッパ研究を逆さまに用いて翻訳したのである。

さて、東アジアへ旅行する機会が一生なかったトゥレティーニはどのようにジュネーヴで日本の珍本を入手し得たのであろうか。一八六六年から一八七〇年の間に書かれた手紙から窺える通り、トゥレティーニはヨーロッパ諸国在住の中国人と連絡をとっており、彼らの母語に関わる助言を仰いでいた。[24] 書物の購入についても中国出身の友人達の仲介を必要とした。ただ、一八七〇年前後に連絡をしていた日本人の痕跡は、トゥレティーニ家の史料ではみつからない。ボレル（Borel）という日本在住の知り合いは、数回に渡りトゥレティーニに頼まれた書物を郵送し、その際に売り上げの半分にのぼる利益を得ていた。トゥレティーニが一八六八年に注文した一〇〇冊の価格は総額で一一〇〇フランという巨額な金額にのぼった。[25]

一八七〇年代までの間に日本研究は大きく発展し、日本学研究のコミュニティーはヨーロッパで著しく拡大した。[26]

これは、日本在住者との文通や物資の通商が容易になり、また開港によって旅行が可能になったためのみならず、通商の発展の影響では日本についての情報需要が著しく伸びたためでもある。しかしながら、翻訳にあたっては不十分な辞書などに難儀したことから、一六〇四年に刊行されたイエズス会の日本語辞書に頼らざるを得なかったとトゥレティーニは述べている。[27] トゥレティーニが蘭学者の刊行物を手に入れたかどうかは不明であるが、一八六七年の手紙では「日本の言葉に漢字が伴った、なるべく大きな和欧辞書」[28]を日本在住の書籍商に頼んだ。その際は五〇〇フランにのぼる金額に相当する本を注文し、『平家物語』や『浮世形六枚屏風』などといった名作以外の詳細な選択は、ある「博学な日本人」に譲った。

トゥレティーニの跡を追って

ヨーロッパ諸国のオリエント研究者はトゥレティーニの著作を評価しただけではなく、協働して研究書物を刊行した。[29] 漢字が印刷できるというトゥレティーニの稀な才能はオリエント学の普及に大きく貢献した。早くも一八七八年の第三回パリ万国博覧会にあたり、トゥレティーニは栄誉メダルを与えられた。[30] しかし、「ジュネーヴ地理学研究会」で主導的な役割を果たしていたこと以外、トゥレティーニはどの研究機関にも属せずに研究をおこなったのである。東アジア研究の機関が未だにない国では、このような研究はエリートの趣味には他ならなかった。トゥレティーニも、莫大な遺産のお陰で研究員として雇われる必要がなくなり、独立して出版社を営むことができた。メチニコフの『日本帝国』の際にはむしろ後援者となったほどである。[31] ただ、ジュネーヴの市民からは「中国人のトゥレティーニ」とからかわれ、正当に評価されたとは言い難い。[32]

トゥレティーニの手稿や手紙は未だわずかしか発見されておらず、彼の生涯に関わる情報は比較的乏しい。一八九四年に第一〇回「国際オリエント研究学会」がジュネーヴで開催されると、トゥレティーニの東洋美術収集品が展示された[33]。その収集品の大半はアンベールが日本滞在中に集めた三六六八点の美術作品から成っていたという。アンベールのコレクションを引き継いでから[34]、トゥレティーニは一生東アジアの印刷物や芸術品を収集しつづけたが、亡くなる時まで東アジアの地を踏むことは一度もなかった。残念なことに、このコレクションはトゥレティーニの死後に三回に及ぶオークションで分割されて販売されたために、その痕跡は一切見つからない[35]。アンベールのコレクションもオークションの際に分割されたのである。その一部は一九三二年にマルセイユの古書店で再発見され、ヌシャテルの民族学博物館に所蔵されるようになった[36]。

（ヨナス・ルエグ）

第2節　両大戦間――在ジュネーヴ国際連盟関係日本人コロニー

国際連盟（League of Nations/ Société des Nations）は、第一次世界大戦の未曾有の災厄を反省し、「国際協力を促進し、且各国間の平和安寧を完成せしむる為」（ヴュルサイユ条約の「国際連盟規約」第一条）、一九二〇年一月に発足した世界史上初の国際平和機構である。西ヨーロッパの中央部に位置する永世中立国スイスの国際都市として名声があり、すでに赤十字国際委員会という人道主義的国際団体が置かれていたことなどから、ジュネーヴに常設本部が置かれることとなった[37]。

国際連盟の歴史的意義は、国際政治史や国際平和機関の形成史におけるものにとどまらない。ジュネーヴの歴史と現在、特にいわゆる「ジュネーヴ精神」や「国際都市ジュネーヴ」の制度的・精神的形成や、ジュネーヴの一般的イメージの形成においても、赤十字国際委員会に劣らない大きな意義があったことは明らかである。そして日本人の外国における国際的経験という次元でも、日本が原加盟国かつ常任理事国となったことは画期的意義をもったはずである。日本人にとり、この一三年間の国際的経験は、第二次世界大戦後の国際連合加盟や、近年のNGO活動にもつながる先駆的経験でもあったに違いない。

しかし、それにもかかわらず、日本で国際連盟が論じられることは少なく、論じられたとしても政治史的議論か、人物評伝内での言及にとどまっているのが現状である。国際連盟で仕事をした日本人たちが具体的にジュネーヴでどのように生きたのかを知ろうとしても、残念ながら、それを主題とした論は皆無に等しい。

こうした問題意識から、ここでは国際連盟関係の日本人の活動を、新渡戸稲造（一八六二～一九三三年）と柳田国男（一八七五～一九六二年）を中心に、国際政治史の地平ではなく、ジュネーヴでの国際的経験・社交・生活等の地平において語ってみたい。

新渡戸稲造は、一九一九年七月、後藤新平（一八五七～一九二九年）との欧米視察の途上、ロンドンで国際連盟初代事務局次長兼国際部部長に就任する要請を思いがけなく受けると、「頭上に私を導く御手のあるのをあらためて感じ」（アンナ・チェイス宛書簡、一九一九年八月一二日付）、そのままロンドンに留まって仮事務所で国際連盟事務局開設を準備する仕事に就いた。そして一九二〇年一一月、ジュネーヴへ移って以降、一九二四年一一月から翌三月末までの一時帰国のための休暇以外、一九二六年一二月に六四歳で退任するまで、約七年間を基本的にジュネーヴで過ごした。なお、新渡戸稲造在任当時、ジュネーヴ在住日本人は二〇人程度だったという[38]。

他方、一九一九年末、四六歳で官界を辞した柳田国男は、一九二〇年一月、旅先の九州で外務省から国際連盟常設委任統治委員会委員に就く要請を受け、固辞したが、長崎県知事や養父に説得されて受諾した。一九二〇年七月にジュネーヴに到着し、第一回委任統治委員会終了後、一時帰国した。二度目のジュネーヴ滞在の際は、一時帰国せずに一九二三年六月から翌年八月までジュネーヴに住んだ。柳田は『故郷七十年』（一九五九年）の「退官」の章で「あちこち旅行しているときに新渡戸博士からジュネーヴの話が出たのである[39]」と回想している。洋行経験のない彼に白羽の矢が立ったのは、「郷土会」（新渡戸邸を主会場とした地方研究会）が発足した一九一〇年以来の長年の友人で、彼が南洋諸島の研究をしていたことをよく知る新渡戸の強い推挙があったからだろう。

新渡戸がジュネーヴを去ってから日本が国際連盟を離脱するまで、約七年の間がある。在ジュネーヴ国際連盟関係日本人研究として、本論は加盟期間の主に前半を扱うにとどまり、言及する人物も網羅的ではないが、後続の研究の呼び水になれば幸いである。

国際連盟の概要(40)

国際連盟原加盟国は、戦勝国を中心とした四二ヶ国――アルゼンチン、イギリス、イタリア、ペルシャ、インド（英植民地）、ウルグアイ、ヴェネズエラ、エルサルヴァドル、オーストラリア（英自治領）、オランダ、カナダ（英自治領）、キューバ、ギリシャ、グアテマラ、コロンビア、スイス、スウェーデン、スペイン、シャム（タイ）、チェコスロヴァキア、中国、チリ、デンマーク、ニカラグア、日本、ニュージーランド（英自治領）、ノルウェー、ハイチ、パナマ、パラグアイ、ブラジル、フランス、ペルー、ベルギー、ポーランド、ボリヴィア、ポルトガル、ホンジュラス、南アフリカ（英自治領）、ユーゴスラヴィア、リベリア、ルーマニア。うち、イギリス、フランス、イタリア、日本の四ヶ国が当初の常任理事国だった。

ウッドロウ・ウィルソン大統領（Wilson, Thomas Woodrow, 1856-1924）が国際連盟の提唱者だったにもかかわらず、アメリカ上院によって国際連盟規約批准が否決された結果、皮肉なことに肝心のアメリカ合衆国は加盟せず、国際連盟の将来に大きな影を落とした。敗戦国のドイツ（一九二六年加盟、一九三三年脱退）や、大戦中に革命によって生まれた共産主義国・ソビエト連邦（一九三四年加盟）は、原加盟国になれなかった。絶対中立という国是ゆえに国際連合には二〇〇二年まで加盟しなかったスイスは、一九一九年の国民投票において僅差で加盟賛成票が上回り、当初から加盟していた。

国際連盟の中枢をなすのは、総会、理事会、常設事務局の三機関である。年一回開催される総会は、全加盟国の代表からなり、最高決定権を有する。年原則四回開催される理事会は、四常任理事国（一九二六年、ドイツが常任理事国入りを条件に加盟し、五ヶ国に変更）および、総会の選挙によって選出される四非常任理事国（一九二二年に六非常任理事国へ変更）の代表からなり、総会の決議を実施するための会議体である。新渡戸稲造が次長三名の一人を務めた事務局は、総会・理事会・諸委員会の事務を担当する常設の中立的行政機関である。

以上の三大機関の下に、柳田国男が属した常設委任統治委員会、新渡戸が幹事を務めた知的協力委員会等、さまざまな組織が設置され、また国際連盟の外に、緊密な関係をもつ半自律的機関として国際労働機関（以下、ILOと略記）と常設国際司法裁判所（本部、オランダ・ハーグ）が設置された。

図1-3-2 「パレ・デ・ナシオン」と誤記された戦前のパレ・ウィルソン絵葉書
（岡村民夫所蔵）

レマン湖右岸での社交

レマン湖からローヌ川が流れ下る。ジュネーヴはこの川の下流に向かって右側になる右岸と、左側になる左岸に区別することができる。一九三〇年まで国際連盟総会の会場となっていたのは、意外なことに宗教改革ホール（Salle de la Réformation）という宗教色の濃い建物だった。レマン湖左岸のオー＝ヴィヴ地区のローヌ通りとエルヴェティック大通りの角地に所在していたが、一九六九年に解体され、もはや跡形もない。

事務局や、理事会や各種委員会などの比較的小規模な会議は、レマン湖右岸のケー・ウィルソンに建つパレ・ウィルソンで行われた（国際連盟が実質的に機能しなくなっていた一九三〇年代後半、パレ・ウィルソン内の諸機能は、新規に建設されたパレ・デ・ナシオン［現在、国際連合ジュネーヴ事務局に転用されている］に段階的に移転していった）。パレ・ウィルソンは、こんにち国際連合人権高等弁務官事務所に使用されているが、当時の外観をよく留めている。右岸のケー・デ・ベルグからケー・ウィルソン一帯は、レマン湖に面して日あたりがよく、天気に恵まれればサレーヴ山の彼方に白銀に輝くモンブラン連峰を眺めることができ、主要駅のコルナヴァン駅からも近いこともあり、老舗グランドホテルが連なっていた。パレ・ウィルソンも、そうしたホテルの一つオテル・ナシオナルを改造したものだった。

事務局情報部に勤務した鮎沢（旧姓吉岡）福子によれば、新渡戸は普段パレ・ウィルソンの地下の質素な一般食堂で事務局員たちと昼食をとっていたが、社交のため近所のホテルのレストランを利用することもあったという。

時折、近所にあるホテル・ベル・ヴィウでお食事をおとりになる時は、私のために大切な友人のイギリス人や、フランス人など数人を替るがはるお招き下すって私共の友情の醸成を助長されるなど、実に先生の周到綿密な御親切は、しみじみ身に沁みて私共は「勿体ない」といふ感じを絶えずおこさずにはゐられなかった。かうした先生の恩沢は、ジュネーヴに於ける日本人コロニーは勿論のこと、先生を存じ上げている外国人の誰人もが、各自の異れる立場から、それぞれ体験してゐるのである。(41)

鮎沢が語っているホテルは、ケー・ウィルソンにかつてあったオテル・ベルヴュ（Hôtel Bellevue）。二十世紀初頭に造られたこの優雅な建物は、別途に転用されながら現存している。

柳田国男没後の一九六八年、一九二二年六月一二日から一二月三一日までの柳田日記が「瑞西日記」と題され、『定本柳田國男集　第三巻』において公表された。そこには右岸のグランドホテルがしばしば登場するので、一部を紹

介しておこう。(42)

「ベルグホテルにて、委員一同よりラッパール夫婦を午餐に招く」(八月七日)。「ラッパール」は、外交官としての豊かな経験を備えたジュネーヴ大学教授で、国際連盟のジュネーヴ招致に貢献し、常設委任統治初代委員長となったウィリアム・ラパール(Rappart, William Emmanuel, 1883-1958)。委員一同でのラッパール委員長の労をねぎらってオテル・デ・ベルグ(ケー・デ・ベルクに現存)での昼食に招待したというわけだ。ちなみに柳田はここやオテル・ベルヴュでたびたび食事をとっていた。

「再び昨日のボーリバージに行き石井大使に面会、また奥山君にも」(九月一日)。「ボーリバージ」とはオテル・ボー＝リヴァージュ(ケー・デュ・モン＝ブランに現存)のこと。「石井大使」は石井菊次郎駐仏大使。親英仏派のベテランの外交官である石井菊次郎(一八六六～一九四五年)は、日本の国際連盟加盟にともなって駐仏大使兼国際連盟理事会日本代表に就いた。ちなみに国際連盟帝国事務局はパリの駐仏大使館内に設けられていた。「奥山君」はその次長の外交官・奥山清治(一八七六～一九六五年)に違いない。彼らは普段パリにいたが、連盟の総会や理事会の際、駐仏公使兼帝国事務局長の松田道一(一八七六～一九四六年)などとともにジュネーヴのホテルに滞在した。柳田は、一九二二年九月四日の総会および理事会のためにやって来た石井大使に、二日連続してボー＝リヴァージュで面会したのである。

図 1-3-3　スイス滞在中の新渡戸稲造の邸宅
(盛岡市先人記念館提供)

「瑞西日記」を読むと、オテル・ボー＝リヴァージュに行った記述が九回も登場する。ここで柳田は石井や奥山だけでなく連盟事務局書記局員で新渡戸の秘書・原田健《けん》(一八九二～一九七三年)にも会っており、「ボーリバージの事務所」

という表現も出てくるので、この連盟事務局に近いこのホテルは、連盟関連日本人の非公式な事務所として機能していたと考えられる。

こうしたホテルでの面談や宴席は、公的記録にはまず残ることがない。しかし、国際連盟の運営においても、間接的な政治的影響力においても、とても重要な役割を演じていたと見られる。国際連盟の場合、数多くの国の人々の交渉が大事で、しかも民間人が多かっただけに、特に社交の意義は大きかったに違いない。そうした観点からいえば、柳田の「瑞西日記」は、国際連盟に関係した日本人のジュネーヴにおける社交の記録として研究なおされるべき貴重な資料でもあるのだ。

キリスト教徒（クエーカー）であり、アメリカおよびドイツでの長期の留学経験を持ち、名家のアメリカ人女性と結婚し、英語で『武士道』を書いていた新渡戸稲造は、自分の語学力や文章力、ユーモアを交えた話術、多方面にわたる学識、国際的知名度を活かして、社交による感化を特に重んじていた。国際部部長を兼ねていたこともあり、彼の社交活動は事務局から期待された半公的活動だったようだ。イギリス人の事務局事務総長エリック・ドラモンド（Drummond, James Eric, 1876-1951）に伴ってヨーロッパ諸国を公的に旅行する際も、政治的交渉をするのはドラモンドで、市民向けに啓蒙的講演するのが新渡戸の役割だった。石井代表がドラモンドに、なぜ講演者がいつも新渡戸なのかと質問したところ、「それは新渡戸氏がもっとも適任者であるからにほかならない、演説に巧みであるだけでなく、聴衆に深い感動を与える点において、事務局中彼に及ぶ者はない」と即答したという(43)。

新渡戸は、ジュネーヴ赴任当初、オテル・ボー＝セジュールに住んでいたが、一九二一年春、レマン湖右岸の閑静な郊外ジャントーに、スイス的スタイルの邸宅を借りた。庭のアーモンドの木（アマンドリエ）にちなみ「レ・ザマンドリエ」と呼ばれた家（時計メーカー・フランク・ミュラー社の「フランク・ミュラー・ウォッチランド」として現存）だった。この転居も彼流の社交戦術にほかならない。ふたたび鮎沢福子の回想を引用する。

その新渡戸先生のお庭に、そして上品な趣味とコンフォートを備へた客間に集うた訪客の中には、某国の宰相あり、某々国の大使あり、操觚《そうこ》界の巨擘《きょはく》あり、又著述家、発明家、哲学者など凡そ現代に名ある人物にしてジュネーヴを訪る丶ものは、必ず新渡戸先生のお邸に一度は挨拶に見ゆ恒例がつくられたのであった。それは恰度、今より一世紀の昔、このジャントウから程遠からぬコッペ［コペー］の村にあったマダム・ド・スタールの邸が、当時文芸界の巨星を聚《あつ》めた欧州のリテラリー・カルチュアの中心となってゐたのに髣髴《ほうふつ》してゐた。[44]

新渡戸は西洋のサロン文化を体得していた稀有な日本人だったのだ。ところで「哲学者」というのは、フランスの哲学者アンリ・ベルクソン（Bergson, Henri, 1859-1941）のことだろう。新渡戸は、「各国の大学者あるいは美術家あるいは小中学程度の教育家あるいは美術家の便宜とを図って、彼らの思想、作品、研究等を国際的に交換し、これらの表現に世界的奨励を与ふることを目的とする」[45]知的協力委員会の設置準備に奔走し、一九二二年七月、アインシュタイン、キュリー夫人、ベルクソン、ギルバート・マレーなど一二人の学者からなる委員会を初開催した。かくして知的協力委員会開催のたび、新渡戸は幹事としてジュネーヴに来た諸国諸分野の碩学を歓待したが、新渡戸の回想『東西相触れて』によれば、特にベルクソンと親しくなり、公的な仕事以外で宗教や道徳について幾度も語りあったという。

図 1-3-4　オテル・ボー＝セジュールのテラスに立つ柳田国男
（成城大学民俗学研究所提供）

右岸シャンペルにおける日本人コロニー

新渡戸も柳田も、ジュネーヴ入り当初、オテル・ボー＝セジュールに居住した。柳田の方は一九二二年九月にホテルを出るとはいえ、シャンペル地区のヴィラ三軒をつぎつぎに借り、一九二三年一月以降、ふたたびオテル・ボー＝セジュール住まいとなった。

右岸の湖岸ではなく、左岸の高台のシャンペル地区の奥まったところに、アルヴ川を臨み、孤立して存在していたこの優雅なホテルは、他のジュネーヴのホテルと異質な由来をもち、数奇な運命をたどった。モンブランの氷河を水源とするアルヴ川での水浴は、古くから治療効果があると評判で、『アミエルの日記』のアミエル（Amiel, Henri-Frédéric, 1821-1881）も水浴をした。そこに目をつけ、ジュネーヴの弁護士や銀行家が開発会社を興し、一八七四年に川辺の水治施設シャンペル・レ・バンと、水治客が長期滞在するためのオテル・ボー＝セジュールを建て、その後、周囲の田園に別荘《ヴィラ》を整備した。かくして十九世紀末から二十世紀初頭、いわゆるベル・エポックに、名だたる文化人（テーヌ、モーパッサン、サン＝サーンス、コンラッド、ジッド……）がホテルやヴィラに滞在した[46]。ただし、国際連盟の頃は、水治療法の人気も衰え、もの静かな老ホテルとなっていたようだ。柳田はこのホテルの様子を遠野の佐々木喜善（一八八六〜一九三三年）にこう書いた――「こゝには六十日以前に私が見た人たちばかり十組ほど泊つてゐて老人も子供もそれぞれの生活を呑気にしてゐる、大戦争で一人息子を失つた巴里の紙店の老主人は今私のわきに犬と二人で坐してゐるが、もう四年に近く泊つてゐ、其間に大へん年をとりました」（佐々木宛、一九二三年三月一七日付[47]）。

第二次大戦中の一九四二年、「ジェノヴァ」を「ジニーヴァ」と聴き間違えたイギリス人飛行士によってホテルは空爆され、営業を終えた。現在は州立ボー＝セジュール病院のモダンな建物が建っているが、旧ホテル管理等、庭を縁取る石の欄干（柳田の記念写真二枚の背景に写っている）、中世風の展望塔が残存している。

それにしても新渡戸も柳田も、パレ・ウィルソンから直線距離でも八キロ離れ、しかもレマン湖の対岸に位置したオテル・ボー＝セジュールに住んだのは、なぜだろうか。

たぶん二つの理由がある。一つは総会会場の宗教改革ホールが左岸にあったこと。二つ目は、一つ目に関連するが、国際連盟帝国事務局の派出所のあたる帝国事務局連絡事務所がシャンペル地区のアヴニュ・マルク＝モニエ（現リュ・モニエ）にあったこと。連盟本部事務局勤め（新渡戸、原田健ほか、一、二名）以外のほとんどのジュネーヴ在住連盟関係日本人がつね日ごろ職場としていたのは、ここだったのだ。「瑞西日記」には「マルクモニエーの事務所」か「事務所」として頻繁に登場する。

オテル・ボー＝セジュールや、その周囲の借家に住んだ日本人は、右岸住まいの日本人よりずっと多かったと推量できる。柳田のジュネーヴ初滞在時は、新渡戸だけでなく、少なくとも岡実（一八七二～一九三九年、農商務省での柳田の上司、国際連盟経済封委員会委員）がボー＝セジュールに住んでいた。(48)「瑞西日記」からは、浅利順四郎（一八八九～一九六七年、ＩＬＯ事務局員）や関口泰（一八八九～一九六七年、大阪朝日新聞を退社し、欧州旅行中ジュネーヴ滞在）もここに滞在していたことがわかる。柳田はよく、彼の秘書だった大沢章（一八八九～一九六七年、のちに九州帝国大学国際法教授）ほか、浅利、関口、宇佐美珍彦《うずひこ》（一八九三～一九六九年、連盟帝国事務局員）、鮎沢巖《いわお》（一八九四～一九七二年、連盟帝国事務局連絡事務所嘱託）、藤沢親雄《ちかお》（一八九三～一九六二年、連盟事務局情報部員）、草間弘司《ひろし》（連盟事務局保健部員）、宮島幹之助《みきのすけ》（一八七二～一九四四年、連盟保健機関委員）、吉阪俊蔵《しゅんぞう》（一八八九～一九五八年、ＩＬＯ日本代表、一九二八年にＩＬＯ帝国事務所所長就任）、那須皓《しろし》（一八八八～一九八四年、ＩＬＯ日本代表、郷土会メンバー）、川西実三（一八八九～一九七八年、ＩＬＯ帝国事務所員）、安達峰一郎（一八六九～一九三四年、連盟総会日本代表、連盟国際紛争調停手続研究委員会議長）などと、マルク＝モニエの連絡事務所、ＩＬＯ帝国事務所、オテル・ボー＝

セジュール、柳田の借家、彼らの滞在場所などで会ったり、食事を一緒にとったり、左岸のオー＝ヴィヴ公園や町を散歩したりしていた。

ＩＬＯ本部は、右岸の高台、こんにち赤十字国際委員会が入っている建物に所在したが、ＩＬＯ帝国事務所は、左岸のオー＝ヴィヴ地区の湖岸ケー・ギュスタヴ＝アドール（旧ケー・デ・ゾー＝ヴィヴ）にあった。「ケーデゾーギーブの労働事務所に行きて閑談す。川西君と共に還つて来る。大沢君、時計がなほつたと謂つて持つて来たが、なほつて居ない。夕方藤沢君立ち寄る」（「瑞西日記」一九二二年七月一二日）。川西田鶴子（川西実三夫人）によれば、ＩＬＯ帝国事務局で、新渡戸を招き、「オフィス用の机を並べて俄か造りの食卓とし、我我数人の夫人達が台所係を承はって日本コロニー全体の牛鍋会を催した」ことがあるという[49]。柳田が「瑞西日記」に「鮎沢君に招かれて行く。すき焼きなり。色々の英人にあふ」（「瑞西日記」一九二二年九月二三日）と記している晩餐会だろうか。川西君の所にて日本食の御馳走。新渡戸博士伊藤君同席」（「瑞西日記」九月三〇日）と書いている晩餐会だろうか。

概して、左岸での社交は、連盟事務局やＩＬＯ事務局がある右岸での社交より親密でアットホームなものだったように思われる。

川西実三は、一九七二年に亡くなった鮎沢巌への追悼文で、若い連盟関連日本人コロニーの様子を回想している。

当時、原田、藤沢、大沢、宇佐美、浅利、川西など若い連中が集り、社会正義を標榜するＩＬＯの事のみならず哲学まで厳しく議論し合うことがあった。その際際立ったのは鮎沢君と浅利君の対照である。浅利君はトーマ［ＩＬＯ初代事務局長アルベール・トーマ］に信頼されて、初代のＩＬＯ東京支部長になり、鮎沢君はその次の支部長になったように、同じような仕事をした人達だが、浅利君は役人の経験があり、一方の鮎沢君は経験がないということもあったのか、とにかく二人はよく議論した。僕はいつも二人をなだめる役をしたが、浅利君は直情経口型で、無遠慮に感情をあらわす。

鮎沢君は感情を出さず円く柔らかなことである。(50)

浅利順四郎が帰国し、ＩＬＯ東京支局長に就いたのは一九二三年だから、まさに柳田滞在の頃の交友が語られていることになる。なお、鮎沢福子は鮎沢巌夫人である。鮎沢は、柳田が去ったあとの話だが、連盟事務局勤めの吉岡福子とデートを重ね、ジュネーヴで結婚した。

エスペラントの都

ジュネーヴで新渡戸稲造と柳田国男がともにかかわった企ては、国際連盟におけるエスペラント運動である。

第一回総会（一九二〇年一二月）で、連盟がエスペラントの公教育を推奨するという議案がフランス代表の反対によって見送りとなり、翌一九二一年夏、新渡戸はプラハでの第一三回世界エスペラント大会を公式視察し、好意的な報告書「エスペラントと国際連盟における言語問題」を提出した。しかし、九月の第二回総会では、エスペラントの公教育推奨がまたもや次期に見送りとなった。柳田は一時帰国のおり、ジュネーヴ在留邦人二二名の署名入りのエスペラント調査の請願書を帝国議会へ提出した。これが形式不備を理由に受理されなかったことがわかると、新たに作成した請願書を再提出した（会期切れで審議されず）。

一九二二年九月の第三回総会で、エスペラントを公教育へ編入する決議案が、フランス、イギリス、ノルウェーなど数ヶ国の反対によって否決され、知的協力委員会の判断を仰ぐことに決まった。そして一九二三年八月、第二回知的協力委員会が連盟にエスペラントの考慮を提案することを否決すると、エスペラントの件が審議にのぼることはなくなった。新渡戸は委員長のベルクソンにコメントを求められ、「エスペラントと国際連盟における言語問題」は世界に広まっていることがわかり、将来成功するものと信じられるので、二十年たてば、このような決定をおこなったことで、この委員会がもの笑いになるのが心配だ」と述べたという[51]。

新渡戸や柳田がエスペラントを支持したのは、英仏語のみが国際連盟やその他国際舞台で公用語化しており、それ以外の言語を母語とする国民が不利な立場に置かれやすいという問題を憂慮したからだが、背景には当時のジュネーヴにおけるエスペラント運動の隆盛があった。一九〇八年にエクトル・オドレール（Hodler, Hector, 1887-1920）とエドモン・プリヴァ（Privat, Edmond, 1889-1962）という二人のジュネーヴ人によって世界エスペラント協会（UEA）が設立され、その本部はジュネーヴにあったのだ。国際連盟本部がジュネーヴに定まると、UEAは連盟を通じてエスペラントを普及しようとする戦略を取った。UEA副会長のプリヴァは、第一回・第二回総会で連盟事務局通訳官を務めた。また、日本エスペラント学会から連盟事務局には藤沢親雄が、帝国事務局には宇佐美珍彦が入っていた。新渡戸のプラハ旅行に随行したのはプリヴァと藤沢にほかならない。柳田も、藤沢、宇佐美だけでなく、UEA副会長プリヴァとも交際し、ジュネーヴ大学に近いブルヴァール・デュ・テアトルのUEA事務所へ赴いていた（「瑞西日記」一一月二一日）。

ただし、柳田と新渡戸のエスペラントへの取り組みには、大きな違いがある。新渡戸がエスペラントを学習しなかったのに対し、柳田は一時帰国時にエスペラント書籍を購入して学習をはじめ、第二次滞在中、ジュネーヴのエスペラントの会「ラ・ステロ・ジュネーヴ」に入会し、本格的に稽古をした。「エスペラントの会を家［シュマン・ド・ミルモンのヴィラ］にて開く。ジョルジアの代表といふ人も来る。自分は沖縄のことを話す」（「瑞西日記」一〇月二七日）。「ステロの会合に行く。プリバのエスペラント演説を聴く」（「瑞西日記」一一月二三日）。「ステロの会員には貧乏な人が多く、多くは又婦人です。私の先生はシニヨリノウマンスキ、オデッサ生れの露人です。フランス語と両方の教授で生活して来た人です。年ハ私くらゐで文章ハ中々上手です」（佐々木喜善宛、一九二三年一二月九日付）[52]。

この違いの要因として、柳田の方が自由な時間があったこと以外に、ジュネーヴで柳田の方が使用言語に苦労していたことを挙げることができる。柳田は若い頃から英語・ドイツ語・フランス語・オランダ語の書籍を読みこなしてきたが、海外経験がなく、ジュネーヴの自宅でフランス語のレッスンを受けていたとはいえ、他の連盟関係者に比べ口頭コミュニケーション能力が弱く、ストレスがたまったことに違いない。第二回総会でエスペラントの公教育推奨決議が見送られた直後、佐々木喜善に書いている。「同じうそをつくなら美しくつきたいといふやうな人々も若干は此大事業［国際連盟］にまじりをり候　日本の人ハ多くはそれさへ出来不申《できもうさず》　欧羅巴人は依然として日本のことは何も知不申候《しりもうさずそうろう》　エスペラントの運動を起すの必要あるかと存申候《ぞんじもうしそうろう》」（佐々木宛、一九二一年九月一八日付）[53]。

ここでは一般論のかたちを取っているが、柳田は戦後の回想で、より率直に委任統治委員会での自身の体験を述べている。

> 妙なところで私が感心したのは、委員を所属国の政府とは関係の無い人、殊に外交官以外から任命すると、日本などではすぐに私のやうな、言葉に不得手な者でも引張り出さなければならぬが、欧羅巴の方では流石に適任者が多く、人を見立てるのにさう苦労して居ない。委員長に推された伊太利の某貴族［アルベルト・テオドリ］だけは、若い頃暫らく外交官をして居たさうで、ごく平凡なシャレの言へるほどフランス語を知って居た。其他《そのほか》の委員たちも人を笑はせるまでは出来ないが、それでも場数を踏んで居るので、隣席どうし英語なりフランス語なりで、こそこそ話をすることがよくあつた。何でも言へるといふ自信だけは、持つて居るらしく見えて羨ましかつた。[54]

民俗学者のまなざし

柳田国男はジュネーヴ大学で、国際連盟、比較宗教史、人類学などの講義を聴講していた。ウジェーヌ・ピタール（Pittard, Eugène, 1867-1962）教授の人類学講義を通じて知ったフランス言語地理学（創始者はベルン州ヌーヴヴィ

図 1-3-5　「サレブ山のふもとの村　山岡君、那須君」と裏書された 1922 年 9 月 16 日撮影の写真。右端が柳田。
（成城大学民俗学研究所提供）

ル出身のジュール・ジリエロン〔Gilliéron, Jules, 1856-1926〕）は、帰国後の方言研究に大きな影響を及ぼした。ピタールの専門は文化人類学ではなく自然人類学だったが、彼は調査旅行を通して収集した世界各地の民族資料をもとに、一九〇一年、ジュネーヴ民族学博物館を設立し、以来ずっと館長を務めていた。同博物館本館はパレ・ウィルソンに隣接するモン＝ルポ公園内にあったので（一九三八年ブルヴァール・カルル＝ヴォグトへ移転）、柳田はきっと観たに違いない[55]。

民俗学者・柳田国男がジュネーヴやその周辺をどのように見ていたかを紹介しておきたい。柳田はジュネーヴの市街地で食事をしたり、人と会ったり、映画や演劇を観たりしているが、日記・手紙・エッセイなどを読むと都市風景についての記述は非常に少なく、対照的に田園や山地の記述が目立つ。そこには民俗学者としてのまなざしが感じられる。

ジュネブは地理学からは上サボアの町ですが、町の中だけは紐育《ニューヨーク》も同じです。只其中《ただそのなか》へ赤い金巾《かなきん》の切れで頭をつゝミ、白い金巾の着物を着た在所の女たちが、市日ごとに来るのです。こんな人の叔父や従兄の家にあのセルバンは住んでゐて不在中の家を番したり、茶碗類を洗つてくれたり又時ニハ豚を寝床の上に寝かせておくやうな悪戯もするのかと思ふと山々の雪や雲迄も親しくおもはれます。耶蘇教もウブナ形で行はれてゐるやうです。

（佐々木喜善宛、一九二二年一二月九日付[56]）

ジュネーヴ中心部はニューヨークとさして変わらない近代都市としての相貌をもっているが、定期市には、オート＝ザヴォワの山村から民族衣装に身を包んだ女たちが産物を売りにやって来る。その彼女たちより少し年上の牧人や木樵などなら、古民家に棲みつく精霊セルヴァン（Servan）を体験的に知っているはず、ということだろう。「耶蘇教もウブナ形で行はれてゐるやうです」というのは、こうした山地（フランス領）の村人は、心のうちにキリスト教以前の土着的な宗教の残滓をとどめたままカトリックを信仰しているようだという意味に解釈できる。

ジュネーヴ滞在時に柳田は、ローザンヌ大学教授アルフレッド・セレソル（Célésole, Alfred, 1842-1915）による民話集『ヴォー州アルプスの伝説[57]』を購入していた。成城大学民俗学研究所の柳田文庫に入っているこの本を開くと、オート＝サヴォワやジュラ山地などに伝わる怪異譚として、佐々木喜善に紹介しているとおりのセルヴァンの逸話が見つかる。一時帰国中の一九二一年九月一八日に佐々木に出した絵葉書では、同書のことを「セルバン（瑞西のザシキワラシ）のことを書いた本」といっており、柳田がセルヴァンに遠野のザシキワラシを重ねていたことがわかる。ザシキワラシに似た精霊が棲んでいると思いながら、柳田はオート＝サヴォワの雪をかぶった「山々」ばかりか雲までも懐かしく眺めていたのだ。

具体的にいえば、この「山々」とは、シャンペル地区から間近に眺められるサレーヴ山のことに違いない。『ヴォー州アルプスの伝説』にはサレーヴ山とレマン湖の起源譚も登場する。巨人ガルガンチュアが、ローヌ川の流れをよくしようとして大地を掘削し、残土を脇に積んだ。眺めていた人々が「Ça lève, ça lève!（高くなる、高くなる！）」と連呼したので、その山は「サレーヴ」と呼ばれるようになった。そして掘削跡がレマン湖となった。この伝説が記されたページの余白に、柳田は「大人」（オオヒト＝ダイダラボッチ）と書き込みをしている。

在ジュネーヴ中、柳田は少なくとも三回もサレーヴ登山をした。山上はなだらかな高原で、牧場が広がり、鞍部には村がある。彼にとってサレーヴ登山は単なるリクリエーションではなく、民俗学的フィールドワークでもあったのだろう。

民俗学者としての柳田のまなざしは、ユニークな角度から都市ジュネーヴを照らし出す。同じ書簡から、オート＝サヴォワとジュネーヴの交通に関わる話題をもう一つ。

ジェネバの町ハ明日から祭が始ります。他の町のカルネバルと同じやうですが、こゝでは特にエスカラードと申してゐます。エスカラードは梯子のことです。昔此《この》町が独立して度々サボアの殿様から攻められた頃、ある夜ふけニ城壁に梯子をかけて忍び込まうとした敵兵を偶然にある婆さんが見出し熱いソップ［スープ］を鍋のまゝ打かけて追下し夜討の難を免れた、其《その》記念といつて今でも小さな鍋を売ります。中ハチョコレートが入つてゐます。又どの店でも色々おどけた面を数日前から売り出しました。之《これ》を被つて町中を三四日の間踊りぬくのです。日本人も若い人ハ踊りがすきだから出るでしやう（×城壁は今大学の外郭になつてゐます、上は市役所です）。

一六〇二年一二月一一日深夜から一二日未明にかけて、サヴォワ（サヴォイア）公エマニュエル＝フィリベール（de Savoie, Emmanuel-Philibert, 1528-1580）がジュネーヴを手中に取り戻そうと傭兵を使って奇襲し、これをジュネーヴ市民が撃退した。このエスカラード事件を記念し市をあげて毎年行われる大祭が、エスカラードである。カルヴァンが禁欲と偶像否定の大義を掲げ教会関連の祝祭を禁じた結果、ミサやカーニヴァルは消滅したが、エスカラードは許可された。柳田はそのエスカラードに、カモフラージュされたカーニヴァルを見ているのだ。実際、エスカラードは、アルプスという魔界から降りて来て都市に侵入しようとする悪鬼のごとき者どもを撃退するというかぎりで民俗的構造を備えており、バーゼルやベルンのファスナハト、アッペンツェル州のシルヴェスタークロイゼ、レッチェンタールのチェゲッテ等と通底する。しかも、この襲来と撃退は、夜から朝へという転回と重なり、暦の上でクリスマスにも近い。「他の町のカルネバルと同じやうです」という柳田の評言は、エスカラードの古層を言い当てているのではないだろうか。市壁の残存に言及しているのも、市壁が秩序と混沌を分ける境界を意味するからだろう。

帰国後の新渡戸稲造と柳田国男

柳田は語学力不足や加齢による衰えを理由に、すでに一九二二年九月に外務省へ委任統治委員辞意を伝えており、第三回委任統治委員会（一九二三年七〜八月）の議事録付録となる報告書「委任統治領における原住民の福祉と発展」を提出すると、一九二三年九月二九日、ロンドンから帰国のため乗船した。関東大震災の報を受け、出発を前倒ししたのかもしれない。第四回委任統治委員会の日本人委員の席は空席となり、第五回から在ベルギー大使館参事だった山中千之《せんし》が後任となった。

「委任統治領における原住民の福祉と発展」では、委任統治領における民族の混在、西洋化した沿岸部原住民と山地の原住民の懸隔、宗主国の言語を原住民に公用語として押し付けることの弊害等が主題となっている。南洋諸島やアフリカの研究成果が見られるだけでなく、柳田の長年の山人研究や、ジュネーヴで彼自身が味わった言語問題が反映されていることは想像に難くない。

帰国後、柳田は、エスペラント学会会員として、講演・論説・大会参加等、エスペラント普及のための諸活動を繰り広げ、一九二六年には学会理事に就任した。また渡欧以前からの約束にしたがって東京朝日新聞社編集顧問に就任、一足先に帰国して朝日新聞社へ戻っていた関口泰と同僚になり、一九二四年七月から社説に健筆を振るった。その中には、国際協調、反軍国主義、移民・植民問題などを主題とし、国際連盟経験ないし委任統治委員会経験を

図 1-3-6　1924 年 11 月 8 日のジュネーヴ州議員選挙ポスター
（『英瑞選挙ポスター集』）

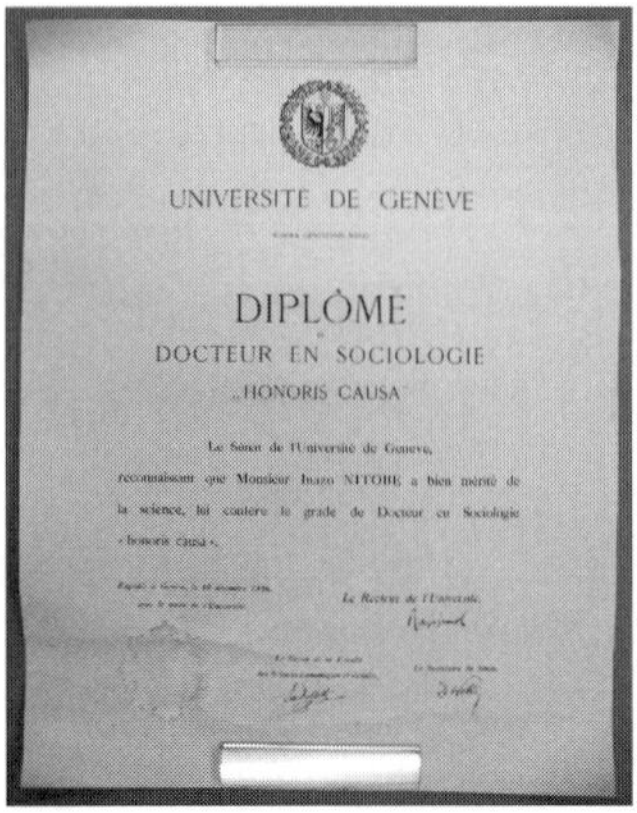

図 1-3-7　新渡戸稲造のジュネーヴ大学名誉教授証書
（盛岡市先人記念館提供）

踏まえた社説が多い。

普通選挙運動のさなか、柳田は新聞紙上やその他でこれを支持する論説を展開したことにもジュネーヴ滞在が活かされている。「瑞西日記」によれば、柳田は一九二二年一一月三〇日にジュネーヴのレフェランダムの準備を見学し、さらに一二月二日「川西君と［山本君と］三人で一般投票を見に行」った。『憲政』（憲政会の党報）一九二四年五月号に書いた「新しき政治は民衆化」で、柳田はこの見学に言及している。

> 予は先年欧州を視察し、彼の地の政治を視察して帰つたが、今も尚彼国の政治に対して非常の親しみを感じて居るものである。瑞西は実に選挙の多い国で、上院、下院の選挙は勿論、其の外にレフレンダムがあつて中々多忙な国である。併し選挙の実際を見ると政治と新聞との接触が密接で選挙は極めて平易に執行される。故に瑞西の政治生活は一般に易々たるもので、一労働者から見ても読書とか、訪問とか位に億劫なく行はれて居る。［中略］予はゼネバ［ジュネーヴ］に滞在せる時度々選挙を見ることを得た。彼らが選挙場に於ける態度の流暢さと軽快さには自ら快感を覚えざるを得なかつた。無記名の秘密投票を為す

場所に子供を連れて、恰も子供を教育し嫁を教育するが如く心得た彼等の態度には驚かざるを得なかつた。彼等は書物を読まねば、即ち高尚な知識を有たなければ政治が出来ぬ等とは毛頭考へて居らぬ。其れが恐らく民衆政治の骨子であるから当然と云ふべきである。[58]

投票所における投票者の態度に注目し、普通選挙実践のためには日本人もこうした態度を身につけるべきと説くところに、柳田らしさを感じる。ちなみに柳田とレフェランダム見学をした川西実三は、スイスで選挙ポスターを収集していた。一九二六年五月に帰国すると、君島清吉《せいきち》（一八八九〜一九六六年）収集のイギリスの選挙ポスターと合わせて展覧会を行い、翌年、朝日新聞社から将来の普通選挙のための参考資料として『英瑞選挙ポスター集』を刊行した。[59]

一九二六年一二月六日、新渡戸稲造は辞表を提出し、国際連盟事務局次長の座を外交官・杉村陽太郎（一八八四〜一九三九年）に譲った。ジュネーヴを去る記念として、一二月一四日、ジュネーヴ大学で「クエーカー主義とは何か」を仏訳付きで英語で講演し、後日、同大学から名誉社会学博士号を授与された。[60]

新渡戸は一九二七年三月に帰国するや、啓蒙的な講演・講義・新聞論説・著書執筆を精力的に展開し、国際連盟時代を含む長年の海外生活で出会った現代西洋人物伝『東西相触れて』（一九二八年）や『偉人群像』（一九三一年）を出した。一九二九年、新渡戸は太平洋問題調査会（環太平洋地域の相互理解・文化交流の促進を目的として設立されたNGO）の理事長となり、第三回太平洋問題会議（同年京都）で議長を務めた。開会の辞で、太平洋問題会議を国際連盟と比較しながら、国際協調において「自発的団体」がもっとも根本的だという考えを述べ、「比叡の麓、琵琶湖の近く」の京都を「ジウラ［ジュラ］・セレーヴ［サレーヴ］の山々に囲まれたレマン湖」の国際都市に重ねて締めくくりとした（「太平洋問題京都会議 開会の辞」）。[61]

しかし、一九三〇年代、日本は急速に軍国主義へ傾斜していった。一九三一年九月、第四回太平洋問題会議直前に満州事変が勃発し、国民政府は国際連盟に関東軍による満州占領を侵略行為であると訴えた。一九三三年二月の連盟総会において、満州国を承認しないことが可決され、日本政府は、同年三月二七日、国際連盟を脱退した。この間、新渡戸は軍閥の独走や、日本政府の欧米に対する説明対応の拙さを苦々しく思う一方、第四回太平洋問題会議やアメリカ講演旅行を通じ、日本の満州統治の正当性・必要性を海外に向けて訴え、国際連盟離脱に際しては『大阪英文毎日』（一九三三年四月一二日・一三日）に、「私は一貫性の無い自己矛盾を犯している人間の一人である。現時点で日本が連盟を脱退するのは正当であると信じながら、なおかつ、連盟が世界の将来の福祉にとって最大の希望であると信じているのである」と苦しい胸のうちを吐露した。[62] そしてカナダ・バンフでの第五回太平洋問題会議に日本代表として出席後、一九三三年一〇月一五日、ヴィクトリアで急性膵臓炎により客死した。

一九三〇年九月以降、柳田は朝日新聞の社説を執筆しなくなり、同年一一月に論説委員を辞任した。満州事変についても、国際連盟脱退についても、新渡戸稲造の死去についても何も書き残していない。一九三二年以降、柳田の活動の中心は日本民俗学の組織化や方法論的整備へ移った。佐谷眞木人は、「国際連盟委任統治委員辞任を契機として新渡戸と柳田は絶交し、その関係が修復されることはなかった」と推量している。[63] ありえることだが、新渡戸の多忙ぶりや、明治末以来繁くあったはずの彼らの往復書簡がほとんど現存していない（もしくは発見されていない）こと、この時期の柳田の日記が未公表なこと等に鑑み、判断を保留しておく。『定本柳田國男集 別巻五』年譜には、「一九五三年九月二十三日 国際連盟で一緒だった川西実三、クインジー［未詳］が来訪。雨中多磨墓地に新渡戸稲造の墓参をする」と記されている。

（岡村民夫）

第3節　戦後〜現代――鐘が結ぶジュネーヴ・品川の交流

二〇〇〇年代後半のある大晦日、筆者はジュネーヴにある国際機関の一つで仕事をしていた。夜もふけてくると、どこかから鐘の音が聞こえた。最初は気に留めていなかったが、そのうちに、これは日本の鐘で除夜の鐘をついているのではないか、と思い至った。

翌日、音が聞こえてきた方角を探しに行くと、まさに、国連欧州本部に隣接するアリアナ美術館の庭に日本の大梵鐘が設置されていた（写真1-3-8）。調べると、この大梵鐘は数奇な運命に導かれこの地にたどり着き、ジュネーヴと品川を結びつけ、両地域の交流を促す契機になっていたのである。

本節ではその大梵鐘が当地に設置された背景及びその経緯を辿ることにより、ジュネーヴと日本の交流史の一端を明らかにすることにした。

図1-3-8　アリアナ美術館の大梵鐘

大梵鐘の国外搬出とその経緯

一六五七年、現在の品川区にある品川寺《ほんせんじ》の弘尊上人の発願により、徳川家康、秀忠、家光の供養のため、大梵鐘が京都三条の鋳物士・大西五郎左衛門により鋳造された。鐘面には京都七条の大仏師・康斎《こうさい》が六体の観音像を浮き彫りにし、さらに観音経一巻が陰刻されている。そして、『武蔵風土記』、『江戸名所図絵』に、「世にまれなる梵鐘」として、記され、その姿を確認することができる。

東海道の宿場町であった品川も、江戸時代の末（一八五〇年代）から明治維新を迎えるころ著しく荒廃し、品川寺は本尊を安置した草堂と、江戸六地蔵を残すだけとなり、大梵鐘も海外に搬出された。

この背景には、一八六八年に幕藩体制が崩壊し、新政府は、封建制度の廃止と並んで、仏教信仰からの神道的行事の強制的な分離（神仏分離）等、大きな経済力を持つ仏教界の勢力をそぐための一連の措置を講じたことがある。このような政策の一環として、新政府は多くの仏教寺院から仏像、梵鐘を調達した（廃仏毀釈）。その一部は、日本産の銅の品質が高いことが有名であった海外に売りさばかれた。また、寺の境内は最小限の広さまで縮小された。

一八二六年から四年かけて編纂された『御府内備考続編』には、品川寺の田畑面積は四八〇〇坪、そのうち境内の敷地面積は三三六六坪という記載があり、広大な敷地を有していたことがわかる。また、一八三六年に刊行された『江戸名所図絵』には、明確に鐘楼と大梵鐘が描かれている。ところが、一八七二年（明治五）に作成された『寺院明細帳』には、仮本堂、仮庫裏、物置、仏堂、尼堂のみが記載されている。本堂と庫裏が仮本堂、仮庫裏となっているので、両方とも一旦消失したことがうかがわれる。ちなみに、鐘楼、大梵鐘の記載はない。境内の面積も一〇二四坪（官有地）となり、面積も著しく縮小している。

一八七七年（明治一〇）に作成された『寺院明細簿』では、境内の面積は引き続き一〇二四坪（官有地）であるが、本堂が一八七三年（明治六）に再建されたことが記載されている。一八七二年（明治五）当時と同様に鐘楼、大梵鐘の記載は認められない。

以上のことから、一八三六年には存在していた大梵鐘が、一八七二年の時点では記録から消えていたことがうかがわれる。

この間の経緯を説明するものとして、一九二九年一〇月一五日のジュネーヴ市参事会議の議事録には次のような記載がある。

どのようないきさつでこの大梵鐘がギュスタヴ・ルヴィリヨ（Gustave Revillod: ジュネーヴ・アリアナ美術館の創設者）の所有物となったのであろうか？　資料がないので不明だが、大梵鐘は徳川政府により一八六七年のパリ万博に出品された後、入手されたと考えることができる。幕末・維新の混乱期であったため、パリ万博への出品物の管理が行き届かず、第三者に売却されたと考えられる。（筆者訳）

一方、一九二九年一〇月三一日付けの新聞（*La Tribune de Genève*）には次のような記載がある。

この大梵鐘は一八六七年のパリ万博に展示されたという説がある。しかし、我々は、パリ万博に展示されたとは考えない。ヨーロッパへは、一八六七年ではなく、極東の船によりオランダ経由で一八七三年に着いたと考える。その理由は、最近アーラウ［Aarau: スイスの一都市］で撮られたこの大梵鐘の写真を発見したからである。アーラウの鋳造業者は、一八七三年のウィーン万博の年、鐘や壷等の多くの品物が極東の船でオランダに運び込まれ、その一部がアーラウに来たことを覚えている。また、本紙の読者から、一〇歳の時アーラウの鋳造所の庭で多くの青銅の壷や鐘を見た、これらは日本政府のために大砲に鋳直されると聞いた、という証言が寄せられた。（筆者訳）

写真 1-3-9　アーラウで見つかった大梵鐘

出処：F. Gysi, La cloche de Shinagawa et deux autres cloches dan la cour de la fonderie Rüetschi.

この *La Tribune de Genève* の記事に基づき、次の調査をおこなった。その結果、以下の事実が判明した。

（a）大梵鐘が海外に搬出されたのは横浜港と推測されるため、横浜毎日新聞に毎日記載されている積荷明細を一八六七年から一八七三年まで調査したが、大梵鐘の記載はなかった。

ちなみに、一八七二年六月二二日付〝THE JAPAN WEEKLY MAIL〟によると、横浜に停泊中の船は次のとおりであった。

商船（蒸気船）

米国籍、英国籍等八隻で、うち三隻は一五〇〇トンを超える大型船。出港地はグラスゴー、ロンドン等が含まれ、既に欧州との航路が開かれていたことが分かる。二隻の荷主は日本政府。

商船（帆船）

米国籍、英国籍、北ドイツ籍、フランス籍等一〇隻。二〇〇トンから七九五トンで、蒸気船よりはるかに小さいが、出港地はカーディフ、ロンドン等があり、遠洋航海をしていた。

（b）日本郵船からの情報

「日本で最初の海外定期航路として郵便汽船三菱会社が上海航路を開設したのが一八七五年であり、一八七三年に日本の船会社が欧州へ向かうということはないと思われる。明治維新開国後横浜にはオランダ、イギリスを中心に外国の船がたくさん来ていたそうなので、品川寺の大梵鐘はそれらの船で運ばれたのかもしれない。」とのことであった。

（c）一八七二年四月一三日付けの東京日日新聞には、「官より差し出すものの運送費等一切は官が負担する」というウイーン博覧会事務局からの広告が掲載されている。

（d）公文書研究者の小川千代子氏の証言によると、東京・竹橋の国立公文書館で、ヨーロッパで開催された万博に出品されたもののリストを探してもらい、そのリストを調べた結果、品川寺の大梵鐘に関する資料には突合しなかったとのことである。

（e）ジュネーヴ・品川友好協会会長のフィリップ・ニーゼル氏によると、「数奇な運命の下、品川寺の大梵鐘は、他の寺院の梵鐘と共に、アーラウのリュエチ鋳造所に、おそらく材料として使用される目的でたどり着いた。この鋳造所はスイス中の多くの教会の鐘を製作していただけでなく、スイス連邦軍用の大砲を製造していたようである。一八七〇年の普仏戦争後もスイス政府は中立を守るため、大砲を発注し続けた。その当時大砲は相変わらず青銅製であった。」とのことであった。

以上の調査結果から、次の仮説が導き出された。

① 廃仏毀釈により、大梵鐘は海外に搬出された。
② 搬出は、一般の商取引ではなく政府ベースのものであった。
③ 欧州までは外国船により運搬された。
④ ウイーン万博へは出展されず、第三者の手を経てアーラウに着いた。

これが現時点において判明した事実と仮説である。今後は事実確認を含め、詳細に検討し証明する必要があろう。

大梵鐘の帰国

一九一六年品川寺に入山した仲田順海和上は、明治初期に焼失した建物の再建に取り掛かり、一九二三年には総レンガ造りの観音堂が完成した。また、大梵鐘が海外に搬出されたことを町の古老から聞き、全世界に探し求めた。かつて海外渡航する人の氏名は新聞に掲載されたことから、仲田和上は、近傍在住者には直接訪問し、遠方者には手紙を出して鐘の消息を知らせるよう依頼した。このことで大梵鐘のことが世間に広く知れわたった。なお、国際連盟の本部がジュネーヴに作られつつあったので、多くの外交官、学者、ビジネスマン等がジュネーヴを訪問するようになっていた。このような状況の中で、ついに一九一九年日本の留学生がアリアナ美術館で大梵鐘を発見した。

仲田和上は一九二八年八月一日付の書簡を在ジュネーヴ名誉日本領事ケルン氏に送り、大梵鐘の返還の願いを伝えるに至った。

在ジュネーヴ名誉日本領事ケルン氏からジュネーヴ市参事会に送られた返還要請の書面（一九二九年六月二一日）を資料1（図1‐3‐10）に示す。

仲田和上の願いは、時の外務大臣・幣原喜重郎、スイス特別全権公使・吉田伊三郎を通じ、ジュネーヴ市民の理解を得、一九二九年一〇月一五日ジュネーヴ市議会は、満場一致の議決を持って、大梵鐘を品川寺へ贈還することを決定した。そして、その決定は一一月一五日にジュネーヴ集参事会議で承認された（資料2、図1‐3‐11）。

ジュネーヴ州参事会議の決定（一九二九年一一月一五日）

決定

一九二九年一〇月一五日のジュネーヴ市議会の審議に関し、

第一条　ジュネーヴ市参事会議がアリアナ美術館の鐘を品川寺に返還する回答を行うことを認める。
第二条　品川寺から鐘の代わりとして提供される灯篭を受領することを認める。

日本郵船の広報誌によると、一九三〇年三月四日に大梵鐘はジュネーヴ市を出発し、三月二四日マルセイユから日本郵船の「諏訪丸」に搭乗され、四月二六日横浜港に到着した（資料3、図1‐3‐12）。

こうして順海和上の悲願は、一九三〇年五月四日の東京日比谷音楽堂での「スイス国贈還大梵鐘歓迎会」と、翌五月五日の品川町民総出で迎えた「品川寺大梵鐘歓迎会」で実を結んだ。

日比谷音楽堂の歓迎会には、五千人が参加した。来賓として、小泉又二郎逓信大臣とスイス国トラベルシニー駐日公使が挨拶した。翌日、牛車にひかれた大梵鐘は、五百人を数える行列で、三キロの道中を二時間にわたり、ゆっくりと行進し、正午に品川寺に到着、大梵鐘は到着と同時に、江戸六地蔵前の仮鐘楼に安置された。

これより先、ジュネーヴ市において品川寺への大梵鐘贈還の決議がなされた際、品川寺はジュネーヴ市に、唱道寺型石灯篭を制作して贈ることを決定し、一九三〇年三月六日、アリアナ美術館に贈呈した。

大梵鐘贈還後、順海和上は大梵鐘の永世護持を考えた。そのため、大梵鐘を国宝に指定することと大梵鐘にふさわしい鐘楼を建立することを思案した。この願いは、一九三七年九月一七日に新鐘楼が竣工し、次いで一九四一年一〇月一日に国宝（戦後、元国宝として、重要美術品となる）に指定されることで達せられた。第二次世界大戦中には、大梵鐘の供出命令も出されたが、これを拒むため、品川寺は大梵鐘と江戸六地蔵を残し、一切の金物を供出した。また、品川寺は、アメリカ軍の空襲にも被災しなかったため、大梵鐘及び鐘楼は品川寺のシンボルとして存在し続けることになった。

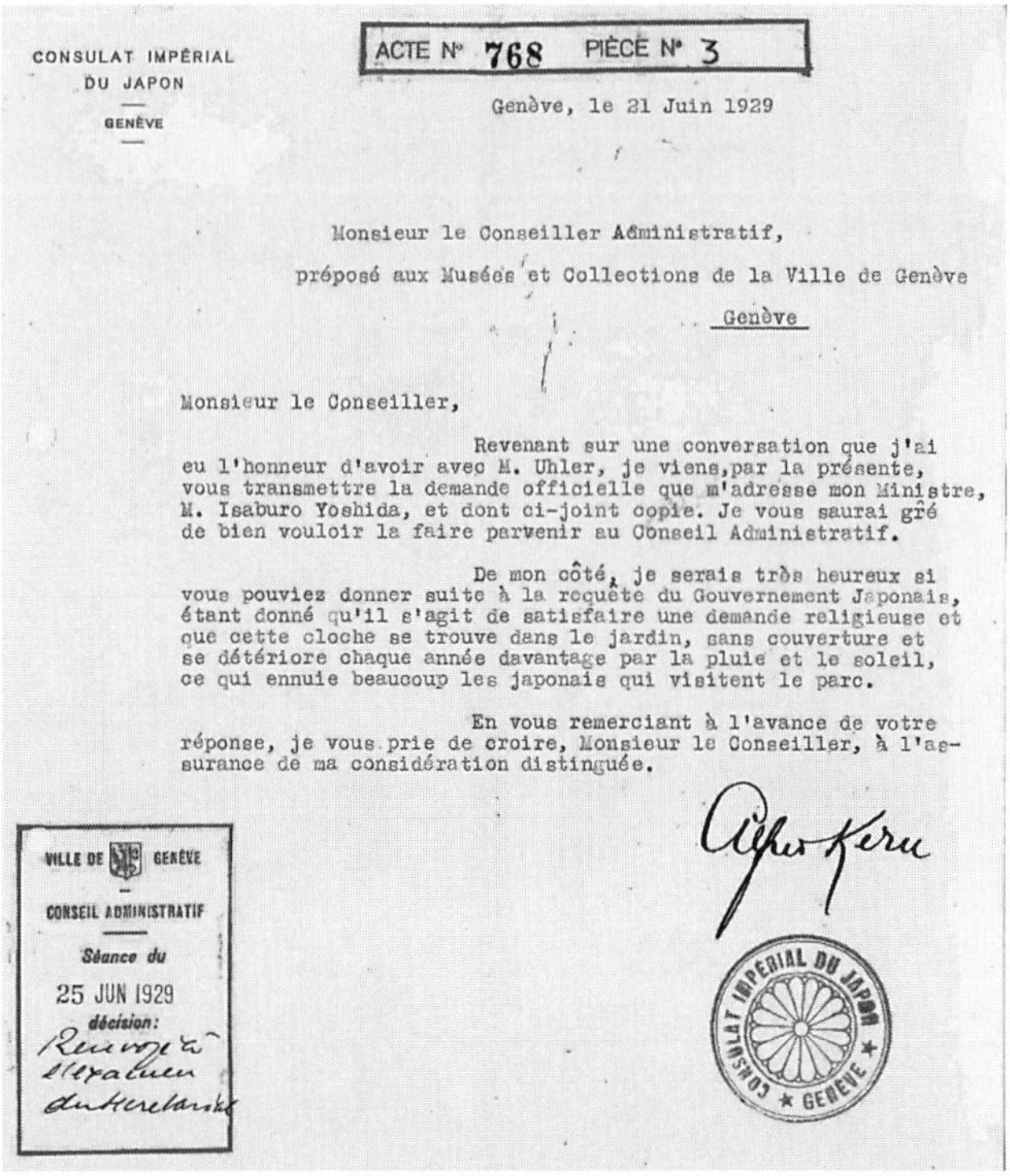

CONSULAT IMPÉRIAL
DU JAPON
GENÈVE

ACTE Nº 768 PIÈCE Nº 3

Genève, le 21 Juin 1929

Monsieur le Conseiller Administratif,
préposé aux Musées et Collections de la Ville de Genève
Genève

Monsieur le Conseiller,

Revenant sur une conversation que j'ai eu l'honneur d'avoir avec M. Uhler, je viens, par la présente, vous transmettre la demande officielle que m'adresse mon Ministre, M. Isaburo Yoshida, et dont ci-joint copie. Je vous saurai gré de bien vouloir la faire parvenir au Conseil Administratif.

De mon côté, je serais très heureux si vous pouviez donner suite à la requête du Gouvernement Japonais, étant donné qu'il s'agit de satisfaire une demande religieuse et que cette cloche se trouve dans le jardin, sans couverture et se détériore chaque année davantage par la pluie et le soleil, ce qui ennuie beaucoup les japonais qui visitent le parc.

En vous remerciant à l'avance de votre réponse, je vous prie de croire, Monsieur le Conseiller, à l'assurance de ma considération distinguée.

VILLE DE GENÈVE
CONSEIL ADMINISTRATIF
Séance du
25 JUN 1929
décision:

CONSULAT IMPÉRIAL DU JAPON ★ GENÈVE ★

図 1-3-10　資料 1（出典：ジュネーヴ市公文書館）

Historic Bell Returns Home

The sacred bell of the Honsenji Temple in Shinagawa, a suburb of Tokyo, which was taken to Vienna about 60 years ago and had remained in Europe ever since, being given up as lost, was recently discovered at the Ariana Museum, Geneva, and was sent back home aboard the N. Y. K. liner "Suwa Maru" by the request of the Japanese Government.

The "Suwa Maru" arrived at Yokohama on April 26th, and the bell was then carried to Hibiya Park, where a great religious service was held on May 4th to welcome the homecoming of the bell. The service was conducted by Buddhist dignitaries and attended by many notables including Mr. M. Koizumi, Minister of Communications, Mr. R. Tanaka, Minister of Education, Mr. Hultman, the Swiss Minister, and others.

On the next day, the bell was placed on a decorated ox-cart and conveyed to the Honsenji Temple in Shinagawa with a colorful procession.

The historic bell was cast in 1657 by Onishi Gorobei in Kyoto as an offering for the repose of the souls of Shoguns Ieyasu, Hidetada, and Iemitsu, the first, second, and third shoguns of

図 1-3-12　資料 3（出典：*NYK Travel Bulletin* 1930 年 7 月号）

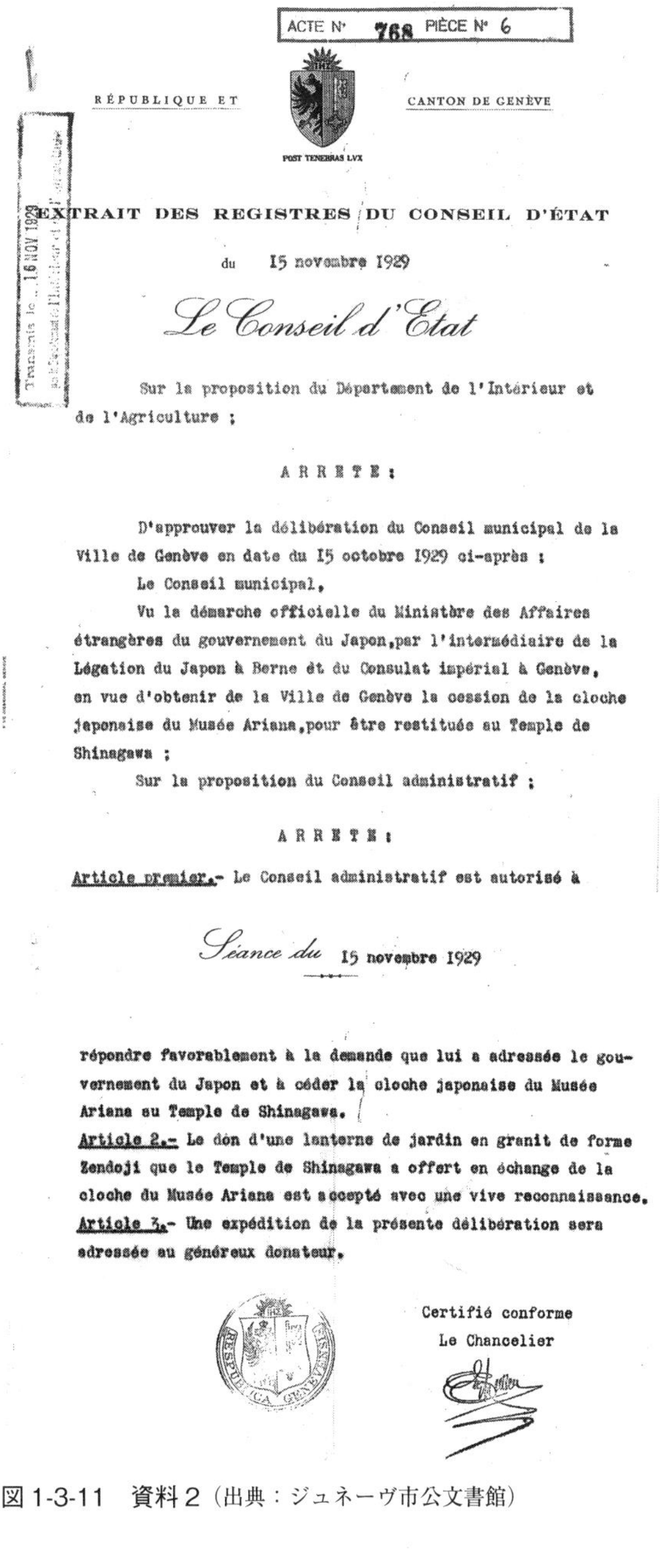

ACTE N° 768 PIÈCE N° 6

RÉPUBLIQUE ET CANTON DE GENÈVE

POST TENEBRAS LVX

Transmis le 16 NOV 1929

EXTRAIT DES REGISTRES DU CONSEIL D'ÉTAT

du 15 novembre 1929

Le Conseil d'Etat

Sur la proposition du Département de l'Intérieur et de l'Agriculture ;

ARRETE :

D'approuver la délibération du Conseil municipal de la Ville de Genève en date du 15 octobre 1929 ci-après :

Le Conseil municipal,

Vu la démarche officielle du Ministère des Affaires étrangères du gouvernement du Japon, par l'intermédiaire de la Légation du Japon à Berne et du Consulat impérial à Genève, en vue d'obtenir de la Ville de Genève la cession de la cloche japonaise du Musée Ariana, pour être restituée au Temple de Shinagawa ;

Sur la proposition du Conseil administratif ;

ARRETE :

Article premier.- Le Conseil administratif est autorisé à

Séance du 15 novembre 1929

répondre favorablement à la demande que lui a adressée le gouvernement du Japon et à céder la cloche japonaise du Musée Ariana au Temple de Shinagawa.

Article 2.- Le don d'une lanterne de jardin en granit de forme Zendoji que le Temple de Shinagawa a offert en échange de la cloche du Musée Ariana est accepté avec une vive reconnaissance.

Article 3.- Une expédition de la présente délibération sera adressée au généreux donateur.

Certifié conforme

Le Chancelier

図1-3-11　資料2（出典：ジュネーヴ市公文書館）

戦後から現代へ――ジュネーヴと品川の交流

一九六四年一〇月八日、東京オリンピック開催時に、スイス選手団一五〇名が品川寺を訪問し、大梵鐘と対面した。これを契機に、一九六八年一月二一日に品川寺第三一世として晋山した順和和上は、梵鐘を鋳造し、アリアナ美術館へ贈呈することを思案した。和上は、大梵鐘贈還四五周年に当たる一九七五年にアリアナ美術館訪問団を組

図 1-3-13　品川寺の梵鐘（現在）

織し、九月二一日にアリアナ美術館を訪問した。そして、一九八〇年、大梵鐘贈還五〇周年を迎え、和上は再度アリアナ美術館訪問団を組織し、五月二三日にアリアナ美術館を訪問した。この頃から品川寺において新梵鐘鋳造の話が具体的になった。

一九八五年三月には品川区国際民間友好協会（ＳＩＣＦＡ）設立が設立された（その後、一九九二年三月に品川区国際友好協会［ＳＩＦＡ］に名称が変更された）。これは後々非常に重要な契機になるできごとであった。すなわち、ジュネーヴと品川の友好事業継続にとって、交流組織の存在が必要不可欠だったのである。

一九八八年秋、アリアナ美術館のクレリ館長が品川寺を訪問した際、初めて新梵鐘の鋳造と、ジュネーヴ・品川友好憲章締結の協議がおこなわれた。そして、大梵鐘贈還六〇周年に当たる一九九〇年が、大梵鐘鋳造三三三年、順海和上の二三回忌、スイス建国七〇〇年と重なったことから、この年に新梵鐘の鋳造と開眼供養、贈呈式をおこないたいとの提案がなされた。

一九九〇年六月二日、クレリ館長は再度品川寺を訪れた。この時、ドレイエ駐日スイス公使と髙橋品川区長、フィリップ・ニーゼル氏を交え、新梵鐘の贈呈、ジュネーヴ市・品川区友好都市締結の提唱がおこなわれた。同年七月には、新梵鐘鋳造の火入れ式が挙行された。同年九月二日からは、品川寺と品川区の代表がジュネーヴ市を訪問し、一一月四日の新梵鐘開眼式へのジュネーヴ使節団の招請と、ジュネーヴ・品川友好都市締結の第一回の打ち合わせがおこなわれた。一九九〇年一一月四日、ルネ・エメンゲル市長、クレリ館長、ジュネーヴ市立美術館エリック・ブルカルト部長等、一八名の使節団が品川寺を訪問し、新梵鐘開眼供養に参列した。

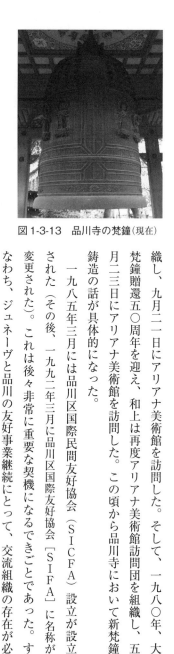

なお、日本側の動きと並行して、ジュネーヴではクレリ館長のグループが鐘楼のデザイン、ジュネーヴ当局への必要な建設許可申請、資金集めに動き出していた。そして、鐘楼は、一九九一年九月に新梵鐘を迎える準備が完成した。

一九九一年五月一八日、多くの品川区民に送られ、新梵鐘は、ジュネーヴ市へと出発した。そして、九月八日、アリアナ美術館において、新梵鐘鐘楼落成式、撞き初め式が挙行された。日本側からは、湯川国連大使、伊集院総領事、髙橋品川区長、品川区議会議長以下四〇名が出席した。品川寺からは、品川寺総代、品川寺檀信徒、品川青年会など総勢二五〇名が式典に参加した。翌九日、ジュネーヴ市庁舎において髙橋品川区長、ジュネーヴ市ジャクリン・ビュルナン市長の手により、両市の友好憲章が交わされた(64)。

一九九一年以降の主要な交流は次の通りである。

一九九一年九月	ジュネーヴにジュネーヴ・品川友好協会が設立
一九九二年八月	品川区から初めて青少年派遣生がジュネーヴを訪問
一九九三年八月	ジュネーヴから初めて青少年派遣生が品川区を訪問
一九九六年九月	ジュネーヴで友好憲章締結五周年記念式典
二〇〇一年十月	品川区で友好憲章締結一〇周年記念式典
二〇〇六年九月	ジュネーヴで友好憲章締結一五周年記念式典
二〇一一年九月	品川区で友好憲章締結二〇周年記念式典を予定したが、東日本大震災のため中止
二〇一六年九月	ジュネーヴで友好憲章締結二五周年記念式典

ちなみに、二〇一五年までの青少年交流実績は、日本からの派遣が一九二名、ジュネーヴからの受入が一八九名と順調に推移している。二〇一四年は日本スイス国交樹立一五〇周年であったが、これを記念して、ジュネーヴ日本倶楽部（ＪＣＧ）はジュネーヴ市に桜を二〇本寄贈する「さくらプロジェクト」を企画し、三月三一日にアリアナ公園で植樹式がおこなわれた。

東京の品川寺から贈られた鐘の近くに植えられた桜の並木道には「Allée des Sakura　日本スイス国交樹立一五〇周年を記念してＪＣＧから寄贈され、二〇一四年三月三一日に植樹された二〇本の桜」と刻まれたプレートが設置された。

図 1-3-14　アリアナ公園内に植樹された桜

以下 swissinfo.ch（里信邦子記者）より。[65]

「一五〇周年にジュネーブ日本倶楽部（ＪＣＧ）で何かできないか。それも一過性のものではなく長く残ることをしたいと考えていた」と、ＪＣＧ元会長のアベル美穂さんは話す。

そんなとき、自分たちがスイスという異国の地でスイス人に助けられながらも一生懸命生きている、ないしは「生きたという」証になるものは、ずんずん大きくなっていく桜を植樹することではないか、と思った。

（中略）

こうして、ＪＣＧのメンバー数人が「さくらプロジェクト」を立ち上げた。一五〇周年だから一五〇本植えたかったし、並木にしたかった。それにジュネーブ市内からはずれた場所だと誰も来ないから市内でと考えていた。「そんな条件では、とても無理でしょう」と周囲からは言われたけれど、「やってみなければ分からないじゃない」。

そして実現した。それも国連のそばのアリアナ公園という一等地。(中略)

植樹が終わった今、「大げさだけど」とアベルさんは一呼吸置いてこう言う。「ジュネーブに来た意味はこれをするためだったのかと思ったりする」

(中略)

一方の受け入れ側のジュネーブ市。こうした日本人コミュニティーの熱い思いをどう受け止めてくれたのだろうか? アベルさんは、環境・治安局の緑化担当のオリビエ・ロベールさんとの出会いが決定的だったと言う。「交渉の場で、ロベールさんはソメイヨシノという言葉を発音。びっくりした。日本の桜をはじめ日本のことをよく知っていた」(中略)。

「植樹の提案はスムーズに承諾された」と、ロベールさん。理由は、まず環境・治安局長のギヨーム・パラゾーネさんをはじめ、ジュネーブ市が「日本・スイス国交樹立一五〇周年」という政治的行事への参加に積極的だったからだ。

(中略)

また、すでに植えてあった一二本の桜の濃いピンクと今回のソメイヨシノなどの白さが濃淡を織りなすように、そしてこの「桜の雲」の合間に品川の梵鐘が浮かぶように設計もした。梵鐘は、一八七〇年代に品川寺から消え数奇な運命をたどった後、公園内のアリアナ美術館の開閉を告げる鐘として長年使われていたもののレプリカ。「梵鐘は忘れられがちだったが今回の桜並木でまた人々の心に蘇ることだろう」

梵鐘と桜並木という「日本の心」の空間が誕生したことは確かなようだ。

結び

以上のように、大梵鐘は生々流転、数奇な運命をたどったが、ジュネーヴ市と品川区をしっかりと結び友好憲章締結へと導き、青少年交流という確かな実を結んでくれた。これからも大梵鐘が二つの都市の結びつきを温かく見守り続けてくれることを願いつつ、本節を終える。

（津川清一）

おわりに

日瑞修好通商条約に調印したアンベールは、日本滞在中に収集した大量の美術工芸品をスイスに持ち帰り、一八六〇年代末に日本旅行記を上梓し、スイスにおける日本学の先駆者となった。アンベール・コレクションを買い取った人物が、出版業のトゥレティーニだったことは、何とも意味深長である。フランス語圏スイスにおける一八八〇年代の日本学興隆の社会的背景の一つに、ジュネーヴの出版業の伝統と高度な技術的蓄積があったということにもなるのだから。彼による日本古典文学の翻訳書の出版に、一人の中国人印刷技師が貢献していたという逸話も興味深い。ただ、本章第一節で論じられている日瑞文化交流はモノを介した一方的交流にもっぱらとどまっており、そこに時代的な限界が刻印されている。

時代は飛んで第一次大戦後になると、ヨーロッパに訪れた平和や国際協調主義の潮流、国際連盟の成立などにより、日本の政治家や知識人や旅行者たちが一斉にジュネーヴを訪れ、しばしば長期滞在し、スイス人やさまざまな国々の人と直接的で相互的な交流を活発にするようになった。柳田がジュネーヴのエスペラント・サークルで沖縄の話をしたことや、第二節では触れられなかったが、新渡戸がサロン外交の手段としてジャントーの邸宅を日本の美術工芸品で満たしたことは、時代の大きな変化を象徴しているといえる。

品川寺の梵鐘がいつ、どのような経路で、品川を離れてジュネーヴにたどりついたのか、第三節では一つの「仮説」が立てられているが、まだ正確にはわかない。ただし、それが第一節で扱われた時代の出来事であり、アリアナ美術館の所蔵となるにいたった背景に、ジュネーヴにおける日本学や美術工芸品コレクションの興隆があったことは間違いあるまい。しかも、品川寺の仲田和上が日本人留学生を介して梵鐘のありかを知ったのは、第一次大戦直後であり、それがジュネーヴ市議会の決定によって品川寺へ返還されたのは、日本が国際連盟を離脱する三年前である。この梵鐘の数奇な運命は、トゥレティーニの時代と現代とを、新渡戸の時代を介して結ぶ輪を描いているように見える。

（岡村民夫）

◆註

（1）Humbert, Aimé, *Le Japon Illustré*, Paris: Hachette, 1870.

（2）Rüegg, Jonas, "Aimé Humbert: Wertvorstellungen eines Bourgeois und das Japan der Bakumatsu-Zeit", in: *Asiatische Studien* 69-1, 2015.

（3）Hürlimann, Martin, Aimé Humbert (1819-1900), in: Patrick Ziltener (Hg.): *Handbuch Schweiz-Japan: Diplomatie und Politik, Wirtschaft und Geschichte, Wissenschaft und Kultur: Texte, Dokumente und Bilder aus 400 Jahren gegenseitiger Beobachtung, Austausch und Kooperation: mit den bilateralen Verträgen von 1864, 1896, 1911 und 2009*, Zürich: Chronos, 2010, 113.

（4）ダレス、フィリップ「ホルナー、アンベール、そしてその後――人類学的視点に於けるスイス人の日本像」森田安一編『日本とスイスの交流――幕末から明治へ』刀水書房、二〇〇五年。

（5）「日本はヨーロッパによって目を覚まされる必要があり、旧制度の幕府は軍事的介入によって打倒されるべきだ」とアンベールは一八六三年六月七日に妻への手紙に書いた。彼は、そうすれば日本にもヨーロッパ文明の例に倣った社会が生まれると信じていた。アメリカやフランスの軍艦が下関を砲撃した同年六月に、アンベールは妻への手紙にこう書いている「今回の戦争は最終的に日本を開国させ、その門を開くことになる。西洋文明のため、そしてキリスト教のために！」（一八六三年六月一九日）アンベールの日本観については Rüegg, op. cit. 参照.

(6) Said, Edward W., *Orientalism,* 25th anniversary ed., New York: Vintage Books, 2003 [1978].

(7) Ferrettiはレクルの政治的スタンスを「無政府主義」(anarchiste)と呼ぶ。Ferretti, Federico, "De l'empathie en géographie et d'un réseau de géographes: la Chine vue par Léon Metchnikoff, Elisée Reclus et François Turrettini", in: *Cybergeo: European Journal of Geography*, 660, 2013, http://cybergeo.revues.org/26127 [2015/01/24].

(8) Metchnikoff, Léon, *L'Empire Japonais*. Genève: L'Atsume Gusa, 1881, p. 1.

(9) Jud, Peter, *Léon Metchnikoff (Lev Il'ic Mecnikov) 1838-1888. Ein russischer Geograph in der Schweiz*, Zürich: Oriole, 1995, p. 22.

(10) *Ibid.*, p. 46.

(11) Ferretti, op. cit., 段落 26, 40.

(12) トゥレティーニ家の祖先フランチェスコはプロテスタントであったために、一五七一年にイタリアのルッカ市から避難せざるをえなかったのだが、早いうちに都市国家ジュネーヴのエリートたちの仲間入りをした。

(13) Perrot, Alain, *François Turrettini "le chinois", Tschin-Ta-Ni "le Genevois": le sinologue et son collaborateur*, Genève: S. Hurter, 1996, pp. 7–9.

(14) *Ibid.*, p. 19.

(15) 「最も中国語が上手なヨーロッパ人のジュリアン氏の下で勉強をつづけるため、一八六六年にパリへ引っ越しました。」ナポリ在住の中国人フランチェスコ・ワンへの手紙より (1867)、Archives Turrettini (Archives Turrettini, Rue de l'Hôtel de Ville No. 8, Geneva, Switzerland. 以下、ATと表記する), Ta. - Th. 2, Tb. 4.

(16) ナポリの中国宣教学校のファランガ氏への手紙のスケッチ (1867) より、AT, Tb. 4.

(17) Julien, Stanislas, *Syntaxe Nouvelle de la Langue Chinoise* (vol. 1). Wien: K. K. Hof- und Staatsdruckerei, 1869: Julien, *Syntaxe Nouvelle de la Langue Chinoise* (vol. 2). Paris: Imprimerie Orientale Victor Goupy, 1870. 以上はグリエル氏への手紙の内容(1867), AT, Tb. 4.

(18) Medhust, Walter Henry, *An English and Japanese Vocaburlary, Compiled from Native Works*, Batavia, 1830.

(19) 以上はチンの自伝による内容。AT, Tf. 2.

(20) 柳亭種彦『浮世形六枚屏風』(第一版)、一八二一年。国立国会図書館、請求記号：08-67 [http://dl.ndl.go.jp/info:ndljp/

pid/2537601]（2014/05/17）

（21）Pfizmaier, August, *Sechs Wandschirme in Gestalten der vergänglichen Welt. Ein japanischer Roman im Originaltexte sammt den Facsimiles von 57 japanischen Holzschnitten*, Wien: Kaiserl. königl. Hof und Staats-Druckerei, 1847. プフィツマイヤーが利用した活字印刷の技術については、Rüegg, Jonas, "The Challenges of Publishing Japanese Sources in 19th Century Europe" in: *Bulletin of Center for Interdisciplinary Studies of Science and Culture, Kyoritsu Women's University & Junior College*［『共立女子大学・共立女子短期大学総合文化研究所紀要』］, 21, 2015, pp.153-176 を参照。

（22）M. Borel への手紙、AT, Tb. 4.

（23）Pantzer, Peter, *August Pfizmaier 1808-1887*, Wien: Literas, 1987, S. 41-45.

（24）トゥレティーニは一八六六年にある時期をナポリの中国語学校（Collège Chinois de Naples）で過ごしてから、シング氏（Sing, M.）やフランチェスコ・ワン氏（Wang, Francesco）などというナポリ在住の中国人と定期的に文通した。また、トゥロンにはシャヴィエー・セン（Seng, Xavier）という中国の友人がいた。AT, Tb. 4: 1866-69 の手紙のスケッチ。

（25）父への手紙のスケッチより（1868）、AT, Tb. 4.

（26）例えば、日本研究に大きな進歩をもたらした Hepburn's Dictionary (1867)、または W. G. Aston の *A Grammar of the Japanese Written Language* (1872) が比較的短い期間内に刊行されたのである。これらの辞書や文法はトゥレティーニに大きく役立ったと述べる。

（27）Turrettini, François, *Heike monogatari: récits de l'histoire du Japon au XIIe siècle*, vol. 1, 1871, p. 2, In: Bibliothèque Nationale de France, Acc. No: FRBNF35723469 [http://gallica.bnf.fr/ark:/12148/bpt6k9680212c/f15.image (Accessed 2018/02/22)].

（28）ジュリアンやメチニコフの他に、カルロ・プイーニ（Carlo Puini）、カルロ・バレンツィアーニ（Valenziani, Carlo）やヘルベ・サン・ドニー（d'Hervé-Saint-Denis, Marquis）といったオリエント文献学者がトゥレティーニの出版社「あつめぐさ」にその著作を刊行した。

（29）レル氏への手紙のスケッチより。AT, Tb. 4.

（30）De Claparède, Arthur, "Nécrologie. François Turrettini, 1845-1908", in: *Le Globe. Organ de la Société Géographique de Genève*, 1909, p. 37.

(31) Ferreti, op. cit., 第一八段落。
(32) Perrot, *op. cit.*, p. 66.
(33) *Ibid.*, pp. 63-64.
(34) ダレス、前掲書。
(35) 一九一一年と一九一四年のオークションに売られた貴重な本や芸術品の表は Bulletin de l'association amicale franco-chinoise にて公開され、一九三一年のオークションのパンフレットは AT, Th. 3 にある。
(36) Perrot, *op. cit.*, p. 98.
(37) ジュネーヴ招致に貢献したウィリアム・ラパール（ジュネーヴ大学教授・外交官・国際赤十字社連盟初代事務局長、委任統治委員会初代委員長）は、この件に関して「ジュネーヴは、カルヴァン、ルソー、赤十字の思い出に恩義を受けた」と書いた（Mayor, Jean-Claude, *Genève: passée et présent sous le même angle*, Slatkine, 1983, p. 84）。
(38) 川西田鶴子「想ひ出」『新渡戸稲造全集 別巻』教文館、一九八七年。
(39) 柳田国男『定本柳田國男集 別巻第三』筑摩書房、一九七一年。
(40) 他の章も含め、国際連盟の概要に関しては主に篠原初枝『国際連盟――世界平和への夢と挫折』中央公論新社、、二〇〇五年、を参照。
(41) 鮎沢福子「ありがたき新渡戸先生」『新渡戸稲造全集 別巻』。
(42) 柳田国男『定本柳田國男集 第三巻』筑摩書房、一九六八年。以下、「瑞西日記」として本文中に記す。
(43) 石井菊次郎「新渡戸稲造博士を偲ぶ」『新渡戸稲造全集 別巻』。
(44) 鮎沢、前掲。
(45) 新渡戸稲造「国際的教育の設備」鈴木範久編『新渡戸稲造論集』岩波書店、二〇〇七年。
(46) オテル・ボー＝セシュールとシャンペルに関しては、主に Sous la direction de David Ripoll, *CHAMPEL-LES-BAINS*, Infolio, 2011 を参照。
(47) 柳田国男『定本柳田國男集 別巻第四』筑摩書房、一九七一年。
(48) 柳田国男・堀三千宛書簡、一九二一年七月一六日付（堀三千『父との散歩』人文書院、一九八〇年）。

(49) 川西、前掲。

(50) 川西実三「鮎沢君を語る」『世界の労働』第二三巻第二号、一九七三年。

(51) プリバー［プリヴァ］、エドモンド（大島義人・朝比賀昇訳）『エスペラントの歴史』理論社、一九五七年。

(52) 柳田『定本柳田國男集 別巻第四』。

(53) 同前。

(54) 柳田国男「ジュネーヴの思ひ出　初期の委任統治委員会」国際連合普及会編『国際連合』第一巻第一号、国連社、一九四六年一一号。
柳田『定本柳田國男集 第三巻』。

(55) ピタールの経歴とジュネーヴ民族学博物館に関しては、*Le 5 juin 1957 Eugène Pittard a 90 ans*, Imprimrie Albert Kundig, 1957, および岡村民夫『柳田国男のスイス――渡欧体験と一国民俗学』森話社、二〇一三年、二〇九～二一五頁を参照。

(56) 柳田『定本柳田國男集 別巻第四』。

(57) Célésole, Alfred, *Légendes des Alpes vaudoises*, Payot, 1921.

(58) 柳田国男『柳田國男全集 第二八巻』筑摩書房、二〇〇〇年。

(59) 川西実三に関しては、村松晋「川西実三の視座――新渡戸門下の「社会派官僚」をめぐる一考察」『ピューリタニズム研究』第九号、日本ピューリタニズム学会、二〇一五年、を参照。

(60) *Journal de Genève*, 10. 12. 1926, 13. 01. 1927.

(61) 新渡戸稲造「太平洋問題京都会議 開会の辞」鈴木範久編『新渡戸稲造論集』岩波文庫、二〇〇七年。

(62) オーシロ、ジョージ『新渡戸稲造――国際主義の開拓者』中央大学出版部、一九九二年、二二九頁より重引。

(63) 佐谷眞木人『民俗学・台湾・国際連盟――柳田國男と新渡戸稲造』講談社、二〇一五年、一二七頁。

(64) 品川区とジュネーヴ市との間で始まった友好関係促進の話し合いは、国連欧州本部、国際赤十字をはじめとする多くの国際機関の所在地であるジュネーヴ側がその中立性を維持する必要性があったため、姉妹都市協定の締結には至らなかったものの、友好憲章の制定が実現した（フィリップ・ニーゼル氏による関西日本・スイス協会での講演、二〇一〇年一〇月）。

(65) 里信邦子「日本・スイス一五〇周年を桜で祝う　スイスにソメイヨシノと太白桜を植樹　子どもが親を想って花見をしてくれたら」SWI swissinfo.ch［http://www.swissinfo.ch/jpn/］、二〇一四年四月一一日配信（二〇一五年四月二九日閲覧）。

第二部　国際都市ジュネーヴの歴史的位相

第1章

宗教改革の舞台としてのジュネーヴ
――独立闘争と宗教改革導入

井口吉男

はじめに

本章では宗教改革前のジュネーヴについて取り上げる。宗教改革者ジャン・カルヴァンが宗教改革事業を推し進めていったのは、中世末期の都市コミューン・ジュネーヴにおいてである。カルヴァンによる宗教改革についてより深く理解するためには、その舞台となった都市コミューン・ジュネーヴの現実がどうであったのか明らかにする必要がある。

本章においては、以下の構成でもって論を進めていく。まず第1節「都市コミューン・ジュネーヴの自治組織」においては、当時の都市自治の主要な機関について論じていく。次の第2節「独立闘争の開始と進展」では、十六世紀の初頭に端を発した対サヴォワ（Savoie）独立闘争について、それが宗教改革運動に合流する以前の段階を開始期と進展期とに分けてみていく。この闘争こそジュネーヴにおいて長年にわたって培われてきた都市市民の自治精神の全面的開花ということができる。最後の第3節「宗教改革の導入」では、一五三二年のプロテスタント派説教師の来市から一五三六年五月の宗教改革導入までのプロセスについて各段階を追って論述する。

第1節　都市コミューン・ジュネーヴの自治組織

都市コミューン・ジュネーヴの対外的状況

当時のジュネーヴの統治機構について論じる前にまず、ジュネーヴを取り巻いていた諸勢力について概観していこう。十三世紀の後半、ジュネーヴ南方のサヴォワ伯はジュネーヴ都市共同体を支配下に置くことを企図するようになった。都市領主であったジュネーヴ司教は、このサヴォワ伯の動きに対抗するためにコミューン運動によって力をつけてきたジュネーヴ都市市民を味方につける必要があった。こうして十四世紀に入ってからは市をめぐる勢力争いは、司教と都市市民の連合に対してサヴォワ伯が対峙するという図式でもって展開されることになる。

しかしながら、一四二四年に公国に昇格したサヴォワ伯が一四五一年以降その近親者や寵臣をジュネーヴ司教位に送り込むようになったことにより、サヴォワ公によるジュネーヴ都市共同体支配に大きく道が開かれた。サヴォワ公はジュネーヴ司教位を拠点としつつ市政への介入を強めていく。

先にジュネーヴ司教はサヴォワ伯に対抗するために都市市民を味方につける必要があったと述べたが、具体的には一三八七年、当時の司教アデマール・ファブリ（Fabri, Adhémar）は「自由特許状」（les franchises）と呼ばれるコミューン証書を都市市民に与えて、市民代表（後述）の選出、警察権、刑事裁判権の一部など一定範囲の自治権を認めた。[1]もっとも、貨幣鋳造権、課税権、上級裁判権、減刑・恩赦などの主要な権限は司教が握っていた。一定の自治権がジュネーヴ都市共同体に認められていたとはいえ、司教が事実上の都市領主たることに変わりはなかった。それゆえに一四五一年以降、司教位がサヴォワ家サイドの者によって独占されたことは、ジュネーヴ都市共同体がサヴォワ公の支配下に編入されようとしていたことを意味するものであった。

自治組織

このようにサヴォワ公の支配の下に置かれようとする状況のなかで、ジュネーヴ都市市民は一定の枠内で都市自治を展開していくことになる。以下ではその自治組織について論述していく。

市民総会（le Conseil Général）

市民総会は西欧中世の多くの都市にみられた市民権取得者全員からなる集会であり、それは市民自治のシンボルであった。けれどもこの機関は、ほとんどの都市においては有名無実化していった。参加有資格者の欠席が目立つようになり、相互討議による決定という本来の機能が果たせなくなっていたからである。しかしながらジュネーヴの市民総会は十五世紀に入っても存続し、十六世紀の独立闘争や宗教改革導入において市の最高決議機関として重要な役割を果たすことになる。

市民総会は定例の集会としては年に二回、すなわち二月と一一月に開催された。二月の集会では市民代表（後述）が選出され、一一月の集会ではワインの販売価格が決定された[2]。この他にも軍事、外交、財政等に関する問題が生じた場合には、臨時の集会が開催されることがしばしばあった。市民総会が市政の最高決議機関であることをもっともよく示すのは市民代表選出の場合である。その選出に際しては、市参事会（後述）のメンバーやその他の市の有力者たちによる協議をもとにしてあらかじめ用意されたリストのなかから選ぶのが慣行となっていたが、市民総会は必ずしもこのリストに拘束される必要はなく、しばしばリスト外の人物が選ばれることもあった。一四六一年の場合のように、四人の市民代表全員がリスト外の人物であることもあった[3]。

市民代表（les syndics）

西欧の中世諸都市において、実際に市政を執行していたのは市民代表（syndic, Bürgermeister）であった。先述のごとく、市民代表は二月の定例の市民総会で選ばれた。事前にリストアップされた人物以外からも選出できたこと、選ばれるとただちにその総会に出席している市民の面前で市の自治権擁護を宣誓しなければならなかったことは、市民代表の権限が市民の総意に由来していることを示している。

市民代表の権限として重要なものは、刑事裁判権と夜間における犯罪者の逮捕権である[4]。その他、都市共同体の名による物品の売買・譲渡、一定の取り締まり命令の公布、街路沿いの家並みの整列、市民権の付与、城壁の修理、税の徴集と収納などの諸権限が彼らに与えられていた。

市民代表はたいてい四名で構成されており、そのうちの一人が首席の地位を与えられていた。もっともこれはあまり大きな意味をもたず、その権限行使にあたっては四名全員が連帯責任を負った。任期は一年であったが、任期終了後もさらに一年間、市参事会に留まりその一員として後任の市民代表を補佐することになっていた。

市参事会（le Conseil ordinaire, le petit Conseil）

西欧の中世諸都市における市政の中心的な機関はいうまでもなく市参事会であった。マックス・ヴェーバーもその都市論において、「中世盛期においては、参事会が広汎な行政的権能を備えて存在しているということが、西および北ヨーロッパにおけるあらゆる都市ゲマインデの指標になっていた[5]」と叙述している。

この機関はジュネーヴにおいては、もともとは市民代表の私的諮問機関のような存在にすぎなかった。事実、都市共同体の自治憲章である「自由特許状」においてすら、この機関については何ら言及されていない。しかしやがて市参事会は都市政治の中心的機関に発展することになる。十五世紀全体を通じて市のあらゆる重要問題が市参事会の判断に委ねられるほどであった。

この機関は十五世紀においては、四人の市民代表、四人の前任の市民代表、一般の参事会員によって構成されていた。参事会員の任期は市民代表と同じく一年であった。前任の市民代表がその任期を終えた後も一参事会員として市参事会に留まったのは、スムーズに業務の引き継ぎを行うためであった。なお、一般の参事会員のなかから、会計（trésorier）と書記（secrétaire）がそれぞれ一名ずつ選ばれた。その構成員の全体の人数は十五世紀の中葉まではだいたい一六名であり、一四六〇年から一四八〇年までの時期には二四名前後を揺れ動いている。(6) やがて最終的に二五名に定着したことから、二五人会議と呼ばれるようになった。市参事会員の選出は、十五世紀においては市民総会で選ばれた新任の市民代表が前任の市民代表と相談しておこなわれた。任期一年にもかかわらずそのメンバーの異動はほとんどなく、その議席はサヴォワ派貴族によって独占されていた。

五十人会議（le Conseil des Cinquantes）

この機関が一四五七年二月の市民総会で創設された理由は、サヴォワ公による市政介入の動きが強まり市の自治権の根幹にかかわる問題がしばしば生じる状況下では、市民権保有者全員からなる市民総会よりも、そのメンバーの数が限られた機関のほうがより迅速に事態に対処できると考えられたからである。けれども、五十人会議はこの要請に沿って機能することはなく市参事会の補助的機関にとどまり続けた。やがてこの機関は存在理由を失い、ついに一四九一年に消滅する。(7) もっとも一五〇二年に復活し、独立闘争の進展期に二百人会議が創設されるまで存続するが、その間特に際立った役割を果たすことはなかった。

第2節　独立闘争の開始と進展

本節ではジュネーヴ独立闘争について叙述していくが、それに先立ってその闘争が勃発した背景についてみていくことにする。

背　景

一四二〇年から一四五〇年までの三〇年間、ジュネーヴ都市共同体では定期市が最盛期を迎えた。けれどもそれも長くは続かず、次の一四五〇年から一四八〇年までの三〇年間には危機の時代を迎え、その後は衰退の一途をたどることになる。

このような経済状況の変化は都市共同体の社会構成にも影響を与えずにはおかない。定期市の繁栄によって巨額の富を獲得した大商人は、その衰退期に入ると資本を商業活動のために再投資することをやめ、それで貴族の称号、封地、市周辺の土地を購入して都市貴族化していった。けれども、市参事会のメンバーには依然として留まり、市政において影響力を行使し続けた。彼らに代わって経済活動の第一線に登場してきたのが、手工業者であるとともに自ら造った製品を販売する小売商人でもあった従来の中層民である。彼らは定期市の衰退期に上部ドイツやスイス諸都市の商人との取引を通じて経済力をつけ都市経済の主役にまで成長するのである。そして、この時期に来市しジュネーヴに定着した外来商人も彼らに加わり新興市民層を形成する。フリーハンドで経済活動を行うことを望む彼ら新興市民層にとっては、ジュネーヴ都市共同体に対して支配権を行使し続けるサヴォワ公の存在は大きな障壁であった。十六世紀前半において対サヴォワ独立闘争が展開されるのはこのような背景においてである。独立闘争の中心的担い手たるスイス同盟派（Eidguenots）は、定期市衰退期に台頭してきた彼ら新興市民層にその同調者を見出すことになる。彼らに対抗するのが先の都市貴族層である。

開始期（一五一三〜一五一九年）

新興市民のなかからサヴォワ公に対する敵意をあらわにする者も現れる。サヴォワ公のほうでもこのような彼らの動きを見過ごしはしなかった。十五世紀末から十六世紀初頭にかけてサヴォワ公は、都市憲章である「自由特許状」に不法行為者の逮捕権は都市共同体に属する（六十三条）と規定されているにもかかわらず、その権限をあからさまに侵害することによって「反乱分子」の弾圧に乗り出してきた。

独立闘争の担い手たちがジュネーヴ都市政治の表舞台に登場するのは一五一三年になってからである。この年サヴォワ公は、その腹心ですでにジュネーヴの副司教の地位にあったジャン・ド・サヴォワ（Savoie, Jean de）なる人物を司教に昇格させることに成功した。これは都市自治の擁護を志す市民にとっては重大な危機であった。これを受けて同年七月、六名の市民がスイスのフリブールに亡命しそこで市民権を獲得した。将来司教側から訴追される可能性を考慮して司教裁判権への帰属を離脱するためになされたこの行動は、司教を通じて市政に介入しようとするサヴォワ公に対する抗議の意思表示であるがゆえに、その後二十余年にわたって展開されるジュネーヴ独立闘争の発端として位置づけられる。この六名のなかには、フィリベール・ベルトリエ（Berthelier, Philibert, 1465-1519）、ブザンソン・ユーグ（Hugues, Besançon, 1487-1532）がいた。彼らもその一員として加わって形成されたスイス同盟派は独立闘争の中心的担い手となるのである。

一五一七年になるとジュネーヴ市内における反サヴォワ的動きが活発化してくる。これに危機感を感じたサヴォワ公＝司教側は首謀者ベルトリエの抹殺に本腰を入れ始める。そのために最初に狙われたのがジャン・ペコラ（Pécolat, Jean）という人物であった。彼は独立闘争開始期におけるベルトリエに次ぐ反サヴォワ派の主要人物であった。サヴォワ公の手下によって逮捕・投獄されたペコラは審問中に拷問を受け、ベルトリエが司教暗殺を企てたと無理矢理証言させられた。けれども、後にスイス同盟派のシンパとして行動する、当時のジュネーヴの教養人フランソワ・ボニヴァール(8)(Bonivard, François, 1493-1570)の尽力によって釈放される。

このようななかでジュネーヴ市内ではスイス同盟派が着実に勢力を伸ばしてくる。ジュネーヴ史家のモンターやジュネーヴ経済史研究家のビエレールの分析を総合すれば、スイス同盟派のメンバーはスイスや南ドイツの自由都市の商人を相手に商業活動を展開していたジュネーヴ新来の商人たちによって構成されていたと結論づけることができる(9)。事実、先に名前を挙げたフィリベール・ベルトリエやブザンソン・ユーグらスイス同盟派の中心的指導者は、定期市の繁栄期の後、衰退期に入ってからジュネーヴに定住した市民の第二世代である。彼ら新来市民、特に中小商人層が独立闘争の中心的担い手となるのである。

ジュネーヴ市内において勢力を伸ばしてきたスイス同盟派ではあったが、同派にとって大打撃となるような出来事が起こる。一五一九年八月、指導者のベルトリエが「司教領裁判長官(10)」(le vidomne)によって逮捕されたのである。そして、ジュネーヴ市当局の抗議にもかかわらず、「自由特許状」の条項に反してサヴォワ公の使節によって裁判がおこなわれ、サヴォワ公への反逆という罪状で処刑が宣告され即刻執行された。こうしてスイス同盟派は有能な指導者を失うことになる。さらにこれに追いうちをかけたのが、司教による現職市民代表四名全員の解任と彼の意にかなった新たなる四名の任命である。このように不利な状況に追い込まれたスイス同盟派はサヴォワ派と和解することを余儀なくされる。こうして一時高揚をみた独立闘争は「冬の時代」を迎えることになる。

進展期(一五二四〜一五三〇年)

一五二〇年代前半にはジュネーヴ独立闘争は停滞期にあった。とはいえその間に、スイス同盟派にとって有利な状況が現出する。すなわち、一五二一年に親サヴォワ的な司教ジャン・ド・サヴォワが病死し、その後任にサン・

クロードの修道士ピエール・ド・ラ・ボーム（de la Baume, Pierre, 1477-1544）が就任する。サヴォワ家出身ではなかった彼が司教に登用されたのはサヴォワ公シャルル三世が彼の卓越した政治的手腕を評価していたからであるが、彼は司教位を出世のためのステップとして利用することに専心し、サヴォワ公の政策を忠実に遂行しようとはしなかった。対立する諸勢力の間に入って「漁夫の利」を獲得することを最優先させる彼の政治姿勢は、スイス同盟派に絶好の機会を提供することになる。

こうしたなかで一五二四年から二五年にかけて再びサヴォワ派による自治権侵害が連続して起こった。これが契機となって両派の対立が再び表面化し、スイス同盟派は活動を再開する。一五二五年二月の市民代表選挙には、ベルトリエなきあとのスイス同盟派の指導者ブザンソン・ユーグが推挙されるまでに至る。ただし彼は、この時期に市の要職に就いて公的に活動をすることによってかえって身に危険が及ぶことを危惧して就任を辞退している。彼の指導のもので独立闘争が再開されることになるが、以下ではこれについて三点に分けてみていきたい。

同盟締結

一五二五年一二月二二日、スイスに亡命中のスイス同盟派の近親者一〇〇名近くが市庁舎の前に現れた。彼らは市庁舎内の市参事会議事室に押し入り、そこにいた市民代表や市参事会員に向かって、ジュネーヴ市当局がベルンやフリブールなどのスイスの諸都市宛に亡命中のスイス同盟派を非難する内容の文書を送ったことに対して抗議をおこなった。そして、ロベール・ヴァンデル（Vandel, Robert）の主導のもとで、①亡命中のスイス同盟派のメンバーが、「有徳で、評判が良く名声が高い、あらゆる尊敬と称賛に値する人たち」であること、②彼らによってやがて締結に導かれるであろう同盟は司教権や市の自治に反することのない正当なものであることの二点を確認する旨の証書が作成され、それへの署名が開始された[11]。また、ロベール・ヴァンデルは市内を一軒一軒回って同盟締結の賛否を市民にたずねた。スイス同盟派のメンバーによるこれらの活動を通して、サヴォワ公による支配から脱却しようという意思がジュネーヴ都市市民全体に広がっていく。

翌一五二六年二月四日、市民総会において市民代表選出が行われた。司教はあらかじめ用意された八人のリストのなかから選ぶことを望んだ。スイス同盟派が勢力を伸ばしてきたこの時期に、リストに載っていないスイス同盟派の有力指導者が市民代表に選ばれるような事態は司教としては絶対に避けたかったからである。けれどもこの司教の思惑に反して市民総会出席者は、あらかじめ用意されたリストには載っていないスイス同盟派の一員でスイスに亡命中の公証人ジャン・フィリップ（Philippe, Jean）を市民代表の一人に選んだのである。この選出を通じて同盟の相手方であるスイス諸都市の市当局は、同盟締結が一部のジュネーヴ市民の私意ではなく市民全体の意向であると認識するにいたる。そしてこれを契機として、同盟締結交渉が急ピッチで進められることになる。

ベルンとフリブールの両市当局との交渉によって同盟締結への確かな感触を得たスイス同盟派のメンバーは二月下旬に続々とジュネーヴに帰市する。同月二五日には市民総会が開催された。市民代表ベルジェロン（Bergeyron）が出席者に大声で、「みなさん、この同盟を受け入れ、正式に認めることを望みますか」と問うたのに対し、わずか六名が反対しただけで、ほぼ全員が「賛成、賛成」と答えた[12]。こうして圧倒的多数でベルンとフリブール両市との同盟締結が決定されたのである。またこれと前後して、ブザンソン・ユーグ、アミ・ポラル（Porral, Ami）、ミシェル・セト（Sept, Michel）らスイス同盟派の主力が市参事会のメンバーに新たに加わることになる。これは不利な状況に追い込まれたサヴォワ派の市参事会員や、急転する事態のなかで政権を担当することに困難を感じたその他多くの市参事会員がそれ以降その役職に留まることを辞退したのを受けてのことであった。こうしてスイス同盟派は着実に政権の足場を固めていく。

同盟締結後、もはや勝ち目はないと判断した五〇人以上にも及ぶサヴォワ派のメンバーが市から逃亡した。彼らは「貴族の称号を持つ市民、富裕な商人、法律家[13]」であった。サヴォワ派の有力者のこの離市によって、もはや同派はスイス同盟派の対抗勢力ではなくなった。

統治機構改革

同盟締結と並行して市の統治機構改革もおこなわれる。その第一弾は二百人会議の創設である。ベルンとフリブール両市との同盟締結が決定されたのは先に述べた一五二五年二月二五日の市民総会においてであるが、その前日の二四日に開かれ、スイスでの同盟締結交渉を終えて帰市したばかりのブザンソン・ユーグによってその報告がなされ三〇八人の市民が集まった集会のことを、市の公式記録は二百人会議と呼んでいる。[14] これ以降、この名で呼ばれる機関が市の重要な案件処理のために頻繁に開催されることになる。ジュネーヴ史家のヴェルネールはこの機関が創設された理由として、サヴォワ派がなおも残存していた市参事会に対抗するために、スイス同盟派を中心とする新機構を組織しようという現実的かつ便宜的要請があったことをあげている。[15]

政権を掌握したスイス同盟派はさらに、これまで司教やサヴォワ公に属していた諸権限を自らのもとに吸収することを通して統治機構改革を断行する。新政権はこれまで司教に属していた民事裁判権を奪取し、サヴォワ公によるジュネーヴ市政への介入の拠点となっていた「司教領裁判長官」に代えて都市共同体独自の裁判所を創設する。このように都市自治の根幹ともいうべき裁判権を掌握したことは、ジュネーヴ都市共同体が完全独立達成に向けて大きく前進したことを意味するものである。

もっともジュネーヴ都市共同体側には、司教権それ自体を否定するような発想はなかった。しかしながらジュネーヴ都市共同体は、名目上は司教権尊重を前提としつつも、ベルンとフリブールの同盟二市による支援やスイス同盟派の政権掌握という展開のなかで、これまでの「自由特許状」に規定された制限的な自治擁護の枠を越えて、司教やサヴォワ公の権限奪取にまで突き進んでいったのである。

対外的状況

スイス同盟派新政権が諸改革を推進していたジュネーヴ都市共同体に対して、サヴォワ公は外部から攻撃をしかけてくる。もっとも、同盟によってスイス側からのジュネーヴ援助が約束されていたために、サヴォワ公のほうでもストレートな武力行使を実行することは困難であった。そこでサヴォワがとった手段は兵糧攻めである。サヴォワ公はジュネーヴ周辺の臣下の貴族に命じて彼らの領地で掠奪行為をはたらかせることによって、ジュネーヴ市内への食糧搬入の阻止を謀ったのである。しかしながら、一五三〇年一〇月一九日、サン・ジュリアンにおいて、チューリヒやルツェルンなどの九つのカントンの仲裁によって、サヴォワ公側からジュネーヴ都市共同体に攻撃が加えられた場合にはサヴォワ領のヴォー地方がベルンとフリブール両市の共同占領下に置かれるという決定が下された(16)。こうしてサヴォワ公によるジュネーヴ都市共同体への敵対行為は一時的にではあれ停止されることになる。

第3節　宗教改革の導入

布教の開始

こうしたなかで一五三二年六月九日の朝、ジュネーヴ市内の各教会の門に、この年の春に教皇クレメンス七世によって出された贖宥符を非難する内容のプラカードが貼られた。その骨子は、「我々の天の父なる神は、その悔い改めとイエス・キリストの約束への心からの信頼という条件のもとでのみ、各人の罪を許される」というものであった(17)。これはまさに宗教改革の基本原理である信仰義認論である。

同年九月末には、ギヨーム・ファレル（Farel, Guillaume, 1489-1565）がジュネーヴ来市をはたした。彼はすでに来市していたカルヴァンの従兄弟ロベール・オリヴェタン（Olivétan, Robert, 1506-1538）と合流し、宗教改革派の会合をもつ。けれども、彼らはただちに司教側によって召喚される。都市共同体によって世俗的諸権限を奪取されていた司教ではあったが、宗教問題に関してはなお自己が最高決定権者であるという認識に立っていた。それゆえに彼は、このような宗教改革的動きに対しては厳しい姿勢で臨んだのである。ファレルらは辛うじて市を脱出した。こうしてファレルの第一回目のジュネーヴでの布教活動は失敗に終わることになった。

プロテスタンティズムの進展

ファレルの退去後、フロマン（Fromment, Antoine, 1509-1581）が彼の宗教改革事業を引き継ぐことになる。彼は一五三二年の一一月のはじめ、ある家の広間を借りて私塾を開設する。市民にフランス語を教えるという建前をとってはいたが、彼の最終的な意図は彼らに宗教改革思想を伝えることであった。これが功を奏してプロテスタンティズムは一部の市民の支持を得ることになる。もっともこの時点では、市民たちは全体としては宗教改革に消極的な態度を示していた。

こうした状況のもとで市内の宗教改革派は、プロテスタンティズムを市の教理として採用した同盟都市ベルンにジュネーヴ市当局に対して圧力をかけてもらうようはたらきかけつつ改革事業を推進しようとした。この動きにカトリック派は反発し、一五三三年三月二八日には新教と旧教の両派の間で乱闘が展開され、ついに死傷者を出すに至った。(18)

こうした事態を憂慮したジュネーヴ市当局は、二日後の三〇日、二百人会議において以下のような決定を下した。

「いかなる人も、教会のサクラメントについてあからさまに批判すべきではない。しかしながら、この件について、各人は良心に従って自由な考えをもつことができる。聖職者であれ、平信徒であれ、意見の相違のゆえにお互いを非難し合うべきではない」。

「いかなる人も、司教、市民代表、市参事会の許可なくして、公然と説教してはならない。説教者は聖書によって示されたこと以外を語ってはならない[19]」。

市内の宗教改革派の動きを封じることを第一の目的として下されたこの決定はしかしながら、彼らにとって不利なものではけっしてなかった。なぜなら教会のサクラメントについておおやけに批判することこそ禁止されたものの、内面レベルに限ってはこの問題に関して自由な見解をもつことが認められたからである。また説教についても、市民代表と市参事会の許可があれば（司教権についてはこの時期には有名無実化がさらに進んでいた）、それを実行することへの道が開かれたのである。なによりも、「説教者は聖書によって示されたこと以外を語ってはならない」という最後の一節は、宗教改革の基本原理の一つである「聖書主義」の明確な宣言であった。

一五三三年の年末には、約一年ぶりにファレルがジュネーヴに戻ってきた。またカトリック派による攻撃のために市を離れていたフロマンもこれと前後して帰市する。さらに翌一五三四年一月にはピエール・ヴィレ（Viret, Pierre, 1511-1571）が来市した。これらの有力な説教師たちの参入によって戦線を強化した宗教改革派は活動を再開する。これを通して、それまで宗教問題に関心をもたなかった市民のなかからもプロテスタンティズムに共鳴する者が現れた。

このようなジュネーヴ市内の動きは、対外関係にも影響を与えずにはおかなかった。すでにカトリックを市の教理として採用していたフリブールは、プロテスタンティズムが進展しつつあったジュネーヴ都市共同体との同盟を一五三四年五月一六日に正式に廃棄する。今や同盟市はプロテスタント派の都市ベルンのみとなった。

ジュネーヴ市内の宗教改革派の勢いがさらに加速するなか、サヴォワ公は七月三〇日夜から三一日朝にかけてジュネーヴ都市共同体への攻撃を再開する。市周辺地域ではサヴォワ公による掠奪行為や食糧攻めが繰り広げられた。ジュネーヴ都市市民は宗教改革の理念の中に都市自治の維持・発展の拠りどころを見出した。宗教改革の信仰義認論における「自由」の要求はあくまで内面レベルのものであった。けれどもそれは、独立闘争を推し進めていたジュネーヴ都市市民には都市の自治・自由の主張と映ったのである。こうして彼らの意識においては、宗教的自由は政治的自由と一体となった。とくになおも建前上は司教が都市領主的な地位にあったジュネーヴ都市共同体にあっては、カトリック教会を徹底批判する宗教改革思想が都市市民にとって司教権完全排除と独立達成の理念的拠りどころとなることをことは容易であった。ジュネーヴ都市共同体においては、宗教改革の理念と市民の自由・自治意識とが見事なまでに「選択的親和性」（M・ヴェーバー）を示したのである。こうしてジュネーヴでは宗教改革運動と独立闘争とが一体化していった。

宗教改革導入

リーヴ公開討論会

宗教改革派説教師の布教活動を通して勢力を伸ばしてきた宗教改革派ではあったが、まだ都市政治において主導権を完全に掌握するまでには至らなかった。こうしたなかで、プロテスタントに改宗したばかりのリーヴ修道院長ジャック・ベルナール（Bernard, Jacques）が宗教問題に関する公開討論会の開催を市参事会に要求する。これが受け入れられ、二百人会議の主催のもとで一五三五年五月三〇日から六月二四日にかけてリーヴ修道院の大講堂において公開討論会が開催された。[20]

この討論会においてはまず、開催を要求したベルナールによって五つの条項が提案され、これをめぐって論戦が展開された。大観衆の見守る中、カトリック派を相手にファレルが強力に論陣を張った。そして最終的にこの五つの条項が確認された。これについて以下に示す。

第一の条項は、人間の原罪とキリストのみによる救済である。人間は「元来的に悪しき存在であり」、神のひとり子、イエス・キリストの贖いによってのみ救いに導かれる。第二は、イエスの教えの卓越性と完全性の主張であり、ここでは、「イエスが命じたことに対して他に付け加えたり、またその一部を取り除いたりすることが禁止」される。第三に、神のみへの賛美と奉仕。ここからは神ならぬものへの賛美を招来しうる聖画像の禁止が結論づけられる。第四は、ただイエスのみによる一回切りの犠牲。第五の条項においては、贖罪のために自分の身を捧げたイエスこそ「神と人との間の唯一の仲介者」であることが主張される。

これらの条項は反カトリック的な内容であった。聖画像は「被造物神格化」を誘発するゆえに人々を神賛美から遠ざけるものであり、またキリストの犠牲の継続として執行されるミサは「イエス・キリストの一回切りの犠牲」の理念に反するものと認定されたのである。さらにそれ以外のカトリック的儀式、制度、慣習なども、「イエスが命じたこと」とは無関係の「人間の作り事」としてしりぞけられることになった。

プロテスタント派市民はこの討論会の結果に活気づいた。こうしたなかで、市当局に対して明確な態度決定を求めるファレルの要求に基づいて開催された二百人会議において、ついにミサの一時停止が決定された[21]。カトリック儀式の中心であるミサが一時的にではあれ停止されたことは、市内のカトリック派にとって大打撃であった。この決定後の数週間に市内の多くのカトリック派聖職者が市外に逃亡することになる。リーヴ公開討論会での宗教改革の教理の確認は、市当局を宗教改革に傾斜させるのに十分な効果をもつものだったのである。

宗教改革導入

ジュネーヴ都市共同体における宗教改革派の優位はもはや揺ぎないものとなった。こうしたなかでサヴォワ公側は一五三五年七月ごろからジュネーヴ都市共同体への攻撃を強化する。けれどもジュネーヴ都市共同体は同盟市べ

図 2-1-1 「1536 年、市民総会にて宗教改革導入が承認される」La Réforme confirmée en Conseil Général 1536

出所：*Le siècle de la Réforme à Genève*, texte: Alexandre Guillot, illustrations: Éd.Elzingre, Slatkine, Genève 1983, p. 39.

ルンの支援を得て、これを排除することに成功した。これによって市内の宗教改革派はさらに勢いづいた。一五三六年二月六日の市民総会において市民代表に選ばれた四名はいずれも宗教改革派であった。引き続いておこなわれた市参事会員の選出も宗教改革派にとって有利な結果となった。こうしてジュネーヴ市において宗教改革派が政権を完全に掌握することになる。

こうしたなかで一五三六年五月二一日、市民総会が開催される。まず市民代表のクロード・サヴォワ（Savoie, Claude）によって市民総会出席者に対して、「ミサの廃止以来われわれに説き勧められてきたように、そして今日においても毎日説き勧められているように、今から後もミサや聖画像や偶像や、その他のいかなる教皇的悪弊も切望したり欲したりせずに、福音と神の言葉に従って生きること[22]」の可否が問われた。これについて反対意見はなく、それはその後ただちに出席者全員の挙手によって可決された。ここに「福音」と「神の言葉」という宗教改革の基本理念たる聖書主義が確認され、カトリック諸制度の廃棄が宣言されたのである。これはまさに宗教改革採用の決定に他ならなかった。しかもこれは、宗教問題に関してはなおも名目上は最高決定権者であった司教の主権を名実ともに否定したことを意味し、よってこれをもって完全独立達成と位置づけられるのである。

おわりに

十四世紀の末以降、ジュネーヴ都市共同体は司教主権下にあって一定範囲の自治を展開していた。一四五一年以降、ジュネーヴ司教の地位がサヴォワ家サイドの者に独占されたことにより実質的にサヴォワ公の支配下に編入されるようになってからも、ジュネーヴ都市共同体は限定された枠内で自治を維持していた。

こうしたなかで新興市民層が経済的に台頭してくる。フリーハンドで商業活動をおこなうことを望む彼らにとっては、ジュネーヴ都市共同体に対して支配権を行使し続けるサヴォワ公の存在は大きな障壁であった。このような背景のもと一五一〇年以降、彼ら新興市民層によって対サヴォワ独立闘争が展開されることになる。そしてやがて独立派市民が政権を奪取し統治機構改革を断行したことにより、ジュネーヴ都市共同体は独立に向けて大きく前進していく。

一五三二年ごろから宗教改革派説教師が来市し、プロテスタンティズムの布教が開始される。それ以降、これまでは純粋に政治的な闘争であったジュネーヴ独立闘争は宗教改革運動に合流し、両者は一体化して展開されることになる。そして一五三六年五月二一日の市民総会において、宗教改革の導入が決定される。この出来事は同時に、ジュネーヴ都市共同体が完全独立を達成したことを意味するものであった。

ファレルの主導のもとジュネーヴ都市共同体において宗教改革事業が進められようとしていたそのとき、一人のフランス生まれの宗教改革者がジュネーヴに立ち寄った。ファレルはこの人物に対して、その宗教改革事業に加わるように説得する。彼はその要請を受諾した。この人こそジャン・カルヴァン（Calvin, Jean, 1509-1564）である。

◆**註**

（1）Micheli, Léopold, "Les institutions municipales de Genève au XVe siècle," in *Mémoires et documents publiés par la Société d'histoire et d'archéologie de Genève*（以下、MDG と略記）32, 1912, p. 45.

（2）Roget, Amédée, "Le Conseil Général," in *Etrennes genevoises, Hommes et choses du Temps passé* 3, 1879, p. 110.

（3）Ibid., p. 118.

（4）Roget, "Les Syndics de Genève," in *Etrennes genevoises, Hommes et choses du Temps passé* 2, 1878, pp. 4-6.

（5）ヴェーバー、M（世良晃志郎訳）『都市の類型学』創文社、一九六四年、二六七頁。

（6）Micheli, op. cit., p. 89.

（7）Ibid., p. 95.

（8）この人物については井口吉男「フランソワ・ボニヴァールの政治思想」『法学雑誌』第四一巻第二号、一九九五年を参照されたい。

（9）井口吉男「ジュネーヴ宗教改革前史（二）――都市コミューン・ジュネーヴにおける宗教改革導入」『法学雑誌』第三七巻第三号、一九九一年、三六一頁。

（10）この役職に属する権限としてあげられるのは、日中における犯罪者の逮捕権（夜間のそれは都市共同体に所属）、被疑者の監視とその取り調べ（裁判権は都市共同体に所属）、微罪事件と民事訴訟における下級裁判権などである。Gardy, Frédéric, "Genève au XV siècle," in Jullien Alexandre (ed.), *Histoire de Genève des Origines à 1798*, Genève, 1951（以下、Jullien, *HG* と略記）, p. 146.

（11）Roget, Amédée, *Les Suisse et Genève ou l'émancipation de la communauté genevoise au XVIe siècle*, Genève, 2 vols, 1864（以下、Roget, SG と略記）, I, pp. 221-222.

（12）*Ibid.*, p. 235.

（13）Jussie, Jeanne de, *Le levain du Calvinisme ou commencement de l'hérésie de Genève*, A.-C. Grivel (ed), Genève, 1865, p. 2. 本書の著者は当時のジュネーヴの修道女である。

（14）Werner, Georges, "Les institutions politique de Genève de 1519 à 1536," in *Etrennes genevoises*, 1926, p. 28.

（15）Ibid., pp. 27-29.

(16) Neaf, Henri, "L'Emancipation politique et la Réforme," in Jullien, HG, p. 192.
(17) Roget, SG II, p. 19.
(18) Borgeaud, Charles, "La conquête religieuse de Genève," in *Guillaume Farel 1489-1565*, M. G. Borel-Girard (ed.), Neuchâtel-Paris, 1930, p. 309.
(19) Delarue, Henri, "La première offensive évangélique à Genève, 1532-1533," in *Bulletin de la Société d'histoire et d'archéologie de Genève* 9, 1948, p. 97.
(20) このような討論会はスイスに限ってみてもチューリヒ（一五二三年一月と一〇月）、バーゼル（一五二四年二月）、バーデン（一五二六年五月）、ベルン（一五二八年一月）、ローザンヌ（一五三六年一一月）などで開催されている。Dufour, Théophile, "Un opuscule inédit de Farel. Le résumé des actes de la Dispute de Rive, 1535," in MDG 22, 1886, p. 202.
(21) Roget, SG II, pp. 158-159.
(22) Roget, Amédée, *Histoire du peuple de Genève depuis la Réforme jusqu'à l'Escalade*, Genève, 1870-1883, I, p. 2.

第2章

宗教亡命者の入港地としてのジュネーヴ

――イタリアの都市ルッカからの亡命者を中心に

高津美和

はじめに

十六世紀半ば、ジャン・カルヴァンの都市ジュネーヴには、ヨーロッパ各地から多数の宗教亡命者が到来した。当時、ジュネーヴで作成された「住民簿」は、移住の理由が不明である、被扶養者が含まれていない、ジュネーヴに一時的に滞在したにすぎない者も含まれているといったさまざまな問題はあるものの、ジュネーヴへの外国人移住者の概数を把握する上で有用である。一五四九年から一五六〇年のジュネーヴの「住民簿」を調査したポール-F・ガイゼンドルフの研究によれば、その数は一一年間で五千人以上になるという。そして、その内訳をみると、三分の二以上がフランス語圏からで、残りが「異国語圏」からの移住者となっている。「異国語圏」からの移住者にはイングランドとイタリアの出身者が多く確認され、イタリア人の名前は二百人以上記録されている(1)。十五世紀以降、フィレンツェのメディチ家をはじめとする多くの商人が会社の支店を設置していたように、ジュネーヴはイタリア人にとってなじみ深い都市であった。

「住民簿」には、イタリア人移住者の出身地として、地理的にジュネーヴに近いピエモンテのほか、カラブリア、ジェノヴァ、ヴェネツィアなどが記されている。その中でもとりわけ注目されるのは、宗教を理由に多数の亡命者を輩出したトスカーナの都市、ルッカである。ルッカは、当時のイタリアで「最も堕落した都市」すなわち、宗教改革思想が浸透した都市と見なされていた(2)。イタリアにおける対抗宗教改革が本格化した十六世紀後半、ルッカからは都市の上層に属する多くの商人が、家族をともなってジュネーヴに亡命した。その数は、十六世紀中で約七〇家族に達すると見込まれている。イタリアの他都市に類を見ないこうした亡命現象に関しては、アルトゥーロ・パスカルやシモネッタ・アドルニ＝ブラッチェージが精力的に研究を行っている(3)。本章では、これらの先行研究を参照しつつ、ルッカからの亡命者を中心に、彼らがジュネーヴの都市社会で展開した、絹織物業や金融業などの経済活動や宗教活動について論じたい。

第1節　ルッカと宗教改革

ルッカでは、一五二〇～三〇年代にかけてアルプス以北の宗教改革思想が浸透し始めたが、その端緒を開いたのは国際的に活躍する商人であった。中世以来、絹織物業や銀行業が発達したルッカは、フランス、ドイツ、スイスなどの諸都市と盛んに交易した。そしてルッカ商人は、各種商品と共に多くの書籍も都市に搬入した(4)。一五二五年五月二八日には、「ルター派の書籍を所有する者は、八日以内にそれらを都市に提出しなければならない。それに従わない場合は罰金が科せられる」として、宗教改革関連書籍に対する最初の抑圧的な措置が取られている(5)。その後、一五三三年四月二日の都市条例では、マルティン・ルターやヨハネス・エコランパディウスなどの著作の所有が禁じられている。[6] 一五三六年六月二九日に、枢機卿ジョヴァンニ・モローネが知人に宛てた書簡では、上記のような措置が取られたにもかかわらず、「多くのルター派の書籍が、商人の手を介してルッカに送られている」こと、「この都市の立地やその他の利点を考えると、イタリアにおいてこうしたセクトへの扉を容易に開いてしまうだろう」ことに懸念が表明されている。[7] また、宗教改革思想は、聖職者によっても伝えられた。カプチン会士のベルナルディーノ・オキーノは、十六世紀のイタリアにおいて最も有名な説教師の一人であったが、説教の内容が宗教改革的なものであるとして次第にローマ教皇庁から警戒されるようになり、一五四二年夏にイタリアからアルプス以北へ亡命した人物である。彼は一五三八年の四旬節にルッカの司教座聖堂で説教を行っている。[8] そして、アウグスティヌス会士のピエトロ・マルティレ・ヴェルミーリは、一五四一年にルッカのサン・フレディアーノ修道院長に就任すると、修道士だけでなく市民に対しても、アウグスティヌスの著作研究やパウロ書簡の解釈など、宗教改革思想の影響が濃厚な教育を行った。その後、彼もオキーノ同様、ローマ教皇庁から異端の嫌疑をかけられたため、アルプス以北に亡命した。[9] また、ヴェルミーリがルッカを離れた後、一五四六年から「上級学校」と呼ばれる大学に相当する高等教育機関へ赴任した、人文主義者のアオニオ・パレアリオは、より多くのルッカ市民に、教育を通じて宗教改革思想を伝えた。[10]

こうしてルッカに流入した宗教改革思想は、上層市民を中心に受容された。十六世紀のルッカでは、「アンツィアーニ」と呼ばれる都市政府のメンバーが、少数の有力家門によって独占されていた。[11] 各家門は、ヨーロッパ各地で絹織物業や銀行業に携わる商人を輩出すると同時に、こうした政治エリートも輩出した。一五四二年七月八日に、マントヴァ公国の使節、ニーノ・セルニーニが主君のエルコレ・ゴンザーガに宛てた書簡には、ルッカの有力家門出身の二百人以上の男女が宗教改革思想に影響され、ミサや聖像の崇敬を批判していること、彼らの集会が、有力市民の一人、マッテオ・ジーリの家で開かれていることが報告されている。[12] 一五四二年六月二八日の書簡の中で、枢機卿バルトロメオ・グイディッチョーニは、ルッカで相変わらず宗教改革関連書籍が流通している状況について、「聖俗いずれの領域の支配者であっても、その者がまったく対策を講じることもなく、また、そのために努力もしないとすれば、その原因はそうする意志がないからではないか。すべての活動が、支配者の意志と合意の下で行われているのではないか(13)」と苦言を呈しているが、ここには都市の宗教的状況に政治エリートの意向が働いていることが示唆されている。

第2節　ルッカからジュネーヴへ――亡命の背景

一五四二年七月にローマ異端審問所が再編されると、その追及の矛先はまずイタリアの聖俗の知識人に向けられた。彼らの中からは、先述のオキーノやヴェルミーリのように危険を察知してイタリアを離れ、アルプス以北の各地へ亡命する者も現れたが、ルッカではこれ以降もしばらく、宗教改革思想は流布した。それは、都市の政治エリートがそのメンバーを占める「学校局」が、一五四六年から一五五五年まで、上級学校の第一教師に、宗教改革思想を奉じる異端の噂もあった人文主義者のパレアリオを任命したことにも表れている(14)。しかし他方で、都市で宗教改革思想が流布する状況に、ローマ教皇庁や神聖ローマ皇帝（一三六九年以降、ルッカは帝国自由都市として影響下にあった）が介入することを懸念して、都市の宗教政策が、次第に慎重なものになっていったことも確かである。たとえば、一五四五年五月には、異端を取締まる「宗教局」という都市独自の機関を創設することによって、ローマから異端審問の法廷が都市に導入されるのを回避しつつ、異端取締りの意志はあることを内外にアピールしている(15)。また、一五四六年八月に、フランチェスコ・ブルラマッキという有力市民が政治と宗教の改革を目的とした陰謀を企図していたことが発覚したときには、当時、彼が「アンツィアーニ」の長である「正義の旗手」の地位にあったにもかかわらず、都市政府の他のメンバーは陰謀事件への一切の関与を否定して速やかに事を処断し、ローマ教皇庁に介入する隙を与えなかった[16]。

一五五五年に、かつてローマ異端審問所の長官も務めた、ジャン・ピエトロ・カラーファ枢機卿がパウルス四世として教皇に就任すると、ローマ教皇庁主導の異端取締りは本格化し、この影響はルッカにも及んだ。そして、都市では異端対策として具体的な措置が次々と講じられた[17]。一五五六年三月三一日に、教皇がルッカ政府に対し、異端者をローマに引き渡すように命じると、これに応じて数名が捕えられ、ローマに移送された。一五五八年一〇月二七日には、アルプス以北への亡命者が、ルッカに残った親族と維持していた関係を問題として、ルッカ政府は市民と亡命者とのあらゆる接触を禁じた。ルッカ政府は追放者のリストを作成して、彼らの財産を没収した。一五六一年一二月一九日には、ルッカの宗教局の権限が拡大され、プロテスタント地域や異端の疑いのある人物からルッカに届いた荷物や書簡を調査することとされた。一五六二年一月九日には、ルッカ市民は亡命者とイタリア、スペイン、フランスなどにおいて、いかなる商取引を行うことも禁じられ、さらに亡命者一人に対して三〇〇スクーディの懸賞金がかけられた[18]。このような都市条例が発布されたにもかかわらず、亡命者との関係を維持するルッカ市民は後を絶たなかったため、同年四月一〇日には、違反者の密告を取り扱う役職が設けられている。

以上のように異端取締りが厳格化した一五五五年以降、ルッカからアルプス以北への亡命が急増した。彼らはリヨンをはじめ、アントワープやジュネーヴなどもともと商業関係のある場所へ移住することが多かった。一族が経営する絹織物業や銀行業の支店がある場所へ、親族を頼っていったのである。そして、フランス宗教戦争を受けてリヨンの経済や社会が混乱状態に陥り、一五六三年に改革派の支配が終わりを告げ、カトリックの勢力が復活すると、リヨンに滞在していた多くのルッカ人は、プロテスタントの信仰を持つその他の人々と同様に、ジュネーヴへと移住した[19]。

ルッカからの亡命者は、ジュネーヴでどのように扱われたのだろうか。上述の一五六二年一月九日のルッカの都市条例をめぐるジュネーヴ政府の対応がヒントを与えてくれる。同年二月二七日、ルッカから亡命してきたニッコロ・バルバーニとシピオーネ・カランドリーニらは、上記の条例に関して、ルッカがこれを速やかに撤回するよう働きかけることを、ジュネーヴ政府に要請した。この事態を受けて、ジュネーヴは近隣都市ベルンに協力を求めるとともに、三月六日にはルッカ政府に書簡を送付した。その概要は以下の通りである。①ルッカは、亡命者たちを故国から追放し市民権を剥奪したときから、彼らに対して何の権限も持っていない。②亡命者たちはすでにジュネーヴの市民権を獲得しているか、今後獲得することを希望しているため、彼らの身柄はジュネーヴに属しているのであり、ジュネーヴは彼らをあらゆる暴挙から保護する法律上、道徳上の義務を負っている。③亡命者たちは立派な人々であり、宗教的な理由で彼らを犯罪者として扱うのは不当である。このジュネーヴからの書簡を受けて、四月二日、ルッカはジュネーヴに返信し、たとえ追放したとしても、自国の安寧のために反乱者に制裁規定を講じる必要性を釈明している。その後もルッカとジュネーヴの間で同様の内容を持つ書簡が何度かやり取りされたが、両者の主張は平行線をたどった[20]。

この後も、ルッカではローマ教皇庁の要求に応えて引き続き異端対策が講じられた。一五六六年二月一五日の都市条例では、亡命者との商取引が再度禁じられるとともに、ルッカ市民はいかなる理由であっても一五日以上ジュネーヴに滞在しないように定められた。一五六八年二月四日には、異端の書籍の搬入に対する禁令が再度定められ、一五七〇年二月一八日には、一回目は二五〇スクーディの罰金、二回目は都市からの永久追放、三回目は死罪という処罰をもって、追放者との交際の禁止が再確認されている[21]。

第3節　亡命者たちの肖像

以下では、ルッカからジュネーヴに逃れた亡命者たちの具体的な活動を伝える事例を、いくつか紹介したい。

①ヴィンチェンツォ・ブルラマッキ（一五九八〜一六八二年）

まず取り上げるのは、『わが家族のすばらしき追憶の書』（以下、『追憶』と略記）を執筆したことで知られる、ヴィンチェンツォ・ブルラマッキである。『追憶』の冒頭には、執筆の動機として、「一六二二年五月八日ジュネーヴ、神の御名において。本書には、私、ヴィンチェンツォ・ブルラマッキによって、少なからぬ価値を持つ事柄といくつかの覚書が書き写された。神と神の栄光のままに」と記されている。(22) 中世以来、イタリアの商人が、「リコルディ」や「リコルダンツェ」と呼ばれる覚書を記したことはよく知られている。(23) 覚書には遺言、財産の相続、結婚、子供の出生や死亡、嫁資、会社の設立や出資金の明細、土地家屋の購入や売却、都市の役職への就任などさまざまな事柄が記載されている。時には、著者が自らの人生を振り返り、子孫への人生訓のような内容が記されることもあった。ヴィンチェンツォの『追憶』もこうした覚書の伝統にそって作成されたものであるが、冒頭にも記されたように、ブルラマッキ家以外の「いくつかの覚書」が収められている点が、特徴的である。ブルラマッキ家は、代々、「アンツィアーニ」や「正義の旗手」などの都市の要職に就く政治エリートを輩出した有力家門の一つである。『追憶』には、ブルラマッキ家と親戚関係にあった家族、すなわち、同様の社会的地位にあり、同様に亡命という選択をした家族の覚書が収められている。(24) したがって、『追憶』は、ブルラマッキ家という一家門に限らず、ルッカからジュネーヴに亡命してきた他の人々に関しても多くの情報を与えてくれる貴重な史料である。後述するように、ヴィンチェンツォ自身は、ジュネーヴに移住してきたルッカ人の第二世代に属している。彼が『追憶』の執筆を開始したときには、かなり多くの亡命者たちがなお存命であり、彼らの証言を入手することができた点も、著作の信頼性を高めている。

ヴィンチェンツォ・ブルラマッキは、一五九八年にジュネーヴにて、父ファブリツィオ・ブルラマッキ、母ジュデッタ・ディオダーティのもとに生まれた[25]。父方のブルラマッキ家は、十五世紀末にジローラモ・サヴォナローラの教会改革を支持したドミニコ会士のフィリッポや、一五四六年にルッカのみならずトスカーナの複数の都市に及ぶ政治と教会の改革を訴えたフランチェスコなど、社会や宗教の問題に関心をもつ人物を輩出している。また同家は、リヨンやジュネーヴなどアルプス以北の都市で銀行業や絹織物業を展開していた。そこで宗教改革思想に触れ、また経済的な基盤もあり、十六世紀半ば以降になると、ヴィンチェンツォの父ファブリツィオ以外にも複数の者たちがジュネーヴに亡命している。ヴィンチェンツォは幼くして両親を相次いで亡くしたため、彼の後見は叔母レネアの夫、チェーザレ・バルバーニに託された。ヴィンチェンツォは初歩的な教育を終了した後、チェーザレの下で商人としての修業を始め、ドイツ、フランス、イングランドなど各地で経験を積んだ。一六二一年にチェーザレが死去すると、レネアの求めに応じて翌年ジュネーヴへ帰還し、以後定住した。この頃から執筆を始めたのが『追憶』であり、死の直前まで書き続けられた。

一六二四年に、ヴィンチェンツォはフランチェスコ・トゥレティーニの娘、ザベッタと結婚し、後述する「大商会」に加わった。また、一六三一年一一月三日には、息子のファブリツィオと共にジュネーヴ市民となり、都市の公的生活にも積極的に関与するようになった。ジュネーヴでペストが流行して危機的状況が到来した際には金銭的な支援を行い、見返りとして市民に課される負担を免除されている。さらに、一六三三年には二百人会議の一員となり、市政にも加わった。他方で、ジュネーヴのイタリア人教会にも積極的に関与し、一六二六年以降は、執事、収入役、長老の役職に繰り返し選出されている。

以下では、『追憶』に収められた他家の覚書を利用して、ルッカ人亡命者の多様な活動を紹介する。

②ニッコロ（またはニコラオ）・バルバーニ（一五二二〜八七年）

『追憶』には、ヴィンチェンツォ・ブルラマッキの後見を引き受けたチェーザレが属す、バルバーニ家の覚書も収められている。同家は、ルッカの有力家門の中でも早くに宗教改革に帰依したことが知られている。十六世紀前半に商人・銀行家として活躍したアゴスティーノ・バルバーニは、その代表的な一人と見なされている。[26] ここではそのアゴスティーノの息子で、ジュネーヴのイタリア人教会で活躍したニッコロ（またはニコラオ）について取り上げたい。

ルッカで初等教育を終えたニッコロは、ボローニャ、パドヴァ、フェッラーラなどイタリア各地の大学で法学を学び、その後はアルプス以北の諸都市で商人としての修業を積んだ。[27] 一五四八年には一族が運営する商会のアントワープ支店に派遣されている。その後ルッカに一度帰還し、一五四九年には学校局のメンバー、一五五三年には総評議会のメンバーとして市政に携わった。しかし、父から宗教改革思想の影響を受けていたニッコロは、自らの信仰に従って一五五六年五月には娘を連れてリヨンに移住し、イタリア人教会で教理指導者や説教師として活動を始めた。やがてルッカ政府から、帰国して異端の嫌疑について申し開きをするように命じられたが、彼はそれに応じず、同年末にリヨンからジュネーヴへ移住した。一五六〇年にはジュネーヴで市民権を獲得しているが、その後もたびたびリヨンを訪れ、同市のイタリア人に対して改革思想の布教活動を続けたようである。[28]

ジュネーヴのイタリア人教会においても教理指導者として活動を始めたが、一五六一年からは牧師の地位を得て、イタリア人教会の指導的存在となった。カルヴァンは教理教育を重視していたことから、ニッコロのようにイタリア語で説教を行う人材は歓迎されたであろう。ニッコロは、説教活動に加えて、聖書の注解やカルヴァンの『教理問答書』の翻訳（ジュネーヴ、一五六六年）、イエズス会士アントニオ・ポッセッヴィーノへの論駁書（ジュネーヴ、一五六四年）など、精力的な執筆活動をおこなった。彼の著作の中でとりわけよく知られているのは、ナポリ出身の侯爵、ガレアッツォ・カラッチョロの『伝記』（ジュネーヴ、一五八七年）であろう。カラッチョロは、一五五三年にジュネーヴに設立されたイタリア人教会の発展に尽力した人物である(29)。その彼と個人的に親交のあったニッコロによって記されたこの著作は、プロテスタント世界で大いに関心を集め、各国語に翻訳され、版を重ねた。

また、先述のように、一五六二年一月九日に公布されたルッカ市民と亡命者の商取引を禁じる都市条例に関しては、ジュネーヴ政府との交渉役を任されており、このこともジュネーヴのルッカ人共同体における彼の存在感をうかがわせる。

③マンフレーディ・バルバーニ（一五四四〜一六二四年）

バルバーニ家には、銀行業で活躍する人物も見出される。一五四四年にルッカで誕生したマンフレーディは、当初、ルッカの有力家門のミケーリ家やアルノルフィーニ家の会社に属してリヨンやアントワープで活動を始めたが、一五七二年にジュネーヴ在住のフランチェスコ・ミケーリの娘と結婚した後、一五七四年からジュネーヴに居を移した(30)。彼は、ジュネーヴのイタリア人教会において、長老や執事などの役職に就任している。さらに、一五七九年頃より、ジュネーヴ政府から両替や融資などを委任されるようになった。こうしてジュネーヴの財政に貴重な貢献を果たした彼は、一五八〇年一二月に無償で市民権が授与された。マンフレーディは、フランス王家への貸付も行う、リヨンやパリのバルバーニ家の支店を担当する兄弟のアッリーゴと連絡を取り合い、また、ルッカには、カトリックの信仰を持ち続ける他の兄弟も残っていた。彼らの存在は、カトリックとプロテスタントの両方の世界において、ルッカ商人が果たした役割を伝えている。

④フランチェスコ・トゥレティーニ（一五四七〜一六二八年）

次に取り上げるのは、ヴィンチェンツォ・ブルラマッキの舅であり、絹織物業と銀行業で成功を収めたことで有名なフランチェスコ・トゥレティーニである(31)。

一五四七年にルッカに生まれたフランチェスコは、トゥレティーニ家の覚書の中で、「一九歳の頃、神の恩寵によって真の信仰を知り、それについて友人や親族と議論した」と記しており、プロテスタントの信仰を周囲の人々と共有していた様子が伝わってくる。[32]彼のもとには、ヨーロッパ各地に滞在するルッカの商人たちからひそかに、新約聖書やカルヴァンの『キリスト教綱要』などが送られてきたという。[33]一五七四年四月、リミニ司教がルッカを巡察した際、フランチェスコは異端として密告された。彼は、自分が標的となった理由について、「ローマ教会と教皇の権威を批判し、ミサに行かず、ただイエス・キリストのご加護のみを願った」ためであると推測している。[34]司教はルッカ政府に彼の即時逮捕を命じたが、当時、政府のメンバーであったフランチェスコの父親の友人がすぐにこのことをトゥレティーニ家に知らせ、逮捕命令を出す議会の招集を遅らせて時間稼ぎをする間に、フランチェスコはルッカを離れた。逃亡に際し、彼は大急ぎで金銭をかき集め、絹織物の商品を箱に詰め、偽名でリヨンの親戚のもとに送った。そしてフィレンツェとリヨンを経て、一五七五年一一月にジュネーヴに到着した。

彼はジュネーヴで絹織物業を開始するが、当初は思うような成果を上げることができなかった。そこで、イタリアの他都市出身者たちとも交流して絹織物の製造や販売に関する知識を深め、さらにジュネーヴの外にも活動の範囲を広げた。一五七九年に一度ジュネーヴを離れると、その後はアントワープ、フランクフルト、バーゼル、チューリヒなどにおいて、各地の業者と競合しながら研鑽を積んだ。一五九二年にジュネーヴに帰還した後、彼は、ルッカから亡命してきたいくつかの家門が共同で出資して設立した、「大商会（Gran Bottega/Grande Boutique）」の中心メンバーとして、その運営に携わった。[35]娘婿のヴィンチェンツォの後見人のチェーザレ・バルバーニも、「大商会」の創立メンバーに名を連ねている。一五九四年から一六二七年まで存続した「大商会」は、絹織物の製造と販売において、目覚ましい発展を遂げた。こうしたフランチェスコの活動は、次第にジュネーヴにおける同業者の妬みを買うようになり、ついには都市政府の介入を招くような事態に至った。[36]ジュネーヴの商人たちは、フランチェスコが不正な方法で市内の有能な職人や業者を独占していると非難した。フランチェスコは都市政府に召喚されて申し開きをし、彼の言い分は正当と認められた。その後、フランチェスコを中心に展開された事業は、スイスだけでなく、フランス、ドイツ、イングランド、イタリアに市場を拡大した。

「大商会」の成功によって莫大な富を得たフランチェスコは、いわば「ジュネーヴ政府の銀行家[37]」として、都市の両替や徴税、貸付の業務も請け負った。一六二七年一一月三〇日には無償で市民権が授与され、六十人会議の一員としてジュネーヴの市政にも関わっている。

⑤ポンペオ・ディオダーティ（一五四二〜一六〇二年）

ポンペオ・ディオダーティは、『追憶』に収められた覚書の中で、「主は、私の父が死去する数年前に、恩寵により彼に真の信仰を知らしめた。このことは、当時、サン・フレディアーノ修道院長で、ルッカにおいて広く真理を説教していた、ピエトロ・マルティレ・ヴェルミーレ師によってなされた。真の信仰に深く帰依した父は、偶像崇拝を免れるため、家族全員を連れてルッカを去ることを決心した」と記している[38]。ポンペオの父、ニッコロが三二歳の若さで死去したのは一五四四年のことであったが、彼の遺志は、残された家族によってすぐに実行に移されたわけではなかった。その原因の一つは、ポンペオの母、エリザベッタの信仰上の迷いである。しかし、夫の死後しばらくして彼女も「真の信仰」に目覚め、ルッカから離れることを望むようになった。その後も親族からの反対などもあり、一家が長い逡巡を経てルッカを出発したときには、一五六六年三月になっていた。

第2節で述べたように、この頃、ルッカ人のジュネーヴ滞在は非常に厳しく警戒されていたため、一家はひとまず、リヨンやパリに向かった。彼らが、厳格化するルッカの異端対策と、フランスの宗教状況にふりまわされながら各地を転々として、一五七五年五月についにジュネーヴに到着するまでの経緯は、覚書に詳しく記されている[39]。

ジュネーヴに到着した後、ポンペオは一一月にジュネーヴの市民権を獲得し、同じルッカからの亡命者たちによる支援を受けて、公私ともに充実した生活を送った[40]。上述の「大商会」に創立メンバーの一人として参加したほか、イタリア人教会においては長老、執事、収入役などの役職に就任した。ジュネーヴの長老会のメンバーとしても（一五八五年、一五八八年、一六〇〇年、一六〇二年）、市民の宗教的、道徳的行為と教会規則の遵守を監視した。また、二百人会議（一五八四年、一五九五年、一五九九年、一六〇二年）や六十人会議（一五八四年、一五九六年、一五九七年、一五九八年）のメンバーとして、ジュネーヴの市政にも積極的に関与した。

⑥シピオーネ・カランドリーニ（一五四〇年頃〜？）

ジュネーヴの知的世界に関与し、またカルヴァン派の教理教育に貢献した人物として注目されるのは、シピオーネ・カランドリーニである。一五四〇年頃にルッカで誕生したシピオーネは、上級学校の教師であったアオニオ・パレアリオから、宗教改革思想の影響を受けたようだ[41]。一五五五年に、カランドリーニ家の家庭教師を務めていたパレアリオの弟子が異端の容疑で逮捕され、その後ローマで火刑に処されるという事件が生じた。ルッカ政府はローマからシピオーネの逮捕も命じられたが、政府の一員がこのことをひそかに彼に知らせたので、彼はルッカから逃亡し、グラウビュンデンを経て、ジュネーヴに至った。ジュネーヴではアカデミーに所属する一方、イタリア人教会において無償で教理指導者の役を担った。一五六六年には、アカデミーにおいて無償で論理学と修辞学の教授を担当すると申し出て、テオドール・ド・ベーズに認められている。一五六八年にアカデミーで哲学の講座に欠員が出たので、後任を希望するが認められず、ジュネーヴを離れてハイデルベルク大学で人文学、哲学、神学を学んだ。その後はグラウビュンデンのモルベーニョやソンドリオといった地域で、ルッカからの亡命者が多数を占めるイタリア人教会において、説教師として活躍した。カトリックの聖職者と論争することもしばしばで、異端審問所はグラウビュンデンで最も有害な人物として敵視したという。

⑦フィリッポ・ルスティチ（?～一五八六年）

最後に取り上げるフィリッポ・ルスティチについて、『追憶』ではとくに言及がなく、その生涯の前半は謎に包まれている。おそらく、一五三一年にルッカで生じた「ストラッチョーニの乱」の後に市政に加わった新興家門の出身であると思われるが、彼自身が何らかの都市の役職に就任した形跡はない。(42) しかし、その波乱に満ちた後半生やカルヴァン主義との関連で興味深い人物であるので、紹介したい。ルッカで生まれた彼は、リヨンで兄弟と共に商業活動に従事しながら、医学、ギリシャ語、ヘブライ語なども習得したようだ。すでにルッカにおいて宗教改革思想に触れていた様子であるが、リヨンにおいてそれを深化させ、一五五五年初頭にジュネーヴに移住した。(43)

一五五七年に彼の息子は洗礼を受けたが、その際、ピエモンテ出身の医師ジョルジョ・ビアンドラータ（またはブランドラータ）を代父としており、ここに彼の信仰の一端がうかがえる。ビアンドラータはカルヴァンと対立したイタリアの反三位一体論者の一人で、一五五八年にジュネーヴから追放されている。(44) この年、カルヴァンは反三位一体論者を抑圧するため、ジュネーヴのイタリア人に対し信仰告白を課したが、フィリッポはこれを拒否した。このことも、彼の信仰のあり方を裏づけているといえよう。

しかし、その後も彼はジュネーヴにおいて、以下に述べるようにさまざまな活動をおこなっていることから、詳細は不明であるが、結局カルヴァン主義を信奉したのであろう。一五六一年四月、彼は聖書のイタリア語訳の出版許可をジュネーヴ政府に求めて認められ、翌年に出版している。聖書のイタリア語訳は、すでにサンティ・パニーニやアントニオ・ブルチョリなどによって刊行されており、(45) フィリッポの翻訳に対してはそれらの焼き直しに過ぎないとの評価もあるが、一五六六年にヴェネツィア、一五九六年にリヨン、一五九九年にジュネーヴで再版されていることから、聖書のイタリア語訳の流布に貢献したと思われる。

翻訳に加えて、一五六九年頃からは医師としての活動を始めた。当初はイタリア人団体において活動していたが、一五七〇年三月、ジュネーヴ政府は彼を総合施療院の補助医師に任命した。まもなくジュネーヴではペストが流行したが、彼の上司にあたる主任医師が都市を去ったため、彼は治療に孤軍奮闘した。ペストが収束した一五七一年一月、ジュネーヴ政府はフィリッポの功績を認めて主任医師に昇格させた。しかし、同年一一月、彼は使用人との姦通罪のため告発され、鞭打ちと投獄の罰を課せられた。後に減刑され復職したが、一五七二年六月には同僚医師を侮辱した件で告発された。再度の処罰を恐れたフィリッポは、ジュネーヴを離れた。その後の行動は不明であるが、おそらくパリやリヨンを放浪していたものと思われる。結局、ジュネーヴ政府と和解して、一五八六年二月、施療院の医師に再任されるも、一〇月に病死した。

おわりに

ヴィンチェンツォ・ブルラマッキが、若い頃に商人修業の一環として訪れた場所を見ればわかるように、ルッカ商人はヨーロッパ各地に商会や会社の支店を配置しており、十六世紀後半にルッカからジュネーヴへの亡命が始まったときには、亡命者たちはそうした親族のネットワークを頼りとした。とりわけ、ルッカの基幹産業であった絹織物業や金融業で縁の深いリヨンへ立ち寄る人々が多かったが、シピオーネ・カランドリーニの例に見られるように、一五二六年以降、両宗派体制にあったグラウビュンデンを経て、ジュネーヴに至る人々もいた。

ルッカを離れた亡命者たちは、財産を没収され、故国から追放されたが、その後も彼らは故国の会社組織と商業関係を維持した。このことは、ルッカ共和国が、亡命者とルッカ市民の商取引や接触を禁じる都市条例を繰り返し公布していることからも明らかである。他方で、亡命への協力は、都市に残った政治エリートたちからも提供された。フランチェスコ・トゥレティーニとシピオーネ・カランドリーニが異端として追及される危機に遭遇した際には、どちらの場合にも政府のメンバーに内通者が存在したし、ニッコロ・バルバーニに異端の判決が下ったのは、彼が亡命してから一〇年も後のことであった。

ジュネーヴに亡命した後もしばらく、ルッカ人は結婚を通じて同郷人との絆を維持し、商売においても親族や同郷人との結束を重視した。フランチェスコ・トゥレティーニが中心メンバーとして活躍した「大商会」は、ジュネーヴの同業者と衝突しているが、その一因はこうした閉鎖性にあったのかもしれない。しかし、絹織物業で得た利益は銀行業を通じて、ジュネーヴの財政に還元された。

フランチェスコ・トゥレティーニの事例や、一五六二年一月九日にルッカ政府が公布した都市条例への対処から、ジュネーヴの側は、ルッカからの亡命者を好意的に受け入れたように思われる。それは、市民権の授与にも表れている。本章に取り上げた亡命者の多くが、ジュネーヴで市民権を獲得したり時には無償で授与されたりしているが、市民権はそれを希望する外国からの移住者すべてに対して与えられたわけではない。ジュネーヴは一五五五〜一五五七年に三四一人、一五五八〜一五六五年に三〇三人の移住者に市民権を与えたが、一五五八〜一五六二年に受け入れた移住者の総数が七千人であることを考慮すると、市民権を獲得できる者は限られた少数であることがわかる(46)。

ジュネーヴのルッカ人亡命者は、絹織物業や銀行業だけでなく、様々な分野で活動した。ニッコロ・バルバーニやシピオーネ・カランドリーニは、書籍のイタリア語の翻訳やイタリア語の説教によって、イタリア人に向けてカルヴァン主義のプロパガンダを行った。フィリッポ・ルスティチも聖書のイタリア語訳によって同様の貢献をしたが、さらに医師としてもジュネーヴの都市生活に関わった。

十七世紀半ばになると、ルッカからジュネーヴへの亡命の動きは終息し、次第に亡命者と故国との実質的なつながりは薄れていった。『追憶』に収められたポンペオ・ディオダーティの覚書の一節に、「私たちは地上の故国からは追放されたが、天上の国の民となったのである」[47]とあるが、ジュネーヴはルッカ人亡命者とその子孫にとって、新たな祖国となった。ポンペオの息子のデオダートが、ジュネーヴ生まれの市民であるシトワイヤンとして市政の中心機関である小会議に加わったことに象徴されるように[48]、彼らはますますジュネーヴの政治や宗教に同化の度合いを強めていったのである。

◆註

(1) Geisendorf, Paul-F., *Livre des habitants de Genève*, publié avec une introduction et des tables, t. 1 (1549-1560), Genève, 1957; モンター、E・W（中村賢二郎・砂原教男訳）『カルヴァン時代のジュネーヴ——宗教改革と都市国家』ヨルダン社、一九七八年、二四〇～二七五頁。

(2) 一五四二年七月八日、当時ローマに滞在したマントヴァ使節ニーノ・セルニーニは、主君のエルコレ・ゴンザーガに宛てた書簡の中で、「すべての［イタリア諸都市の］中で、最も堕落した都市がルッカである」と述べている。Adorni-Braccesi, Simonetta, "*Una città infetta*": *La Repubblica di Lucca nella crisi religiosa del Cinquecento*, Firenze, 1994, p. 124.

(3) Pascal, Arturo, "Da Lucca a Ginevra: Studi sulla emigrazione religiosa lucchese a Ginevra nel secolo XVI", *Rivista storica italiana*, 49, 1932, pp. 149-168, pp. 281-303, pp. 451-479, 50, 1933, pp. 30-63, pp. 211-261, pp. 422-453, 51, 1934, pp. 469-503, 52, 1935, pp. 253-315; Adorni-Braccesi, Simonetta, "Religious refugees from Lucca in the sixteenth century: political strategies and religious proselytism", *Archiv für Reformationsgeschichte*, 88, 1997, pp. 338-379; id., "L'emigrazione religiosa dei Lucchesi in Francia e a Ginevra tra la seconda metà del XVI e gli inizi del XVII secolo", *Eretici, esuli e indemoniati nell'età moderna*, a cura di Mario Rosa, Firenze, 1998, p. 61-75; *L'emigrazione confessionale dei lucchesi in Europa*, a cura di Simonetta Adorni-Braccesi e Carla Sodini, Firenze, 1999.

(4) Ristori, Renzo, "Le origini della Riforma a Lucca", *Rinascimento*, 3, 1952, pp. 269-292.

(5) *Sommario della Storia di Lucca compilato da Girolamo Tommasi*, a cura di Carlo Minutoli, Lucca, 1969, pp. 162-163.

（6）Berengo, Marino, *Nobili e mercanti nella Lucca del Cinquecento*, Torino, 1974, p. 401.
（7）*Ibid*., p. 402.
（8）オキーノについては、高津美和「説教師ベルナルディーノ・オキーノの亡命――カトリック改革と宗教改革のはざまで」『イタリア学会誌』第五六号、二〇〇六年、九六～一一九頁を参照。このときの説教については、McNair, Philip and Tedeschi, John, "New light on Ochino", *Bibliothèque d'Humanisme et Renaissance*, 35, 1973, pp. 289-301 を参照。
（9）ヴェルミーリについては、以下を参照。McNair, Philip, *Peter Martyr in Italy: An Anatomy of Apostasy*, Oxford, 1967; 高津美和「十六世紀ルッカの「異端者」と政治エリート――イタリアと宗教改革・人文主義」森田安一編『ヨーロッパ宗教改革の連携と断絶』教文館、二〇〇九年、二一七～二三二頁。
（10）パレアリオについては、以下を参照。Caponetto, Salvatore, *Aonio Paleario (1503-1570) e la Riforma protestante in Toscana*, Torino, 1979; 高津美和「十六世紀ルッカにおけるアオニオ・パレアリオの教育活動――近世イタリアの宗教的「共生」をめぐる一考察」森原隆編『ヨーロッパ・「共生」の政治文化史』成文堂、二〇一三年、三五六～三七三頁。
（11）ベレンゴによれば、二四家門程度に限定される。Berengo, *op. cit*., p. 28.
（12）Pascal, "Da Lucca a Ginevra", *Rivista storica italiana*, 49, p. 155.
（13）*Sommario*, p. 164.
（14）「学校局（Offizio sopra le scuole）」は一四九九年に創設された。都市の三つの地域から二名ずつ選ばれた、計六名から成る。教師の採用を取扱い、その報酬や仕事の分担を決定したほか、年間の学事日程を定め、学校として適当な場所を探し借り受けることも行った。十六～十七世紀のルッカの学校教育については、Adorni-Braccesi, Simonetta, "Maestri e scuole nella Repubblica di Lucca tra Riforma e Controriforma", *Società e Storia*, 33, 1986, pp. 559-594 を参照。
（15）「宗教局（Offizio sopra la religione）」は一五四五年五月一二日に創設された。「正義の旗手」を議長とする三名から構成され、ポデスタに容疑者を通告した。Adorni-Braccesi, "*Una città infetta*", pp. 320-324 を参照。
（16）フランチェスコ・ブルラマッキと陰謀事件については、高津美和「フランチェスコ・ブルラマッキの陰謀――十六世紀ルッカの政治と宗教」『エクフラシス』第五号、ヨーロッパ中世・ルネサンス研究所、二〇一五年、七七～八九頁を参照。
（17）Pascal, "Da Lucca a Ginevra", *Rivista storica italiana*, 49, pp. 283-291.

(18) 一五七二年、サン＝バルテルミーの虐殺の翌日、リヨンにて、プロテスタントのルッカ商人、パオリーノ・ミヌートリは、懸賞金目当ての同郷人に殺害された。Adorni-Braccesi, "Religious refugees from Lucca", p. 362.

(19) 近世のリヨンとイタリア人については、宮下志朗『本の都市リヨン』晶文社、一九八九年、小山啓子「近世フランスの大市都市リヨンとイタリア人」共生倫理研究会編『共生の人文学――グローバル時代と多様な文化』昭和堂、二〇〇八年、二一五～二三八頁を参照。

(20) Pascal, "Da Lucca a Ginevra", *Rivista storica italiana*, 49, pp. 295-297.

(21) Ibid., pp. 298-300.

(22) Burlamacchi, Vincenzo, *Libro di ricordi degnissimi delle nostre famiglie*, a cura di Simonetta Adorni-Braccesi, Roma, 1993, p.60.

(23) イタリア商人の覚書については、清水廣一郎『中世イタリア商人の世界――ルネサンス前夜の年代記』平凡社、一九九三年、一八六～二〇六頁を参照。

(24) ヴィンチェンツォは自分の雑録に複数の覚書を書き写すという方法を取ったため、その記述には混乱や重複もあるが、全体の構成は以下の通りである。①バルバーニ家に関する二つの覚書、②ブルラマッキ家に関する二つの覚書、③カランドリーニ家に関する覚書、④ディオダーティ家に関する三つの覚書、⑤トゥレティーニ家に関する覚書、⑥ジュネーヴに移住したブルラマッキ家と親戚関係にあるルッカ人家族に関する覚書、⑦ジュネーヴのイタリア人教会の創設時から十七世紀末までの牧師を記録した覚書。

(25) ヴィンチェンツォ・ブルラマッキの生涯については、以下を参照。Burlamacchi, *op. cit.*, pp. 190-215; Adorni-Braccesi, Simonetta, "Vincenzo Burlamacchi (Ginevra 1598-1682) e il Libro di ricordi degnissimi delle nostre famiglie", *Actum Luce*, 22, 1993, pp. 23-32.

(26) 一五八六年、ゲラルド・ブルラマッキは『日記』の中で、アゴスティーノ・バルバーニが「ひそかな染みを帯びてフランドルから［ルッカに］帰還した」と記している。Ristori, *op. cit.*, p. 289.

(27) ニッコロ・バルバーニの生涯については、以下を参照。Burlamacchi, *op. cit.*, pp. 110-111; Ginsburg, Carlo, *Dizionario biografico degli Italiani*, 5, Roma, 1963, pp. 336-342.

(28) 一五六四年四月九日、ルッカの宗教局はリヨンのルッカ国民団に送付した書簡の中で、ニッコロのローマ・カトリック教会に関する説教が同国民団に与える悪影響を嘆き、彼の説教を中止させるように求めている。Ginsburg, *op. cit.*, p. 337を参照。

（29）ジュネーヴのイタリア人教会とカラッチョロの貢献について、Monter, E. William, "The Italians in Geneva, 1550-1600: a new look", *Genève et l'Italie*, Genève, 1969, p. 57を参照。

（30）マンフレーディ・バルバーニの生涯については、以下を参照。Pascal, "Da Lucca a Ginevra", *Rivista storica italiana*, 50, pp. 54-63; Miani, Gemma, *Dizionario biografico degli Italiani*, 5, Roma, 1963, pp. 332-336.

（31）フランチェスコ・トゥレティーニの生涯については、『追憶』に収められた二つの覚書を参照。Burlamacchi, *op. cit.*, pp. 179-181, pp. 263-289.

（32）*Ibid.*, p. 263.

（33）Pascal, "Da Lucca a Ginevra", *Rivista storica italiana*, 50, pp. 219-220.

（34）Burlamacchi, *op. cit.*, p. 178.

（35）親族や友人で資金を出し合って設立された会社や商会は、通常、数年間の活動期限が定められ、期限後は更新が重ねられた。一五九四年から一五九八年までの「大商会」の出資金の分担は、フランチェスコ・トゥレティーニの『覚書』に以下のように記されている。フランチェスコ・トゥレティーニ（一万九千スクーディ）、カルロ・ディオダーティ（四千スクーディ）、ポンペオ・ディオダーティ（三千スクーディ）、オラツィオ・ミケーリ（六千スクーディ）、チェーザレ・バルバーニ（三千スクーディ）、フェリーチェ・オレッリ（一千スクーディ）。*Ibid.*, p. 281.

（36）Pascal, "Da Lucca a Ginevra", *Rivista storica italiana*, 50, pp. 227-228.

（37）Burlamacchi, *op. cit.*, p. 47.

（38）*Ibid.*, p. 138.

（39）*Ibid.*, pp. 134-160.

（40）ポンペオ・ディオダーティの生涯については、Turchetti, Marino, *Dizionario biografico degli italiani*, 40, Roma, 1991, pp. 183-188も参照。

（41）カランドリーニ家の覚書には、「（パレアリオは）彼の生徒に、宗教上のテーマに関する見解も披露した。彼らにギリシャ語やラテン語の難しさを明らかにしながら、説明するときにはそこに含まれる教えを発展させたのである」と記されている。Adorni-

Braccesi, "Una città infetta", p. 207. シピオーネ・カランドリーニの生涯については、以下を参照。Pascal, "Da Lucca a Ginevra", *Rivista storica italiana*, 50, pp. 247-251; Luzzati, Michele, *Dizionario biografico degli italiani*, 16, Roma, 1973, pp .458-463.

(42) Berengo, *op. cit.*, p .442. 一五三一年、絹織物組合の運営に対する不満に端を発した動揺が、都市の中下層の人々の政治参加の要求へとつながり、「ストラッチョーニの乱」が生じた。反乱の結果、支配層において新旧の有力家門の若干の交替がもたらされたが、寡頭政の構造は本質的に変わらなかった。

(43) フィリッポ・ルスティチの生涯については、Pascal, "Da Lucca a Ginevra", *Rivista storica italiana*, 51, pp. 472-482 を参照。

(44) イタリアの反三位一体論者について、カメン、ヘンリー（成瀬治訳）『寛容思想の系譜』平凡社、一九七〇年、一〇九～一一五頁を参照。

(45) フィリッポ・ルスティチ以前の聖書のイタリア語訳については、Pascal, "Da Lucca a Ginevra", *Rivista storica italiana*, 51, pp. 478-482 を参照。

(46) モンター、前掲書、二四六～二四九頁。

(47) Burlamacchi, *op. cit.*, p. 143.

(48) ポンペオ以後のディオダーティ家について、Garcia, Stéphane, "Tra rete familiare e respublica literaria: l' itinerario di Elia Diodati (1576-1661)", *L'emigrazione confessionale dei lucchesi in Europa*, a cura di Simonetta Adorni-Braccesi e Carla Sodini, Firenze, 1999, pp. 97-106 を参照。

第3章

人文主義の舞台としてのジュネーヴ
——詩篇歌とエンブレム・ブックの出版にみる

本間美奈

はじめに

十六世紀のジュネーヴは、なによりカルヴァンの率いる改革派教会の拠点とイメージされよう。この都市で数多くの改革派の著作が印刷され、カトリック圏での禁令にもかかわらず、ヨーロッパとくにフランスにむけて販売されたことは、各地で改革派教会の成長を促すことに貢献した。その影響の大きさゆえに、ジュネーヴの出版業はあたかも改革派教会と表裏一体の存在であるかのような印象を与えてきたのではないだろうか。本章の目的は、ジュネーヴ出版業へのこうした見方に対し、検討の枠を広げることである。ここでは「人文主義」「出版業をめぐる三者」をキーワードとして、ジュネーヴ出版業界の「俗な部分」にも触れていきたい。

改革派の需要にこたえて急成長したジュネーヴ出版業は、この都市の「最初の輸出産業」[1]へと成長したが、これには三つの立場がかかわっていた。①出版物を宗派の声（武器）として広めたい改革派教会、②その改革派の著作を商品化することを仕事とする出版・印刷業者、そして③外国との関係にも配慮し、場合によっては自都市の出版活動に介入する都市当局である。この三者の利害が合致している場合に、ジュネーヴ出版業界は、宗派的（すなわち改革派的）著作の出版から大きな利益を引き出すことができた。だがいずれ改革派の出版物が「飽和状態」に達したとき、出版業者は新機軸を打ち出す必要に迫られる。他方で都市当局と改革派教会は「都市の名誉」のために、自都市の産業保護と書物の「品質保持」に配慮せねばならなかった。

宗教改革期における出版業は、ともすればカトリック、ルター派、カルヴァン派など各宗派の住みわけと信仰強化という「宗派化」の基盤をつくったという役割を強調されがちである。確かにこれは指摘できる側面ではあるが、他方でさまざまな意見を議論のプラットフォームに押し上げ、出版物というかたちをとることで、その多様な声を保存するという別の役割もまた果たしたのではないか。このような見通しをもちつつ、第1節でジュネーヴの出版業について概観したのち、第2節で、ジュネーヴ出版業に関わった三者の利益がこのうえなく合致した出版活動の事例として『ジュネーヴ詩篇歌』をとりあげ、ジュネーヴ出版業界の特質をみていきたい。第3節では、カルヴァンの後継者であるテオドール・ド・ベーズによる「エンブレム・ブック」出版をめぐり、この宗教改革者の人文主義的な側面と、プロテスタント諸宗派協調への努力に注意を払いたいと思う。

第1節　ジュネーヴの政治体制と出版業

政治体制

最初に出版業をめぐる三者の関係の背景となる、ジュネーヴの政治体制にふれておきたい。一五三六年にジュネーヴは、ジュネーヴ司教による支配を脱し、司教の収入源だった諸々の税収を以後は都市の財源とすることに成功した。独立にあたって受けた援助から、都市ベルンの強力な保護下にはおかれたものの、ジュネーヴは独立都市となった。このジュネーヴの政治を担う中枢が、端的に参事会と呼ばれることの多い「小会議」である。市長四名を含む二五名からなる参事会員は選挙で選ばれ、司法・財政・外交などすべての領域にわたる都市行政のために週に三日ほど集会した。この下には、外交をおもに担う「六十人会議」、さらに大参事会である「二百人会議」がある。二百人会議は参事会員を毎年選び、重要な法の制定に際し賛否表明のために、月に一回程度参会した。さらに全男子市民の総会が年に二回、市長選挙や民事法廷の首席裁判官を選ぶために集った。カルヴァン時代のジュネーヴを活写したモンターによれば、二百人会議でも総会でも、選挙はあらかじめお膳立てされており、事実上の中間選挙だったという。参事会は、市政の担い手として強力なイニシアティヴをとったのである。

ジュネーヴの政治に特徴的なのは、改革派教会の存在である。ジュネーヴが司教支配の軛から脱し、宗教改革が導入されるに際して、ギヨーム・ファレルやカルヴァンなどフランスからの亡命者が推進力となった。その後も、この核に吸い寄せられるようにジュネーヴに移ってくる亡命者の数は、ジュネーヴ市民の数にも匹敵するほど多数にのぼった。ジュネーヴ改革派教会は、少なくとも当初はこうした外来者が主体となっていた。だが彼らには、のちには新市民の身分を得て二百人会議のメンバーになる道は開かれるものの、市参事会である小会議への被選出権は閉ざされたままだった。参事会員は、市内で生まれ洗礼をうけた生粋のジュネーヴ市民に限られており、彼らはおもに商人、公証人、職人であった。彼らは基本的に「よく働くが、学問のない人で、彼らの牧師たちと長く対話を続けることができず、(略)法律や神学的な細かな区別立てにはいらいらしてくる」ような人々だった(2)。つまりジュネーヴの政治は、「実務家肌」の市民による参事会(小会議)を核としつつも、亡命者を支柱とする改革派教会が存在感を示しながら、両者が織りなす協調・緊張関係によって営まれたと言えよう。

だが両者の関係において、小会議を牛耳っていた敵対勢力をカルヴァン側が追い落とした一五五〇年代中盤以降、ジュネーヴの政局が大きく変化した点に注意が必要である。改革派教会は「万人祭司」の理念にもとづき、牧師や教師といった聖職の担当者とともに、長老や執事という非聖職者も教会の代表機関である長老会の構成員であった。長老と執事は、小会議や二百人会議から選ばれたが、彼らが教会の理念を熱心に追求する主体となると、牧師団の意見が公式・非公式を問わず、ジュネーヴの市政に対して重みをもった。この点はのちに見るとおり、出版業の規制にも大きな影響を及ぼすことになる。

出版業

ジュネーヴには活版印刷術の黎明期である一四七八年から印刷工房が存在した。しかし宗教改革の導入以前の一五三〇年代になっても、三名の印刷業者を数えるだけの小規模なものであって、書籍業に関するギルドも存在しなかった。先述のとおり、改革派教会の拠点となったジュネーヴには、多くの亡命者が押し寄せたが、そこには多くの書籍業関係者が含まれていた。とくに一五五〇年代に移住してきた第一世代には、ヨーロッパ出版史に名を残す人々があげられる。パリからは「フランス王の印刷人」ロベール・エチエンヌとその後継者たち、パリの弁護士から印刷業者に転じたジャン・クレスパン、かつてノワイヨン市長で弁護士だったローラン・ノルマンディも書籍商に転身し、ジュネーヴを舞台にしてしのぎをけずることになる。彼らがもつ資本と販売網をふくめた商業的ノウハウは、改革派教会の書物をヨーロッパ中に広めることに貢献した。そして彼らの依頼で仕事を請け負う印刷業者たちによって、ジュネーヴの出版業は大きく裾野をひろげたのである。

業界規模の拡大にともなって、出版業に関する係争も生じてきた。改革派教会にとって聖書の出版はブームともいえる事業だったが、「聖書の出版は皆にひらかれたものであるように」というのが基本的な姿勢となった（一五六〇年二月一三日参事会規約）。だが新しい訳を採用したり、新たに注釈を付した場合など、その作業にかかった費用は出版業者が出していることが多かった。それゆえに出版業者アンリ・エチエンヌは、父ロベールの代からのこうした出費に対し、自分の特許を主張したのである。これに対して市当局はカルヴァンの意見に従って彼に三年間の特許を認め、この期間中は他の業者がこの聖書を印刷できないものとした。これを不服とするクレスパンをはじめとする三七名の印刷業者は、ジュネーヴの牧師が校訂した新約聖書は印刷業者の共同体に帰属するはずだ、と抗議した。結局、ジュネーヴに設置されたばかりの「印刷業監督委員会」が、この特許を一年間に短縮するという裁定を出した。これにはさらに歩み寄りのための条件がついており、この一年という期限内にエチエンヌの聖書印刷の許可を望む出版業者には、エチエンヌの算定で一〇七エキュかかったという経費を分担すれば出版することも可能となっていた。結果としてエチエンヌ自身が払う経費は、七エキュにまで減ることになった[3]。この例にみるように、出版業に関して参事会にもちこまれる係争は、出版業者同士が特許をめぐって争うケースが多かった。ジョストックによれば、「出版業取締りは市参事会の意志というよりは、商業活動における係争か、教会指導部の要請によるものだった[4]」が、確かに、出版特許の申請やその期間延長の請願、他者がこれを侵害したとする提訴などが多数を占めたのである。出版業者にとって、教会の書籍もまず商品であった。

これに対して改革派教会は、書籍の記述内容はもちろんのこと、商品としての書籍の品質にも神経をとがらせた。印刷業者が出版物に「工夫」をこらして特許を得ようとし、その「新しい」注釈が改革派教会の叱責の対象となったりもした。カルヴァンはこうした態度を「印刷業者の貪欲」と非難している。だがもっとも頻繁に問題視されていたのは誤植である。「聖書のみ」の立場をとる改革派教会にとって、これはいかにも都合の悪いことだった。商品としての書籍の品質保持のためには、参事会も「都市の名誉」のためとして規定を出しつづけており、使用する紙の品質にも注意するよう、繰り返し布告が出されている。出版物の品質と内容の監督を目的として、先述の印刷業監督委員会が一五六〇年につくられたのは、こうした事態に対処するためだったのである。初代の委員は、牧師テオドール・ド・ベーズ、長老会の執事ジャン・ビュデ、参事会員フランソワ・シュヴァリエである。一見すると、聖職者一名（ド・ベーズ）と俗人二名のようだが、ジャン・ビュデは、高名な法学者で人文主義者だったギョーム・ビュデの息子であって、カルヴァンはパリ時代からビュデ家とは親しく交流し、ジャンは「最も親しい友の一人」であった。他方のシュヴァリエも忠実なカルヴァンのシンパだったから、この初代の委員会のメンバーは、改革派教会の意図を汲んで活動していたと思われる。委員会が一五六〇年という時期に活動を始めたのは、おそらく次にみてゆく『ジュネーヴ詩篇歌』の出版も視野にあってのことであろう。次節では、ジュネーヴ出版業界の特質を浮き彫りにするこのベストセラー出版の経緯を追っていきたい。

第2節　『詩篇歌』出版にみる三者

人文主義的な企て

『詩篇歌』とは旧約聖書の詩篇を歌うための讃美歌集である。詩篇歌はカトリック教会ではラテン語で歌われてきたが、福音主義を奉ずる人々は、聖書の場合と同じように、一般の人々がわかる言語で詩篇歌を自分で歌うことが必要なのだと感じていた。スイスのバーゼルでは一五二七年にドイツ語による詩篇斉唱を禁じる布告が出されており、ネーデルラントのアントウェルペンでは一五四〇年にオランダ語詩篇歌が一〇回も印刷されたことからも、各地に母語で詩篇を歌おうという要求があったことがわかる。プロテスタント改革後のシュトラースブルクでは、教会に集まった人々がドイツ語で詩篇を斉唱し、多くの福音主義者に感銘を与えていた。こうした状況のなか、ジュネーヴを追放されてまさにシュトラースブルクのフランス人教会にいたカルヴァンが、フランス語詩篇歌の作成を急いだことは自然な流れであった。一五三九年にこの地で出版される仏訳詩篇歌は、のちに「ユグノー詩篇歌」とも呼ばれ、ヨーロッパ中の改革派教会の共通財産となる『ジュネーヴ詩篇歌』の原点となった。この時のフランス語訳はカルヴァン自身と、フランス王室詩人のクレマン・マロの手によるものだった。

カルヴァンそしてマロの一般的なイメージといえば、前者は謹厳な宗教家、後者が一世を風靡した王室詩人というものだと思われるが、この両者の共同作業はどのようにして実現したのだろうか。カルヴァンもマロも、福音主義への傾倒が原因でパリを追われた時、福音主義者の庇護者であったフランス王女ルネ・ド・フランスの嫁ぎ先のフェラーラに赴いている。おそらくは両者はここで対面し、仏訳詩篇をつくることについて意見を交わしたのだと思われる[5]。当初は福音主義に理解を示していたフランス王室にいたマロは、追放が解けるといったんパリに戻って、その後もひき続き詩篇歌の仏訳を進めていった。マロの詩才をカルヴァンは必要とし、自分がシュトラースブルクから呼び戻されるとジュネーヴに彼を招いたのである。そして詩篇歌のメロディーもかつてのドイツ語詩篇歌の影響の強いものから、フランス語により調和するようにとルイ・ブルジョワやギョーム・フランの音楽に替え、これを段階的に出版していった。マロが一五四三年にジュネーヴを去ってからは、テオドール・ド・ベーズが後を引き継いで、詩篇一五〇歌すべてが揃ったのは一五六〇年である。じつに四半世紀かけて『ジュネーヴ詩篇歌』は完成したのである。

ここで本章でいう「人文主義」について確認しておきたい。人文主義とは、古典古代の文献を自分で読むために、文献学に通じ言語能力を磨く態度を指したものとしてよいだろう[6]。自分で原典にあたる努力をすることともいえる。この技能が、ギリシャ・ローマをはじめとする古典世界の探究に向けられる場合もあれば、聖書研究に向けられることもある。前者への傾倒はいわゆるルネサンス的異教世界に親しむことに通じ、後者であればキリスト教人文主義と評される。『ジュネーヴ詩篇歌』の作成を通じてうかがえるのは、マロ、カルヴァン、ド・ベーズのもつこの人文主義的な側面である。カルヴァンもド・ベーズも、法学生だった若い日には人文学に強く惹きつけられており、学問における人文主義的な手法を習得した。[7] カルヴァンの最初の著作は『セネカ注解』であり、ド・ベーズは当世風の「プレイアード的」とも評される詩体を追求する詩人でもあった。[8] フランス・ルネサンスの空気を吸いつつ、福音主義者としての立場を強めていった三者は、原典を重視した。カルヴァンは、一貫して詩篇の注解を続けており、[9] ド・ベーズは新約聖書の注解を生涯の仕事とした。[10] 神学的な素養をもたないマロも、フランス語訳の作業に際して徐々に、より専門的なヘブライ語訳からの詩篇注釈書を参照するようになったという。[11] 『ジュネーヴ詩篇歌』は、彼ら福音主義者が人文主義の成果を注ぎこむべき対象だった。

詩篇歌をめぐる三者

このようにたゆみない努力を傾けて完成された『ジュネーヴ詩篇歌』は、どのようにして十六世紀の「ベストセラー」になったのだろうか。まず、かたちの点からいえば、歌詞と楽譜が併記されているにもかかわらず、携帯可能なポケット版という扱いのよさがあげられる。だが何よりも『ジュネーヴ詩篇歌』がヨーロッパ中に広がった理由は、制作と販売活動が非常に組織的におこなわれたことに求められる。一五六一年フランス王権は、国内のカトリックと改革派の対立をおさめるべく、ポワシーに神学会談を開いたが、ここに改革派の代表として出席したド・ベーズは、王権から『ジュネーヴ詩篇歌』の出版特許を得ることに成功した。パリ大学神学部の認可を経て、リヨンの大書籍商アントワーヌ・ヴァンサンに対して、フランスで『ジュネーヴ詩篇歌』の「同一の版をつくらせる」ことが認められたのである。この権利にもとづいて、ヴァンサンは堂々とフランス各地の印刷業者に仕事を委託できることになったわけだが、この作業は実際にはジュネーヴ改革派教会と二人三脚で担うものであった。ヴァンサンはリヨンの富裕な商人であり、リヨン市参事会員も務めていたのだが、この『ジュネーヴ詩篇歌』出版の少し前から目立たないようにジュネーヴに拠点を移していたのである。[12]

ヴァンサンはジュネーヴでは自ら資材を調達し、この都市の印刷業者に仕事を委託したのだが、まさに彼のこの特許をめぐって騒動がもちあがった。ヴァンサンの委託を受けていないジュネーヴの印刷業者であるノルマンディーのグループも、ジュネーヴの教会人から『ジュネーヴ詩篇歌』の原本を提供されて同じものを印刷していたからである。『ジュネーヴ詩篇歌』の利益の一部は、フランスからの信仰亡命者に対する救貧対策として使用するための「共同体」の預かりとなるはずだった。だがこれに属していないノルマンディーらも詩篇歌の販売権を要求し、参事会に裁定が仰がれた結果、彼らにも販売許可がおりることとなった。これはおそらくノルマンディーがヴァンサンと同様に、ジュネーヴ出版業のパトロン的存在だったことに留まらない。彼は行商の販売に強い書籍商であり、カトリック圏で物議をかもす可能性のある書物の販売には行商が最適な手段だという事情から、かねてから教会に重宝されていた。他方でたとえば前述の、ジュネーヴ以前にはパリで活躍していたエチエンヌのように、学術書を得意とする学匠出版者は、各地の出版業界にツテをもっていた。彼はフランクフルトの書籍市（ブックフェア）には常連であって、「フランクフルトの市を讃える」詩を同市の参事会に献呈している[13]。けれどもこうした書籍市や書籍商の「公式」の販売ルートに並行して、あまり公に販売できない改革派の書物が行商によって内々に取引されたことは確かである。この『ジュネーヴ詩篇歌』の場合も、フランクフルトにいる販売人に宛てて、アントウェルペンの書籍業者からの、『ジュネーヴ詩篇歌』の買い注文が残っている。ヴァンサンやエチエンヌ、ノルマンディーら出版業者のもつこのような販売ルートは、ジュネーヴ出版業界にとってのインフラであった。

さて、彼ら出版業者の作った書籍は、都市ジュネーヴの有力産業たる書籍業の商品でもあった。先述のとおり、ジュネーヴ都市当局や改革派教会は、印刷業者に対して誤植や紙の品質への配慮を強く要求した。一五六二年、参事会はこの『ジュネーヴ詩篇歌』のケースも含めて、「ひどい状態の活字を使った」「余白の設定不良」「紙の品質が悪い」などの理由で六名の印刷業者を罰金刑に処している[14]。実際、販売先のフランスの書籍業者から、ジュネーヴのトマ・

クルト工房で印刷されたものが「誤植」(正確には落丁)で商品にならないと苦情が寄せられている。市当局はこれを部分的に印刷しなおすよう指示しているが、これは販売停止が命じられた他のケースに比して、印刷業者たるクルトに対して穏当な処置である。印刷業者にとって最も高くつくのは紙の費用だった。ジュネーヴ参事会員のなかには、出版業に出資して資材(とくに紙)を印刷業者に融通し、万が一彼らが紙代を支払えない場合には、抵当として書籍現物を納入させる場合もあった。このような参事会員にとっても、自分が出資した商品が販売できないことは大きな損害である。出版業者に対して参事会の対応が「寛容」である場合、両者が利害を共有していることを想定しうる。ともあれ『ジュネーヴ詩篇歌』の出版活動においては、出版業に関わる①教会、②出版業者、③都市当局の三者の利害は完全に一致した。ジュネーヴ詩篇歌の普及には、改革派のイニシアティヴ以外のこうした経済的な要因も働いていたのである。

改革派ネットワーク

フランス王権から得た特許により、フランス各地で『ジュネーヴ詩篇歌』に出版の道がひらかれたが、これは王権による一五五〇年代の改革派弾圧や、フランスへのジュネーヴ出版の書籍の流入を厳禁するシャトーブリアン王令を想起するにつけ画期的な展開だった。一五五九年にはパリで全国会議が開かれるまでに成長した改革派教会は、一五六一年にはパリの教会の執事(救貧局)がド・ベーズとの仲介人となって、『ジュネーヴ詩篇歌』の出版契約をパリの一九名の印刷業者と結んでいる。ヴァンサンの拠点でもあるリヨンでも、業者に委託して多数の工房で『ジュネーヴ詩篇歌』が「ヴァンサンのために」と明記されて印刷された。パリの場合と同様に、売り上げの一部はリヨンの救貧局で使われるという条件であったが、各地の救貧局には納金が滞った。フランスではこの直後に宗教戦争が勃発し、期待されるほど印刷活動が進められたわけではなかったことも原因にあるだろう。断片的な史料から、アラスやカーンなどリヨンやパリ以外の都市でも『ジュネーヴ詩篇歌』の委託印刷がおこなわれたようである。少なくとも、ネーデルラントの最大手であるアントウェルペンのプランタン工房には、この企画が持ち込まれている。すでにヴァンサンと接触があったフランス出身のプランタンだが、ハプスブルク家支配下のネーデルラントは当然カトリックを奉じており、彼自身も自分はカトリックであると明言している。プランタンは所定の手続きをふんで、教会と枢密院による検閲を経てこのジュネーヴの詩篇歌をむろんジュネーヴ改革派教会によるものとは明示せずに印刷したのだが、ブリュッセル政庁の執政マルハレータに出版の差し止めを命じられた。執政はさらにルーヴァン大学神学部にプランタンの出版した詩篇歌の精査を求めたが、大学側の返答はその詩篇歌に「異端的なものは認められない」というものだった[15]。だがたとえカトリックの権威によっても正統的な内容であれ、ここでの執政政府の懸念は、ネーデルラントにおいて「改革派が」詩篇歌を母語で歌っているという行為自体にあった。

『ジュネーヴ詩篇歌』はフランス語以外の言語でも印刷され、オランダ語、ドイツ語、英語、イタリア語などの各言語版がつくられていった。言語が異なってもメロディーが同じであれば、人々にはそれとわかったことだろう。十六世紀半ばの改革派は、カトリックの大海にうかぶ小島のごとく各地に拠点をつくる過程にあって、多くの場合は弾圧の対象であった。このような改革派教会にとって、『ジュネーヴ詩篇歌』を歌うことは言語を問わず共通の旗印として機能したのである。だがプランタンの例にみるように、『ジュネーヴ詩篇歌』を「商品化」するヨーロッパ各地の出版業者にとっては、これが人文主義的な成果としての側面ももち、宗派的プロパガンダの性格のみを強調するものではなかったことは、出版の動機になったことだろう。

第3節　ド・ベーズのエンブレム・ブック

エンブレム・ブックとは

前節では、ジュネーヴ出版業界が総動員された観のある、詩篇歌という讃美歌集の出版をとりあげた。本節では、エンブレムという図像を中心とする表現様式とジュネーヴ改革派教会について考えてみたい。フランス人ド・ベーズはヴェズレー知事の子弟として生まれ、パリ市参事会員の叔父のもとパリで人文主義教育を受けて育った。法学を修めて弁護士となったが、文学にも情熱をかたむけ詩作に取り組んだ。一五四八年パリのバディウス工房から出版された詩集 *Poemata* はその成果であり、前述のジュネーヴに亡命するロベール・エチエンヌもこの時一部を出資している。[16] ちなみに一五四六年のド・ベーズの婚約式には、弁護士として同業のローラン・ノルマンディとジャン・クレスパンという将来のジュネーヴ出版界の立役者が立ち会っている。彼らはパリ時代から、福音主義と出版業の協働の可能性をともに見定めていたのだろうか。福音主義に同調していた叔父の影響のもと、ド・ベーズは「回心」を経てジュネーヴへ移住（一五四九年）してからは、「カルヴァン派的に簡明な」文体に変わり、そのことは一五五〇年発表の悲劇『イサクの犠牲』（劇の台本）にも表れているという。[17]『ジュネーヴ詩篇歌』を完成に導いたド・ベーズは、詩歌や演劇などさまざまな表現形式を試みたが、本節でみていくのは「エンブレム・ブック」の出版である。

エンブレムはルネサンス期に流行した表現様式である。抽象的な命題を簡潔な文言と図像の組み合わせで表すもので、一般的にはモットー（表題）、図像（狭義のエンブレム）、エピグラム（短詩）で構成される。一五三一年にイタリア人アルチャーティの『エンブレム集』がアウクスブルクで出版されると、これをきっかけにエンブレム・ブックが大流行した。アルチャーティは、フランスのギョーム・ビュデ、ドイツのウルリヒ・ツァジウスとともに偉大な法学者の「三人衆」と並び称される法学者・人文主義者であった[18]。自分に無断で出版された『エンブレム集』の内容に不満だったアルチャーティは、一五三四年にパリのヴェシェル工房から改訂版を出版する。その後、ラテン語版と並行してフランス語版も版を重ね、イタリア語やスペイン語にも翻訳されて彼の没後も出版されつづけ、総数は一七〇版にも上るというベストセラーとなった。図2-3-1にみるように、エンブレムはギリシャ・ローマ神話など古典的題材をもつことも多く、読者層として人文学的素養をもつ教養層をおもな対象とするといえる。

左のエンブレムは、ユピテルが捨てたアテ（画面右の有翼の生き物）が敏捷に動きまわって人間に害悪を加え、ユピテルの娘のリタイがこの害悪を償い歩くが、老身のためにその回復には時間がかかる、という内容のエピグラムを伴っている[19]。ド・ベーズは、このエンブレムの様式をプロテスタント神学の表現に使うことにした。こうして一五八〇年にジュネーヴで出版されたのが『イコン集』（*Icones*）に収録されたエンブレム・ブックである。

図2-3-1　アンドレア・アルチャーティ
Emblematum Libellus, p.97

出所：Alciati, Andrea, *Emblematum Libellus,* Paris, 1534.
グラスゴー大学図書館
（Glasgow University Emblem Website）
http://www.emblems.arts.gla.ac.uk/alciato/facsimile.php?id=sm53-g1r

プロテスタントのエンブレム・ブック

だが一般に、改革派教会と図像の関係は非親和的な組み合わせである。改革派は、ヨーロッパ各地で聖画像破壊（イコノクラスム）を引き起こしたことにみるとおり、像や絵などの図像を信仰の場にもちこむことを厳しく排斥する立場をとっていたからである。他方で、宗教改革における印刷物と図像との関係でいえば、ドイツでの宗教改革思想の民衆への普及には、絵入りのビラが効果的に働いたことが指摘されてきた。[20] 文字を読む習慣のない民衆にとって、改革思想をわかりやすく表した図像は、カトリック教会の権威を痛罵する（ときにユーモラスな）絵の面白さも手伝って、読み解きをする者がいればさらに効果的に、ルターの思想を広めるのに役立った。だが改革派教会はこのような手段には訴えなかったのであり、ド・ベーズ自身、『イコン集』が図像を伴うことで非難されるのではという懸念を序章で述べていて、[21] 実際にカトリック側（イエズス会士）から非難されている。[22]

『イコン集』の構成は、主体となる前半部がヨーロッパ・プロテスタント教会史列伝になっており、エンブレム・ブックは併せてとじられた後半部分にあたる。前半の列伝部分はラテン語版で二七二頁にもおよぶ大部のもので、該当する改革者の肖像画が載せられている。ボヘミアのヤン・フスにはじまり、フィレンツェのサヴォナローラ、ロッテルダムのエラスムスと続き、ルター派やカルヴァン派をはじめ各地の多数のプロテスタント神学者、さらに福音主義に理解を示す王侯や印刷業者におよんでいる。印刷業者のひとりとしてジュネーヴのロベール・エチエンヌをあげ、彼の福音主義信仰と学識を讃えている。この列伝に肖像画が必要な理由についてド・ベーズは、「生き生きとした声が聞き手に強く働きかけるには、その人を目前にするのでない限り、その人の有様［を眼前にすること］が我々をもっとも感動させる」からだという。今は亡き偉大な改革者たちの言葉を想起するには、これらの肖像画が有効なのだというわけである。『イコン集』出版の背景には、ド・ベーズの置かれたこの時期の困難な状況があった。十六世紀後半の四半世紀、改革派教会をとりまく国際環境は厳しさを増すなかで、改革派の第一世代は次々と世を去っていった。自身の体調不良も加わって、ド・ベーズは改革派教会の未来に悲観的だった。次世代の教会にむけた指針として、歴史書を著すことにした彼は、フランス改革派の歴史（*Histoire ecclésiastique*）とヨーロッパ・プロテスタント史たる『イコン集』の二冊を一五八〇年に出版したのである。翌年には『イコン集』のフランス語版も出している。

だが彼がここにエンブレム・ブックを合本にした意図はあまり明らかではない。『イコン集』はスコットランド王ジェームズ六世に献呈されており、序文でド・ベーズは「さらに私は四四点のエンブレムを加えました。それらは神に対する真摯な心情を含んでいるので、教養ある読者の方々にとって不快なものではないと確信しております[23]」と述べる。だが同時に、宗教改革における図像使用の役割という点からみればドイツにおけるビラの図像の使い方とは異なり、『イコン集』のエンブレムはかなり抽象的であって、改革派教会のメッセージを絵によって「わかりやすく」説明するという姿勢は見いだせない。

図２‐３‐２の「エンブレムⅠ」に見るとおり、ド・ベーズのエンブレムには、一般的なエンブレムにはみられる「モットー」（表題）はなく、このようにシンプルな図像の意味するところを読み解くには、ラテン語で書かれたエピグラムを読むしかない。そのエピグラムの部分も、このエンブレムのように、聖書あるいはプロテスタント神学の暗喩的な性格が強い。ド・ベーズには、聖書あるいは改革派教会の主張をあえて抽象的に表現することで、プロテスタント他宗派の主張と重なりうる部分を示す意図があったのではないだろうか。彼の四四点のエンブレムは、大きく三つの主題に分けられる。①聖書理解に資するもの、②倫理規範を示すもの、③ローマ・カトリック攻撃である。

図２‐３‐３「エンブレムXXIIII」のような、ローマ教会への痛烈な批判（「ローマの娼婦」）は、プロテスタ

図2-3-2　エンブレムⅠ(『イコン集』p.275)
訳　円の始点をさがす者は誰でも
終点となるところに始点を見つけるだろう。
君が真にキリストを愛によって畏れる者ならば
時は君が人生を終えるときに始まるだろう。

図2-3-3　エンブレムXXIIII(『イコン集』p.297)
訳　かつては平穏で動じなかった海面を
あたかもひとつの不断にかき回す風の力が動かすように、
世界をローマの娼婦が（動揺させる）。
これを取り除け、王たちよ、世界がすぐに平和になるように（信じて）。

出所：デューク大学図書館のオープンライブラリー［https://archive.org/details/iconesidestverae01bzet］

ント諸教会の最大公約数的な感情を包みうる。
一五八〇年頃のド・ベーズは、ルター派との協調を模索していたが、その進展ははかばかしくなかった。プロテスタント神学者同士のあいだで鋭い論争が重ねられるにつれ、差異が強く意識され共同歩調をとることが困難になっていた。ド・ベーズの意図は、ひろく福音主義陣営に属する人々に、差異よりは共通点のあることを示すことだとも思えるのである。また『エンブレム集』の著者アルチャーティと同様に、法学や人文学の世界に通じていたド・ベーズは、教養層のあいだで流行のエンブレムを合わせて綴じることで、今までのジュネーヴ出版物の読者層すなわち改革派に共感する人々という範囲を越えて、さらに広い層の読者も引きつけたかったのかもしれない。西に宗教戦争に引き裂かれたフランスと国境を接し、東に改革派を除外するかたちで再形成されつつあるルター派を眼前にして、ジュネーヴをとりまく厳しい状況にあるド・ベーズは、改革派教会の生き残りをかけて声を上げ続けなければならなかった。プロテスタント神学の主張をエンブレム・ブックという人文主義者の好む表現に包みつつ、彼は点在する各地の知識人にプロテスタントの協調を呼びかける必要があった。

おわりに

十六世紀のジュネーヴを「人文主義の舞台」としてみたとき、『ジュネーヴ詩篇歌』は、ジュネーヴ出版業の躍進の時代に典型的な、改革派文書をヨーロッパに送るポンプ機能によって送り出された書籍である。一五六〇年代までのジュネーヴでは、改革派教会による多くの需要があり、聖書や教理問答書、祈祷書や詩篇歌、そしてカルヴァンをはじめとする神学者の書籍が切れ目なく出版・販売されていった。だがそれは本章でみたように、改革派教会のみのイニシアティヴによって行なわれたのではなく、都市の商業活動としての側面も持ち合わせていた。だが改革派の文書が一定の需要を満たすと、この分野の成長の足は鈍くなった。改革派とともに成長してきたジュネーヴの出版業は、都市の「唯一の輸出産業」として、いまやヨーロッパ市場を視野に入れた出版活動を展開する必要に迫られた。

一五七〇年代に入るとジュネーヴでは、法学書や医学・農学書といった実用書や、古典文学をはじめとする文芸書などひろい意味での人文書の出版の割合が増大する。それと同時に、フランス語の書籍よりラテン語の書籍の比重が上がった[24]。これはかつて、より広範な層にむけたフランス語による信仰に関する書籍がジュネーヴの出版物の重要な特徴だったことを考えると、読者層が教養層、さらにいえばフランス語よりラテン語を理解するヨーロッパの広い範囲の教養層を意識し始めていたことを意味しよう。この時代に出版されたド・ベーズの『イコン集』の例にうかがえるのは、マイノリティとしての改革派教会が、ヨーロッパに開かれた対話の機会を求めていたことである。出版業の発展期にヨーロッパに伝達経路を開いたジュネーヴは、その時代に培ったインターナショナル性をその後も利用してゆくことになる。

◆註

（1）モンター、E・W（中村賢二郎・砂原教男訳）『カルヴァン時代のジュネーヴ――宗教改革と都市国家』ヨルダン社、一九七八年。

（2）同書、二二五頁。

（3）Jostock, Ingeborg, *La censure négociée: le contrôle du livre à Genève, 1560-1625*, Genève, 2007.

（4）*Ibid.*, p. 39.

（5）本間美奈「十六世紀低地地方における仏訳詩篇歌出版と改革派教会」『駿台史学』第一四〇号、二〇一〇年、八五～八七頁。

（6）コットレ、ベルナール（出村彰訳）『カルヴァン　歴史を生きた改革者――一五〇九～一五六四』新教出版社、二〇〇八年。

（7）久米あつみ『カルヴァンとユマニスム』御茶の水書房、一九九七年。ハービンソン、E・H（根占献一監訳）「第五章　カルヴァン」『キリスト教的学識者――宗教改革時代を中心に』知泉書館、二〇一五年。

（8）Adams, Alison, *Webs of allusion: French Protestant emblem books of the sixteenth century*, Genève, 2003.

（9）出村彰訳『カルヴァン旧約聖書註解詩篇』一～四、新教出版社、一九七〇～一九七四年。

（10）Manetsch, Scott M., *Theodore Beza and the Quest for Peace in France, 1572-1598*, Leiden, 2000.

（11）Reuben, Catherine, La traduction des Psaumes de David par Clément Marot. Aspect poétiques et théologiques, Paris, 2000.

（12）本間美奈「『詩篇歌』出版をめぐる十六世紀出版業者のネットワーク――リヨン・ジュネーヴ・アントウェルペン」『文学研究論集』第三〇号、二〇〇九年。

（13）トンプソン、J・W（箕輪成男訳）『出版産業の起源と発達』（出版同人、一九七四年）に邦訳。

（14）Jostock, *op. cit.*, p. 63.

（15）本間美奈「宗教改革期アントウェルペンの印刷業をめぐる一考察――プランタン印刷工房を事例に」『文学研究論集』第二〇号、二〇〇四年。

（16）Gilmont, Jean-François, Théodore de Bèze et ses imprimeurs, dans: *Théodore de Bèze* (Actes du Colloque de Genève, septembre 2005) , Genève, 2007.

（17）Adams, *op. cit.*.

（18）アルチャーティ、アンドレア（伊藤博明訳）『エンブレム集』ありな書房、二〇〇〇年。

（19）同書、一〇一頁。

（20）森田安一『ルターの首引き猫――木版画で読む宗教改革』山川出版社、一九九三年。

（21）De Bèze, Théodore, *Icones, id est verae imagines virorum doctrina simul et pietate illustrium, quorum praecipuè ministerio partim bonarum literarum studia sunt restituta, partim vera religio in variis orbis Christiani regionibus, nostra patrúmque memoria fuit instaurata: additis eorundem vitae & operae descriptionibus, quibus adiectae sunt nonnullae picturae quas emblemata vocant*, Genève (Jean de Laon), 1580, p. 6.

（22）Manetsch, *op. cit.*, p. 140. なお改革派によるエンブレム・ブックの出版としては、ジョルジェット・ド・モントネーが一五七一年にリヨンで出版した『キリスト教的エンブレム集、あるいはドゥヴィーズ集』が先んじている。

（23）*Icones*, p. 9.

（24）Gilmont, Jean-François, *Le livre réformé au XVI*[e] *siècle*, Paris, 2005.

第4章

社会主義運動の舞台としてのジュネーヴ

渡辺孝次

はじめに――一八四八年革命以前

ジュネーヴは、一八三〇年代からずっと革命運動の国際的な中心地であった。この町は昔から交通の要衝であり、国際的な商業都市として発達し、一八一五年まで一種の都市国家であった。そのため、スイスの他の地方以上に自治意識が強く、政治的自由が守られ、数多くの亡命者を受け入れた。一八四八年革命前夜の、ドイツ史研究者が「三月前期」と呼ぶ時期には、ドイツの仕立て職人であるW・ヴァイトリング率いる義人同盟と、W・マールの率いる「若きドイツ」がジュネーヴを拠点に勢力圏争いを展開した(1)。義人同盟は明白に社会主義を標榜する団体で、その後継組織である共産主義者同盟にはマルクスらも所属し、その綱領的文書として一八四八年に『共産党宣言』が出版されたことは有名である。

第1節　第一インターナショナル創立期

創　立

その後一八六四年九月にロンドンで国際労働者協会（別名「第一インターナショナル」、以下こちらの呼び名を「第一インター」と略して用いる）が創立された。労働者が結成した史上初の国際組織であった。間髪入れずジュネーヴでも、地元のフランス語系労働者たちが支部を結成したが、同時期に、ドイツにおけるベテラン革命家と呼ぶべきJ・Ph・ベッカー（1809-1886）も「ドイツ語支部グループ」をこの町で結成した。この組織は、スイスはもとより、国を超えて第一インターのドイツ語諸支部を束ねる本部とみなされていたが(2)、フランス語圏の町ジュネーヴにドイツ語諸支部の本部が置かれた事実に、当時のジュネーヴの性格がよく表されている。

年次大会開催

一八六六年九月には、第一インターの最初の年次大会がジュネーヴで開かれた。このことも、ジュネーヴが社会主義運動の国際的中心地とみなされていたことの証である。この年次大会は、労働者が開いた史上初の国際会議であったが、この時点では、イギリス、フランス、ドイツから赴いた代表も、受け入れ国スイスの代表もまだ和気藹々とふるまい、分裂を予感させる要素はなかった。ところで、ジュネーヴ大会を論じた日本語の論文はほとんどない(3)。補完する意味で、大会で討議されたことをここで整理しておきたい。

ジュネーヴ大会は、一八六六年九月三日（月）～八日（土）にジュネーヴで開催された(4)。出席者は次の四六名の支部会員と、加盟団体からの代表一四名、計六〇名であった。

イギリスから赴いた代表――六名

（内訳：総評議会の前身「中央委員会」から五名、在ロンドン・フランス人支部から一名[5]）
フランス支部代表――一七名
（内訳：パリ支部から一一名、リヨン及びその近郊の支部から五名、ルーアン支部から一名）
スイスの支部代表――二〇名
（内訳：ジュネーヴの支部から四名、ローザンヌの支部から二名、モントルー支部から一名。ラ・ショー・ド・フォンの支部から六名、ヌーシャテル、ル・ロクル、サン・ティミエ、ソンヴィリエ、ビエンヌの支部から各一名。チューリヒ支部とバーゼル支部から各一名）
ドイツ支部代表――三名
（内訳：シュトゥットガルト、マグデブルク、ケルンの支部から各一名）
加盟団体からの代表――一四名
（内訳：ロンドン仕立工団体から一名、ジュネーヴの同職団体から計八名［彫金工団体三名、時計枠組立工団体二名、オルゴール製造工団体一名、大工団体一名、指物工団体一名］、ジュネーヴの団体'Famille'からと'Union'から各一名、計二名、ジュネーヴ、ローザンヌ、ヴヴェーのドイツ人労働者教育協会から各一名、計三名）

総評議会の前身である「中央評議会」（右のリストでは「中央委員会」と呼ばれている）が出した議案は、次の一一項目であった[6]。必ずしもこの順番ではなく、それぞれ括弧の中に記した日時に審議された。整理のために、日時のすぐ前に審議された順番を記した。

一、協会の組織（①九月六日九時〜、一四時〜）
二、資本に対する労働の闘争を助ける国際的努力を協会が連繫させること（②六日一四時〜）

三、労働時間の短縮（⑦七日九時～、一四時～）
四、男女の若年者と児童の労働について（⑧七日一四時～）
五、協同労働について（④七日九時～）
六、労働組合（トレイド・ユニオン）、その過去・現在・未来（③六日一四時～）
七、直接税、間接税（⑤七日九時～）
八、国際的信用貸し（⑥七日九時～）
九、自国について自分自身で決める権利の保証、ならびにポーランドを民主的・社会的土台の上に再建するために、ヨーロッパに対するロシアの影響力を減らすことの必要性について（⑪八日九時～）
十、常備軍、その生産との関係（⑨八日九時～）
十一、宗教的観念：社会的、政治的、知的な運動に対するそれの影響力（⑩八日九時～）

討議は、まず中央評議会が原案を報告つきで示し、それについて議論するという形式で進行した。すべての議題について紹介する余裕はないので、数を限って説明したい。

議題二　資本に対する労働の闘争を助ける国際的努力を協会が連繋させること（六日一四時～）

この議題で中央評議会が訴えたことは主として次の二点であった。第一は、資本家たちがストライキを挫くために外国から労働者（いわゆるスト破り）を呼び寄せることに対し、協会として対抗措置を講ずる必要があること。第二は、各国の労働および労働者の待遇に関する統計を中央評議会が作成することの重要性であった。(7)

交わされた議論では、第二の任務の重要性が強調された。多くの発言者が、これこそが、資本との闘いに勝つために絶対に必要だと主張した。(8)このことから、協会創立時にはこれが、本部である中央評議会の本来の仕事だと認識されていたことがわかる。しかし、後ほど見るように、この任務は最後まで果たされることがなかった。そしてそのことを、「本来の任務を怠ってイデオロギー闘争に走った」と、ジュネーヴのペレらによって批判されることになった[9]。

議題三　労働時間の短縮（七日九時〜、一四時〜）

この大会で中央評議会は、あるべき労働時間として一日八時間という目安をはじめて掲げた。この時間数は今日でこそ実現されているが、今から一五〇年も前には革命的と捉えられたに違いない。事実、職種にもよるが、当時の平均的労働時間は一二時間前後であった。

議題四　男女の若年者と児童の労働について（七日一四時〜）

中央評議会の報告が問題にしたのは、もっぱら児童労働・若年労働の禁止あるいは制限であった[10]。ところが審議の過程でパリ代表のプルードン支持者たちが、風紀の乱れた職場が多いことを理由に女性の労働を非難し、女性の本来いるべき場所は家庭であると主張した。プルードンの思想に見られる家父長的傾向が如実に表れたといえよう。しかし、大会はこの主張を受け入れず、女性労働一般に反対しても意味がなく、女性に対する資本の搾取にこそ反対すべきであるとして、評議会の報告が賛成多数で可決された[11]。

議題五　協同労働について（七日九時〜）

ジュネーヴ大会が開かれた一八六〇年代中頃には、社会主義運動においても、まだ改良主義的な協同組合主義が広く支持されていた。階級対立の考え方はある程度理解されていても、革命によって賃労働に基づく社会を覆すという観念はそれほど広まっていなかった。改良主義から脱することは、第一インターの実現した極めて大きな功績であったと言いうる。議題について中央評議会は次のような趣旨の報告を行った。

協同組合主義が、階級対立に根ざす現在の社会を変える力であるのは認める。それは、労働が資本に従属する現在の体制が専制的であり、またこの体制が大衆貧困の元であること示す。さらにそれは、自由で平等な生産者の組織を作ることが可能なことも示している。しかし協同組合主義は、狭い活動範囲に縛られている限り資本主義社会を変えることはできない。社会的生産体制を大規模で調和的な共同労働体制に転換するためには、社会一般の変革が欠かせない。そのためには、社会の組織された力を使わなければならない。つまり、資本家と地主の手に握られている政府の権力は、労働者階級によって握られなければならない。(12)

また中央評議会案は、消費協同組合より生産協同組合を勧めた。前者は現在の経済体制の表面に触れるだけだが、後者はそれの土台を揺るがすから、という理由からであった。(13)

この原案には何の反論も出ず、満場一致で可決された。(14) こうして、協同組合主義の時代は終わった。

議題十一　宗教的観念：社会的、政治的、知的な運動に対するそれの影響力（八日九時～）

この議題は、社会主義運動をキリスト教的理想から切り離し、また公教育に対する教会の影響力を殺ぐことを意図したものであった。中央評議会は、この議題に自ら原案を示すことはせず、この議題を採り上げることを求めたパリのグループに任せた。(15)

そのパリ代表は次の案を読み上げた。「大会は、身体的・知的な自由を擁護し、他方で宗教的観念は自由意志や人間の尊厳を否定する傾向があると認める。しかしながら、あらゆる宗教的観念は理性の問いを超えたところにあることから、大会はそうした観念の影響力に異を唱えるものの、それを超えては何もしないことを宣言する。(16)」

この問題に関して興味を引くのは、ラ・ショー・ド・フォンの代表として出席した、ジュラ地方における社会主義運動の先駆者ピエール・クルリー（1818-1903）がどうふるまったかである。というのは、ジュラ地方における運動の新しい指導者として頭角を現しつつあったジェイムズ・ギヨーム（1844-1916）は、クルリーが社会主義を広めるためにキリスト教の理想を援用することが多かったとし、クルリーは「人道的新キリスト教主義」に立っていたとしているからである[17]。

しかしこの年次大会におけるクルリーの発言は、「宗教が道徳の基礎を成していることがあるが、道徳は理性と科学の中に求めるべきである。したがって、宗教教育は学校から完全に閉め出されねばならない[18]」であった。何人かの発言を受けて、パリ代表のトランは締めくくりとして、科学教育が宗教的な偏見をなくし、人類をふさわしい高みに導くだろう。したがって、大会は何の宣言もしないでおくのがよい、と述べた。大会は全会一致で、あらゆる種類の偏見をなくす必要があることを確認した[19]。

規約の採択

ジュネーヴ大会ではさらに、これらの議題について審議するに先立って五日の午後に、マルクスが一八六四年に英語で書いた暫定規約について審議され、それが正式に採択された。ところがこれに関しては、「政治運動が経済的解放という目的に『手段として』従属すべき」とうたった暫定規約前文第三段落に関して翻訳上の問題が生じ、それが後々まで問題を残した。前述のギヨームは、ジュネーヴ大会の時点でフランス語を話すメンバーは、一八六四年にパリで仏訳された規約に依拠して賛成したのであり、英文と微妙に意味が違っていることを一八七〇年まで知らなかったとしている。しかしこの英語版こそ、政治活動の意義をどう捉えるかをめぐる論争が協会内で発生した時に論拠とされたものであった。したがってギヨームは、このことを彼の『回想録』の冒頭できわめて詳しく論じている。彼に従って整理すると、暫定規約前文の第三段落の英文と仏訳は、日本語に訳すと次のようになる[20]。

［マルクスが書いた英文］

労働者階級の経済的解放こそが偉大な目的であり、あらゆる政治運動はそれに手段として従属せねばならないこと

to which every political movement ought to be subordinate as a means

［一八六四年にパリで訳されたその仏訳］

労働者〇〇の経済的解放こそが偉大な目的であり、あらゆる政治運動はそれに〇〇従属せねばならないこと

auquel doit être subordonné tout movement politique

（〇〇は、英文に含まれる語に該当する部分が仏文では欠落していることを表す）

一八七一年秋のロンドン協議会に向けて、マルクスは「手段として as a means」と定められていることを理由に、政治運動は放棄を許されない義務であるとする解釈を打ち出す。[21] しかし反対派は仏訳に依拠して、無視してもかまわないという正反対の解釈をしていたのである。いずれにしても、規約採択の場にいた大部分の者（前に挙げた出席者名簿で数えると、出席者六〇名のほぼ四分の三を占める四五名ほど）はフランス語を話すため、仏訳された条文で理解した。そのためか、審議において前文はまったく議論の対象とならなかった。また、規約検討委員会を代表して委員会案を読み上げたのは、前述のクルリーであった。[22]

第2節　内部対立の発生

このようにして第一インターは協同組合主義を退けたが、その後所有問題についても立場を鮮明にする。一八六九年九月にバーゼルで開かれた第四回年次大会では、土地の共同所有が前回大会に続いて議題になり、「土地の個人所有を廃し共同体所有とする『権利を社会は持つ』」とする第一決議と、「土地の共有化が『必要である』」

とする第二決議がともに可決された。票数は、前者が賛成五四名、反対四名、棄権一三名、後者が賛成五三名、反対八名、棄権一〇名であった。反対もしくは棄権した者にはプルードンの支持者が多かったから、これで第一インター内部での彼らの凋落が決定的となった[23]。

ロマン連合の分裂

しかし一八六九年は、ロシアの思想家ミハイル・バクーニン（1814-1876）がジュネーヴの第一インターの支部に働きかけ、最初は地元労働者の関心を引いたものの、結局は対立し孤立した年であった。ところが、彼はジュラ地方では熱心な支持者を数多く見出し、彼がいわば触媒となって、スイスのフランス語系諸支部を統括していたロマン連合の内部でジュネーヴとジュラが対立した。結局、一八七〇年四月四日にラ・ショー・ド・フォンで開かれた第二回大会でロマン連合は分裂した。ジュネーヴ派は会員数では勝っていたが、ジュラ派が危機感から、許される最大限に近い数の代表を送ったため、不覚にも彼らに過半数を握られた。対立の焦点は議会主義をどう捉えるかという問題で、ジュネーヴでは労働者の代表をブルジョワ急進政党の候補に加えさせるという、選挙を利用する方針を採っていた。ところがジュラ地方では、急進政党に頼ることはきっぱり断念した。バクーニンの思想にも議会主義を認める余地はなかったから、彼はジュネーヴでは孤立しジュラ地方では支持・歓待されたのであった[24]。

総評議会との対立の始まり

ところでロンドンにいたマルクスらの頭の中でも、議会主義の評価に変化が生じていた。一八六九年秋にアイゼナッハでドイツ社会民主労働党が結成されると、マルクスらは議会主義に一定の意義を認めるに至った。したがって、議会には一切関わるなと説くバクーニンやジュラの方針（「政治的棄権主義 abstentionnisme」と呼ぶ）はマルクスには認めがたかった。総評議員としてロマン連合分裂の裁定を求められた彼は、ジュネーヴ派が「事実上の多数派」であることを理由に、政治参加を掲げていたジュネーヴ派の肩を持つ裁定を下した。ジュラの諸支部はこの裁定に反発し、これ以降マルクスの率いる総評議会との対決姿勢を固めていくのである。一八七〇年七月のことである。

ハーグ大会に向けて

同じ一八七〇年七月の一九日に普仏戦争が起こった。さらに翌年春にはパリ・コミューンという、社会主義史上の大事件が起こった。マルクスやエンゲルスは、これを社会主義の巨大な実験であったと捉え、失敗したのは政治的指導部が脆弱だったからだと考えた。そしてそれを教訓に、労働者階級が政治権力を握ることの必要性と、総評議会が運動を導く必要性を導き出した。そして一八七一年九月にロンドンで協議会を開き、こうした方針に合わせて第一インターを再編成した。これに対し、第一インターの基本理念は自由な支部・連合の自発的な結びつきだと信じていたジュラ諸支部は真っ向から反発し、総評議会の「権威主義」を糾弾するソンヴィリエ回状を第一インターの全部の支部・連合に送った。

かくして、スイスのフランス語圏に起こった対立は第一インター全体の対立に発展し、一八七二年九月二日〜七日にオランダのハーグで開かれた大会は総決戦の場となった。マルクスらはからくも多数を占めることに成功し、労働者階級の政党への組織化と、プロレタリアートが政治権力を奪取することとの必要性が規約に採用された。またバクーニンとギヨームを協会から除名することも決めた。これに反発した大会の少数派は、九月一五・一六日にジュラ地方の町サン・ティミエに集まり、ハーグ大会が下したすべての決議を認めないと宣言した。さらに政治活動に関して、「労働者階級は政治権力の奪取ではなく破壊を目指すべきであり、最終的に政治権力の破壊をもたらすと称する臨時革命政権も欺瞞的である」として、いわゆるプロレタリアート独裁の理論を否定した。この時サン・ティミエに集った少数派は、これ以降「反権威主義インターナショナル」と呼ばれることになる。

第3節　一八七三年九月の二つのジュネーヴ大会――分裂の完成とマルクス派の終焉

ここで話は一年後に飛ぶ。一八七三年九月にジュネーヴで、反権威派の大会とマルクス派の大会が開かれたからである。反権威派の大会は一日（月）～六日（金）に、マルクス派の大会は八日（月）～一三日（金）に開かれた。この事実もまた、ジュネーヴが社会主義運動の国際的中心地であったことの証である。どちらの陣営にとっても、(25)当時国際会議を開くとしたらジュネーヴしか考えられなかったのである。以下、その模様を概説する。

反権威派の大会（一八七三年九月一日～六日）

出席者は次の者たちであった。複数の連合を代表する者が五名いること、ジュネーヴの「プロパガンダ行動支部」とその姉妹団体である「未来」支部には各一名分の代議権しか認められなかったことを考えると、二四名分の代議権者たちが出席していたとみなしうる。

イギリス：ヘイルズ、エッカリウス、計二名。
ベルギー：ヴェリッケン、コルネ（Cornet）、ファン＝デン＝アベーレ、マンゲット（Manguette）、ダーヴ、計五名。
スペイン：ファルガ＝ペリセル、ヴィニャス（Viñas）、アレリーニ、マルケ（Marquet）、ポール・ブルース（Paul Brousse）、計五名。
フランス：パンディ、ペラール（Perrare）、ブルース（既出）、モンテル（Montels）、アレリーニ（既出）、計三名。
オランダ：ファン＝デン＝アベーレ（既出）。
イタリア：コスタ、ベルト（Bert）、マッテイ（Mattei）、シリーユ、計四名。
ジュラ　：パンディ（既出）、スピシジャー、アンドリエ（Andrié）、ギヨーム、ジュネーヴ・プロパガンダ行動支部〔クラリス／ジュコーフスキー〕、ジュネーヴ「未来」支部〔アンディニョ（Andignoux）／オスタン（Ostyn）／ペラール（既出）／デュマルトレ（Dumartheray）〕、計五（八）名。

扱われた議題は次の三つで、後の日程表のように進められた。[27]

一、自由な連合の間に交わされる連帯の協定、および国際労働者協会の一般規約について

二、ゼネストについて

三、万国抵抗組織と労働統計に関する一覧表について

表2-4-1　反権威派大会（1873年9月1日～6日）日程

一日（月）	九時～一二時半【①非公開】代議権委員会選出〔F.8-10, G.109-111〕 ?時～?時【②公開】事務局選出、各連合の活動報告〔F.10-41, G.111-112〕 二〇時半～二三時【③非公開】代議権審査、参加権〔F.41-47, G.112-113〕
二日（火）	一五時四五分～一九時【④非公開】投票方法〔F.47-50, G.113〕 二〇時～?時【⑤公開】規約問題１：総評議会の廃止〔F.50-58, G.113-115〕
三日（水）	一五時～一九時【⑥非公開】大会費の分担、ゼネスト１〔F.58-63, G.116-118〕 二〇時～?時【⑦公開】規約問題２：会員資格〔F.63-75, G.119-120〕
四日（木）	九時～一〇時【⑧非公開】ゼネスト２〔F.75-78, G.121〕 一〇時～一二時半【⑨公開】規約問題３：名称変更、原理に関する決議〔F.78-83, G.121-123〕 一四時～一九時【⑩公開】規約問題４：会員資格２、労働統計報告〔F.83-96, G.123-131〕 二〇時～二三時【講演会】：ルフランセ、ダーヴ、ヴェリッケン、コスタ、ファン＝デン＝アベーレ、ファルガ＝ペリセル、エッカリウス、ジュコーフスキーが講演
五日（金）	九時～一二時【⑪非公開】、労働統計２、次年度大会の開催地〔F96-97, G.132〕 一四時～一八時【⑫公開】労働統計３、同職連合〔F.98-101, G.132-133〕
六日（土）	九時～一一時【⑬非公開】〔F.101-103, G.133-134〕

第二回会合で、まず各連合がハーグ大会後の活動内容を報告した。総評議会からの勧告を受けてジュラ派が結成した「ジュラ連合」は、ハーグ大会後にニューヨークの総評議会から資格停止処分にされたが、それによって何の痛手も感じなかった、と報告した(28)。反権威派は総評議会の正統性を認めておらず、この会議で廃止しようと考えていたからそれも当然であった。

規約問題

総評議会を廃止すべきか

この大会では、ハーグ大会が採択した協会規約を、集権性を弱める意味で改正した。その中核に位置したのが総評議会に関する規定であった。この問題は、主として九月二日夜の公開会議で論じられた。規約改正を担当した委員会は、議論を二つ分け、(一)ニューヨークに移された総評議会を認めるか、(二)それに代わる別組織を設けるか、を諮った。(一)に関しては、委員会は全会一致で廃止を提案した。一般参加者もこれを支持した。(二)に関しては、委員会内で意見が三つに分かれた。①イギリス代表は、連合主義的な中央委員会を作るが、それには大会決議の実行以外いかなる権限も与えないという案を出した。②ジュラとベルギー代表は、三つの委員会、すなわち通信委員会、統計委員会、スト委員会を作ること、ただし、毎年三つの別個の連合が役割を変えてそれらの任務を担当すべきだという案を出した。③イタリア代表は、年次大会が毎年、これらの任務をまとめて果たす一つの連合を指名すること、中央委員会の設置は、名を変えた総評議会の再来を生む危険性があるので反対だとした(29)。長い審議を経て、結局委員会は③を採用した修正案を作り、それが大会で承認された(30)。

「頭脳労働者」を制限するべきか

規約に関する議論の第二の焦点は会員資格であった。つまり、会員を肉体労働者に限定するか、知識人も認めるかについてであった。この点をめぐっては、実はマルクス派の大会でも地元ジュネーヴのペレらが、知識人の「弊害」を訴えるパンフレットを配布する事件があった。[31] フランス語における「労働者」ouvrier と travailleur のニュアンスの違いが強調され、議事録中では「手の労働者 ouvriers manuels」に限定するのか、「頭脳労働者 travailleur de la pansée」も認めるかが議論された。運動の担い手を肉体労働者に限定しようとする動きは、二十世紀初頭にフランスなどで支持された革命的サンディカリズムに連なる。議論にはかなり長い時間が割かれた。三日夜の第七回公開会議と、四日午後の第一〇回公開会議の大半がこの問題に費やされた。頭脳労働者を制限しようという主張の理由は、「教育のある彼らが支部を牛耳って、特定の思想を押しつける危険性があるから」というものであった。そして、この主張が教訓としていたのは、ほかでもなく、ハーグ大会で協会が分裂したことであった。肉体労働者に限定すべきと考える少なからぬ労働者が、知識人が協会を支配し分裂させたと捉えていたのである。

この問題に関して注目すべきはイギリス代表の態度である。まずエッカリウスは、英語で「国際労働者協会」を表す"International Workingmen's Association"の中に含まれる workingman の語は、手の労働者を想定していると主張した。ヘイルズもこれに同意し、フランス語の ouvrier に代えていつの間にか travailleur が用いられるようになったことが、ブルジョワが入り込む余地を与えた、と主張した。[32]

かつて教員だったギヨームにとっては、この問題は自らの存在理由に関わった。彼は次のように力説して、知識人の立場を守った。

支部といっても二種類あるから区別しなければならない。職業別の支部と混成支部である。前者に手の労働者しか加入できないのは当然である。業種が違えば手の労働者であっても入れない。これに対し、誰でも入会できる、業種を越えた支部として混成支部がある。これは多くの場合「中央支部」と呼ばれる。ジュラではこれを「社会問題研究サークル」と呼んでいる。ここでは様々な業種に従事する労働者が触れあい、理解を深めるのである。

頭脳労働者は教育があることを武器に、支部を思いのままに操る危険性があると非難されている。しかしだとしたら、知識のある労働者もまた「危険」だということになる。そうやって、知識ある者をすべて排除した組織に何が残るだろう。手の労働者より熱心に革命を信じ、献身的に革命に尽くす知識人はたくさんいる。機関紙などで労働者に有益な知識を広め、また労働者の大義を擁護し広めている知識人もいる。知識人を閉め出すことは、労働者階級の力を弱めるだけである。閉め出すべき者を計る指標は別にある、と。(33)

かくして、修正された規約文も、その第二条は「協会の原理を受け入れ守ろうとする者は誰でも……（中略）……会員になりうる」と定めた。

規約前文第三段落

規約改正委員会を代表して修正案を読み上げたのはギヨームであった。その際、一八六六年に依拠されたフランス語の条文が採用された。マルクスの起草した英文に含まれた「手段として」は付けられなかった。ギヨームの報告に続いた議論を見ると、この「手段として」に関しては何の質問も意見も出なかった。そうではなく、前文中に含まれる「労働者（travailleur）の解放は労働者（travailleur）自身の仕事である」という表現から、上の「『頭脳労働者』を制限すべきか」の議論につなげられていっただけであった。(34)

原理の押しつけの回避

反権威派は、総評議会が権威を盾に特定の思想を押しつけたと捉えていた。だとしたら、自らそれをすることは当然避けねばならなかった。そこで、大会決議の効力に関し次のことが決められた。すなわち、修正規約の第六条は、「大会は原理問題については決議できず、決議できるのは運営上の問題だけである。さらにそれも、該当する支部・

連合が同意する限りにおいて効力を発する」と規定した[35]。

ゼネスト

ゼネストとは、英語では general strike、フランス語では grève générale の略語で、ある国もしくは地域のすべての業種の労働者が一斉にストライキを行うことをいう。反権威派のこの大会は、ゼネストを重視し、社会を変革する切り札とみなした。この点でも、大会は後のサンディカリズムを連想させた。ただしこの問題をめぐっては、①部分的ストをどう捉えるか、②大会がゼネストに関して何らかの宣言を出すことは可能か、③原理問題について大会は採決をしない、と決めたこととの関係をどうするか、が問題となった。

この問題を審議したのは三日午後の第六回会合と、四日午前の第八回会合であった。どちらも、非公開の運営に関する会合であった。委員会の原案は、「ゼネストを一〇日間続ければ現在の社会秩序は瓦解するであろう」とし、ゼネストが社会革命に通じると捉えた。討議の様子から、この認識はほとんどの出席者に共有されていたとわかる。ただし委員会は、どうすればそれを起こせるかは明言できなかった。上の①については、部分的ストはそれを行った労働者だけが待遇改善を勝ち取るのだから、社会変革にはつながらないと否定的に捉える意見と、限定的効果しかなくとも、労働者を組織する訓練としての意義は無視できない、つまりゼネストを準備すると肯定的に解する意見が存在した。そして、大会は原理問題について採決しないと決めたにもかかわらず、賛成多数で次のような内容の宣言を大会が出すことが決議された。

「協会は現在、ゼネストに関する完結した解釈を下すことはできず、労働者に向かって、同職団体の組織化を急ぐと同時に、社会主義のための活発なプロパガンダ活動をくり広げることを勧める[36]。」

万国抵抗組織と労働統計

この議題に関しては、ダーヴが委員会を代表して報告を行い承認された、と記録されている。報告は統計に関する現状の総括と今後の方針という二部構成だったが、第一部について、議事録に詳しい内容は残っていない[37]。今後どうするかという第二部に関しては、次回の年次大会までに各国連合が調査して持ち寄る、とされた。

マルクス派の大会（同年九月八日〜一三日）

翌週に開かれたマルクス派の大会は、代議権者の数だけ見れば三〇名弱と、反対派の大会と遜色はなかった。しかし中身は空疎で、正式な議事録も決議文も残していない[38]。つまり、まともな年次大会とはとうてい呼び得なかった。この大会は、マルクス派がまさに座礁し、ばらばらに砕け散ったと呼ぶべき出来事となった。しかし紙幅の関係で、詳しい考察は別の機会に譲る[39]。

おわりに

以上、第一インターの創立と分裂の歴史を論じた。一八六四年に創立大会が開かれた都市はロンドンだったが、一八六六年に最初の年次大会が開かれたのはジュネーヴであり、一八七三年に分裂が完成した会議が開かれたのもジュネーヴであった。しかも、マルクス派の会議が開かれたのも、反権威派の大会が開かれたのも共にジュネーヴであった。第一インターの歴史にとってジュネーヴという都市が持つ重要性が、この事実からもわかるであろう。大会の開催地としてジュネーヴが選ばれた理由を考えると、次の三つが挙げられる。①政治的自由が保証されており、出席者が逮捕されたり、大会が妨害を受ける危険性がない、という政治的理由。しかしそれだけでなく、②スイスがヨーロッパの中心にあり、どの国からも参加しやすい、という地理的理由もあった。また、③当時フランス語が唯一の国際語とみなされており、国際会議を開くならフランス語圏の都市が適していると考えられたという、言語上の理由も挙げうる。実際、年次大会が開かれた都市は、スイスのバーゼルとオランダのハーグを除けば、ジュネーヴ、ローザンヌ、ブリュッセルと、すべてフランス語圏にあった。国際語が英語に変わった今からは想像しにくいが、十九世紀には国際語と言えばフランス語だけであり、会議などで英語圏の代表が発言すると、すぐに通訳がフランス語に訳していたのである。また、当時の国際会議は当然のようにフランス語の司会によって進められ、議事録もフランス語でとられていた。

ここでは国際的な社会主義運動の代表例として第一インターを取り上げたが、ジュネーヴはそれ以前から、また第一インターの後も続いて、革命運動や社会主義運動の国際的な中心地であり続けた。今日では、ヨーロッパのどの国でも政治的自由が保証され、社会主義運動だからというだけで弾圧されたり妨害されることはなくなった。その意味で、ジュネーヴが持ったある種特権的な性格はなくなった。とはいえ、国際赤十字社や国連などの人道主義を代表する国際機関に、かつての役割の名残が認められると考えてよいだろう。

◆註

(1) 渡辺孝次『時計職人とマルクス――第一インターナショナルにおける連合主義と集権主義』同文舘出版、一九九四年、五二頁参照。
(2) 同書、五六頁参照。
(3) 筆者の知る限り次の一論文だけである。荒川繁「国際労働者協会と組織原則Ⅱ ジュネーヴ大会とローザンヌ大会(上)」『北海道教育大学紀要』(人文科学・社会科学編)第五一巻、第二号、二〇〇一年二月、一四五～一五九頁。ただし、使われている一次資料はMEGAのI-20（*Karl Marx, Friedrich Engels, Gesamtausgabe*, Berlin, 1992）だけである。また人名の読みがおかしい箇所がいくつか見られ、さらに内容的にも不正確である。たとえばFribougの読みが、「フライブルク」や「フリブル」とされている。正しくは「フリブール」である。また、後で登場するラ・ショー・ド・フォン代表のCoulleryは「クレ」と読まれている。内容上も、第六議案の審議で議事録に登場する人物はそのフリブールだけなのに、論文ではシュマレやデュポンも発言したことになっている。同論文、一五四頁参照。

（4）創立に先立つ時期にナポレオン三世から援助を受けたため、ブランキ派は当初、第一インターをボナパルト派と関係があると疑っていたようである。ジュネーヴ大会の時点でもこの疑いは晴れておらず、パリからブランキ派の若者がジュネーヴに赴き、大会を妨害する意図で参加しようとした。しかし、代議権を持たない彼らの参加は認められなかった。議事録にもその経緯が残されている。ジュネーヴの研究者ヴュイユミエーによれば、大会への参加がかなわなかった彼らは、大会後に新聞紙上で第一インターを攻撃した。ブランキ派の誤解が解けたのは、一八六七年にフランス国内で第一インターの支部が警察から弾圧を受けてからであった。Vuilleumier, Marc, La Première Internationale en Suisse, *La Première Internationale. L'institution, l'implantation et le rayonnement*, Colloques internationaux du Centre Nationale de la Recherche Scientifique, Paris 16-18 Nov. 1964, Paris, 1968, p. 235.

（5）フレモン編の次の資料集では、p. 27以下に氏名つきで出席者が紹介され、その最後に「出席者六〇名、うち四六名が二五支部を代表する支部代表、一四名が加盟団体からの出席者」と明記されている。ところが議事録冒頭（p. 36）には、「支部の代表四五名と、加盟団体からの者一五名、計六〇名」が承認されたとある。Freymond, Jacques. (éd.), *La Première Internationale: Recueil de documents pubulié sous la direction de Jacques Freymond*, tome 1, Genève 1962, pp. 27-28, 36. ギヨームの回想録でも同様に「支部の代表四五名と、加盟団体から一五名、計六〇名」とされている。Guillaume, James, *L'Internationale, documents et souvenirs (1864-1878)*, tome 1, Paris 1905, reprint Genève, 1980, p. 7. この齟齬は、書記の一人に任命されて議事録を書いた、ジュネーヴ支部代表でポーランド人のCardに由来する。ギヨームも彼の議事録に依拠しているのである。具体的な違いは、氏名つきリストが「在ロンドン・フランス人支部代表」としているデュポンを、カードは中央委員会代表に数え、他方で加盟団体からの出席者を一名超過して数えていることである。Freymond, *ibid.*, p.29 注2参照。

（6）*Ibid.*, pp. 29-36.

（7）*Ibid.*, p. 30.

（8）*Ibid.*, pp. 43-44.
（9）Cf. Freymond, *La Première Internationale*, tome 4, Genève 1971, pp. 228-238, 'Brochure genèvoise'. これについては、注39で挙げた論文で詳しく論じている。
（10）Freymond, *ibid.*, tome 1, pp. 31-33.
（11）*Ibid.*, pp. 49-51.
（12）*Ibid.*, pp. 33-34. 中央評議会の報告は、次の箇所にも訳されている。『マルクス＝エンゲルス全集』第一六巻、大月書店、一九六六年、一八九～一九九頁。協同組合については、一九四～一九五頁。
（13）Freymond, *ibid.*, p. 33.『マルクス＝エンゲルス全集』上記箇所。
（14）Freymond, *ibid.*, p. 46.
（15）*Ibid.*, p. 36.
（16）*Ibid.*, p. 52.
（17）渡辺、前掲書、六五頁。
（18）Freymond, *ibid.*, p. 52.
（19）*Ibid.*, p. 53.
（20）Guillaume, *L'Internationale*, p. 12。さらに英文は次の箇所にも収録されている。*The General Coucil of the First International 1864-1866. Minutes*, Moscow, 1962, pp. 288-291。また仏文は、Freymond, *ibid.*, p. 10-12.
（21）渡辺、前掲書、二二五頁参照。
（22）Freymond. *ibid.*, p. 39.
（23）渡辺、前掲書、一四二～一四三頁。
（24）同書、第Ⅲ章、九〇～一八一頁参照。ジュネーヴ諸支部の指導者たちが採っていた方針は、イギリスで「リブ＝ラブ主義」と呼ばれる、労働者が自由党の候補者に自分たちの代表を加えさせたやり方と同じであった。なお、ジュネーヴではそれが採用されジュラは拒否した理由は、ジュネーヴでは急進派と保守派の勢力が均衡していたのに対し、ジュラ地方（カントン・ヌーシャテル）では急進派は不動の与党の地位を一八三一年以来保っていたという、スイス内の地域事情によった。同書、七〇～七一頁参照。

(25) ジュネーヴの指導者たちは、前年のハーグ大会もジュネーヴで行われるものと期待していた。期待が裏切られたことで、皆怒りに燃えているとさえ訴えている。Freymond, *ibid.*, tome 4, pp. 224-225.

(26) *Ibid.*, pp. 6-8. 原綴りを添えてあるのは、拙著に登場したことがない人物である。

(27) *Ibid.*, p. 6.

(28) *Ibid.*, p. 34.

(29) 五人の委員の構成は次のようだった。イギリスからヘイルズ、ジュラとベルギーから、ギヨームとマンゲット、イタリアからベルト。スペインからファルガ＝ペリセル、オランダからファン＝デン＝アベーレ。*Ibid.*, p. 41.

(30) 議論の様子は *Ibid.*, pp. 50-58, 65-67. 修正案は *Ibid.*, p. 67. Article 9.

(31) 注9参照。

(32) *Ibid.*, pp. 69-70.

(33) *Ibid.*, pp. 91-94. ギヨームが「閉め出すべき別の者たち」とみなしたのは、手の労働者であっても高賃金を得ていたジュネーヴのペレら高級時計職人であった。

(34) Cf. *ibid.*, pp. 65-69.

(35) *Ibid.*, p. 66.

(36) *Ibid.*, p. 77. 審議については、それに先立つ次の箇所を参照。*Ibid.*, pp. 59-63, 75-77.

(37) *Ibid.*, pp. 96-98. ギヨームの『回想録』によれば、前年のサン・ティミエ大会でイタリア連合が、「抵抗のための一般的組織と統計に関する一般的な計画を取りまとめて公表すること」を委託された。しかしイタリア連合はこの任務をこの大会までに果たすことはできなかった。Guillaume, *L'Internationale*, t. 3, Paris 1909, reprint Paris, 1985, p. 130. 委員会はおそらく、このいきさつを報告したと思われる。つまり、第一回年次大会で表明された大きな期待にもかかわらず、この時点まで、マルクス派と反権威派とを問わず、詳しい労働統計を作成するという任務は果たせずじまいであったことがわかる。

(38) Freymond, *ibid*, p. 625, 注251参照。

(39) 渡辺孝次「第一インターナショナル、集権派ジュネーヴ大会（一八七三年九月八日～一三日）」『松山大学論集』第二八巻第二号、二〇一六年、二五～五一頁。

第5章

共和国ジュネーヴ
——独立と秩序維持のはざまに

小林淑憲

はじめに

二〇一五年夏に、人口二〇万人を上回った都市ジュネーヴは、かつてひとまずは独立の小さな共和国であった。十六世紀前期に司教の支配およびそれと密接な関係にあったサヴォワ公の影響下から離脱することでジュネーヴ共和国が誕生し、それが十八世紀末の内紛による混乱のさなかにフランス共和国に併合されることによって、その独立と存在そのものが実際に失われた。(1) ジュネーヴは十九世紀前期には共和国として復興し、周辺地域も含めてスイス盟約者団に加盟することで、スイスの一カントンを構成するところとなった。本章では、独立への努力と共和国の運営・維持の営みを中心に見据え、フランスに併合される以前のジュネーヴ共和国がいかに成立したか、そしていかに変容したか、さらにいかに終焉を迎えたかを素描したい。いうまでもなくジュネーヴは十六世紀のカルヴァンらによる宗教改革の一大拠点であり、その政治の営みは宗教の営みと分かちがたく結びついていた。十六世紀中・

後期の宗教改革を対象とする分析は他章に譲るとして、本章では今日の私たちが世俗的とみなす次元からできるだけ離れずに、「共和国ジュネーヴ」の歴史を祖述したい。

第1節　司教都市ジュネーヴの成立とその営み

カエサル（Cæsar, Gaius Iulius, B.C.100-B.C.44）が『ガリア戦記』において、「武勇にすぐれ」たことで名高かったヘルウェティー族との戦いを記す際に、「ゲナウァ（Genâva）」の町に言及して以降、(2)ジュネーヴは歴史にその名をとどめることになる。ジュネーヴはローマ帝国の版図に組み込まれ、早くも四世紀末には司教座の置かれた都市となった。キリスト教が国教化されてから二〇年も経たずして、異教の防波堤として司教座が置かれたことは、いかにこの地が古くから交通の要衝であったかを物語っていよう。実際、南はローヌ川に沿ってリヨンなどを経て地中海へと通じ、北は湖を渡ってゲルマン人の地へと続き、陸上交通路はミラノ、リヨン、ウィーン、ストラスブールなどの各方面に通じている。

中世にいたって、この要衝とそれに通ずる要路とをめぐっては、ジュネーヴの司教、ジュネーヴ伯、サヴォワ家など、周辺のさまざまな有力者たちがこれを勢力圏に収めようと鎬《しのぎ》を削った。そのなかで、ジュネーヴの独立ともっとも関係深いのは、いうまでもなくサヴォワ家であった。サヴォワ家の起源は、十一世紀にブルゴーニュ王家と姻戚関係を築いたときにまで遡ることができる。一〇三二年の王家断絶後、サヴォワ家はベレーやアオスタ、シオン、リヨンなど複数の司教座を押さえた。その後も、姻戚関係を重ねることでアルプス地方にまたがるほどにまで勢力を拡大させていく。(3)

十五世紀前半のアメデ八世（Amédée VIII de Savoie-Félix V, 1383-1451）すなわち対立教皇フェリックス五世とその息子ルイ一世・ド・サヴォワ（Louis Ier de Savoie, 1413-1465）の時代は、中世におけるサヴォワ家の絶頂期であるといってよい。その象徴的出来事は、一四一六年に神聖ローマ皇帝ジギスムント（Sigismund, 1368-1437）からアメデ八世が公爵位を授かったことである。また、それに先立つ時期にまさにジュネーヴの伯爵領がサヴォワ家に所属することになる。[4] 十五世紀半ばには、サヴォワ家はジュネーヴ司教座をほぼ完全に掌握する。すなわち一四五一年に教皇ニコラウス五世（Nicholaus V, 1397-1455）とルイ一世・ド・サヴォワ公の間で締結された宗教協約によって、サヴォワ家はジュネーヴも含めた全ての勢力圏において、全ての司教を推薦する権限を獲得したのである。[5]

独立以前のジュネーヴは経済的に繁栄していた。シャンパーニュ地方やブリュージュなど、中世ヨーロッパの各地に市が立てられていたことはよく知られているが、交通の要衝だったジュネーヴにも早くから定期市（大市）が開かれていた。十三世紀半ばにその最初の記録が残され、それは十五世紀に最盛期を迎えたという。アンヌ・ラデッフによれば、定期市は公現祭、復活祭、聖ペテロの鎖の記念日（八月一日）、万聖節と年四回立てられ、七日あるいは一〇日あるいは一五日間続いた。領主の保護を受けられる商人達はさまざまな方面から来訪した。近隣の地方すなわちサヴォワ、ヴォー、ヴァレ、ピエモンテ、スイスの諸邦、ブルゴーニュ、ドーフィネ、プロヴァンスその他、より遠方の国々からも訪れた。そして毛織物、絹織物、香辛料、染料、金属、武具、皮革製品などの商品が扱われた。[6] また一四二〇年代にはメディチ家の銀行の支店がジュネーヴに開かれていたことも付け加えておきたい。

第2節　国制の基礎の構築

このように十五世紀にはサヴォワ家の支配下に経済的繁栄を謳歌したジュネーヴであったが、十五世紀以前から共和国建設の基礎が据えられ始めていたこと、つまり事後的に見れば自立の可能性が模索されていた点にも注意すべきである。ジュネーヴの共同体の形成は早くからおこなわれていたようであるが、大きな節目として見過ごせないのは、一三八七年五月二三日に司教アデマール・ファブリ（Fabri, Adhémar, 1353-1388）によって確認された「ジュネーヴの町における自由、自由特許、免役特権、諸慣例（Libertés, franchises, immunités, us et coutumes de la ville de Genève）」（以下、「自由特許状」と略す）である。ジュネーヴには、遅くとも一三〇九年以来、市民から毎年四名を代理人（procureur）または市長（syndic）として選出し、彼らに共同体の名において刑事裁判（一五二七年以降は民事も）および行政に関わるさまざまな権限を行使させるという、実際におこなわれてきた慣習があった。「自由特許状」はこの慣習を、総会（Conseil Général）に集合した市民とブルジョワに対して改めて認めたのである。

デュフールによれば、「自由特許状」には共同体の組織化に関する規定はないが[7]、十四世紀以来、組織が事実上整えられていく。全ての市民とブルジョワとからなる総会は、二月の市長の選出と、一一月のワインの販売価格の決定というように、通常、年二回招集された。また市長及び後述の専任会議（Conseil ordinaire）によって招集され、意見を求められるということがあり得た[8]。

市長は十八世紀に至るまで総会によって選出されたのであるが、一四六〇年以降、専任会議と、五〇人評会議Conseil des cinquante）が候補者を立てるという慣習が存在した。総会はそうした候補者を拒否する権利を有し、自ら他の候補者を指名する権利を保持し続けた。専任会議の補佐を受け、また専任会議なしには決定を下すことができなくなっていたものの、市長はあらゆる事項に関わっていた[9]。

後世「小会議」（Petit conseil）と呼ばれたことで知られる専任会議は、市長および彼らの直近の前任者によって指名された。当初、一二名だったが次第に増員され、二〇名から二五名となる。後に「二五人会議」とも呼ばれるようになる所以である。会合は週に一度開かれたが、検討事項の増大に応じて次第に頻繁に開かれるようになったという。議事進行は市長が務めた[10]。

十五世紀後期から十六世紀前期にかけての時期は、政治的独立への闘争と司教領主権の終焉によって特徴づけられる。この二つの事柄を強く結びつけているのは、ジュネーヴとスイス諸邦との兄弟市民関係（combourgeoisie）である。この時期は、スイス盟約者団が一三邦同盟に発展していく時期にあたり[12]、スイス西部においても、例えば一五二五年末にローザンヌがベルンおよびフリブールと結んだように、兄弟市民関係が拡大される傾向にあった。

デュフールはジュネーヴのスイス諸邦に対する関係構築の時期を三期に区別している。すなわち第一期はブルゴーニュ戦争（一四七四〜七七年）を契機として開始された。戦争の対立図式は、ブルゴーニュ公シャルル（突進公）（Bourgogne, Charles Téméraire, duc de, 1433- 1477）の接近にオーストリア大公ジークムント（Sigismond d'Autriche, 1427-1496）およびスイス盟約者団が抵抗したというものであった。このとき、盟約者団側の勝利を目の当たりにしたジャン＝ルイ・ド・サヴォワ（Jean-Louis de Savoie, 1447-1482）が、旧敵ベルンおよびフリブールとの兄弟市民関係の構築を申し出た結果、関係は一四七七年一一月に締結された。ところが、皮肉なことに、この関係構築がジュネーヴの独立を促す背景となった。スイスの軍事的優越がブルゴーニュ戦争によって裏付けられたため、サヴォワ家及び司教にとっても、ジュネーヴの共同体にとっても、主導権を掌握できる限りにおいて、スイス側との兄弟市民関係の構築は非常に利用価値の高いものだったからである。

実際、第二期に相当するサヴォワ公シャルル三世（Charles III de Savoie, 1486-1553）統治の前半期、すなわち一五〇四年から一九年にかけて、サヴォワ公および司教のたび重なる権力濫用に対して「抵抗」の精神が形作られていった。ここに盟約者団との提携の強化を推進しようとする「同盟派（Eidguenots）」と、あくまでもサヴォワ家に忠実に服従しようとする「マムルーク派（Mammelus）」の二大勢力が形成される要因を見ることができる。この時期には、司教ジャン・ド・サヴォワ（Jean de Savoie, ?-1522）による相次ぐ逮捕権の濫用に際して、フリブールに支援を乞うことで状況を打開しようとする人々がおり、それは一五一九年二月に再度、フリブールと兄弟市民関係を締結するという結果をもたらしたのである。[13]また、その後の第三期には、同盟派は諸会議に対するマムルーク派の強力な支配をいわばかいくぐってベルンおよび三たびフリブールと兄弟市民関係を締結するに至った。

第3節　共和国ジュネーヴの誕生

こうした兄弟市民関係を構築しようとする一方で、ジュネーヴ人たちは制度を改革していった。それをもっとも象徴するのは二百人会議の創設であろう。一五二五年一二月にサヴォワ公シャルル三世は、「戟槍《げきそう》総会」と呼ばれる武装兵監視下の総会を召集することで、スイスとのあらゆる同盟締結を禁じ、司教の特権を尊重させ、市長の選出におけるサヴォワ公の拒否権を認めさせた。しかし翌年二月、同盟派の指導者ブザンソン・ユーグ（Hugues, Besançon, 1482-1532）は、ベルンおよびフリブールに対してジュネーヴとの兄弟市民関係の構築に成功するや、司教の拒否をものともせずに、これを総会で認めさせようとして「ほとんど一般的な」、「新しい為政者団体を招集」しようとしたのである。これはベルンやフリブールには既に存在していた二百人会議に酷似した組織だったため、構成員数は対応していなかったが、ただちに二百人会議と呼ばれるようになったという。[14]ベルンおよびフリブールの後ろ盾を得た共同体は、この後、裁判権をはじめとして矢継ぎ早に司教の権限を剥奪した。司教ピエール・ド・ラ・ボーム（Pierre de La Baume, 1477-1544）が裁判権を市長に譲渡したことを受けて、一五二九年には司法代官（Lieutenant de la justice）と四名の傍聴官（auditeurs）からなる代官法廷が司教臨時代理（vidomne）の法廷に代わって制定され、検事総長の職が一五三四年に創設されたのである。[15]司教は一五二七年にはジェクスに逃亡していた。

ところでジュネーヴに福音主義が現れるのは一五三二年、つまりギョーム・ファレル（Farel, Guillaume, 1489-1565）のベルンからの派遣とほとんど一致する。[16]ジュネーヴはその後、宗派的な対立に動揺したが、結局は改革派が勝利を収めた。しかしそのことによって、当然のことではあるが従来とは異なった立場に立たされることになる。カトリック諸国に包囲されたジュネーヴは「異端の巣窟」とみなされるようになり、[17]カトリックを奉ずるフリブールが兄弟市民関係を離脱した。しかしその一方で、ジュネーヴは福音主義を奉ずるベルンと、その後より緊密な関係を築くことになるのである。宗派対立に中立的な態度を示していた小会議は、改革派の勝利を機に一五三四年一〇月、司教座が空位になったことを宣言し、ここに「共和国ジュネーヴ」が実質的に成立した。一五三五年八月にはミサが停止され、また同年一一月には貨幣鋳造所の新築が決定され、さらに一五三六年五月二一日に改革宗教の正式な採択がなされる。カルヴァン（Calvin, Jean, 1509-1564）がたまたまジュネーヴを訪問したのはその四カ月後であった。

第4節　共和国建設から寡頭政の世紀へ

ストラスブールからカルヴァンが帰還して以後、カルヴァンが没してまもなくは、さまざまな法令の発布によってジュネーヴの国制が整えられる時期であった。最も重要なのが、カルヴァンが中心となって制定した根本法ともいうべき一五四三年一月二八日の法令である。ルソー（Rousseau, Jean-Jacques, 1712-1778）がカルヴァンをジュネーヴの立法者と賞賛した所以である。この法令によれば、総会は毎年二月に四名の市長を選出する目的で招集されるが、小会議の示した候補者の中から二百人会議が八名を選出してここから総会が四名を選ぶという仕組みである。総会はその候補者を否認することもできるが、その場合には小会議と二百人会議とによってもう一度候補者の提示がなされる。小会議は二百人会議によって指名される。毎年二百人会議が小会議の名簿の再検討をおこなう。二百人会議は好ましからざる小会議員を多数決によって排除することができる。欠員が生じた場合、小会議は二名の候補者を立てる。

二百人会議の構成員は小会議によって指名される。その選出は毎年おこなわれるが、名簿を再検討することで適格の是非を判断する「相互譴責制（grabeau）」によって罷免されなければ終身その地位が保証される。二百人会議は、二名の書記官（secrétaires d'Etat）、複数の会計検査官、検事総長、造幣官その他の役職者を小会議の提出した候補者から指名し、小会議は門番、夜警員その他群小の役職者を任命した。

一五四三年の法令は、立法に関して諸会議の権限の範囲を確定していない。だが、二百人会議に対するあらゆる法案の発議権は小会議に帰属し、総会に対するそれは二百人会議に帰属したと考えられている。総会は自ら法を作成する権利も、また市民の提案のみに基づいた決議をおこなう権利も有さない[18]。

ところで、カルヴァンの死後十八世紀が始まるまでのジュネーヴは、カルヴァンの権力強化の時期と重なる第一次の亡命先としての時期、サヴォワ公国との戦争（一五八九〜九三年）やエスカラード事件（一六〇二年）に象徴されるサヴォワ公の執拗な干渉、三度にわたる疫病の流行、たび重なる飢饉、フランス駐在官の派遣・常駐による圧力、ナント王令廃止に伴う第二次の亡命先としての時期などさまざまな出来事を経験した。

この時期に関しては、時代の全体的な趨勢として、小会議による寡頭政という傾向が指摘されている。それゆえ特に十七世紀はしばしば「寡頭政の世紀」と呼ばれる[19]。とはいえ、小会議による支配に対しては、二百人会議や総会、また牧師団などによって抵抗が試みられ、権限をめぐる対立が十八世紀ほどではないにせよ表面化したこともまた事実である。クルヴォワジェによれば、寡頭政は一五七〇年に始まった。すなわち総会に諮問する時間の節約を考慮した小会議および二百人会議は、市場やワインの輸入の増税に関してであれ、新税の創設の布告に関してであれ、人民の同意を口実にして自己を権威付けようとした。両会議はそれらの事柄に関して、自分たちの思慮および配慮を信頼するよう総会を説得し、総会はこれを四月九日に了承した[20]。またサヴォワ公国との開戦の直前に七名の構成員からなる機密会議（Conseil secret）が創設されたが、この会議には、緊急時の決定を下すことのできる広汎な権限が付与された。こうして小会議と二百人会議は、総会を統治から次第に排除していったのである(21)。

だが、このような傾向は平穏な状況においては大きな問題にならないが、非常事態が発生すれば、少数者による恣意的支配というその本質を人々に強く意識させることになる。問題を先鋭化したのは、今日でも、毎年末にその祭典が行われることで知られるエスカラード事件である。一六〇二年一二月一一日冬至の深夜から翌一二日未明にかけて、サヴォワ公国の精鋭が突如侵入を試み城壁に梯子をかけてよじ登ってきたのを、人々が撃退した。ジュネーヴ史では、この事件の後、とりわけ二百人会議が小会議による寡頭政に対して強く抵抗したと考えられている。

エスカラード事件は襲撃があまりに不意打ちだったため、人々に内通者や陰謀への疑念を引き起こし、国内の緊張が高まった。事件から二週間後、急襲に対する人々の不満は二百人会議を捉え、不満の矛先が城壁担当の市長フィリベール・ブロンデル（Blondel, Philibert, 1555-1606）に向けられた。ブロンデルには、内通かあるいは少なくとも重大な職務怠慢の疑いがかけられ、解任と罰金刑という処置が下された。しかし人々から裏切り者と見なされたブロンデルに対するこの措置は温情的と批判された。彼はその後再び訴追された。審理の過程でブロンデルとサヴォワ公国代理アルビニー（Albigny, Charles de Simiane, seigneur d', 1570-1608）との仲介者の存在が知られ、さらにその後、仲介者は監獄として使用されていた司教館に連行され拘束されていたが、彼が絞殺されているのが発見された。ブロンデルは

図 2-5-1　エスカラード事件の現場付近
（著者撮影、2017 年 6 月）

拷問にかけられ、殺害と内通を自白し、最後に処刑される[22]。

また、一六六七年のサラザン事件もある。一六〇四年以来、二百人会議は法令に反する小会議の判決に対してなされた上訴を終審的に裁判する権利を有したが、この権利に基づいてなされた訴えを小会議および首席市長が取り消した。これに対して、二百人会議の権限についての審議を検事総長ピエール・リュランが提案し、これに基づいて傍聴官ジャン・サラザン（Sarasin, Jean, 1635-1701）が審議を主宰した。この審議は小会議によって「国制に対する攻撃」と見なされ、サラザンは逮捕された。しかし人々の支持を受け、帯剣した一二〇名の二百人会議員の抗議や牧師団の仲介によってサラザンは小会議の譲歩という形で釈放されたのである[23]。

第5節　内紛と秩序――動揺の十八世紀

このような二百人会議を中心とした抵抗が試みられるなかにも、寡頭政は進行していった。シュヌヴィエールによれば、「ジュネーヴを指導していたのは完全に閉鎖的な寡頭政」ではなかったが、エスカラード事件から十八世紀末まで絶えず諸会議を代表していたのは、トランブレ、ピクテ、リュラン、ガラタン、リリエの五家族であり、これに加えて一七〇七年の危機の頃には、家柄の古い家族として、ラ・リーヴ、デュパン、ノルマンディ、ファーヴル、ルフォール、ビュイッソンなど九家族が小会議の代表的家族となっていた。さらにテュレッティーニやファスィヨ、トロンシャンなどは新興の家族として十八世紀を通じて統治層を形成していたという[24]。

十八世紀のジュネーヴは[25]、フランスにおけるユグノー排撃を主な原因として人口は一〇〇年間で一万人以上増加し、時計・装身具・金箔などの製造業、インド更紗を中心とする綿工業、金融業などの隆盛が見られ、経済的に発展した[26]。しかしその一方で、しばしば紛争に見舞われた。対立の火種が大きく燃え上がったのは、具体的には一七〇七年、一七三四年から三八年、一七六二年から七〇年、一七八一年から八二年の紛争、そして一七九二年から九四年の革命の五度であった。そして紛争を解決するためには、しばしばベルンやチューリヒ、フランスなど外国の力を借りざるを得なかった。対立の構図は、世紀初頭から半ばにかけては、貴族と呼ばれる国家統治層すなわち小会議と、総会を構成するブルジョワジーと呼ばれる人々とが主権の帰属やその行使主体をめぐってのものであったが、世紀後半にはそれまで政治的・経済的権利を著しく制限されていた出生民（Natif）が国政における彼らの意思の反映を要求したという事実も見過ごせない。

ブルジョワジーとは、ほとんどが時計職人の親方からなる通常の市民と、もともとは外国人であるがブルジョワ証書を購入することによって営業権を獲得した人々すなわちブルジョワを指す。彼らは総会に参加する権利を有していた。これに対して単なる外国人である居住民（Habitant）がおり、その子どもとして城壁の内側で生まれた出生民がいた。だが、彼らには政治参加の権利がなかった。したがって十八世紀の対立を概括していえば、政策形成に諸身分がどれほどその意思を反映できるかというものだったといってよいであろう。

ピエール・ファスィヨ事件

一七〇七年の紛糾はピエール・ファスィヨ事件（Affaire Pierre Fatio）と呼ばれている。背景にはワインに対する新たな課税措置の諸提案が十七世紀末から矢継ぎ早になされたことにある。この措置に対しては市民およびブルジョワがいとも容易に政府の譲歩を引き出したことからブルジョワジーは自らの力強さを意識し始めた[27]。ささいな口論に起因する事件の弁護を引き受け貴族を敗北させた名門出身の弁護士で、二百人会議員でもあるファスィヨ（Fatio, Pierre, 1662- 1707）は、政府側からはそれ以後「敵」と見なされるようになった。ファスィヨが弁護に勝利したのと同じ一七〇六年に、ブルジョワジーたちは総会における秘密投票、二百人会議の構成員を自ら選出するこ

図 2-5-2　ピエール・ファスィヨ碑
（著者撮影、2017 年 6 月）

と、同一家族の諸会議に占める人数の制限、諸法令の出版の四点を要求した。小会議はこれを拒否する。この措置に不満な一市民フランソワ・ドラシャナは、翌年一月の市長選挙の際、これらの要求の書き付けを読み上げようとして遮《さえぎ》られた。ドラシャナはこの要求を各戸に回覧して周った。この件が二百人会議で問題とされ、ファスィヨはドラシャナ弁護を引き受けたのである。(28) この後、首席市長の自宅でドラシャナとの会談がもたれたが、このとき市長は要求書をドラシャナから奪い、これを火にくべたといわれる。フェリエによればこのほんのささいな出来事が親子を引き裂き、友を離反させる混乱の端緒になったという。(29)

この後、混乱を収拾するための会合が何度か開かれたが奏功せず、反政府側はむしろファスィヨを指導者とする「抗議派」として求心力を高めた。小会議はベルンとチューリヒに応援を乞うた。事態が緊張を高めるうちに、両カントンの軍隊をも呼び寄せることになる。しかしこれはかえって混乱を深めるだけであった。ここで対立の争点の一つが主権の帰属とその行使主体に及んだことを記しておきたい。この争点は十八世紀において最大のものだったからである。すなわち首席市長ジャン＝ロベール・シュエ（Chouet, Jean-Robert, 1642-1731）は主権が総会に帰属することを認めながらも、実際の行使は小会議と二百人会議に委託されるべきであると主張した。これに対してファスィヨは、主権を行使することのできない主権者は架空の存在にすぎないと批判した。

事態収拾を図って二百人会議員ジャック・シュノー（Chenaud, Jacques, 1654-1741）はブルジョワジーの要求を緩和した四つの新提案を一括して採決する案を提出した。すなわち法令は改訂され、出版される、総会の選挙は秘密投票でおこなわれる、諸会議に占める同一家族の人員は制限される、立法に関する総会は五年ごとに開催される、というものである。ファスィヨはこれを罠と捉え、個別採決か一括採決かの手続き上の採決を取るべきだと主張したが、結局シュノーの案が五月二六日に可決された。不満分子は収まらず、流血こそなかったが事態は混乱した。沈静後の八月一七日、ファスィヨら首謀者は逮捕され、ファスィヨは九月七日に銃殺される。(30)

ミシュリ事件から内乱へ

一七三四年から三八年の紛糾は、課税措置に端を発し、最終的には流血の武力衝突に発展してベルン、チューリヒ、フランスによる調停によって終息した。ヴォルテール（Voltaire, François Marie Arouet dit, 1694-1778）は自ら居住した十八世紀のジュネーヴを捉えて「渺々《びょうびょう》たる共和国（Parvulissime République）」と評したが、(31)この言葉がよく表しているように、ジュネーヴはあまりにも小規模なため、自前の軍事力・警察力によって混乱を収拾することはできなかった。紛糾の発端は一七一四年に二百人会議がオランダ人技師の発案に基づく大規模な城壁の改築事業を採択し、その費用捻出のため莫大な借金および間接税の導入・増税を、総会に付託することなく決定したことにあった。築城反対派は何度か検事総長に掛け合ったが受け入れられなかった。工事終了前にその費用が当初の予定を大幅に上回ることが判明した。これを受けて名門出身で築城技術に詳しい技師のジャック＝バルテルミー・ミシュリ・デュクレ（Micheli du Crest, Jacques-Barthélemy, 1690-1766）が原案を地政学的観点から批判した。二百人会議で自己の見解を開陳することを望んだミシュリは首席市長から報告書の提出を命じられ、『ジュネーヴの築城問題で生じたことに関する覚書』を作成し、一七二八年一一月末、これを五〇部印刷し頒布した。しかしこの行為によって、市の軍事的な布陣やその弱点を敵に知らせるという理由で有罪の疑いをかけられる。二百人会議はミシュリを喚問しようとしたが出頭せず、ミシュリと反政府勢力とのつながりも明らかになったため、終身刑および財産没収の判決が下される。だが、ミシュリはすでにジュネーヴを出ていた。これはミシュリ・デュクレ事件（Affaire Micheli du

Crest）と呼ばれている。[32]

エスカラード事件以来、何度か城壁は改築されており、実際、サヴォワ公はジュネーヴへの関心を失ったわけではなかった。それ故、ブルジョワジーたちの中には、金銭的負担や防衛の任務の必要性も理解していたが、増税などの措置に関する総会への付託手続きを省略することには反対意見を持つ者が多かった。したがって、争点は租税の課徴措置が小会議および二百人会議の専権事項なのか否かに収斂する。一七三四年三月、ブルジョワジーたちは、新税および城壁改修の再吟味と総会開催の公正な決定とを求めた「代表意見（représentation）」を、各市長および検事総長に表明すると同時に千名規模のデモをおこなった。しかし政府側はこれを政府の転覆とともに無政府状態の誘導をも意図したものと受け取り、状況が緊迫する。折から砲門閉塞事件（le tamponnement）が発生する。六月三〇日深夜に下町のシャントプーレ砦において約二〇門の砲門が木材で塞がれ使用不能の状態になり、また翌朝、荷車に積まれた二門の小型砲が発見された。[33] 事件後の緊張は、政府側が拷問の廃止や新税の一〇年間の棚上げ措置を決めたことで一時的に緩和されたかに見えたが、[34] 事件の実行者の特定および政府の問責で問題が再燃する。ブルジョワジーは現市長や前市長、小会議員の罷免と、元警備隊担当市長ジャン＝トランブレ（Trembley, Jean, 1674-1745）の国外追放を要求する。数において劣勢な政府側は、国境守備隊中尉にして二百人会議員モンレアル伯爵（Bernard de Budé, Comte de Montréal, 1676- 1756）に画策させ、何ら政治的権利を有しない出生民および居住民を巻き込んでブルジョワジーに対抗させようとした。こうして政府とブルジョワジーとの対立は、一七三七年夏には一触即発の状態に至る。イルの警備隊が増強されているという噂を広めた四名の市民の裁判をきっかけに武力による対峙にまで発展し、衝突する。

『調停規定』に基づく和平

内乱は翌年五月まで続いた。その一場面は、母親の遺産を相続するために帰郷した当時二五歳のルソーが目撃し、後に『告白』に記している[35]。内乱を終息させるために、ジュネーヴはフランス、ベルン、チューリヒによる調停を必要とし、これを受けて三国は『ジュネーヴ共和国の混乱を収拾するための卓越せる調停規定（*Règlement de l'illustre Médiation pour la pacification des troubles de la République de Genève*）』［以下、単に『調停規定』とする］を提案した。内乱を目撃したルソーも書簡詩『ヴァランス男爵夫人の果樹園（*Le Verger de Madame la baronne de Warens*）』において提案の受諾を決断すべきと述べている[36]。受諾しなければさまざまな不利益を被ることを示唆しながらの提案であったが、圧倒的支持を得て、『調停規定』は総会の合意を獲得した。主要な内容を列記すれば、法案および法律の変更の承認および拒否の権限、主要な為政者すなわち四人の市長や財務官、傍聴官、検事総長などの選出と拒否の権限、外国とのいかなる条約も、国家の領土のいかなる譲渡も、いかなる抵当付借り入れも、城壁の増築も総会の承認なしには認められないこと。宣戦および和平の締結に関しては総会が投票すること等である［以上、第三条[37]］。総会に付託される全ての事項は、市長、小会議、二百人会議によってのみ提案され［第五条[38]］、また事前に小会議によって審議・承認されなければ二百人会議に付託され得ず、事前に二百人会議によって審議・承認されなければ総会に付託され得ない［第六条[39]］。しかし総会が立法的権限を全く有しないということではない。後述の「ルソー事件」において際立つ代表権が第七条に規定されている。すなわち、ブルジョワジーたちは彼らが国家の善に適していると判断した代表意見を、市長および検事総長に提出権限を有する[40]。

また二百人会議は小会議の二五名を含めればそれまで二二五名からなっていたが、二五名増員されて二五〇名とされ［第一二条］、年齢資格が引き上げられて三〇歳とされた［第一一条[41]］。出生民や居住民は以前と同様に、政治的権利を有しないが、出生民はあらゆる職業に就くことが許され、認可手数料を税務当局に支払うことによって親方にまで出世することができる［第三六条］[42]とされている。こうした内容は、とりわけ諸会議の権限に関しては従来のそれの踏襲であり、大きく変更されてはいないが、これによって以後、約二五年間ジュネーヴには表面上の平和が訪れることになった[43]。

ルソー事件とその帰結

一七六二年に相次いで出版されたルソーの『社会契約論』と『エミール』に対する断罪措置を契機に国内が三たび紛糾する。政府は、定期人民集会の提唱や啓示宗教への批判を容認しなかった。しかし純粋な意図によって祖国への貢献をなしたと自認するルソーにとって、弁明の機会も与えない断罪は不当そのものであった。ルソーはジュネーヴ人たちが不当な手続きに抗議することを期待した。しかしピクテ中佐（Pictet, Charles, 1713-1792）のように、断罪の理由を独自に分析した場合を別としても、抗議の気配は見られなかった。実際、一方でキリスト教は奴隷的であり、共和国には不適切であると論じ、他方で啓示宗教を痛烈に批判したルソーの主張は、多くの人々から不興を買った[44]。政府が『エミール』弁護論である『ボーモンへの手紙』の増刷を禁じたにもかかわらず、ブルジョワジーたちは抗議しなかったのであるが、それが直接的な引き金となって、ルソーは一七六三年五月に市民権を放棄する[45]。

これを契機にブルジョワジーはようやく立ち上がり、その後四カ月にわたって四回、彼らは代表権を行使する。すなわち断罪以前にルソーへの事情聴取がなされていないこと、教会令八八条は、教義に関しては長老会の見解を待って初めて小会議は決定を下せるとあるのにそれを尊重していないこと、ピクテ中佐の断罪に当たっては市長が裁判長を務めていなかったことの正否を論点とした。これに対して小会議は、上訴は当事者とその家族の権利であるとしてこれを拒否した。こうして代表派（Représantans）と拒否派（Négatifs）が形成されていく。限定的な代表権を不満とする代表派は、「立法権」によって問題を解決すべく総会の招集を要求したが、またも小会議は、法の条項の曖昧さに関して総会を招集できるのは、小会議のなかで意見が分かれた時のみであると回答した。[46]

ところが第四回の提出意見について、ブルジョワジーの指導者の一人ジャック゠フランソワ・ドリュック（De luc, Jacques-François, 1698-1780）がルソーに校訂を依頼した頃、偶然、ルソーおよびピクテの断罪の手続きを正当化する匿名文書『野からの手紙』が市中に出回った。著者は検事総長ジャン゠ロベール・トロンシャン（1710-1793）であると推測されていた。このためルソーは、祖国の混乱をより深めることを憂慮しつつも反論文書『山からの手紙』を一七六四年末に出版する。この出版のタイミングは翌年初めの市長選挙を十分睨《にら》んでのことであった。

政府ばかりでなく、二百人会議や牧師団をも痛烈に批判し、さらに人々の団結を強く訴えた『山からの手紙』の衝撃は大きく、拒否派をひどく動揺させ、代表派に息を吹き込み彼らを勢いづかせた。ルソー自身が内紛に今後一切関わらないと表明する一方で、総会は提案された全ての為政者の候補を拒否した。同様の拒否は翌一七六六年一月まで一一回繰り返されたという。[47] こうした国内政治の機能不全に対して、小会議は三〇年前と同じくフランス、ベルン、チューリヒに調停を要請した。しかし今回の調停は以前とは異なり総会によって否決され失敗に終わる。

この間、ヴォルテールも深く関わった出生民の政治的経済的条件をめぐる権利拡大運動が展開された。出生民の人口は十八世紀にはブルジョワジーとほぼ同程度になっていたにもかかわらず、相変わらず政治的権利は付与されていなかった。[48] 政治的権利を獲得するには、ブルジョワ証書を購入する必要があったが、その価格は十六世紀には五〇エキュだったものが、十七世紀には三千フローリンに、十八世紀には最低でも五千フローリンにまで高騰しており、[49] 通常の出生民には購入不可能な額になっていた。彼らに対しては、六八年の小会議と総会との合意によって、同業組合幹事への就任および医療的職業への従事、自作の製作物の販売権などの項目が認められたにすぎない。

実のところ小会議と総会の関心事に、出生民の権利は含まれなかった。一七六八年三月にようやく合意に到達した『和解法令（l'Edit de Conciliation）』の内容は、総会が二百人会議の半数を選出し、小会議員を投票によって排除できるが、ただし排除の投票は総会で四回継続的に確認されなければならないというものであった。[50]小会議と総会は一応の合意に達したものの、「無学の輩（grimauds）」と呼ばれた出生民の不満分子のなかには、政治犯の解放を企図する者もいた。その結果、一七七〇年二月の出生民の逮捕と追放という結末を迎えた。重要なのは、このとき小会議による武力行使の提案を総会が認め、セルクルと呼ばれる出生民の政治サークルの解散が決議された点である。減税や軍事演習における叙勲という懐柔策にもかかわらず、武力行使を予防的に発令したことが遺恨の原因となった。[51]

ロヴレ事件と八〇年代の混乱

この後一七九八年にフランスに併合されるまで、ジュネーヴには大きな動きが二回訪れる。一度目は一七八一年から八二年のそれであり、二度目は一七九二年から九四年のそれである。『調停規定』の第四二条には一般法規集の迅速な作成と印刷が謳われていたが、小会議は一七七四年二月にその着手を決定した。この問題をめぐって国内は再び動揺するが、フェリエによれば国内には一七七〇年代末までにはおおむね四つの勢力が形成された。第一に「国制派（Constitutionnaires）」の異名をとる急進的拒否派である。彼らは政府とは一線を画し、総会において棄権票を投票した。総会による政治を衆愚政治と捉え、これと対決するためには外国勢力の誘致も辞さなかった。第二に市長および小会議によって形成された穏健拒否派である。彼らは直接民主政を認めなかったが、総会との妥協は可能と考えた。第三勢力の代表派はピエール・ファスィヨの理想を受け継いだという。第四に出生民は、通常の市民と同等の権利を得ることを期待し、「国制派」の意のままになっていたとされる。[52]二百人会議に委ねられた法規集の草案に関して国内では意見がまとまらず、一七八〇年夏、フランスの外務大臣ヴェルジェンヌ伯爵（Vergennes,

Charles Gravier, comte de, 1717-1787）が調停案を作成した。これに対抗して代表派の指導者で検事総長のデュ・ロヴレ（du Roveray, Jacques-Antoine, 1747-1814）は同年末、建言書を発表した。翌年初め、小会議はロヴレを市庁舎に拘束して職務の執行を一時的に禁止し、彼に釈明を命じた。ロヴレの拘束後、暴動が発生し一出生民が殺害された。これを機に国制派と代表派とが衝突する。代表派が二月上旬に市を制圧した後、『恵みの法令（l'Edit bienfaisant）』と呼ばれる法令が二百人会議でも総会でも決議された。この法令の受益者は出生民であった。国制派との約束以上の利益を得た出生民の多くは代表派に加担するようになる。法令の適用をめぐってはフランス、ベルン、チューリヒともども反対したが、代表派はその施行に固執した(53)。

『恵みの法令』の施行をめぐって一七八二年春まで事態は非暴力的に推移したが、もはや代表派も統制し得なくなった出生民が武装蜂起して、市の各地を占領し、国制派の十数名を人質とした。こうした事態を受けて四月半ば、総会は諸会議の粛清と刷新を図った。一一名の小会議員、三二名の二百人会議員が代表派に取って代わられた。また『恵みの法令』の施行を企図して「安寧と秩序を確立するための公安委員会」が設立された(54)。

これに対して貴族は外国勢力に頼ることで形成を挽回しようとする。すなわちフランス、ベルン、サルデーニャは軍隊を派遣し、七月二日、ジュネーヴは三方からそれぞれ侵入した三軍に制圧される。四日には四月以後定められた全ての決議が無効とされ、一一月には「黒い法規集（Code noir）」と呼ばれる新たな『和平法令（L'Edit de pacification）』が小会議および二百人会議において承認される。この法令には総会の立法的諸権限は残されていたが、選挙の権限が制限され、四名の市長と代官（lieutenant）は四年ごとに機械的に就任するところとなった。また代表権は手続きが複雑化され、行使困難な権利にされた。市民に愛されたセルクルは廃止された。さらにあらゆる革命を不可能にすべく、火器の所持は禁じられ、民兵の部隊は解散させられた。代表派の主要メンバーは七月上旬には国外に亡命し、ヨーロッパ各地にジュネーヴコロニーを形成した(55)。

ジュネーヴ革命と共和国の終焉

秩序は回復されたが遺恨は残された。一七八八年から翌年にかけての冬が厳しく、凶作によって食料品が高騰し、細民の暴動が惹起された。暴動は国制派と代表派との接近という結果を導いた。政府は外国勢力に頼ることなく事を処理し、法規集を改訂するための委員会を設置した。一七八九年二月一〇日、総会は改訂『和平法令』を圧倒的多数によって承認した。その内容は、政治について談じないという条件でのセルクルの復活、四代目の出生民のブルジョワジーへの加入、亡命した代表派の帰国、小会議に欠員が生じた場合は二百人会議が候補者を三人立て、これを総会が選出すること等であった[56]。

しかしこの新たな国制も全ての人々を満足させたわけではない。とりわけ各地のコロニーからの帰国者に新たな国制への反対者が見られた。彼らは一七八九年法令を再検討する委員会を設立する。だがこうした動きによって一七九一年初頭には、既得権を得た出生民と城壁外に居住する服従民との友好関係がもたらされた。これに危機感を抱く拒否派と代表派とが今度は接近し、国内の対立・緊張は複雑化する。二百人会議での法令改訂委員会の報告に際して、服従民はコルナヴァン門を襲撃し、出生民はコルナヴァン通りに集結した。政府は迅速な対応を迫られる。

こうして新たな法令が同年三月二二日に圧倒的多数で採択された。内容は共和国の主権は総会によって行使されること、つまり課税および代表についての裁定、同盟の権限、和戦の宣言、築城に関する決定、官職・法官・為政者・領地に関する諸決定が総会の権限とされた。四名の市長や傍聴官、検事総長など主要な官職の指名権が総会に与えられたが、小会議が二百人会議に対して、また二百人会議が総会に対して持つ発議権は与えられなかった[57]。また出生民と服従民の政治的権利は認められなかった。

一七九二年にはフランス革命の余波が本格的にジュネーヴに押し寄せる。四月二〇日、フランスの立法議会がオー

図2-5-3　1789年2月10日の総会の帰還（クリスティアン・ゴットローブ・ゲスレール画）
注：改訂『和平法令』を採決した総会員がサンピエール大聖堂から市庁舎に帰還する様子を描いたもの。中央の黒い服装は小会議員たち。右側に見える建物が市庁舎。

出典：Barbara et Roland de Loës, *GENÈVE, par la gravure et l'aquarelle, Galerie de Loës*, Genève, 1988, p.311.

ストリアに宣戦布告した際、スイス盟約者団は中立を宣言したが、ジュネーヴもそれに歩調を合わせた。その後、革命軍によるサルデーニャの占領や、ベルンおよびチューリヒからの応援部隊を駐留させたことで緊張が高まるなか、ジュネーヴは動揺し、一二月五日の一出生民の殺害事件を契機に、画期的な法令が新たに採択された。すなわち一二月一二日の法令において、第一に全ての市民、ブルジョワ、出生民、居住民および服従民に政治的平等が認められ、第二に国制の完全な改正を国民議会に委ねることが定められ、第三にルソーと彼の作品に対して下された判決が取り消された。二八日には小会議員は全員免職させられ、代わりに二つの臨時委員会、すなわち「軍事公安臨時委員会（le Comité militaire ou Comité provisoire de sûreté）」および「行政臨時委員会（le Comité provisoire d'Administration）」が設置される。これによってジュネーヴの旧体制は終焉を迎えた。この後、一七九四年四月までジュネーヴはこれらの臨時委員会によって統治される。[58]

この革命政府は、国制の基礎を固め、法を整え、行政を機能させることを自らの課題とした。一七九四年二月には九二年の法令に従って直接民主政に基づく国制が定められた。執行権は、交代制で議長を務める四名の市長を含めた一三名の行政会議に委ねられる。権力の私物化を避けるため市長は再選不可任期一年とされた。議員は任期三年である。立法権は四二名の立法会議（Conseil législatif）に帰属した。立法会議によって入念に作成された計画案が総会によって承認された後に国家法となる。こうして義務的レファレンダムの制度が機能することとなった。司法権は分立されたが、法の執行を担い三年ごとに選出される検事総長によって統括される。国制は政治的クラブを認めなかったが、市民にはイニシアティヴとして要求の権利が認められ、当局は個人の要求に答えなければならない。この個人権は法律違反、官吏に対する告訴、国制の変更に適用される。一定数の市民の要求にしたがって、立法会議は変更案を総会に諮らねばならないものとされた。[59]

おわりに

こうしてジュネーヴ共和国は革命によって旧体制から脱し、新たな道を歩み始めたかに見えた。一七九三年五月に赴任したフランス駐在官の執拗な介入に手を焼きながらも独立を確保しようと努めた。しかしその後、一七九四年七月にジャコバン派に影響された過激な勢力が蜂起し、革命裁判によって旧勢力を弾圧した。フランスのテルミドール・クーデタ後、一七九二年の国制に基づく秩序が回復され、九六年には国制の再検討が試みられたのも束の間、一七九八年四月一五日にフランス軍に市庁舎を占領され、併合条約を受け入れることでジュネーヴ共和国は終焉を迎えたのである。[60]

◆註

（1）Société d'Histoire et d'Archéologie de Genève（以下 SHAG）, 1956, p. 3.
（2）カエサル（近山金次訳）『ガリア戦記』岩波書店、一九六四年、二八頁。
（3）DHS（http://www. hls-dhs-dss.ch/textes/f/ F19505. php）.
（4）Dufour, Alfred, *Histoire de Genève PUF* (Que sais-je?): Paris, 1997, pp. 15-16.
（5）*Ibid.*, p. 24.
（6）DHS（http://www.hls-dhs-dss.ch/ textes/f/F13740.php）.
（7）Dufour, *op. cit.,* pp. 22-23.
（8）SHAG, 1951, p. 140.
（9）Ibid., p. 141.
（10）Ibid., p. 141.
（11）Dufour, *op. cit.*, p. 31.
（12）森田安一『スイス――歴史から現代へ（補訂版）』刀水書房、一九八八年、八六頁。
（13）Dufour, *op.cit.*, pp. 34-36.
（14）SHAG, 1951, pp. 180 -181. Dufour, op. cit., pp. 37-38.
（15）Dufour, *op. cit.*, p. 40.
（16）モンター、E・W（中村賢二郎・砂原教男訳）『カルヴァン時代のジュネーヴ――宗教改革と都市国家』ヨルダン社、一九七八年、八六頁。
（17）SHAG, 1951, p. 310.
（18）Ibid., pp. 240-241, p. 243.
（19）Guerdan, René, *Histoire de Genève*, Mazarine: Paris, 1981, p. 127.
（20）SHAG, 1951, p. 274.
（21）Ibid., p. 275.

(22) Ibid., p. 336, p.343.

(23) Ibid., pp. 351-353.

(24) Chenevière, Guillaume, *Rousseau, une histoire genevoise*, Labor et Fide: Genève, 2012, p. 27.

(25) 十八世紀のジュネーヴ史に関しては，川合清隆『ルソーとジュネーヴ共和国――人民主権論の成立』（名古屋大学出版、二〇〇七年）の特に第五章および終章をも参照した。

(26) Walker, Corinne, *Histoire de Genève, De la cité de Calvin à la ville française (1530-1813)*, Édition Alphil-Presses Universitaires Suisses, 2014, p. 64, pp. 90-92.

(27) SHAG, 1951, p. 403.

(28) Ibid., pp. 404-405; Fatio, Olïvier et Nicole, *Pierre Fation et la crise de 1707*, Labor et Fides, Genève, 2007, pp. 68-73, pp. 82-91.

(29) SHAG, 1951, p. 405.

(30) Ibid., pp. 409-412.

(31) Voltaire, François Marie Arouet, *Correspondance* VII, Gallimard: Paris, 1981, p. 978.

(32) SHAG, 1951, pp. 414- 416.

(33) Ibid., , pp. 420-421.

(34) Chenevière, *op. cit.*, pp. 76-78.

(35) Rousseau, Jean-Jacques, *Œuvres Complète* I, Gallimard: Paris, 1959, pp. 215-216.

(36) Rousseau, Jean-Jacques, *Œuvres Complète* II, Gallimard: Paris, 1964, p. 1129.

(37) anonymous, Règlement de l'illustre médiation pour la pacification des troubles de la république de Genève, les frères de Tournes: Genève, 1738, pp. 6-7.

(38) Ibid, p. 8.

(39) Ibid, p. 9.

(40) Ibid, p. 9.

(41) Ibid, pp. 10-11.

(42) Ibid, p. 23.
(43) この二五年間で特記すべきは、経済的繁栄もさることながら、五四年に締結されたトリノ条約によってサヴォワ公国の後身であるサルデーニャ王国との間で領土が確定されたことであろう。
(44) ルソーの親しい友人であったムルトゥーやルスタン、ヴェルネらが別個にその宗教思想に対して違和感を示したり、批判論を展開したりした。
(45) Rousseau, Jean-Jacques, *Œuvres Complètes* III, Gallimard: Paris, 1964, CLXIV.
(46) SHAG, 1951, p. 484.
(47) Chenevière, *op. cit.*, p. 171.
(48) SHAG, 1951, p. 456. 出生民の権利拡大運動に対するヴォルテールの関わりについては、Gay, Peter, *Voltaire's Politics, The Poet as Realist, Vintage Books*, New York, 1965, pp. 220-238.
(49) https://www.ge.ch/ scn/ historique/
(50) Chenevière, *op. cit.*, p. 180.
(51) *Ibid.*, p. 184-185; SHAG, 1951, p. 458.
(52) SHAG, 1951, p. 461- 462.
(53) Ibid., pp. 462-470.
(54) Ibid., pp. 471-472; Chenevière, *op. cit.*, p. 201.
(55) SHAG, 1951, pp. 474- 475; Chenevière, *op. cit.*, p. 211; Dufour, *op. cit.*, pp. 86-87; Binz, Louis, *Brève histoire de Genève*, Chancellerie d'Etat Genève, 2000, p. 45.
(56) SHAG, 1951, pp. 478-481; Dufour, *op. cit.*, p. 87.
(57) SHAG, 1951, pp. 495-498.
(58) Ibid., pp. 501-506; Chenevière, *op. cit.*, pp. 229-254; Dufour, *op. cit.*, pp. 88-89.
(59) SHAG, 1951, p. 506, pp. 513-514; Chenevière, *op. cit.*, pp. 253-254.
(60) SHAG, 1951, pp. 515-539.

第6章

国際社会の一員としてのジュネーヴ

大川四郎

はじめに

ジュネーヴは、小都市でありながら、地理的に交通の要衝にある。このため、その発祥期より、ジュネーヴは人の交流や、物流の拠点であった。こうした歴史的背景から、この都市に国際諸機関の本部ないしは重要拠点が置かれてきた。

なかでも、二十世紀初頭のジュネーヴに国際連盟の本部が置かれたことは、つとに知られている。その際に、国際連盟を発案した米大統領ウッドロゥ・ウィルソンは、本部所在地としてジュネーヴを強く推した。その理由は、もともとこの地に赤十字国際委員会が置かれていたからだという。さらに、ジュネーヴを含むスイスが永世中立を標榜していたことも、重要な背景である。

また、その後、ジュネーヴにおいて、国際労働者協会（いわゆる「第一インターナショナル」）第一回総会が開かれ（一八六六年）、平和会議（Congrès de la Paix）が開催された（一八六七年）。英米両国間で起こったアラバマ号事件をめぐり、一八七一から一八七二年にかけて国際仲裁裁判所が開廷された場所もジュネーヴである。一八六三年に赤十字国際委員会が定礎されたことを嚆矢として、ジュネーヴの国際化が進んでいった。

したがって、「国際社会の一員としてのジュネーヴ」を論じる格好の素材として、ジュネーヴに起源を有し、赤十字国際委員会を設立させた市民運動の歴史を、第一次世界大戦期までに限定し、以下たどることにしたい。

第1節　揺籃期——「創業者」デュナンと「守成者」モワニエとの相克

一八五九年六月、北イタリア・ロンバルディア地方のソルフェリーノにおいて、フランス・サルデーニャ連合軍と、オーストリア軍が激しい戦火を交えた。この結果、両軍に多数の死傷者が出た。商用で付近に居合わせたスイス人実業家アンリ・デュナンは、悲惨な状況を放置できず、地元民らと共に、敵味方の区別なく、負傷者の救援に奔走した。(1) デュナンは出身地ジュネーヴにもどり、一八六二年、この時の見聞を『ソルフェリーノの思い出』という書物にまとめ、ジュネーヴとパリで自費出版した。その中で、次のように提案した。

熱心で献身的で、こういう仕事をする資格の十分にある篤志家たちの手で、戦争のとき負傷者を看護することを目的とする救護団体を、平和でおだやかな時代に組織しておく方法はないものか……（中略）……この種の救護団体が作られ、常設的な存在になったとしても、むろん平時には不活発な状態にとどまるであろうが、起るかもしれない戦争に備えて、組織を整備しておくことはできるであろう。これらの団体は、その発生した国の官憲の好意をえる必要があるばかりでなく、戦争の場合には、その事業をりっぱにやりとげるために、交戦諸国の元首から認可を得、便宜を与えてもらう必

要がある。（木内利三郎訳）

デュナンは、自著をヨーロッパ各国の政治指導者や、各界の有力者らに送付した。たちまち大きな反響が起こった。なかでも、顕著な反応を示したのが、彼の郷里ジュネーヴで、ジュネーヴ公益協会委員長でもあったギュスターヴ・モワニエ弁護士(2)である。

当時、一七六一年に設立されたヘルヴェティア協会に由来し、スイス連邦全体の統合を促進するために、保守エリート層が中心となり、スイス公益協会を組織していた。その目的は、貧困の撲滅、教育の普及、経済発展だった。これに呼応し、ジュネーヴ州とスイス連邦、他諸州との連携・友好を促進し、ジュネーヴ州内の貧困撲滅、無知の克服、公衆衛生向上を呼び掛けていたのが、ジュネーヴ公益協会である。一八五五年二月に、モワニエはこの協会に入会した。実業界に飽き足らず、彼は、心の拠り所を慈善活動に求めていた。

モワニエは、デュナンに直接面会し、『ソルフェリーノの思い出』での呼びかけを、ジュネーヴ公益協会で議題として取り上げたい旨を提案した。デュナンはこれに同意し、自らも協会に会員として入会した。

こうして、一八六三年二月一七日に開催されたジュネーヴ公益協会において、委員長モワニエの司会で、ギヨーム・アンリ・デュフール将軍(3)、テオドール・モノワール医師、ジュネーヴ公益協会委員長のギュスターヴ・モワニエ、ルイ・アッピァ医師の間で、次のような議論が交わされた。デュナンは議論に加わると同時に、書記をもつとめた。

モワニエ「ジュネーヴ公益協会は、一八六三年二月九日の会議で、『ソルフェリーノの思い出』なる書物の結論部で提起されている考え、すなわち、負傷者に対する救援組織を平時の間に創設し、かつ、篤志看護婦団を交戦諸部隊に随行させること、以上二点につき、真摯に検討すべきであることと決定した。……（中略）……当委

員会は国際常置委員会となるべきことを明言する」（デュナン氏がこの発言を支持した）

……（中略）……

デュフール将軍「（前略）この委員会はヨーロッパ各国において組織すべきであり、戦争勃発と同時に活動できるようにすべきである。……（中略）……以下のことを目的として、標識、制服、又は標章を着用することが妥当である。すなわち、その目的とは、広く認知されたそれらの標章を呈示することにより、戦地における救護活動を継続することにある（後略）」

……（中略）……

デュナン「（前略）当委員会が構想している活動の中で重要となるのは、篤志看護師らを戦場に派遣することのみならず、当委員会の活動範囲が極めて広範であることを公衆に諒解してもらうことである。当委員会の提案では、以下の諸点を内容とすべきである。第一に、負傷兵搬送手段を改善すべきこと、第二に、野戦病院における業務を充実させること、第三に、負傷兵又は傷病兵を治療するにあたり、有用な技術改善を広範に実施すべきこと、第四に、救護手段を展示する博物館を実際に創設すべきこと（この博物館は非戦闘員に対し、有用な啓蒙手段となるであろう）、等々。デュナン氏によると、諸委員会（＝当「国際負傷軍人救護常置委員会」及び「（ヨーロッパ各国においても組織される）委員会」）は、常置すべきであり、かつ、まさしく国際的な博愛精神に則って運営すべきである。これら諸委員会は、様々な種類の救護活動を提供するために、便宜を図るべきである。そのために、これら諸委員会は、税関障壁を免除され、かつ、いかなる種類のものであれ、内部資金の着服を起こしてはならない。ヨーロッパ各国において、諸国家元首が、これらの諸委員会を、自ら後援して下さるであろうことを、懇請すべきであろう」[4]（傍線部はいずれも引用者）

これらの出席者五名をもとに、ジュネーヴ公益協会から独立して、国際負傷軍人救護常置委員会（五人委員会）が発足した。引き続き、デュナンはその書記をも務めた。

デュナンらがその使命を実現するためには、まずもって、国際的な広がりを確保することが必要だった。一八六三年九月六日より一二日にかけてベルリンで国際統計学会が開催された。これは、格好の機会だった。というのは、その第四部会のテーマが民間人と軍人との衛生・死亡統計値を比較することだったからである。また、その参加者の大半が、一般医師と軍医だったからでもある。この席上、デュナンは、自著『ソルフェリーノの思い出』を要約しつつ、各国にその代表をジュネーヴに送り、五人委員会と共に審議に参加するようにと呼びかけた。結果は大成功だった。そして、彼は、各国要人との個人的面談からも、確かな感触を得た。この会議中、意気投合したオランダ人軍医ベスティングとの対話から、デュナンは、戦場における救護活動を確実にするためには、負傷者そしてその救護にあたる衛生要員を「中立化」すべきだと着想した。そして、その内容を自己負担で現地ベルリンの印刷所に印刷させるとともに、「国際負傷軍人救護常置委員会書記アンリ・デュナン」の名の下に、「回状（circulaire）」として各国関係者に送付した。

こうして、一八六三年一〇月二六日、国際負傷軍人救護常置委員会の主催により、ジュネーヴ市内アテネ館において国際会議が開催された。この会議での審議の結果、同年一〇月二六日に、「ジュネーヴ国際会議決議」（全一〇ヶ条）が可決された。これにより、次の三原則が確立された。第一には、「各国は平時から救護団体を組織しておき、戦争負傷者の救護に備える。戦時には、軍の衛生部隊と協力して、この団体は救護活動を実施する」（第四条、第六条）。第二には、「救護に従事する者は、白地に赤十字の標章をつける」（第七条）。第三には、「救護に従事する者、野戦病院、負傷者は、交戦諸国から中立の扱いを受ける」（付帯勧告B）。以上の三原則が確立された。これらの原則は、事実上、その後のジュネーヴ条約の根幹に該当する。ピエール・ボワシエは、「戦傷者救護（赤十字）活動の基本原則」（括弧内は引用者）であるとさえ評している。しかし、この会議は、あくまで民間人が主宰した私的なものに過ぎなかった。この決議が諸国家を拘束する国際法上の効果をもつには、スイス政府が諸外国に正式に通知を発して招集した外交会議で審議の末、可決され、関係諸国家間で条約として締結されなければならなかった。

国際負傷軍人救護常置委員会は民間人の集まりに過ぎない。委員の一人は有名なデュフール将軍である。しかし、わずか五名の民間人による外交会議招致の申入れを、スイス政府が取り上げるはずがなかった。

デュナンは単身パリに赴いた。自著『ソルフェリーノの思い出』による知名度を活かし、国際救護組織を創設すべきことを、フランス各界の要人へ説いて回った。併せて、国際負傷軍人救護常置委員会書記の名で、ジュネーヴで国際会議を開催したい旨の回状をも彼らに送付した。なぜならば、パリが「世界の中心であり、ここから新しい諸理念が全世界へ流布していく」（デュナン『遺稿回顧録』）からである。こうして、デュナンは皇帝ナポレオン三世の支持を取り付けた。その上、スイス政府からの外交会議開催招請があれば、フランス外相から、その配下にあるフランス外交官を介して世界各国政府に応ずるよう働きかけるとの確約を得るに至った。

他方、スイス国内では、デュナンを介したフランスの動向を注視しつつ、モワニエら国際負傷軍人救護常置委員会がスイス政府連邦内閣に外交会議招致を働きかけていった。その結果、一八六四年六月六日、連邦内閣は、全ヨーロッパ諸国とアメリカ合衆国、メキシコに招請状を送付した。

一八六四年八月八日より二二日にかけて、ジュネーヴ市庁舎内の会議室（今日のアラバマ・ホール）において、一六ヶ国の政府代表が参加の上、スイス政府主催による国際会議が開催された。五人委員会から、デュフール将軍とモワニエ委員長がスイス代表団に加わった。会議では、この二人が起草した原案をもとに、審議が進められた。最終日には、「戦地軍隊に於ける傷者及病者の状態改善に関する条約（一八六四年八月二二日のジュネーヴ条約）」（全一〇条[5]）が締結された。その内容は、前年の「ジュネーヴ国際会議決議」を法的に確認したものである。

その後も、委員会の場で、「篤志看護師団を（戦場に派遣することが）有用でありかつ不可欠であること」（一八六三年三月一七日会議）、「（国際負傷軍人救護常置）委員会はヨーロッパ各国政府に対して中立を保つべきこと」（一八六四年三月一三日会議）、をデュナンは提言した。これらは、いずれもその後の赤十字活動で実践され、ジュネーヴ条約中に条文化された。しかし、議事録上で確認できる彼の発言は、ここまでである。発案者である彼が国際負傷軍人救護常置委員会の中で活動した期間は、約四年間にすぎなかった。

その理由は、委員会の発案者でありながら書記の地位に甘んじたデュナンと、委員会発足当初から委員長をつとめたモワニエとの確執があったからである。デュナンは社交家であり、渉外活動に長けていた。彼の言動は熱情と直感の赴くままであり、所属している組織の枠をしばしばはみ出しさえした。例えば、一八六三年一〇月のジュネーヴ国際会議前にヨーロッパ中の関係者に「回状」を配布するにあたり、デュナンは事前に委員会からの同意を得ていない。「回状」の主たる論点は、負傷者そしてその救護にあたる衛生要員を「中立化」することだった。国際会議開催前の委員会会議の場で、デュナンから意見を求められたモワニエは、「君がやろうとしていることは不可能な事だと当委員会は考えている」（デュナン『遺稿回顧録』）と答えたという。しかし、この論点こそが、実際の国際会議を成功に導いた。結果的には、デュナンはモワニエらの面目をつぶしたことになった。

そのような折、デュナンは破産した。かねてより、フランス統治下のアルジェリアに進出していた彼は、最新設備を備えたモン・ジャミラ水車会社を設立させ、植民地経営に従事していた（デュナンがソルフェリーノに出向いたのも、この経営に必要な各種許可を、フランス皇帝ナポレオン三世に陳情するためだった）。ところが、この事業は順調に進まなかった。その上、一八六七年二月、出資元であるクレディ・ジェヌヴォワ銀行も破産した。ジュネーヴの出資者そして債権者から訴追されたデュナンは、一八六八年八月、ジュネーヴの民事裁判所より破産を宣告された。

当時、破産は不名誉なこととされた。さらに、破産者はその債務を完済するまで、民事上の権利を一部停止させられた。この破産はデュナン個人の問題に止まらなかった。彼が書記をつとめる（国際負傷軍人救護常置）委員会の対外的信用とその名声とを失墜させる危険があったからである。

このため、同年八月一五日の書簡で、モワニエはデュナンに対して書記辞任を要請した。これに対し、デュナンは滞在中のパリから八月二五日付の書簡で委員会に宛てて書記辞任を申し出た。九月六日、委員会の席上、書記を辞任しかつ委員会からも脱会したいというデュナンの申入れが承認された。

こうして、国際委員会の会議や活動の場から、その発案者デュナンの姿は見られなくなった。しかし、その後、普仏戦争（一八七〇〜一八七一年）、バルカン紛争（一八七五〜一八七八年）、セブリア・ブルガリア戦争（一八八五年）、ボーア戦争（一八九九〜一九〇二年）、第一次バルカン戦争（一九一二〜一九一三年）が相次ぐ中で、赤十字活動の意義が国際的に認知されていった。その結果、赤十字条約への加盟国が増え、各加盟国内でも、国内赤十字社が設立されていった。加盟国も、ヨーロッパ世界を超え、北米、トルコ、南米、アジア、アフリカにまで及んだ。(6)

この間、委員会本部の場所として、一八六七年六月一〇日のパリ国際会議の場で、フランス負傷軍人救護社代表フェッリクス・ド・ブレダから、国際委員会の本部をジュネーヴからパリに移すべきだとの意見が出された。その理由は、ジュネーヴよりも「来訪者が多い」パリの方が委員会の業務に便利だということだった。これに対して、同じフランス側代表団のうち、ユベール・サラダンから「ジュネーヴ条約は中立性に立脚している。それゆえ、本部を中立国内に置くのが妥当だ」との反対意見が出された。結局、委員会本部はジュネーヴとなった。

委員会を開催する場所としては、モワニエ邸（現在も、ジュネーヴ市内ローザンヌ通一二二番地に所在）が使用された。

活動が拡大していくと、当初の五人委員会体制では対応できなくなる。このため、一八七〇年から一八七四年の間に、ギュスターヴ・アドール（弁護士）ら五名、一八七四年から一八九一年までに、フレデリック・フェリエール（医師）ら五名、さらに一九一四年までに、エドゥアール・ナヴィーユ（ジュネーヴ大学文学部教授）、アドルフ・モワニエ（証券公認仲介人）ら四名が、委員として追加された。物故者を除くと、一九一四年時点では、一〇名体制となっている。全委員がジュネーヴないしは近郊のフランス語圏スイス（スイスロマンド地方）の出自で、各界の要人である。変転めまぐるしい国際情勢に応じて、迅速に会議を開催するためであろう。また、全員がプロテスタントの男性である。組織の同質性維持を配慮した構成になっている。[7] こうした経緯からであろうか、ギュスターヴ・アドールはモワニエの甥であり、アドルフ・モワニエはギュスターヴ・モワニエの息子である。実務上も、多数の書記を短期雇用している。

他方、活動と組織が拡大していくと、これを支えるだけの財政が不可欠である。ジュネーヴ、スイスロマンド地方、広くはスイス国内の民間篤志家からの寄付金、五人委員会の母体となったジュネーヴ公益協会からの補助金、国内外から原稿が寄せられる機関誌「負傷軍人救護国際回報誌（Bulletin international des Sociétés aux Militaires blessés）」（後に、「赤十字社国際回報誌（Bulletin international des Sociétés de la Croix-Rouges）」、「赤十字国際雑誌（Revue internationale de la Croix-Rouge）」に分割改称）定期購読料金、地元紙「ジュルナル・ド・ジュネーヴ」紙面上で読者に呼びかけた救恤金、で賄われた。例えば、一八六八年一一月一六日の会議では、財政が思わしくない場合、各委員が五〇スイスフランを納入すべきかどうかが審議された。[8] 大量の救恤品および救恤金を処理した普仏戦争直後の一八八二年以後、定期的に委員会の場で収支決算が報告審議されている。

一八七五年一二月二〇日の会議で、国際委員会を、従来の国際負傷軍人救護常置委員会という名称から、「赤十字国際委員会（Comité international de la Croix-Rouge, 以下ＣＩＣＲと略）」へと改称してはどうかと、モワニエから提案された。その理由は、一八六四年に発足した国際労働者協会（いわゆる「第一インターナショナル」）と区別するためだったという。審議の結果、提案が承認された。以後、赤十字国際委員会という名称が定着していった。

短期間ながら、その後のＣＩＣＲ活動にとって重要な契機となったのが、普仏戦争である。第一には、一八七〇年七月二五日の委員会で、スイス国内バーゼルに負傷軍人情報局（Agence internationale de secours aux militaires blessés）を設置した。その目的は、両交戦国負傷軍人救護委員会間での相互連絡に便宜を図り、負傷兵らの救護の実現に努めることだった。第二には、同年一一月一七日の委員会で、負傷軍人情報局とは別に、捕虜救護を目的とした組織を設置することについて、決定した。ジュネーヴ条約で明文上、救護の対象となっているのは、負傷兵である。負傷していない捕虜は含まれていなかった。しかし、戦闘後長期間にわたり身柄を拘束されている捕虜の処遇が、条約締結後、問題となっていたからである[9]。これら二つの機関は、第一次・第二次両世界大戦において、重要な機能を果たすことになる。

以上のようなＣＩＣＲ活動全体の采配を振るったのが、初代委員長ギュスターヴ・モワニエである。発案者デュナンが国外で外交官肌の活動をしていたのに対して、モワニエの主たる仕事は、各種書類を作成あるいは整理、委員会での司会と審議参加、機関誌の編集等、裏方の事務仕事だった。このうち、彼の重要な業績として、次の二点を挙げておきたい。

第一には、多数の著作を著すことにより、ジュネーヴ条約、赤十字活動の普及に努めたことである。特に、アッピアと共同で執筆した『戦争と慈悲』（一八六七年）の中で、モワニエは次のように述べている。国際委員会の構成について、

> 特に留意すべきこととしては、委員会の構成について、当該組織の特徴を反映させて然るべきだということである。この意味において、当該組織のあらゆる要素を、すなわち、さまざまな政治的見解、さまざまな宗教、さまざまな職種、さまざまな社会的階層をできるだけ、委員が代表して然るべきである。委員は、どちらかと言えば、少人数であるべき

である。[10]

他方、各国救護社の構成については、

各国救護社は、以下のような人々の中から充員すべきである。すなわち、独立した立場にあり、国軍当局に対して、当該救護社の見解を適切に代表することができる人々である。例えば、退役軍人、民間開業医、管理業務に手慣れた富裕層であれば、救護社と軍当局との間を、円滑に調整してくれるであろう。それゆえ、時宜に応じ、こうした人々から充員するのが妥当である。[11]

以上のように、それぞれ、提言している。続いて、救護社活動を支える費用をどのように工面するかについて、平時の時から、政府から補助金の支給を受けること、救護社活動に賛同し社員として加入した一般市民から広く年間資金の提供を受けること、個人篤志家からの寄付を募ること、戦時にあっては、募金を広く募ること、慈善市（バザー）を開催すること、等々を挙げている。ただし、政府から補助金を受けるとしても、次の点を強調している。

各国救護社が各国政府に依存していくような趨勢は、危険極まりない。というのは、政府に拘束されることになりかねないからである。救護社が政府の為になす活動は、当然のことながら、救護社が政府からの独立を放棄したものと理解されかねないからである。[12]

以上のように、モワニエは、国際委員会（後のＣＩＣＲ）、各国救護社（後の各国赤十字社）の組織構成、財政運営等々、赤十字活動の具体的方策を『戦争と慈悲』の中で、提言した。ここには、モワニエが弁護士として法人組織の知識に通じていたことを、読み取ることができる。彼なくして、デュナンの理想が実現されることはなかったであろう。

第二には、一八八八年九月一八日のCICR会議で、モワニエが「インテル・アルマ・カリタス（戦いの中にも慈悲あり）」[13]というラテン語句を創作したことである。一八八八年は、一八六三年のジュネーヴ国際会議から二五周年にあたっていた。これを記念して赤十字論集が編まれることになった。その表紙を飾る文句として、彼は提案した。この提案は承認され、今日に至るまで、赤十字活動の標語として定着している。

モワニエは、四〇年間にわたり、CICR委員長を務めた。この時点では、CICRと赤十字活動とは世界的にも十分に認知されていた。一九〇一年、第一回ノーベル平和賞候補者の選考が始まった。赤十字活動を更に普及させるために、同年二月一三日の会議で、組織としてのCICR、あるいはCICR委員長モワニエ個人のいずれかを、候補として応募してはどうかがCICR内部で審議された。その結果、組織としてのCICRを推薦することを、ジュネーヴ大学法学部長アルフレッド・マルタン教授に依頼することが決まった。

このような折、デュナンは、スイス東部アッペンツェル州ハイデンの福祉施設に隠棲していた。破産後の貧困にあえぎながらも、彼は赤十字運動の発案者としての復権を目指していた。そのために、ソルフェリーノの戦いに遭遇して以後の半生を回顧したフランス語草稿を、ドイツ・シュトゥトガルトの実業学校教授ルドルフ・ミュラーに託して、『赤十字とジュネーヴ条約の起源』（ドイツ語、一八九七年）を上梓した。[14]同書は、平和賞選考委員会で検討された。その結果、同年一二月一〇日、第一回ノーベル平和賞が、デュナンとフレデリック・パシー（フランスの平和活動家）に授与する旨が発表された。

一九一〇年八月二一日、CICR終身委員長のまま、モワニエはジュネーヴで没した。他方、同年一〇月三〇日、デュナンは、破産判決以後、ついに故郷ジュネーヴに戻ることなく、ハイデンで没した。

アンリ・デュナンとギュスターヴ・モワニエ。この二人は、赤十字の立ち上げにあたり、当初協力し、その後、決裂した。言わば、デュナンは「創業者」であり、モワニエは「守成者」である。古来、「創業者」と「守成者」とは、事業の在り方をめぐり、対立することが少なくない。デュナンの燃えるような人道精神なくして、赤十字活動が立ち上がることはなかったであろう。他方、冷静な弁護士であるモワニエの法律知識を欠いては、赤十字の理念も砂上の楼閣に等しかった。要するに、この二人を欠くと、ジュネーヴ条約はおろか、赤十字活動も始まらなかった。

一九一四年にベルンで連邦博覧会が開催された。赤十字展示館入口には、CICRを構成する全一〇名の委員の肖像写真が掲げられた。そして、その上には、「赤十字国際委員会の創設者」として、左側にデュナン、右側にモワニエ二人の写真が掲げられている。二人の写真を結びつける飾諸の上に、ジュネーヴ条約の起源となったジュネーヴ国際会議開催年を示す「一八六三」が、そして、その下には、赤十字活動の標語である「インテル・アルマ・カリタス（戦いの中にも慈悲あり）」が表記されている。これは、次のような事情による。すなわち、一九一四年三月一五日のCICR会議で、彼の甥であるモーリス・デュナンから「デュナンの写真と共にモワニエの写真をも掲げてほしい」旨の要望が提案され、諒承されたからである。

こうして、ジュネーヴは国際人道法の拠点となった。

第2節　第一次世界大戦中のCICR

一九一四年六月二八日、サラエボにおいて、セルビア人青年によりオーストリア皇太子夫妻が暗殺された。これを発端として、協商三ヶ国と同盟三ヶ国との間の戦火は、またたく間に全世界に燃え広がった。これが第一次世界大戦である。

史上初の総力戦と言われるように、この戦争では、交戦諸国はそれぞれの国力を賭けて戦った。戦闘が長期化し、戦場も最前線から、兵站部門そして民生部門が集中する後方地域にまで拡大した。その結果、大戦の劈頭から大量の捕虜が発生した。占領地域において、大量の非戦闘員（子供、女性、老人等々）が犠牲となり、あるいは抑留された。そして、硬直化した戦局を打開するために、交戦諸国は競って新兵器（軍用機、潜水艦、化学兵器等々）を投入した。特に、毒ガスは、大量の犠牲者を出した。

こうした事態に直面した当時のCICRは、以下の人々によって構成されていた。委員長はギュスターヴ・アドール[15]（弁護士）である。モワニエ時代からの委員として、エドゥアール・オディエ（弁護士）、アドルフ・ド・エスパン（ジュネーヴ大学医学部教授、病理学）、フレデリック・フェリエール[16]（医師）、アルフレッド・ゴーティエ（ジュネーヴ大学法学部教授、刑法学）、エドゥアール・ナヴィーユ（ジュネーヴ大学文学部教授、エジプト学）、アドルフ・モワニエ（証券公認仲介人）がいた。これに、新規の委員として、オラース・ミシュリ（ジュルナル・ド・ジュネーヴ紙記者）、エドモン・ボワシエ（不動産業者）が加わった。

同年八月一五日、大戦勃発後としては最初の会議で、CICRは、アドール委員長の名において、「ヨーロッパ戦線における各国赤十字社の国際的義務」と題する次のような回状を各国赤十字社に発信し、国際的連携を呼びかけた。

> 今般より、赤十字事業は、これまで前例のないほどの密度の濃い活動を求められている。……（中略）……当国際委員会としては、あとう限り、仲介の立場を担うことにより、各国赤十字社間で、救援品の要求と搬送とに努めたい。……（中略）……当国際委員会は、中立諸国赤十字社中央委員会に対し、傷病者、すなわち、凄惨な戦闘の犠牲者らの苦痛を緩和するという人道的営みに、全力をもって、参加するよう強く呼びかける。[17]

この呼びかけに応じ、開戦より講和に至るまで、中立諸国を含めた各国赤十字社から、ＣＩＣＲおよび交戦諸国赤十字社に宛て、様々な協力が寄せられた。ポルトガル赤十字社からは傷病者受入治療にあたる用意がある旨を連絡してきたこと、ギリシア赤十字社からは救援金を小切手で送付してきたこと、アメリカ赤十字社からは救護班を配した病院船をヨーロッパに派遣してきたこと、ロシア赤十字社からは救援金を送金してきたこと、等々である。日本赤十字社からも救援金を送金している。これに加え、博愛丸、弘済丸という二隻の病院船により大規模な救護団をヨーロッパへ派遣した。そして、派遣先ごとの救護班に分かれて、イギリス、フランス、ロシア各国赤十字社への協力に当たった。(18)

さらに、ＣＩＣＲは、別の回状で次のように呼びかけた。「捕虜支援を目的とした委員会または事務局を設立する件について」と題する次の回状をも発信し、ジュネーヴに国際捕虜中央局（Agence international des prisonniers de guerre、以下「国際中央局」と略）を開設し、交戦諸国赤十字社に通告した。

当国際委員会は、（一九一二年の捕虜に関する赤十字ワシントン）会議での決議に基づいて、各国赤十字社の委員長および中央委員会委員らに、以下呼びかける。各国赤十字社は、……（中略）……（捕虜）委員会を組織し、次の任に当たらせるべきである。すなわち、戦時において、捕虜状態に置かれた戦闘員に対する救援品を収集し、それらの物品を、当国際委員会の管理に任せるべきである。他方、当国際委員会は、交戦諸国政府により信任を受けた中立国代表を介して、捕虜に宛てられた救援品の搬送を保障することとする。……（中略）……その際に、当国際委員会は、当該救援品の発送者の意向、捕虜側の要請内容、各国軍当局からの訓令に配慮するものとする。（括弧内は引用者）(19)

すなわち、各国赤十字社に設置された捕虜救援委員会で収集された情報、そして救援物資等を、ジュネーヴに開設する国際捕虜中央局（Agence international des prisonniers de guerre, 以下「国際中央局」と略）で集約し、これを各国内の捕虜収容所に抑留されている捕虜個人に回送させるという機構が確立された。[20] 国際中央局は次のような業務をおこなった。

第一には、交戦諸国赤十字社の間の連絡を中継した。なぜならば、交戦関係にある諸国間において、通常の外交ルートを利用することが困難になったからである。

第二には、留守家族から捕虜に宛てられた書簡、小包の搬送、救恤金送金を交戦諸国間で中継した。

第三には、戦場で行方不明となった兵員の安否消息を調査することである。この業務は、大戦が長期化してきた一九一六年から、新たな業務として加わった。

第四には、「民間人担当部局（Section civile）」を新設して、交戦諸国国内で拘束されている敵国籍の民間人抑留者ら（internés civils）の支援を実施した。大戦勃発と同時に、交戦諸国の赤十字社を通じて「国際中央局」に相次いで寄せられた照会案件には、民間人の処遇や消息に関わるものが多かった。というのは、交戦当事諸国内において居留する敵国籍一般市民は、非戦闘員であれ、「軍事上あるいは防諜上の必要から抑留することが正当化された」（フェリエール「民間人担当部局業務報告書」）からである。民間人を保護する明文上の規定は、当時のジュネーヴ条約にもハーグ陸戦法規にも存在しなかった。[21] にもかかわらず、「国際中央局」の中に「民間人担当部局」を開設し、いち早く非戦闘員である民間人の保護業務を始め、大戦終結時まで一貫して従事したのは、ＣＩＣＲ委員のフレデリック・フェリエールである。[22] 彼は次のように指摘している。

（民間人抑留者の）中には次のような無辜の犠牲者が含まれている。すなわち、ごく最近に分娩したばかりか又は分娩を間近にしている女性ら、大勢の子どもたち、七十代又は八十代にある老いた男女ら、結核又は心臓病を患っている病人ら、病床を追われた障害者らがそうである。いささかなりとも人道主義上の配慮をするならば、こうした人々は、もといた所にもどすべきであろう。……（中略）……多くの交戦諸国において、民間人抑留者らに対して、捕虜と同等の処遇を講じるべきだと考えられたはずである。……（中略）……それゆえに、民間人抑留者らにも、捕虜を対象とした諸条約に規定された措置が講じられて然るべきである。すなわち、最小限度の処遇を受けることができるばかりでなく、抑留所外と通信を交わし、金銭又は物品での救援品の差し入れを抑留所外から受け取ることが許可されて然るべきである。（括弧内は引用者）[23]

こうした現実に押され、ＣＩＣＲは、交戦当事諸国をも含め、各国の赤十字社に向けた一九一五年一月の回報の中で、捕虜と民間人抑留者とを平等に処遇するように呼びかけた。しかしながら、民間人抑留者らへの処遇は直ちに改善されなかった。「民間人担当部局業務報告書」の中では、「民間人抑留者は戦闘員ではない。それゆえ、論理的にも法的にも、彼らを戦闘員と同様に抑留すべきではない」、「抑留者は個人の尊厳を否定されている。人間でありながら、動物扱いされている」と、フェリエールによる記述がこれ以降も続く。このため、「民間人抑留者らに対して、なぜかくも過酷になる必要があるのか?……（中略）……我々は交戦諸国政府に対して呼びかける。人道（charité）という言葉を死語にしてはならない、と」、「一刻の猶予もなく改善索を講じなければ人道の目的（but humanitaire）が廃れてしまう」として、彼は赤十字活動の原点である人道主義に訴えた。

業務が膨大となり、スペースの確保も必要となり、当初アテネ宮内に置かれていた国際中央局は、ラート博物館内に移動した。さらに、これを処理するにはＣＩＣＲ委員だけでは不可能となった。約一二〇〇名のボランティアを必要とした。肥大化した組織を効率的に管理するために、女性のルネ・マルゲリット・クラマーが局長として配置された。[24]

第五には、「代表（délégué, ou mission）」を戦場、捕虜収容所、または民間人抑留所へ派遣して、視察（visite）にあたらせた。すなわち、捕虜、民間人抑留者らが人道的に処遇されているか、を実地に検証せねばならなくなったからである。[25] さらに、ブレスト・リトフスク条約締結後、旧ソ連（現ロシア）が戦線を離脱すると、旧ソ連、ドイツ、中東欧諸国間で捕虜、民間人抑留者らを本国へ帰還させる業務をも担うことになった。ＣＩＣＲ代表による視察行為には、国際法上の根拠があったわけではない。ＣＩＣＲを仲介にして、主要交戦国である独仏間で実施されるようになった。そして、当時の交戦諸国間にも普及していった。

ＣＩＣＲ代表が捕虜収容所を視察するに際し、次の点が問題となった。捕虜名簿の提出に始まり、収容所内を捕虜が自由歩行することを許可しているか等に至るまで、戦時国際法（ジュネーヴ条約、ハーグ条約）の適用に関し、交戦国双方が、それぞれの権内にある収容所で、同等の処遇（互恵待遇）をすべきことが、原則だった。実際のところ、権内にある交戦相手国側の捕虜に対して、抑留国側収容所は、自国の現役兵に対するよりも劣った処遇をするなど、非人道的な対応をすることがあった。それは、報復措置にほかならない。こうした実態を把握するため、ＣＩＣＲ代表は、収容所を実施に視察することが必要となった。しかし、国際中央局の記録では、実務経験をもとに、「視察を有効に実施するためには、次の点が保障されなければならない。すなわち、収容されている捕虜らと我々の代表が自由に対話できることである」（一九一六年一〇月「赤十字国際回報誌」）と記している。逆にいうと、収容所側はＣＩＣＲ代表による視察に抵抗を示したということである。捕虜収容所におけるこのような報復行為を禁じるために、一九一六年七月一二日に、交戦諸国に対して、ＣＩＣＲは次のような声明を発表した。

赤十字国際委員会という立場に忠実に従い、我々は交戦諸国に対して、以下のことを要請する。すなわち、捕虜に対して報復行為を中止すること、そして、そのような報復行為の原因を一掃すること、である。敵軍に威圧をかけるとはいえ、敵軍の中でも、自己の権内にある者ら（捕虜）に対して過酷に対応することは、もはやすべきではない。捕虜に対して報復行為に出ることは、野蛮が支配していた時代の戦闘方法に逆戻りすることではないだろうか。そして、こうした報復行為は、今日、戦場では赤十字を尊重すべきことを是認している諸国家にとって、ふさわしくないことではないか。……中略……負傷兵に対して、交戦諸国は手厚く保護し、治療を施すという義務を負っている。この際、彼ら負傷兵らがいかなる軍旗の下で従軍し戦闘していたかは、問題ではない。この点に関し、およそ陣営という陣営から出されている証言が一致している。それは、捕虜だからという理由で、なぜ、処遇が違っているのか、ということである。友軍の将兵らが敵軍下の捕虜状態で不当に処遇されていることに抗議する際に、どうして、敵軍側の正義の観念に訴えかけないでいることができようか？　もしも交戦相手国側がこの要請を容れるという場合には、捕虜となっている友軍将兵らに対しても同等待遇を施すようにと、交戦相手国側に対して提案しないはずがあろうか？　だからこそ、今次大戦下での報復行為は次のものによって取って代わるべきである。すなわち、正義と人道の立場から常に検証することである。このように正義と人道の立場から検証していけば、（たとえ戦時にあっても遵守すべき）互譲の精神が喚起されるであろう。そして、（交戦諸国間の）憎悪が終息することであろう。なぜならば、この憎悪こそが、平和への大きな障害物となるからである。したがって、躊躇することなく、以上のような行動方針を捕虜に対してとるべきことを、我々は交戦諸国に対して要請する。交戦諸国に対して赤十字の標語たる「インテル・アルマ・カリタス（戦いの中にも慈悲あり）」を喚起せしめることにより、諸国家間で繰り広げられる戦争が非人間的になることが、より少なくなっていくであろう。そして、文明進歩にとっての一歩ともなろう。（括弧内および傍線部は引用者）[26]

当初、アドール委員長、フェリエール委員が自ら代表をつとめた。しかし、戦線が拡大し、戦争そのものが長期化した。ＣＩＣＲ委員がジュネーヴ本部における管理業務を抱えたまま、現地視察に赴くことは困難となった。更に、視察時には医療面、軍事面における専門知識を必要とした。このため、スイス国内の要人や、戦地近辺で長く居留中のスイス人医師が、臨時にＣＩＣＲ代表の資格を与えられて、収容所を視察した。[27] 前述したルネ・マルゲリット・クラマーもその一人として、エドモン・ボワシエ委員と共に、ドイツ国内の収容所を視察し、その報告書をジュネーヴに提出した。一九一七年六月に、アドールがＣＩＣＲ委員長のまま連邦閣僚（外務省担当）に選出された。彼女の手腕に注目していたアドールは、クラマーをベルンに出向させ、捕虜および抑留民間人の処遇ならびに本国帰還をめぐり、独仏両国間の調整にあたらせた。一九一八年、こうした実力が評価され、彼女は新規のＣＩＣＲ委員に就任した。ちなみに、女性としては初のＣＩＣＲ委員である。[28]

一九一八年一一月一一日、第一次世界大戦は終結した。財政上および行政上の理由から、国際中央局は一九一九年一二月三一日をもって閉鎖された。残っていた捕虜および民間人抑留者の本国帰還支援業務は、ＣＩＣＲに継承されていった。

なお、大戦中、ドイツ、フランス、イギリス三軍が使用した毒ガス兵器は、戦闘員に多くの死傷者を出した。毒ガスの被害は、風向きによっては、戦場よりも後方の非戦闘員にまで及ぶ危険をはらんでいた。このため、ＣＩＣＲは、一九一八年二月六日、次のような「有毒ガス使用に反対する声明」を交戦諸国に宛てて発信した。

今日、我々は声を上げて、科学が完遂しようとする野蛮な発明を非難したい。なぜならば、科学は、より洗練された形で、人殺しと残虐な行為とを常に行おうとするからである。ここで問題にしたいのは、窒息性有毒ガスが使用されたことである。思うに、その使用は、今日まで誰もが想像だにしなかった規模にまで至っている。

……（中略）……

明らかに、窒息性有毒ガスは『ハーグ陸戦法規慣例に関する規則』で禁じられている毒物の一つである。（後略）

……（中略）……

これを大量に製造することは、その原材料が非常に入手しやすいだけに、容易である。我々の前にあるのは、死をまき散らす有毒ガスを装填した砲弾と、以下のようなおぞましい死である。すなわち、戦闘員の戦列のみならず、後方にあって、無防備な非戦闘員らがいる広い地域において、あらゆる生物が破壊し尽くされるであろうところのおぞましい死である。我々は、心底からそして全力でもって、このような戦闘方法に反対する。なぜならば、それは、犯罪的としか言いようがないからである。

……（中略）……

当委員会に対して、次のような反論が寄せられている。すなわち、（今次大戦で初めて使用されてから）三年も手をこまねいた末に有毒ガス兵器使用反対の声を挙げたではないか、そして、有毒ガス兵器が既に使用されたこれまでの戦争の際に、非難の声を挙げていないではないか、という反論である。だが、この反論は時宜を逸している。……（中略）……（今次大戦において、こうした残虐行為そして残忍な戦闘方法の）犠牲となるのは、もはや戦闘員だけではなかった。当該地域全体の無辜の民までもがおびやかされた。……（中略）……広大な地域に有毒物質を散布し、その結果、戦場から遠く離れたこれらの地にまで際限なく死をまき散らしたこと、今まで人々が平穏に暮しを営み武装だにしていなかった地方を破壊し、全滅にまで追いやったことも、問題となった。……（中略）……「戦いの中にも慈悲あり（インテル・アルマ・カリタス）」という理念を具現して、すなわち、諸国が互いに激しく破壊し合い、多くの死傷者を出している狂気の真っ只中で、再度にわたり、人道の声を呼びかけた機関を、一体、誰が敢えて非難するであろうか？（括弧内および傍線部は引用者）(29)

こうして、「かつて経験されたことがないほど熾烈な戦争」（一九一四年九月二二日付ジュルナル・ド・ジュネーヴ紙掲載ミシュリCICR委員寄稿記事）の最中、当時の戦時国際法で想定されていない、新たな諸問題が発生した。その都度、CICRは、交戦諸国に対してその標語の中心概念である「カリタス（人道、慈悲）」を呼びかけた。そして、「（人々が）無意味な苦痛を強いられることをなくすこと」（前掲CICR「有毒ガス使用に反対する声明」）に尽力した。

以上のような活動が評価され、一九一七年度ノーベル平和賞がCICRに授与された。一九〇一年度の平和賞は創始者であるデュナン個人に授与された。今回の受賞者は、組織体としてのCICRである。その受賞理由は、「大戦中、交戦諸国にジュネーヴ条約の遵守を呼びかけ、同時に国際捕虜中央局を設けて、捕虜に関する情報を収集しかつ提供した」となっている。

おわりに

CICRは、当初、言わば、「自由な時間を利用し、無償で人道活動に取組むボランティアのグループ」（パルミィエリ「CICRアーキヴィスト」）として発足した。第一次大戦の劈頭、国際中央局内の会話で、フェリエールは、「国際赤十字《ママ》は一つの公的存在ですらないのです。それは非公式です。……（中略）……諸国家の陰にのみ、しかもその好意によってのみ存在しているのです」（ロラン［道宗照夫訳］『戦時の日記　一』）とフランス人作家ロマン・ロランに語った。これに対して、ロランは「これら（CICR）の人々は善良で、献身的で敬服するほど誠実であるが、遺憾ながらかくも臆病で、小心で、信念がない」（ロラン、前掲邦訳書、括弧内は引用者）と不満を隠さなかった。

しかし、CICRに対する評価は変わっていく。大戦末期に、著名なオーストリア人作家ツヴァイクは、ジュネーヴを訪れ、国際中央局内での執務を見学した。その時の印象をもとに、CICRについて次のように記している。「無意識のうちにも私の脳裏をほぼ満たしていたのは、次のような予感だった。すなわち、この機関は、ヨーロッパ全体におよんでいる苦境に向き合っている。この機関は、あらゆる設備が付いた広い部屋を幾室も（ラート博物館内に）与えられており、何らかの形で強大な力を発揮するに違いない。言わば一種の工場として、悲惨な資料を有意義に活用していくに違いない、と」（括弧内は引用者）[30]。第一次世界大戦中の活動を経て、ＣＩＣＲは、今や世界的な人道機関としての名声を確立したのである。以下では大戦後のＣＩＣＲと赤十字活動について概観しておく。

大戦が終結したとはいえ、ＣＩＣＲの人道活動は継続されねばならなかった。なかでも、フレデリック・フェリエール、ルネ・マルゲリット・クラマー両委員は、戦後もヨーロッパ各地に放置された捕虜および民間人抑留者らの本国帰還支援業務のために、奔走した。このうち、フェリエール委員は、「敵国権内にある民間人の処遇に関する国際条約案について」と題する論稿の中で次のように述べている。「近代戦は軍隊相互の戦闘に終わらず、国民相互の戦いにまで拡大する。その際に、（非戦闘員である）市民がその戦いの被害を免れることは将来において、まず在り得ないであろう。今次の大戦では実際に市民が犠牲者となっている」[31]（括弧内は引用者）。開戦から戦争終結まで国際中央局で民間人担当部門主任を努めただけに、実感がこもっている。

他方、クラマー委員は、大戦中の革命あるいは戦後の内戦で帰国できなくなった捕虜の境遇を案じた。そして、次のように主張した。「優先されるべき大原則は、人道主義（humanité）である。講ずべき方策総てにおいて配慮されるべきは、捕虜の利益である。捕虜が欲していることはただ一つである。それは、各自がその郷里にもどり、その家族との再会をはたすことである。……（中略）……この感情は人間として本性的なものである。それゆえに、尊重されねばならない。……（中略）……各自の自由な意思に基づいているのであれば、捕虜は、政治制度の如何にかかわらず、自らの郷里にもどされるべきである」、「帰還支援業務を推進するにあたり、捕虜と民間人とを区別して対応することは、実務的にも道徳的にも不可能である。……（中略）……これら二つの問題は一定程度連関し合っているからである」[32]。

こうした指摘を受け、これまでのジュネーヴ条約、ハーグ条約の欠缺を埋めるべく、戦時における捕虜、民間人を保護するための条文草案を起草する作業が始まった。法律専門家でもあるデ・グット、ヴェルネール両委員が「捕虜、抑留者、脱走者、難民に関する法典」草案を起草した[33]。この草案はジュネーヴで開催された第一〇回（一九二一年）、第一一回（一九二三年）、第一二回（一九二五年）赤十字国際会議に上程され諒承された。このうち、捕虜に関しては、一九二九年七月にジュネーヴで開催された外交会議で審議され、「捕虜の待遇に関する一九二九年七月二七日のジュネーヴ条約[34]」（いわゆる「捕虜条約」）が調印された。他方、民間人保護については、第一三回（一九二八年、ハーグ）、第一五回（一九三四年、東京）で開催された赤十字国際会議に上程審議された。その結果、「敵非軍人ノ運命ニ関スル条約案」（いわゆる「東京宣言[35]」）として採択された。

毒ガス兵器の危険性は、一九一八年二月六日のＣＩＣＲ声明以後、戦勝諸国間で広く認識された。これら兵器を製造、貯蔵、使用することが、ヴェルサイユ条約、サンジェルマン条約、ヌイィ条約、トリアノン条約で禁止された。更に大戦後に発足した国際連盟の下で、一九二五年六月十七日、「窒息性ガス、毒性ガスまたはこれらに類する毒ガスおよび細菌学的手段の戦争における使用の禁止に関する一九二五年のジュネーヴ議定書」が締結された。この間、ＣＩＣＲでは、化学者ヘルマン・シュタウディンガー（チューリッヒ連邦工科大学教授、一九五三年度ノーベル化学賞受賞）と協力して、化学兵器使用禁止を喧伝した。

また、大戦中、ＣＩＣＲと各国赤十字社との連携が、戦時救護に大きく貢献した。これを契機にして新たな動きが起った。それは、戦争のない平時においても、各国赤十字社は、大きな自然災害が起こった場合に、相互に協力して人道活動を実施すべきだという動きである。こうして、一九一九年五月に発足したのが、国際赤十字・赤新月社連盟である[36]。

以上のように、ジュネーヴを拠点とする赤十字運動は全世界に拡大していった。カリタスの理念の下に、戦時および平時においても「（人々が）無意味な苦痛を強いられることをなくすこと」ができるはずだった。にもかかわらず、第二次世界大戦では、第一次世界大戦時の規模をはるかに超え、戦闘員のみならず、無数の無辜の市民が犠牲となった。一九四七年、当時のＣＩＣＲ委員の一人であったフレデリック・シオルデは、赤十字の標章「インテル・アルマ・カリタス」をそのままタイトルとした一書の末尾で、第二次世界大戦中の赤十字活動について、次のように述懐した。「東部戦線での捕虜、強制収容所と極東。これら総てについて赤十字は挫折したことになるのだろうか？　それは最悪の事態であった。それは文明の敗北であった」[37]、と。では、両大戦戦間期そして第二次世界大戦中のＣＩＣＲはどのような状況に置かれていたのか。これについては、別稿で論ずることにしたい。

（後記）本章執筆中、赤十字国際回報誌、赤十字国際雑誌の両バックナンバー、アンリ・デュナン本人から当時の日本赤十字社に寄贈されたルドルフ・ミュラー著『赤十字とジュネーヴ条約の起源』を閲覧するにあたり、日本赤十字本社赤十字情報プラザに多大の便宜を図っていただいた。ここに記して、御礼申し上げる。

◆註

（1）アンリ・デュナンについて、次のような評伝がある。Cf. Moorehead, Caroline, *Dunant's Dream - War, Switzerland and the History of the Red Cross*, Carrol & Graf Publishers, Inc., New York, 1999; Chaponnière, Corinne, *Henry Dunant - La croix d'un homme*, Perrin, Paris, 2010; Bimpage, Serge, *Moi, Henry Dunant, j'ai rêvé le monde - Mémoires imaginaires du fondateur de la Croix-Rouge*, Albin Michel, Paris, 2003; Durand, Roger, 'Henry Dunant (1828-1910) et la Suisse', dans "*Citoyens de Genève, citoyens suisses*", édité par Comité genevois pour le 150e anniversaire de l'Etat fédéral, Editions Suzane Hurter, Genève, 1998, pp. 66-77. 邦語文献としては、次のものを挙げておく。岡村民夫「アンリ・デュナン――情熱的博愛と国際志向」鈴木靖・法政大学国際文化学部編『国境を超えるヒューマニズム』法政大学出版局、二〇一三年。吹浦忠正『赤十字とアンリ・デュナン――戦

争とヒューマニティの相剋』中央公論社、一九九一年。橋本祐子『赤十字の創設者に学ぶ　私のアンリー・デュナン伝』、学習研究社、一九七八年。

（2）ギュスターヴ・モワニエ（Moynier, Gustave, 1826-1910）は、ジュネーヴの時計商人の家庭に生まれた。パリ大学法学部、ジュネーヴに戻ると、同州弁護士となった。いくつかの実業を経、不動産収入で生計を立てながら、スイス統計・経済協会、ジュネーヴ公益協会、ジュネーヴ退職女性教師年金財団等の各種社会・慈善事業に従事した。なかでも、発足以来、四〇年間にわたり、CICR委員長を務めた（Cf. L'avis de décès "Gustave Moynier - Président du Comité international de la Croix-Roug", dans *BICR*, N°164, octobre 1910, pp. 170-207; Senarclens, Jean de, *Gustave Moynier - Le Bâtisseur*, Slatkine, Genève, 2000）。

（3）ギヨーム・アンリ・デュフール（Dufour, Guillaume-Henri, 1787-1875）は、コンスタンスに生まれ、ジュネーヴで教育を受けた。当時のジュネーヴはフランスの軍政下にあったため、デュフールはフランス・パリの理工科学校、メッツの工兵学校に学んだ。フランス軍に工兵将校として従軍した。短期間ながら、彼はナポレオン・ボナパルトの副官を務めた。スイス連邦発足後のジュネーヴに戻ると、ジュネーヴ州民兵軍の要職を務めつつ、スイス国軍の建軍に尽力した。ゾンダーブンド分離独立戦争の際には、連邦軍最高指揮官として、采配を振るった。ナポレオン・ボナパルトの甥であるルイ・ボナパルトとの親交でも知られる。工兵将校としての知識を活かし、スイス国内の名峰等の測量や、国内地図制作にも貢献した（Cf. Langendorf, Jean-Jacques, "Guillaume Henri Dufour 1787-1875", dans "*Citoyens de Genève, citoyens suisses*", pp. 53-65; Trembley, Jacques (éd.), *Les savants genevois dans l'Europe intellectuelle du XVII*^{e} *au milieu du XIX*^{e} *siècle*, Edition du Journal de Genève, 1988, p. 399; Kurz, Hans Rudolf, *Histoire de l'Armée Suisse de 1815 à nos jours*, 1985, Editions 24 heures, Lausanne, pp.20-21）。

（4）Cf. Pitteloud, Jean-François et als. (éds), *Procès-verbaux des séances du Comité international de la Croix-Rouge (1863-1914)* (ci-après, *PVSCICR*), Société Henry Dunant/Comité international de la Croix-Rouge, Genève, 1999, pp. 16-19.

（5）Cf. Schindler, Dietrich et Toman, Jiří (éds), *Droit des conflits armés*, Comité international de la Croix-rouge & Institut Henry Dunant, Genève, 1996, pp. 341-345. 我が国では、明治一九年一一月一六日に、条約として発効している（例えば、海軍大臣官房編『海軍諸例則　巻四（三）』、昭和一六（一九四一）年刊、一九八八年に原書房より復刻再版、八六五〜八六六頁に所収）。その後の経験に基づき、一八九九年、ジュネーヴ条約は海戦にも適用範囲が広げられ、「ジュネーヴ条約の原則を海戦に応用する条約（Convention pour l'adaptation à la guerre maritime des principes de la convention de Genève du 22 août 1864）」が締結された。

我が国でも、明治四五年一月一三日に、条約として発効している（Cf. Schindler et Toman, *op. cit.*, pp. 353-359. 前掲『海軍諸例則　巻四（三）』八六九～八七四頁に所収）。さらに、一九〇六年に改正された「戦地軍隊に於ける傷者及病者の状態改善に関する条約」では、赤十字の活動を初めて明記している（Cf. Schindler et Toman, *op. cit.*, pp. 367-376）。我が国でも、明治四一年六月一二日に、条約として発効している（前掲『海軍諸例則　巻四（三）』八七四～八八一頁に所収）。

（6）日瑞修好通商条約締結のために幕末日本へ派遣されたスイス政府代表エメエ・アンベールを介して、国際委員会は赤十字運動を当時の幕府首脳に伝えている。明治維新後、一八七三年六月末から七月中旬にかけて、岩倉使節団がジュネーヴに滞在した。その機会をとらえて、国際委員会は、伊藤博文ら日本代表団首脳らに詳細な説明をしている（Cf. "L'AMBASSADE JAPONAISE", dans *BICR*, N°. 17, octobre 1873, pp. 11-16. 泉澤守行「〔研究ノート〕ジュネーヴ条約一五〇周年　極東の一番端の国とジュネーヴ条約」日本赤十字国際人道研究所編集『人道研究ジャーナル』第一巻第三号、二〇一四年、二七～三九頁）。日本では、一八七七（明治一〇）年に創立された博愛社が、一八八七（明治二〇）年に日本赤十字社と改称された。同年九月にドイツ・カールスルーエで開催された第四回赤十字国際会議において、日本の赤十字条約加盟が正式に承認された。

（7）公判されている範囲のCICR議事録を精査する限りでは、委員補足人事の方法は記載されていない。内部推薦（互選）が慣行となっている。こうした人事構成には、批判がなかったわけではない。例えば、一八六七年、フランス救護社（後のフランス赤十字社）のヴェルヌ委員長は、CICRが地元のカルヴァン主義に偏した運営になるのではないか、と疑問を呈した。これに対して、モワニエは、各国の救護社（赤十字社）とは異なった機能を果たすCICRは、独自の構成をしていてもよい旨を、回答している（Cf. Harouel, Véronique, *Genève - Paris (1863-1918) - Le droit humanitaire en construction*, thèse de doctorat soutenue à la Faculté de droit et des sciences sociales de l'Université de Poitiers, Société Henry Dunant, Genève, 2003, p. 353; Boissier, Pierre, *Histoire du Comité international de la Croix-Rouge - De Solférino à Tsoushima*, Institut Henry Dunant, Genève, 1978, pp. 312-313; Senarclens, *op. cit.*, pp. 271-272）。構成は、その後も赤十字国際会議の際に、しばしば議論されている（Cf. Senarclens, *op. cit.*, p. 143）。こうした経緯もあり、委員会の中には、カトリック信徒、スイス・アレマン地方（ドイツ語圏）あるいはティチーノ州（イタリア語圏）出身者、女性も含まれるようになった。しかし、赤十字国際委員会という名称の中で「国際」を標榜していても、今日に至るまで全委員がスイス人で占められている。

（8）Cf. *PVSCICR*, p. 38, 45, 80, 81, 96, 100. 今日でも、CICRが保有する資産はわずかである。活動資金の半分は、スイス連邦政府から提供を受けている。第十一代ＣＩＣＲ委員長（一九七六～一九八七年）を務めたアレクサンダー・ヘイによると、残る半分は、ジュネーヴ条約加盟諸国政府、各国赤十字社から自発的に提供される資金に依っている（Cf. Hay, Alexandre, "Le Comité international de la Croix-Rouge", dans *Genève, ville internationale, Encyclopédie de Genève*, vol. 8, 1990, pp. 197-206)。

（9）Cf. Bugnion, François, *Le Comité international de la Croix-Rouge et la protection des victimes de la guerre*, Comité international de la Croix-Rouge, deuxième édition, Genève, 2000, pp. 40-41.

（10）Cf. Moyenier, Gustave et Appia, Louis, *La Guerre et la Charité – traité théorique de philanthropie appliquée aux armées en campagne*, Librairie Cherbuliez, Genève et Paris, 1867, p. 143.

（11）Cf. *Ibid.*, pp. 143-144.

（12）Cf. *Ibid.*, p. 161.

（13）「インテル・アルマ・カリタス（Inter arma caritas）」とは、正確には「インテル・アルマ・エスト・カリタス（Inter arma est caritas）」または「インテル・アルマ・シット・カリタス（Inter arma sit Caritas）」である。直訳すると、「戦いの最中（inter arma）」であっても「カリタス」が「存在する（est）」または「存在すべし（sit）」という趣旨になる。ここでは、「存在する（est）」（不定詞「esse」の直接法三人称単数現在形）または「存在すべし（sit）」（不定詞「esse」の接続法三人称単数現在形）という動詞が省略されている。その理由は、簡略化の傾向がラテン語に内在するからである（泉井久之助『ラテン語広文典』白水社、初版一九五四年、新装復刊版二〇〇五年、一六～一七頁）。この性質は、却って含蓄を醸し出している。このため、ラテン語の格言ないしは標語で省略がしばしば援用されている。「カリタス」（フランス語では「シャリテー」、英語では「チャリティー」）とは、中世教会ラテン語に由来し、「神が信者を慈しむ愛」、「信者が神にささげる愛」が原義で、さらには、「神が信者を慈しみ」、「信者が神にささげ」ているのと同様に「隣人」を慈しむ愛である（Cf. Blaise, Albert, *Lexicon Latinitatis Medii Aevi (Dictionnaire latin-français des auteurs moyen-age)*, Turnhout, Belgique, Typographi Brepols Editores Pontificii, édition originale de 1975, réimpression anastatique de 1998, p. 149. 大貫隆・名取四郎・宮本久雄・百瀬文晃共編『岩波キリスト教辞典』岩波書店、二〇〇六年、一七一頁）。「隣人」を、身近な人々に始まり、個々の種差にかかわらず、広く万人として解釈していくと、「カリタス」とは、「人間を大切にする普遍的な考え方」となり、「人類愛」、「人道主義」（humanitas）を意味する。

（14）本書はミュラーの著書となっている（Müller, Rudolf, *Entstehungsgeschichte des Roten Kreuzes und der Genfer Konvention,*

Stuttgart, Druck und Verlag von Greiner & Pfeiffer, 1897）。しかし、実質的にはデュナンの著書である。同書扉に掲げられているデュナンの肖像写真のキャプションには、一八九七年の刊行時点で、「ヨハンネス・ハインリッヒ・デュナン――ソルフェリーノのボランティア活動家、赤十字の創設者にして、ジュネーヴ条約の発案者（JOHANNES HEINRICH DUNANT - DER SAMARITER VON SOLFERINO, BEGRÜNDER DES ROTEN KREUZES UND URHEBER DER GENFER KONVENTION）」と記されている。日本赤十字社本社赤十字情報プラザに所蔵されている同書（日本赤十字社図書・資料室903177）の表紙裏面には、「独國スチユトガルト中学ルドフル・ミユレル氏著赤十字創業及日那瓦條約之始末　弐冊之内　明治卅一年二月十九日顯理儞蕭《ママ》著者ヨリ本社ニ寄贈之趣ヲ以テ外務省ヨリ送付セラテタリ」と付記されている。本章では、日本赤十字社本社赤十字情報プラザ蔵書を利用した。なお、デュナンのフランス語草稿は、彼の死後、相続人となったモーリス・デュナンからジュネーヴ州立図書館（Biliothèque publique et universitaire de Genève, actuellement, Biliothèque de Genève）に寄贈された。一九四二年から一九五六年にかけて、整理がなされた。その結果、ベルナール・ガニェバン教授の校閲と再構成により、一九七一年に、ローザンヌ市内の出版社「ラージ・ドム」から『デュナン遺稿回顧録』と題して刊行された（Dunant, Henry, *Mémoires*, reconstitués et présentés par Bernard Gagnebin, Institut Henry Dunant et les editions L'Age d'hommes S. A., Lausanne, 1971）。

（15）ギュスターヴ・アドール（Ador, Gustave, 1845-1928）は、ジュネーヴ州コロニーにおいて、代々金銀細工業を営む裕福な家系に生まれた。弁護士資格を取得後、家業を継ぎながら、ジュネーヴ州議会の議員（院内リベラル派）として政界入りをした。叔父ギュスターヴ・モワニエの求めにより、一八七〇年から赤十字活動に加わった。一八七一年から国際負傷軍人救護常置委員会書記、一八八八年からはＣＩＣＲ副委員長、一九一〇年には、亡くなった叔父モワニエの後継者として、ＣＩＣＲ委員長となった。一九一七年六月に、連邦閣僚（当初は外務省、後に内務省担当）に選出された。一九一九年には連邦大統領に就任した。この時に、ジュネーヴへ国際連盟を誘致することにアドールが尽力した（Cf. Des Gouttes, Paul, “Notes sur la carrière de Gustave Ador”, dans *Revue Internationale de la Croix-Rouge* (ci-après, *RICR*), N°122, avril 1928, pp. 306-314; Herrmann, Irène, “Gustave Ador 1845-1928 - un Genevois cosmopolite au service de la Suisse”, dans “*Citoyens de Genève, citoyens suisses*”, pp. 86-103; Altermatt, Urs, *Conseil fédéral - Dictionnaire biographique des cent premiers conseillers fédéraux*, Collection Archives vivantes, Éditions Cabédita, 1993, pp. 333-38）。

（16）フレデリック・オーギュスト・フェリエール（Ferrière, Frédéric-Auguste, 1848-1928）は、神父の子としてジュネーヴに生まれた。

祖父エマニュエルは住込家庭教師として、ネッケル家の長女ジェルメイン（後のスタール夫人）を教えた。地元のコレージュとアカデミーを終えると、ベルン、ハイデルベルク、ウィーンの各大学医学部に学んだ。ハイデルベルク大学に子宮脱出症に関する論文を提出し、医学博士号を取得した。一八七八年には、スイス連邦認定の医師資格を取得した。一八七〇～一八七一年の普仏戦争に、赤十字代表として負傷兵の救護および運搬に従事した。この間、フランス軍に捕虜として抑留中、危うく銃殺されかけた。一八七五年のバルカン紛争では、赤十字代表として派遣され、モンテネグロ赤十字社の創設と、ジュネーヴ条約の普及に尽力した。負傷兵の救護にあたる一方、民間人および難民までもが戦争の犠牲者となることを強く意識するようになった。こうした経緯からであろうか、一八八四年、叔父ルイ・アッピアの勧めにより、フェリエールは収入の多い開業医の仕事を断念してまで、ＣＩＣＲ委員となった。軍陣医学および軍陣衛生学への関心から、各種国際会議の場で発言をし、赤十字国際雑誌上で専門論文を発表した。本文で後述するように、第一次世界大戦中にはＣＩＣＲ代表として、交戦諸国内の捕虜収容所および民間人抑留所を視察した。この経験から、捕虜および民間人の待遇改善案をジュネーヴ条約の中に導入することに尽力した。一九一七年、ＣＩＣＲ副委員長となるが、健康上の理由で、一九二二年に辞任した（Cf. Reverdin, Albert et Des Gouttes, Paul, “Biographie du Dr Ferrière”, dans *RICR*, N°67, juillet 1924, pp. 485-543）。

（17）Cf. Ador, Gustave, “Devoirs internationaux des Sociétés de la Croix-Rouge dans la guerre européenne (cent cinquante huitième circulaire aux Comités Centraux)”, inclu dans *BICR*, N°180, Octobre 1914, pp. 225-226.

（18）Cf. CICR, “II. Les Croix-Rouges des neutres”, dans l'article “La guerre européenne”, inclu dans *BICR*, N°181, Janvier 1915, pp. 14-18. 日本赤十字社編『日本赤十字社史続稿（自明治四十一年至大正十一年）』日本赤十字社、一九二九年、三四一～四三九頁。荒木映子『ナイチンゲールの末裔たち――〈看護〉から読みなおす第一次世界大戦』岩波書店、二〇一四年、一八三～二三四頁。亀山美知子『近代日本看護史　Ⅱ　戦争と看護』ドメス出版、一九八四年、九二～一〇一頁。二〇一四年五月七日のＮＨＫ総合テレビで『歴史秘話ヒストリア　パリ・ナースたちの戦場――看護婦が見た世界大戦の真実』が放映された。この番組の中では、フランスに派遣された日本赤十字社戦時救護班の活動が紹介されていた。

（19）Cf. Ador, Gustave, “Constitution des Commissions et d'un Bureau central en faveur de l'assistance des prisonniers de guerre (cent cinquante neuvième circulaire aux Comités Centraux)”, inclu dans *BICR*, N°180, p. 227.

（20）Cf. *PVSCICR*, p. 738-739. 第一次世界大戦に、日本は連合国側の立場で参戦した。赤十字条約加盟国であった日本は、陸軍省管轄下に俘虜情報局を設置した。そして、俘虜情報局管制、俘虜情報局事務取扱規定、俘虜収容所条例、俘虜取扱規則、俘虜取扱細則、俘虜自由散歩及民家居住規則、俘虜労役規則、俘虜郵便規則、俘虜郵便為替規則、等々の関連法規をも整備した（俘虜情報局編「俘虜ニ関スル法規」に収録。簿冊「赤十字国際委員会　在本邦独墺俘虜視察関係（大正六年）」（明治村日赤文庫、博物館明治村所蔵、日本赤十字豊田看護大学図書館「赤十字史料室」保管、分類番号B/1132/3130）の中に所収）。俘虜情報局は、日本赤十字社と連携して、ドイツ兵、オーストリア兵らに対する救援活動に当たった。

(21) Cf. Ferrière, Frédéric-Auguste, “VII. Civiles”, dans l'article “L'Agence internationale des prisonniers de guerre”, dans *BICR*, N°180, octobre 1914, pp. 261-262. この問題を大々的に指摘したのは、仏独開戦に反対してジュネーヴに滞在していたフランス人作家ロマン・ロランである。彼は、国際中央局での業務にボランティアとして参加する傍ら、地元紙「ジュルナル・ド・ジュネーヴ」に寄せた論稿「インテル・アルマ・カリタス（戦いの中にも慈悲あり）」の中で、次のように指摘している。すなわち、「（前略）私が本稿で特に注意を喚起しておきたいのが、捕虜と同じ境遇に置かれた、一群の人々が存在するということである。なぜならば、彼らは、限りなく不安定な立場にあるばかりか、いかなる国際法によっても保護されていないからである。それは、民間人抑留者である。彼ら民間人抑留者らこそは、抑制を失った今次大戦により新たに生み出された被害者である。まことに、今次大戦は、あたかもそれが任務であったかのように、あらゆる国際法を侵害してしまった。今までの戦争では、占領された都市にその協定を実行させるための保障として、あちこちで、数名の人質を取ることが、何ら問題とはされなかった。今次大戦勃発以後、古代の戦争における占領と同様に、その占領につきものの慣行が繰返されたことになるが、かくまで広汎に民間人が略奪され、そして捕虜状態に置かれるとは、かつてなかった。このような事態が予見されなかったため、（あえて言うならば）戦時国際法上、民間人らが置かれた状況を規律するための規定は何ら置かれなかった。そのような規定を置くことは、戦闘の最中となれば、不都合であるので、彼ら民間人のことを無視することがより簡単だと思われたようだ。民間人抑留者らは、あたかも存在していないかのように、扱われている……（中略）……しかしながら、民間人抑留者らは存在する。それも何千名もの民間人抑留者らが存在している。……（中略）……ところが、今次大戦勃発後二ヶ月間を経過したというのに、戦闘の真っ只中にあって、これらの悲惨な叫びに誰一人として耳を傾けようとしなかった。赤十字国際委員会自体が、膨大な業務に忙殺されてしまい、その救恤活動の対象を俘虜に限定せざるを得なかった。そして交戦諸国政府までもが、これらの不幸な自国籍市民のことを、完全に忘れているように見える（戦争遂行に役立たないものは、保護に価しないということだろうか?）。しかし、ここにいるのは、戦争とは全く関係のない犠牲者たちである。彼らは戦争に参加していない。彼らには、これらの惨めな境遇が何ら予告されてはいなかった。」（下線部は引用者。Cf. Rolland, Romand, "Inter Arma Caritas", dans l'édition du 14 novembre 1914 du *Journal de Genève*, p. 5. 既訳として、宮本正清訳「Inter Arma, caritas（戦争中の慈悲）」がある［ロラン、ロマン（宮本正清・山口三夫・新村猛・蛯原徳夫共訳）『ロマン・ロラン全集　一八　エセー　I　政治論一九一四〜一九三五』みすず書房、一九八二年、特に四六〜四七頁］。なお、本章第一節本文でも言及したように、「インテル・アルマ・カリタス（戦いの中にも慈悲あり）」とは、モワニエが案出したラテン語句である。そして、赤十字活動の標語でもある）。

（22）当時、ＣＩＣＲ内部でも「民間人」部門を開設することに反対があった。このため、フェリエールは、当初、三人の息子と長女とを動員してまで、自らの私設事務室で民間人救援業務を始めたという（Cf. Arsever, Sylvie, "En 1914, le CICR apprend à protéger les civils", dans l'édition du lundi 11 août 2003 de "Le Temps", repris sur le site du CICR (https://www.icrc.org/fre/resources/documents/misc/5qkl9w.htm, consulté le 28 mars 2017); Palmieri, Daniel, "Introduction", dans *Les Procès-Verbaux de l'Agence internationale des Prisonniers de Guerre (AIPG)*, édités et annotés par Daniel Palmieri, Comité international de la Croix-Rouge, Genève, 2014, note (20), p. 6)。なお、ＣＩＣＲ議事録で公刊されているのは、一九一四年八月末までである。シルヴィー・アルセヴェール女史（「ル・タン」紙記者）およびダニエル・パルミィエリ氏（ＣＩＣＲアーキヴィスト）の叙述は、両者が共通して参照している文献（Armanios, Rachad, *Le Dr Frédéric Ferrière. Les années de formation d'un médecin et d'un philanthrope*, mémoire de licence, Départment d'histoire générale de la Faculté des lettres de l'Université de Genève, 2003）によるのであろう。筆者未見である）。フェリエールは「赤十字社国際回報」誌上で「民間人担当部門業務報告書」を逐次発表している。フェリエールの執務ぶりを、ロランは次のように記している。「幸いにも、高い理想を奉じた人がいる。（ここで私がその名を挙げることを、御本人が御海容下さらないだろうが）（赤十字国際委員会副委員長である）フェリエール博士こそ、その人である。これら被害者が戦争から蒙った悲惨な状況について、博士は心を痛めておられる。倦むことなくかつ熱意を帯びた労力の結果、赤十字国際委員会事務局内にある無数の仕分けボックスの中に、これらの不幸な被害者らへの救恤用に特別なボックスを設置確保することに、博士は成功した。無数の困難な諸問題や、ほとんど成功の見込みがなくとも、これらにたじろぐことなく、博士は次のように根気強く取組んでいった。すなわち、まずは、消息不明者のリストを作成することに限定し、かつ、これら消息不明者との連絡を求めている人々からの信頼を得ることに努め、次いで、あらゆる手段を駆使して、（消息不明者らが）抑留されている場所をつきとめ、肉親そして知己の間で断たれた絆を修復し、彼らを再会させたのである。一つの家族に「息子さん」ないしは「御父上が見つかりました」と連絡できる時は、この上もない喜びである！（赤十字国際委員会国際捕虜中央局内の）執務机に就いている私どもの誰もが（光栄にも私はその末席を汚していたからだが）、あたかもその家族の一員であるかの喜びにひたった。」（傍線部は引用者。Cf. Rolland, *loc.cit.* 宮本、前掲訳）。

（23）Cf. Ferrière, “VI. Les Civils”, dans l'article “L'Agence internationale des prisonniers de guerre (*Deuxième article*)”, *BICR*, N°181, janvier 1915, p. 69.

（24）ルネ・マルゲリット・クラマー（Cramer, Renée-Marguerite, 1887-1963）はジュネーヴの旧家クラマー家に生まれた。一九一〇年にジュネーヴ大学法学部で法律学を修めた後、『ジュネーヴ共和国とスイス――スイス盟約者団加入前のジュネーヴとスイス間における事前交渉史』（*Genève et les Suisses - histoire des négociations préliminaires à l'entrée de Genève dans le Corps helvétique (1691-1792)*, Genève, A.Egglmann, 1914）論文をまとめ、ジュネーヴ大学文学部で歴史学担当の教授補（professeur suppléant）に就任した。同大学における最初の女性教員でもあった。CICRの新旧委員の数名と縁戚関係にあったためか、彼女は一九一四年に国際捕虜中央局局長に就任し、一九一八年には女性として初めてCICR委員となった。この間、駐ロシアCICR統轄代表を務めたエドゥアルド・フリックと結婚し、以後、フリック・クラマー姓を名乗る。一九三四年に東京で開催された第十五回赤十字国際会議には、CICR名誉会員として来日した。一九四二年、ナチス・ドイツによるユダヤ人迫害に対し、CICRとして公式に抗議すべきだとフリック・クラマーは主張した。この意見は、当時のCICR内部の多数意見により否決された。皮肉にも、第二次世界大戦後ユダヤ人迫害に関し、有効な阻止をとり得なかったことを、CICRを代表して釈明にあたったのがフリック・クラマーである。一九四六年、失意のうちに彼女はCICR委員を辞任した（Cf. CICR, article “L'Agence internationale des prisonniers de guerre”, dans *BICR*, N°180, octobre 1914, pp. 260; CICR, “Démission de Madame Edouard Frick-Cramer”, dans *RICR*, N°333, septembre 1946, pp. 964-965; CICR, “Décès de Mme R.-M.Frick-Cramer”, dans *RICR*, N°539, novembre 1963, pp. 573-574; Loissier, Jean-Georges, la nécrologie “Mme R. -M. Frick-Cramer”, dans l'édition du *Journal de Genève* du 24 octobre 1963, N°249, p. 10 (Cf. Le Temps/Services/Archives, http://www.letempsarchives.ch/, consulté le 18 février 2018); Durand, *op. cit.*, p. 25 et 80 ;Palmieri, *AIPG*, pp. 11-12; Hermann Palmieri, Irène, art. “Une pionnière de l'humanitaire - Marguerite Frick-Cramer (1887-1963)”, dans *Quel est le salud qui m'a poussé ? - Cent figures de l'histoire suisse*, sous la direction de Frédéric Rossi et Christophe Vuilleumier, Infolio éditions, Gollion (Canton de Vaud,en Suisse), 2016, pp. 180-181)。日本赤十字社編『日本赤十字社史続稿（大正一二年〜昭和一〇年）第四巻』一九五七年、一四五頁。

（25）一八六四年のプロイセン・デンマーク戦争時に、ＣＩＣＲはアッピア委員とオランダ軍軍医大尉ヴァン・デ・ヴェルデ（一八六三年のジュネーヴ会議にオランダ代表として参加）を、最初のＣＩＣＲ代表として派遣している（Cf. *PVSCICR*, p. 27; Boissier, *op. cit.*, p. 126)。日本では、第一次世界大戦中にフリッツ・パラヴィチーニ博士（注27で後述）、第二次世界大戦末期にマルセル・ジュノー博士がＣＩＣＲ代表として活動している。近時では、ペルー日本大使館公邸占拠事件中（一九九六〜一九九七年）、ゲリラとペルー政府との間の人質解放交渉を仲介したミッシェル・ミニグ氏が、在ペルーＣＩＣＲ代表部首席代表だった。

（26）Cf. CICR, L'appel aux belligérants et aux pays neutres au sujet des mesures de représailles contre les prisonniers, du 12 juillet 1916, dans *BICR*, N°187, juillet 1916, pp. 266-268, notamment 267-268.

（27）収容所視察は一九一五年以降、慣行化していった。一九一五年の時点では、前アッペンツェル郡長のアルツール・エングスター、ロシア帝室付家庭教師F・トルメイヤーが、それぞれ、ドイツ、ロシア国内の収容所の視察に従事している。一九一八年には、横浜在住のスイス人医師フリッツ・パラヴィチーニが、日本国内のドイツ・オーストリア兵捕虜収容所を視察している。国際中央局が捕虜および抑留者の本国帰還支援業務を終了するのは一九二三年である。それまでに四一名のＣＩＣＲ代表が計五二四の収容所ないしは抑留所を視察した。その視察先は、フランス、イギリス、ドイツ、トルコ、モロッコ、オーストリア・ハンガリー、イタリア、ロシア、エジプト、インド、ビルマ、ブルガリア、ルーマニア、マケドニア、ポーランド、ボヘミア、日本である（Cf. Durand, *op. cit.*, p. 61)。こうした報告は、「今次大戦に関する記録集」(Documents publiés à l'occasion de la guerre (soit les rapports des délégués du Comité international sur les visites aux camps de prisonniers), 24 volumes publiés entre mars 1915 et janvier 1920）として、一九一五年から一九二〇年にかけて、バーゼルとジュネーヴで刊行された。フリッツ・パラヴィチーニによる視察報告は赤十字国際委員会編『第一次世界大戦中の救恤活動の記録　第二〇巻　在横浜医師フリッツ・パラヴィチーニ博士による日本国内捕虜収容所視察報告（一九一八年六月三〇日〜同年七月一六日）』（"Dokumente herausgeben während des Krieges 1914-1918 - Zwanzigste Folge - Bericht des Herrn Dr.F.Paravicini, in Yokohama, über seinen Besuch der Gefangenlager in Japan (30.Juni bis 16.Juli 1918)", herausgebende von Internationales Komitee von Roten Kreuz, 1919, Verlag Georg & Coie., Basel und Genf）として刊行された（大川四郎編訳『欧米人捕虜と赤十字活動——パラヴィチーニ博士の復権』論創社、二〇〇五年）。

（28）ただし、彼女の委員就任可否をめぐり、委員会内で長い議論があったらしい（Cf. Palmieri, *AIPG*, p. 12; Harouel, *Genève - Paris*, note (3), p. 469)。アルウェルが典拠としている一九一八年四月五日、六月二九日、一一月二〇日の議事録は、既刊の『ＣＩＣＲ議事録（一八六三～一九一四)』（注４）には収録されていない。

（29）Cf. CICR, "Appel contre l'emploi des gaz vénéneux (Genève, le 6 Février 1918)", dans *BICR*, N°194, avril 1918, pp. 185-192.

（30）Cf. Zweig, Stefan, "Das Herz Europas - Ein Besuch im Genfer Roten Kreuz", dans *Neue Freie Presse* (N°19/59, p. 3, Wien, Décembre 1917), inclu dans *Die schlaflose Welt - Aufsätze und Vorträge aus den Jahren 1909-1941*, édité par Knut Beck, Fischer Taschenbuch Verlag, Frankfort sur le Main, 4ème édition, 2003, pp. 74-89, notamment p. 86. 既訳として、ツヴァイク（藤本淳夫訳）「ヨーロッパの心――ジュネーヴの赤十字訪問」がある（内垣啓一・藤本淳夫・猿田眞共訳『ツヴァイク全集　15　エラスムスの勝利と悲劇』みすず書房、一九七五年、特に二六七頁)。

（31）Cf. Ferrière, Frédéric, "Projet d'une Convention internationale réglant la situation des civils tombés à la guerre au pouvoir de l'ennemi", dans *RICR*, N°54, Juin 1923, pp. 560-585, notamment, p. 583.

（32）Cf. Cramer, Renée-Marguerite, "Rapatriment des prisonniers de guerre centraux en Russie et en Sibérie et des prisonniers de guerre russes en Allemagne", dans *RICR*, No17, Mai 1920, pp. 526-556, notamment, p. 551.

（33）ポール・デ・グット（Gouttes, Paul Des, 1869-1943）は弁護士の資格を有し、一九一〇年よりＣＩＣＲ書記をつとめた。一九一八年よりＣＩＣＲ委員に就任した。代表としてヨーロッパ各地の捕虜収容所、民間人抑留所の視察にあたった。「捕虜の待遇に関する一九二九年七月二七日のジュネーヴ条約」について、逐条解説書を編集した（Cf. CICR, la necrologie "Paul Des Gouttes (1869-1943)", dans *RICR*, N°294, Juin 1943, pp. 423-428; *PVSCICR*, p. 802)。ジョルジュ・ヴェルネール（Werner, George, 1879-1935）は、ジュネーヴ州内で裁判官、弁護士実務を経た後、ジュネーヴ大学法学部公法学担当正教授に就任した。一九一八年より中央国際局書記をも併任し、フレドリック・フェリエールに随行して、ギリシアおよびブルガリアの捕虜収容所を視察した。一九二三年よりＣＩＣＲ委員に就任した。一九二九年の外交会議では、「捕虜の待遇に関する一九二九年七月二七日のジュネーヴ条約」について、ＣＩＣＲ代表として趣旨説明にあたった。一九三〇年からはＣＩＣＲ副委員長を務めていた（Cf. Huber, Max, l'annonce "Décès du vice-président Georges Werner" et la necrologie "Georges Werner (1879-1935)", *BICR*, N°389, Janvier 1935, pp. 45-49)。

(34) 正文はフランス語である（Cf. “Convention relative au traitement des prisonniers de guerre, signée à Genève le 27 juillet 1929”, dans *Droit des conflits armés*, recuilli et annoté par Dietrich Schindler et Jiří Toman, pp. 415-447）。仮訳がある（茶園義男編・解説『俘虜ニ関スル諸法規類聚（十五年戦争極秘資料集第一一集）』不二出版、一九八八年、一五〇～一六七頁）。日本は調印したが、批准しなかった。これは、第二次世界大戦中に捕虜虐待問題の原因となった。

(35) 正文はフランス語である（Cf. “Projet de convention international concernant la condition et la protection des civils de nationalité ennemie qui se trouvent sur le territoire d'un belligérant ou sur un tettitoire occupé par lui”, dans *Droit des conflits armés*, pp. 449-455）。これには訳文がある（前掲『日本赤十字社史続稿（大正一二年～昭和一〇年）第四巻』、一七四～一七五頁）。

(36) その発案者の一人が、日本人国際法学者蜷川新（一八七三～一九五九年）である（蜷川新『興亡五十年の内幕』六興出版、一九四八年。東浦洋「日本人がその創設に影響を与えた国際機関」『人道研究ジャーナル』第四号、日本赤十字国際人道研究センター、二〇一五年、一四六～一七一頁）。蜷川は「大戦中、連合国各国を訪問し、私は各国赤十字社の活動を実地に視察した。その結果、私は次のように確信するに至った。赤十字による人道活動は、大戦中、めざましく躍進した。この活動が平時においても維持されるのであれば、（かつての交戦当事国であった）国同士を和解させるために大きな役割を果たすであろう。さすれば、忌まわしい戦争が二度と起こることはないであろう」（Cf. Dr. Ninagawa, Arata, “Le rôle futur de la Croix-Rouge et le Pacte de la Paix”, dans *RICR*, N°3, Mars 1919, pp. 257-267, notamment p. 258）と述べ、具体的な構想を述べている（Cf. Ninagawa, “La Ligue des Nations et la Ligue de Croix-Rouges”, inclu dans *RICR*, N°6, Juin 1919, pp. 621-624）。二〇一二年一一月二六日のＮＨＫ総合テレビで『歴史秘話ヒストリア　格闘家　武蔵』が放映された。この番組の中では、森昭生氏（元格闘家）の祖父蜷川新の事績が紹介されていた。また、国際赤十字・赤新月社連盟の歴史を概観した文献として、次の書を挙げておく。Reid, Daphnne A. et Gilbo, Patrick F, “Beyond Conflict - The International Federation of Red Cross and Red Crescent Societies, 1919-1994”, International Federation of Red Cross and Red Crescent Societies, Geneva, 1997.

(37) Cf. Siordet, Frédéric, *Inter Arma Caritas - L'œuvre du Comité international de la Croix-Rouge pendant la seconde guerre mondiale*, Comité international de la Croix-Rouge, Genève, 3ème édition, 1973, p. 106［大川編訳『欧米人捕虜と赤十字活動』四五頁］.

第7章

中世末ジュネーヴの経済
――ジュネーヴ大市（メッセ）の市場ネットワーク

岩井隆夫

はじめに

本章の課題は、スイスの歴史家・故ベルジェ（Bergier, Jean-François, 1931-2009）[1]の初期の代表作『ジュネーヴとルネサンス期ヨーロッパ経済[2]』の叙述に即して、中世末ジュネーヴの経済を大市（メッセ）の市場ネットワークという視点から明らかにすることにある。ベルジェの著書は全三篇、計一一章から成り、各篇のタイトルを挙げれば以下の通りである。

第一篇　十五・十六世紀のジュネーヴ経済をめぐる環境（全五章）

第二篇　ジュネーヴの大市と十五世紀中葉までの商業情勢（全三章）

第三篇　一四五〇年から一四八〇年におけるジュネーヴ大市の不況（全三章）

第一篇では、ヨーロッパ文明とアルプス（Alpes）という歴史的枠組みの中にジュネーヴを位置づけた上で、ジュネーヴをめぐる経済環境と流通構造を、第二篇では、ジュネーヴ大市をめぐる国際商業ネットワークを、第三篇では、十五世紀後半におけるジュネーヴ大市の衰退の背景にある政治状況や国際経済環境の変化を、それぞれ取り上げている。

序言において、ベルジェは執筆の意図を次のように述べている。

都市ジュネーヴは人口規模から言えば大都市の部類には入らないし、いわゆる後背地もほとんど有することなく、都市とその周辺の生産力や自然資源は貧弱である。その一方で、ジュネーヴはとくに中世後期以降一貫して国際都市として存続し、今日に至っている。こうした都市ジュネーヴのあり方をもたらした歴史的条件を明らかにするために、ルネサンス期のジュネーヴ大市の経済的基盤について中世末のヨーロッパ経済という枠組みを通して取り上げることには意義がある、としている(3)。

歴史を俯瞰した構想力と透徹した問題意識に基づき、先行研究の成果を最大限に生かしながらも、本書の真骨頂は何よりも文書館の史料調査に基づく実証性にある。

また当初の計画では、本書は二分冊の一冊目にあたり、第二冊目において一四八〇年以降十六世紀中葉までを対象として、ジュネーヴの国際商業、金融業、商品取引の内容、さらにはジュネーヴ商人と支配階級の関係やジュネーヴ商人の精神性などの問題も取り上げる予定であるとされていた(4)。しかしこれらのテーマについてはベルジェの以後の種々の研究において扱われていくことになる(5)。

本章では、あくまでも筆者の問題関心から理解しえた限りで、まず第一に、アルプスとの関連でジュネーヴを位置づけた上で、ジュネーヴ大市をめぐる経済環境と流通構造を通して大市をめぐる流通ネットワークを取り上げる。次に、都市ジュネーヴとその周辺地域の経済環境や地域的市場のあり方を踏まえて、大市をめぐる国際商業ネットワークを取り上げる。最後に、ジュネーヴ大市の発展とジュネーヴの飛躍を関連づけた上で、国際経済環境の変化を踏まえてジュネーヴ大市の衰退と歴史的意義を取り上げる。

第1節　ジュネーヴ大市をめぐる流通ネットワーク

ジュネーヴとアルプス

二十世紀最高の歴史書の一つとされているブローデル（Braudel, Fernand, 1902-1985）の大著『フェリペ二世時代の地中海と地中海世界』(6)を紐解いた読者は，冒頭から地中海をめぐる地理的・社会的環境についての叙述が延々と続くことに驚愕しさえする。ブローデルを師と仰ぐベルジェはルネサンス期のジュネーヴ経済の叙述に先立って、冒頭からジュネーヴとの関わりの中でアルプスをめぐる地理的・社会的環境についての叙述を展開する。

アルプスとヨーロッパ文明

ブローデルに依拠して、(7)ベルジェはヨーロッパ文明におけるアルプスの位置について次のように述べている。アルプスを境に、ヨーロッパはイタリアをはじめとする地中海世界および北海・バルト海に至る西ヨーロッパ世界の二つに分けられる。アルプスは境界もしくは障害ではなく、経済面でも文化面でも、むしろ東西・南北の接触の十字路であった。アルプスを横断する形でヨーロッパの二つの文明、すなわち一つはラテン文明とカトリック、もう一つはゲルマン文明とプロテスタントの二つの文明が交錯していた。(8)

アルプスとイタリア商人

アルプスを跨ぐ南北の文化的・経済的繋がりにおいて優位に立っていたのはイタリアであった。イタリア商人は早くからアルプスをめぐる商業交通に関与し、アルプス縦断交通路の開拓にも深く関わっていた。(9)

まさに十四世紀末から十五世紀中葉にかけてのジュネーヴ大市の繁栄は、イタリア商人やイタリア銀行家、とくにフィレンツェ（Firenze）の商人や銀行家の進出と深く関連していた[10]。アルプスの社会というのは同化する一方で不適合なものは排斥・拒否することによって、ある意味では独自の文化を築いてきた[11]。

アルプスの文化と社会

アルプス地域に広く見られる渓谷共同体中心地は山岳地域の農民にとっては手工業製品購買のための市場であったし、やや離れたところにある都市は織物業や金属業の生産が行われるだけではなく、酪農業にとって不可欠の塩が輸入されてくる市場であり、農民にとっては外部世界への開かれた門であり、精神的・物質的交流の場であった[12]。ベルジェはこのアルプス地域の社会について、社会・政治・経済・文化を総合した「アルプス社会」という枠組みに基づいた上で[13]、アルプス地域ではほぼ自給自足の生活を基本とする渓谷共同体間の相互依存的なつながりをもとにした連帯意識が普遍的にみられたことを指摘している[14]。

ジュネーヴとアルプス社会

これらの自律的な共同体はジュネーヴ周辺の山岳地域でもみられたが[15]、ジュネーヴはこれらの自律的な共同体の連帯の中心として位置づけられる。というのも、都市ジュネーヴ周辺地域のサヴォワ(Savoie)やピエモンテやバレーといった山岳地域には優位を占める都市が他にないので、ジュネーヴがとくに社会経済上、独占的な位置を占めていたからである。この点からして、ジュネーヴと周辺山岳地帯の関わり方はサヴォワ伯などによる周辺山岳地帯への政治的支配関係と異なるのみならず、盟約者団（スイス）における原初三邦同盟、都市邦同盟および盟約者団内部の同盟関係という関わり方とも異なる[16]。

したがって、アルプスへの文明の流入とアルプス独自の文明、この二つの点において、ジュネーヴの大市は意義を有していたと言うことができる[17]。

ジュネーヴ大市をめぐる経済状況

ジュネーヴをめぐる経済状況

ジュネーヴをとりまく地域は経済的・地理的に、西部スイス、アルプス山地、ジュラ地方の三つに区分される。(18)

［西部スイス］

産業としてとくに挙げられるべきは輸出産業としての酪農・牧畜業であった。また傭兵の給料と年金は重要な収入源であり、農産物については穀物だけが輸入に頼らざるを得ない状況であった。(19)

［アルプス山地］

アルプス山地は後背地が貧しいために、ピエモンテ地方やアオスタ地方も含めて、ジュネーヴの商業機能に依存していた。(20)

［ジュラ地方］

ジュラ地方で活動する小商人は平野地帯で小麦を、山岳地帯で木材、鉄、、皮革、肉、バター・チーズ、獣脂などを買い集め、ジュネーヴなどの都市の市場で売買していた。(21)

ジュネーヴ周辺地域の産業

［織物業］

フリブール（Fribourg）の毛織物業は十四世紀以降ジュネーヴの大市との関係で発展するが、後背地が羊毛を十分に供給できず輸入に依存せざるを得なかったという事情に加えて、製品や労働力の質低下などの理由から競争力が低下して十五世紀中葉以降衰退する。(22)

［金属業］

サヴォワの製鉄品やフリブールの鎌などはジュネーヴの大市で取引されたけれども、ドイツ商人が関与するドイツや東欧からの金属製品との競争によって衰退していく[23]。

［農林業］

ジュネーヴ周辺の山岳地帯では牧畜や酪農が優位を占め、家畜や皮革製品や酪農製品がジュネーヴで取引されたり、スイスやイタリアや南ドイツなどに輸出されていた[24]。

都市ジュネーヴと周辺農村

［都市と農村］

一般に都市と農村との関係については、農村から食料品、消費財、木材、木炭などが供給されたとされている。しかしながら、史料上把握するのは難しいが、農村の職人の木材加工品などが都市で販売されることもあった[25]。

［農村における商業活動］

都市で市場が開催されていても農民は日帰りがほとんどであり、いろいろなタイプの仲介商人（intermédiaire）が農村と都市の間の取引を仲介していた。最も小規模な取引に関わっていたのが定住地を有しない小売り商人であるが、小麦の買い占めを行うこともあった。農民商人（marchands-paysants）と呼ばれる商人は農村の町や村に居住しながら、町や村の市場のみならずジュネーヴの大市などでも、家畜やワインやチーズなどの食料品をはじめとした多岐にわたる取引に関わっており、高利貸しのような機能を果たす者もいた。ジュネーヴ市内の食料品の小売商は取扱商品毎に販売場所が決められており、行商人（colporteur）として農村に赴き農民と直接取引することもあった[26]。

［市民の土地投資］

自治都市としてのジュネーヴをもたらした歴史的基盤はあくまでも経済的な重要性にあるが、市民による周辺農村の土地所有や土地投資も活発に行われていた。こうした都市の市民による土地所有・投資はヨーロッパ各地で広くみられたが、ベルジェの本書刊行時点では未刊行であった研究に依拠して[27]、ジュネーヴではとくに宗教改革以降、周辺農村のブドウ畑に対する投資・所有が市民により積極的になされていたことを指摘している。[28]

ジュネーヴ大市をめぐる流通構造

【陸上交通と水上交通】

交通路は陸上交通と水上交通の二つに大別されるが、ジュネーヴをめぐるヨーロッパの内陸交通に関する限り水上交通はあくまでも陸上交通の補完であった。[29]

［陸上交通］

陸上交通は地形・気象条件や政治・経済状況などによるルートの変更や迂回が付きものであったり、時間的にも費用的にも不利な面はあったけれども、国際幹線路が地域交通・流通と密接に関わっていたことで新ルートの開拓や道路交通の整備・管理に領主層と商人層と住民の三者が関わっていたし、冬季においても交通は閉鎖されていたわけではなかった。また、陸上交通は人や貨物の輸送のみならず移民や移動などの社会的機能も果たしており、技術や宗教や芸術などの文化の伝播においても重要な役割を果たしていた。[30]

［水上交通］

水上交通は河川と湖に分けられる。河川は木材や石材や小麦やワインや塩などの重量品の運搬に利用されたし、旅客の輸送にも利用された。しかしリヨン（Lyon）と地中海沿岸諸港との間のローヌ河交通は急流であったり、遡行の際の曳舟コストが高かった。リヨンとジュネーヴの間のローヌ河（Rhône）交通は不安定であったので、陸上交通に積み替えられることも頻繁にみられた。スイスやジュネーヴにとっては、河川交通に比して安定した湖上交通の方がより重要な意味を有していた。[31]

ジュネーヴにとって、レマン湖（Léman）を介してスイスへ向かう河川交通や陸上交通が接することは大きな意味をもっていた。レマン湖はいわばスイスに向かって開かれた窓であり、ジュネーヴとスイスの結節点としての位置を占めていた。[32]

ジュネーヴをめぐる交通ネットワーク

ヨーロッパの南北交通と東西交通の接触がジュネーヴ大市の繁栄をもたらしたといってもよい。[33]

［南北ルート］

南北幹線路と関わっていた都市はジュネーヴのみならず、チューリヒ（Zürich）やベルン（Bern）やフリブールであった。また南北ルートにはいくつかの代替路があり、リヨン大市の台頭につれて西方に移動し、ジュネーヴ商人はライン河谷ルートに重心を移していく。[34]

［東西ルート］

南北幹線路は集中的であったのに対して、東西幹線路は開放的であり、アルプスの峠ルートは複数存在したし、ジュネーヴからスイスを横断してドイツ方面へ向かうルートも多様であった。[35]

［流通構造］

通行税の負担のみならず、交通路の維持管理や社会秩序の維持などの配慮は不十分であった。陸路は費用はかかるが海路よりも早く、安全であったので、貴金属、宝石、書物、毛皮、布、香料などは陸路で運送されることが多かった。運送手段としては手押し車、荷車、馬車などが利用されたが、アルプス山中では一般に馬車は利用されなかった。馬方や荷車引きや船頭などの運送業者と商人とのトラブルにジュネーヴ大市の当局は干渉せざるを得なかった。運送費用や運送期間を精確に把握することは史料上難しい。[36]

穀物流通とワイン流通

［都市ジュネーヴの穀物問題］

小麦はパンの原料であり、都市民の生活に不可欠であるがために、地域的かつ国際的商品であった。十三世紀末頃からジュネーヴ周辺のアルプス前山地域は酪農・牧畜業に傾斜するようになり、都市にとって小麦の安定的な供給は重要であった。とくにジュネーヴは後背地の狭隘さから、市民のみならず大市の開催期間に訪問する多数の客人のために穀物の輸入に大きく依存せざるを得なかった。(37)

［ジュネーヴの穀物政策］

ジュネーヴ都市当局の穀物政策は、一つは都市におけるパン屋の管理、買い占めの禁止や制限であり、もう一つは、同盟関係にもとづくスイスやフランスやドイツからの穀物輸入であった。(38)

［ジュネーヴとワイン流通］

ワインは重量があり、輸送の際に配慮が必要なために高価であるが、とくに聖俗領主層にとっては祭式用に不可欠の商品であり、しかも生産地域が限られているので長距離向けの商品であった。ジュネーヴ周辺におけるワインの生産・流通は局地的なものであり、主として自家消費のためであったがために、スイスのヴォー地方（Vaud）やフランスのローヌ河流域地帯やブルゴーニュ（Bourgogne）などから調達することもみられた。(39)

第2節　ジュネーヴ大市をめぐる商業ネットワーク

ジュネーヴ大市をめぐる地域市場ネットワーク

農村における年市や週市

ジュネーヴ周辺の農村部では、ほとんどの村落で市場（marché）が開催されており、農民は農産物を販売し、小商人が遠方の都市の市場で購入したものを農村の市場で購入していた。したがって、農村の市場は農村の生産集積の中心地であると同時に、消費や流通のネットワークの要としての位置を占めていた。また、ジュネーヴの周辺地域には衛星都市のような小都市が点在し、一体となって都市と農村の関係が築かれていた(40)。

ジュネーヴの週市と年市

ジュネーヴでは大市（grande foire）の他に年市（foire）も開催されており、周辺地域の小都市や農村の市場との間で相互依存関係があった。十五世紀中葉までの時期では、大市が年四回開催されていた他に、年市が年三回開催されていた。さらに週市や日市も開催されていたと考えられるが史料上明らかにするのは難しい。ジュネーヴの年市は地域的な性格が強く、一日もしくは数日間開催されており、大市の開催日と重なっていることもあった。というのも、ジュネーヴの大市は決して十分に専門化されておらず、金融取引と商品取引のいずれかに特化されていなかったからである(41)。

年市に関与していたのは、仲買人（revendeur）、農村商人（marchands ruraux）、馬商人（maquignons）であり、市壁の外や牧草地などで取引が行われていた。ジュネーヴの大市が衰退した一五四〇年以降になると、年市の開催数は四回になり、開催期間は当初は各一日であったが、まもなくすぐに各三日に拡大し、取引場所も外国商人に対する管理上の理由から市の中心部に移り、後には取引場所は二箇所に拡大する(42)。

ジュネーヴ周辺の地域市場

十三世紀末から十四世紀初頭にかけて、国際的金融的な市場としてのジュネーヴ大市の発展はジュネーヴ周辺の町や村の年市や週市などの発展と相互関係にあった(43)。

これらの地方市場のリストを以下に掲げる(44)。括弧内の年号や時期は特権賦与、市場開設、市場認可などが言及されている年号や時期を示す。

ジュネーヴ司教区の地方市場(45)

［小教区 Allinges］

Évian*（一二六五年）、Feternes*（一三〇六年）、Saint-Oyen-de Lullin（火曜週市、一三一〇年）、Saint-Paul*（一二六七年）、Thônon*（一二九三年）、Yvoire（水曜週市、一三二四年）

［小教区 Annecy］

Annecy*（一三六七年）、Chatelard-en-Bauges（二回の年市開催、一三二四年）、Thônes*（水曜週市、九月・聖マルティヌスの祝日の年市、一三五〇年）

［小教区 Annemasse］

Bonne*（水曜週市、ノートル・ダム降臨祭の年市、一三一〇年）

［小教区 Aubonne］

Aubonne*（一三二四年）、Divonne（一三〇五年）、Gex*（一二六一年、特権賦与一四五三年）、Nyon（一二一一年）、Saint-Jean-de-Gonville*（一三〇五年）

［小教区 Cozérieu］

Seyssel（一二八五年）

［小教区 Rumilly］

Rumilly（一二九一年）

［小教区 Sallanches］

Cluses*（月曜週市、聖ルカの祝祭日の年市）、La Roche-sur-Foron*（一三〇六年、一三五五年）、Sallanches*（土曜週市、一三一〇年）

［小教区 Vuillonnex］
Cruseilles（一二八二年）、Ternier（木曜週市、一二五二年）、Viry*（一四三〇／三一年）

この他に、家畜市など一時的な市場もあったが史料的に明らかにするのは難しい(46)。

ジュネーヴ周辺の地方市場(47)

［ヴァレー（Valais）］
Sembrancher*（十三世紀中葉）、Orsieres*（週市・年市、一三七九年）、Martigny*（年市二回、Orsieres の後）、Conthey*（火曜週市と年市二回、Martigny の後）、Saint-Triphon（中世末に、二月三日の年市、十六世紀には Ollon の町が年市を開催）

［サヴォワ］
Chambery*（年市、十六世紀前半）、Montmélian*（小規模な年市、十四世紀）、Sain-Jean-de Maurienne*（年市、十五世紀初頭、イタリア商人の頻繁な訪問）、Suse（家畜市）

［ドーフィネ（Dauphiné）］
交通上の重要性から、中世末期には多くの年市が開催されていた。Saint-Rambert と Briancon（リヨンの復活祭の大市の前もしくは後に開催される年市、家畜市も）、La Mure と Concelin（家畜市）、Grenoble（年市、一二一九年以前）、Valence（年市二回）、Valence（年市二回）、Briancon（古くからの年市、家畜や塩の取引）

［サオーヌ（Saone）］
Chalon-sur-Saone（年市）、Orgelet, Arnay-le-Duc, Autun, Saint-Symphorien, Auxerre, Auxonne（いずれも地方的市場）、Besançon*（年市）

［スイス］

重要な市場定住地としては、チューリヒ、バーゼル（Basel）、ツァツァッハ（Zurzach）。スイス西部各地の市場はジュネーヴとの関係が強い。

このようなジュネーヴ周辺地域の市場ネットワークはジュネーヴの大市をめぐる国際商業ネットワークの基盤を成していた。[48]

ジュネーヴ大市をめぐる国際商業ネットワーク

イタリア

ジュネーヴ大市に関わっていたイタリア商人の多くはフィレンツェ、ミラーノ（Milano）、ジェノヴァ（Genova）の商人である。フィレンツェ商人はメディチ家（Medici）を筆頭に銀行業に広く深く関わっていた。ミラーノ商人はジュネーヴ大市を介して行われた南北ヨーロッパ間の商業取引に従事しており、イタリアからは金属製品、小間物、香料、武器、染料などが、西・北欧からはニシン、硬貨、鉄以外の鉱産物（錫、鉛）、羊毛、布、毛皮などが取引対象とされた。ジェノヴァ商人も同じように商業取引に従事し、イングランドやフランドル（Flandre）の毛織物、ドイツや東欧の毛皮の対価として、香料、砂糖、染料、金銀糸、オリエント物産、ジェノヴァの絹織物などが取引されたが、ジェノヴァ側の差益に対応してジェノヴァ商人はジュネーヴにおける両替機能に依存していた。[49]

フランス

イタリア商人に次いで重要な位置を占めていたのがフランス商人であるが、フランス商人の場合には主として小

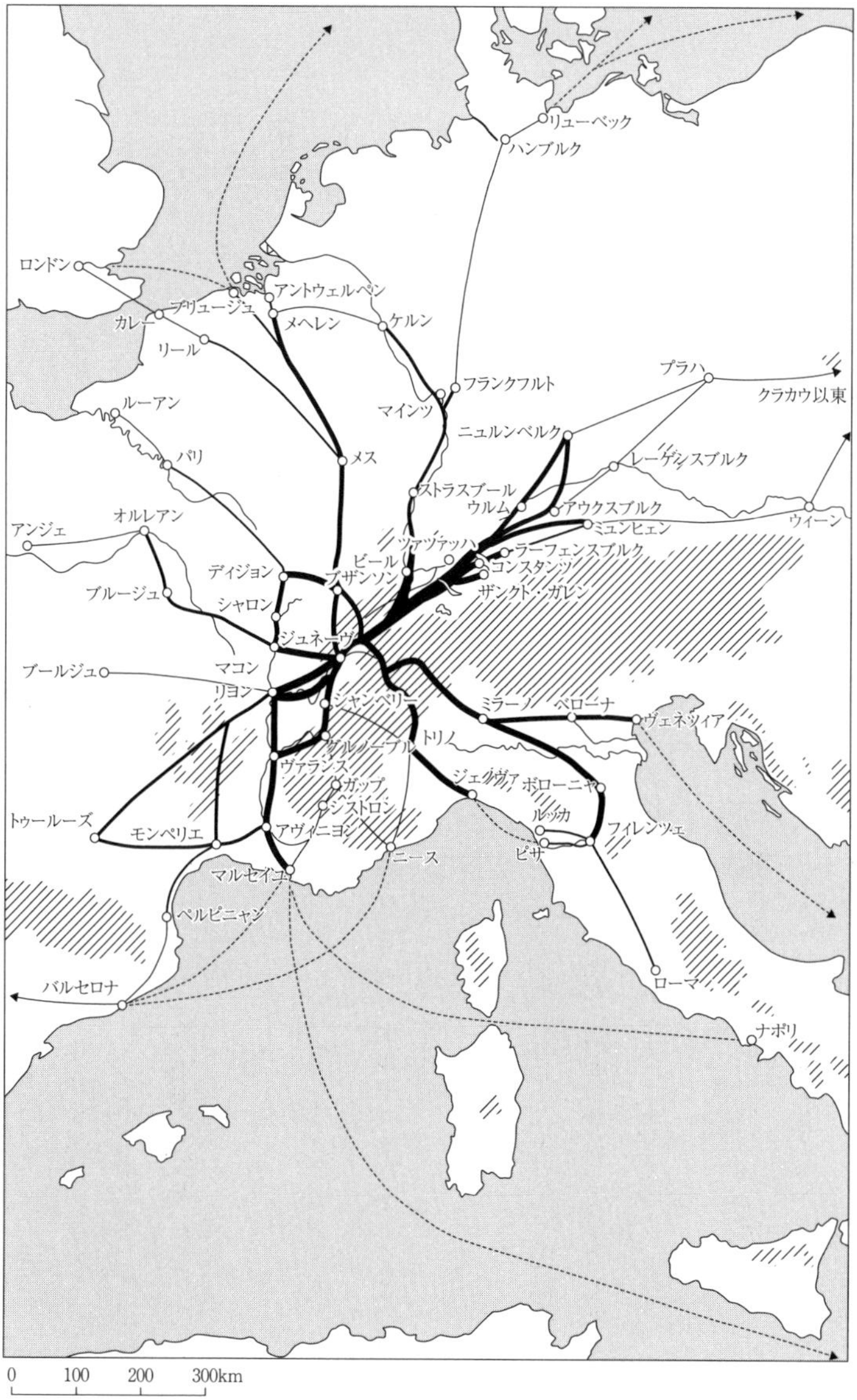

凡例

……… 海上交通路

—— （航行可能な河川を含む）陸上交通路線の太さは交通路の重要度を示す

▨ 海抜1000m以上の地形

図 2-7-1　ジュネーヴ大市をめぐる国際商業ネットワーク

出典：Bergier, Jean-François, *Genève et l'économie européenne de la Renaissance*, Paris, 1963, p. 354.

商人である。ブルゴーニュ地方は北方への交通という点でジュネーヴにとっては重要であった。プロヴァンス地方については、マルセイユ（Marseile）を介して行われた近東（レヴァント）交易やアヴィニヨン（Avignon）との商業・金融取引、牧畜・酪農業に不可欠の塩田の塩取引が重要であった。トゥールーズ（Toulouse）ではパリとの織物取引や金融取引がジュネーヴを介して行われていた。十五世紀中葉以降リヨン大市が繁栄して以降も、ジュネーヴとリヨンの商品流通は行われていたし、ノルマンディーの織物とイタリアの染料の交易についてジュネーヴを仲介して行っていたのはイタリア商人であった。(50)

低地地方、スイス、ドイツ、その他の地域

［低地地方］

イタリア、フランス、ドイツとの商品取引に比して、低地地方（フランドルやブラバント）との商品取引はジュネーヴにとっては意義が小さかった。(51)

［スイス］

スイスのうちジュネーヴ大市と深く結びついていたのはフリブールであり、主として毛織物が取引されたが皮革や鎌も大市で取引された。ジュネーヴはベルンにとって農産物の販売・消費先として重要であった。チューリヒをはじめとした東部スイス諸都市はジュネーヴ大市との関わり方はあまり大きくなかった。(52)

［ドイツ］

十五世紀末頃から十六世紀にかけて、ニュルンベルク（Nürnberg）をはじめとした南ドイツ諸都市との商取引がジュネーヴにとっては意義を増してくる。それにつれて、とくにバーゼルを介するハンザ同盟地域などとの商取引にもドイツ商人が積極的に関わってくる。(53)ドイツ商人はジュネーヴへは東欧などからの鉱物や蜜蝋や皮革、金細工製品や版画や印刷物などを、ジュネーヴからは染料、果実、香料、印刷業用の黄楊材などをもたらした。この商業ルートにはフランクフルト、ケルン、ネルトリンゲン、ブリュージュなどの大市が存在していたので、ジュネーヴはバーゼルやストラスブールと強く結びついていた。[54]

［その他］

ドイツ商人はジュネーヴを介して南フランスやスペインとつながっており、とくにジュネーヴとスペインの仲介役としてドイツ商人が関与していた。史料ではドイツ商人、スイス商人、ジュネーヴ商人が共にドイツ商人団の一員としてスペインで商取引に従事し、ドイツやスイスからの麻織物などに対してスペインのサフランなどが取引された。[55]

第3節　ジュネーヴ大市の歴史的意義

ジュネーヴ大市の発展

中世経済における大市

十一世紀以降のシャンパーニュ（Champagne）やフランクフルトなどヨーロッパ各地の大市の発展の延長線上にジュネーヴ大市が登場するが、ベルジェによれば、ジュネーヴ大市は地方的市場から出発しているので大市の起源については不明のことが多いし、量的史料はほとんど欠如している。[56]

ジュネーヴはレマン湖とローヌ河の接点という重要な交通の要所であったがために、ローマ時代以前にすでに市場があったとされている。しかしその後十二世紀に至るまでは宗教上の祝祭日に開催される「祭市（feriae）」の性格が強い。[57]

大市と年市もしくは祭市を実体的に区別することは難しい。一般には、年市や祭市の場合には日帰りで往復できる距離を市場圏とするのに対し、国際的市場圏を対象とする大市の場合には外国商人に対する便宜や庇護を供与したり、特権の賦与を伴った[58]。

ジュネーヴ大市の起源

ジュネーヴ大市の起源については、公認などの史料が存在するわけではない。最初に言及されるのは一二六二年であるが、それ以前から存在していたのは明らかであり、一二〇〇年頃に成立したと考えるのが妥当である[59]。

元来ジュネーヴはシャンパーニュ大市への通過地であったが、当初から金融・信用機能をたとえ大規模ではないにしても果たしていた。十三世紀後半のシンプロン峠ルートの開通に伴って、一二七〇年頃からジュネーヴ大市へのイタリア人の関与が目立ってくるようになり、十三世紀末にシャンパーニュ大市が衰退すると、ジュネーヴ大市が台頭するようになる。十四世紀に入ると、イタリア商人はアルプスを経由してアルプス以北と積極的に交易するようになり、このことがジュネーヴ大市の意義を高めた[60]。

ジュネーヴ大市の商業機能

ジュネーヴ大市で取引された商品は以下の通りである。日用品（ワイン、穀物、塩、野菜、酪農製品、木材）の他に、鉱産物（鉄、鉛、錫、銅）や金属加工品。その他に遠隔地から輸入される商品としては、コンスタンツの亜麻織物、フランスの毛織物、香料（胡椒、ショウガ、丁字）、地中海物産（アーモンド、干しぶどう、イチジク、米、澱粉、サフラン、オリーブオイル）があった。その他に、皮革、亜麻、羊毛、綿、絹、刀剣、ナイフ、武器、鞍や馬用の装備、釘、水産物（鰊、鰻、干し・塩漬け魚）、ガラスやガラス製品なども取引された[61]。

都市ジュネーヴと大市

十五世紀前半のジュネーヴ大市

大市の開催数は年ごとに変化していたので確定するのは難しいが、多くの期間を通じて、年四回開催された。すなわち、一月六日（公現祭）、復活祭もしくは一週間後、八月一日（聖ペテロの鎖の日）、一一月一日（万聖節）の四回である。これらの開催時期でなかった年もある。開催期間についてもかなり変動しており、一四六〇年頃は一〇日以内、一四六七年には一五日間となり、この開催期間は一四九六年まで維持された。この開催期間の拡大はリヨン大市との競争上、延長したという側面が強い[62]。

都市ジュネーヴの拡大

表2-7-1　ジュネーヴの人口
（1356～1464年）

年	炉　数	世帯係数	人口数
1356	491	4	2,259
1359	445	4	2,047
1371	564	4	2,594
1377	653	4	3,004
1407	858	4.5	4,440
1449	1,651	4.5	8,544
1464	2,050	4.5	10,609

出典：Bergier, *Genève et l'économie européenne de la Renaissance,* p. 235 (Tableau VIII).

十五、六世紀のジュネーヴの人口増大の傾向はリヨンと比して顕著である。表2-7-1は炉数統計に基づく推計値である。ベルジェは炉あたり四人として計算し、聖職者、サヴォワ伯の役人、最低課税未満の貧者など一五パーセントほどが炉数統計から抜け落ちているとして推計している。これによれば、ジュネーヴ市の人口は一三五六年において二二五九人であるのに対して、一四六四年には一万六〇九人であり、百年余りで五倍以上の人口増加である。このように十四世紀から十五世紀にかけてジュネーヴの人口増大は顕著である。こうしたジュネーヴの人口増大についてベルジェは、ペスト以後の中世末期のヨーロッパの経済不況の時代において決して例外的なことではなく、大都市の多くは人口が増大しているとしている[63]。

ジュネーヴ大市の金融機能

ジュネーヴ大市には交易の通過地としての立地と銀行機能の立地としての二つの側面が備わっていた。商品取引の拡大が資本の運動を誘引し、イタリアの大銀行の支店が市内に設置された[64]。

十四世紀におけるフランスの金融機能の中心地はパリに次いで、アヴィニヨン、モンペリエであった。シャンパーニュ大市の衰退後もシャンパーニュとパリの間の金融上の結びつきは残るが、次第にジュネーヴがパリにとって代わるようになる。イタリアとの交易関係を踏まえれば、情報交通手段や運送手段の不便な状況の下ではジュネーヴが金融機能を引き受けるのは不可欠であった。とくにフィレンツェのメディチ家は一四二五年から六五年にかけてジュネーヴを介して巨額の金融取引を行っていた[65]。

イタリアとフランドルの交易関係ではイタリアがフランドルよりも優位な位置を占めていた。その証拠に、ヴェネツィアやフィレンツェの商業船はフランドルにおいて十分な商品の積み込みをすることができなかったし、資本の移転が常にみられた。そのために、ジュネーヴでは手形交換機能を果たすだけでは不十分であり、金の移動による決済が必要であった。織物の貨物に隠してジュネーヴに金を移動したりしていた。十五世紀後半になるとこうした機能は低下する。というのも、フランドルをめぐるイングランドや低地地方との関係に変化が生じて、メディチ家に代表されるイタリア商人の繁栄が衰退したからである。また、ジュネーヴ大市で流通貨幣として利用されていたサヴォワのエキュ銀貨の価値が安定していたことや支払い猶予の仕組みがみられたこともジュネーヴ大市の金融機能を維持することにつながった[66]。

このように、十五世紀前半のジュネーヴ大市の発展の背景には地理的位置、貨幣の安定性、金融・信用市場としての特別な位置付けがあったことは確かであり、この金融・信用市場としてのジュネーヴ大市の繁栄の背景にはメディチ家を筆頭とするイタリア商人の優位性があった[67]。

ジュネーヴ大市の衰退

ジュネーヴ大市の産業的基盤

ジュネーヴ商人の中には商業に再投資をしたり、スイスのフリブールの毛織物業に投資したりする者もいたが、商業活動の不安定を不動産投資によって補填するという傾向が強く、資本は産業発展にはあまり向かわなかった。十五世紀末頃から展開する印刷業や製紙業がジュネーヴにとって重要な産業になるのは宗教改革後である。十四世紀から十五世紀にかけてのジュネーヴは後背地の狭隘性から原料や材料・中間生産物を供給する困難に直面しており、生産費を賄うだけの労働力と資本が不足していた。また、ツンフトやギルドのような同業組合はジュネーヴにはみられず、ようやく十六世紀後半から十七世紀初めにかけて新たに同業組合が登場する。これらの同業組合を形成したのは錫陶業、印刷業、金銀細工業、織布業、飾り紐職人であった(68)。

ジュネーヴにとってイタリア商人の関与の度合は高かったが、こうした傾向は十五世紀中葉で消失する。また十三世紀後半以降フランスからユダヤ人の亡命が続くが、ユダヤ人の多くは高利貸しや質屋として活動していたし、十四世紀末頃からサヴォワ伯がユダヤ人に対して寛容な対応をするようになると、ジュネーヴにおけるユダヤ人の位置付けは低下し、一四九〇年のキリスト教徒との軋轢からユダヤ人は都市行政から排除されるに至る(69)。

リヨン大市の台頭

ジュネーヴ大市の衰退の原因として一四六二年からのフランス国王によるリヨン大市に対する積極的な関与政策があったことは確かであるが、ベルジェはジュネーヴ大市をとりまく経済環境の変化に注目する。

ジュネーヴ大市の繁栄に決定的な影響をもたらしたのはイタリア銀行業のジュネーヴからリヨンへの移動にあることは確かであるが、フィレンツェ商人はジュネーヴを完全に放棄したわけではなく、商人や銀行家の中にはジュネーヴにとどまる者もいた。むしろ、ドイツ商人を介してジュネーヴと盟約者団（スイス）との関わり合いが強くなっていったというのが実態である。(70)

その一方で、ジュネーヴと比してリヨンは後背地における政治的支柱をもとに固有の産業基盤を有していたばかりではなく、ルイ王朝による政治的統一と密接な繋がりのもとにあった。(71)

国際経済環境の変化

十五世紀は中世経済から近世経済への過渡期にあたる。ヨーロッパの三つの経済地域であるイタリア、西欧、東欧のうち、ジュネーヴと関わりのあったのは前二者である。一四二〇年から六五年の時期はイタリアは好況、西欧は不況の時代である。まさにこの時期こそジュネーヴ大市の活況の時代である。すなわち、イタリアの好況に支えられていたのがジュネーヴの好況である。ところが一四五〇年以降になると、産業の地域特化や流通・交易の深化に裏打ちされて、イタリアをはじめとしてバルト海沿岸地域や西部地中海沿岸地域などの沿岸地域が不況となるのに比して、フランス、南ドイツ、東部スイス、ティロール、ハンガリー、ボヘミアなどの内陸地域がとくに一四八〇年以降好況になり、一五〇〇年にかけてヨーロッパ国際商業におけるドイツ商人の台頭が顕著となる。(72)

こうした新たな事態に対応したのがリヨンであり、対応できなかったのがジュネーヴである。リヨンとジュネーヴの大市を合わせると大市の開催期間が延べ六ヵ月に及んでいたことは新たな事態への対応を難しくした。ジュネーヴ大市における商品取引は依然として存続するけれども、リヨン大市に比して意義は低下した。十六世紀以降になるとジュネーヴ大市は金融取引の場に転換し、都市ジュネーヴは再編成された国際商業への適応を志向せざるを得なくなる。(73)

おわりに

ベルジェはジュネーヴ大市に関する先行研究の成果を踏まえて、[74] アマン（Ammann, Herktor, 1894-1967）をはじめとする中世ヨーロッパの商業史・都市史の研究成果[75]やジュネーヴ経済史の研究成果などを幅広く取り上げた上で、自ら発掘した文書館史料も取り入れてジュネーヴ大市の主として十五世紀前半を対象として歴史的ダイナミズムを明らかにした。

イタリア、フランス、ドイツおよびスイスなどジュネーヴ大市をめぐる商業ネットワーク上の諸地域について、その後の個別研究の蓄積により本書の叙述の内容をさらに充実させる余地はあるであろうし、ベルジェの依拠している都市史や商業史の枠組みを近世に向けての絶対王政や領邦国家体制との関連で再検討する余地はあるであろう。しかしながら、ルネサンス期のジュネーヴは周辺地域に政治的支配権を及ぼすことなく、社会・経済的な地域の連帯の中心として、周辺地域に広がる地方市場ネットワークの基盤の上に、地中海世界や西欧・中欧、さらには北海・バルト世界や東欧に至るまでの国際商業ネットワークの中核の一つを形成していた。

拡大と深化を続けてきたヨーロッパの地域統合が一つの到達点に達して新たな枠組みを模索している中にあって、国民国家の枠組みを超える形で地域・都市・町・村に根ざすヨコ型ネットワークの有する意義が増している現状を踏まえると、ベルジェが依拠した戦後ヨーロッパ各国の歴史家による中世ヨーロッパの商業史や都市史の研究成果の意義を再評価することも必要なのではないだろうか。

◆註

（1）ベルジェについては以下のことを述べるにとどめる。ベルジェは二〇〇九年に亡くなるまで（Kreis, Georg, Nachruf auf Jean-François Bergier (1931-2009), in: *SZG* 60, 2010, S. 148-149.）、経済史の分野で著書や論文を公にするだけではなく（Bergier, Jean-François, *Problèmes de l'histoire économique de la Suisse: population, vie rurale, échanges et trafics,* Berne 1968; Villes et campagnes en Suisse sous l'ancien régime: quelques variations, in: *SZG* 31, 1981, S. 391-402; *Une histoire du sel,* Fribourg 1982; *Histoire économique de la Suisse,* Lausanne 1984; Les foires et leur signification économique, sociale et culturelle au début de l'âge moderne, in: *Bozen im Messenetz Europas (17.-19. Jahrhundert),* 2007, S. 21-30）、社会史、交通史、林業史、環境史などといった分野で多様な業績を公にした（Bergier, *Naissance et croissance de la Suisse industrielle,* Berne 1974.; Histoire des Alpes : perspectives nouvelles, *Sonderausgabe der Schweizerischen Zeitschrift für Geschichte,* 29, Basel 1979; 1988; *Pour une histoire des Alpes, moyen âge et temps modernes,* Aldershot 1997; *Die Schweiz in Europa: zeitgemässe Gedanken eines Historikers,* Zürich 1998）。さらに一九九六年から一九九八年にかけて、スイス連邦政府から「第二次世界大戦とスイスに関する独立委員会（Unabhängige Expertenkommission Schweiz - Zweiter Weltkrieg）」の座長に任命され、全二五巻から成る『独立専門委員会叢書』報告書のとりまとめにあたった（Bergier, Sur le rôle de la "Commission indépendante d'experts Suisse - Seconde Guerre mondiale", in: *SZG* 47, 1997, S. 800-808）。なお、この叢書の最終報告については邦訳がある（黒澤隆文編訳・川崎亜紀子・尾崎麻弥子・穐山洋子共訳『中立国スイスとナチズム――第二次大戦と歴史認識』京都大学学術出版会、二〇一〇年）。

（2）Bergier, Jean-François, *Genève et l'economie européenne de la Renaissance,* Paris 1963.

（3）*Ibid.*, p. 7.

（4）*Ibid.*, pp. 11-12.

（5）Bergier, Jean-François, Commerce et politique du blé à Genève aux XVe et XVIe siècles, in: *SZG* 14, 1964, S. 521-559; Péages du XVe siècle au Pays de Vaud, in: *Beiträge zur Wirtschafts- und Stadtgeschichte,* 1965, S. 286-295; Salaires des pasteurs de Genève au XVIe siècle, in: *Mélanges d'histoire du 16e siècle,* 1970, pp. 159-178; Zu den Anfängen des Kapitalismus: das Beispiel Genf, in: *Kölner Vorträge zur Sozial- und Wirtschaftsgeschichte,* Heft 20, 1972.

(6) Braudel, Fernand, *La Méditerranée et le monde méditerranéen à l'époque de Philippe II*, Paris 1949, 2. ed. 1966［フェルナン・ブローデル（浜名清美訳）『地中海〈普及版〉』全五巻、藤原書店、二〇〇四年］.

(7) *Ibid.*, pp.11-12, 150-152［邦訳、四三〜四五、三四一〜三四五頁］.

(8) Bergier, *Genève et l'economie européenne de la Renaissance*, pp. 17-20.

(9) *Ibid.*, p. 22.

(10) *Ibid.*, p. 26.

(11) *Ibid.*, p. 28.

(12) *Ibid.*, p. 31.

(13) Günther, Adolf, *Die Alpenländische Gesellschaft*, Jena 1930.

(14) Bergier, *Genève et l'economie européenne de la Renaissance*, p. 36.

(15) Nabholz, Hans, Eine Eidgenossenschaft in der Dauphiné, in: *Archiv des Historischen Vereins des Kantons Bern* 31, 1932, S. 17-31

(16) Bergier, *Genève et l'economie européenne de la Renaissance*, pp. 33-37.

(17) *Ibid.*, p. 33.

(18) *Ibid.*, p. 53.

(19) *Ibid.*, p. 58.

(20) *Ibid.*, p. 59.

(21) *Ibid.*, p. 64.

(22) *Ibid.*, pp. 67-68.

(23) *Ibid.*, pp. 72-74.

(24) *Ibid.*, pp. 75-76.

(25) *Ibid.*, pp. 81-82.

(26) *Ibid.*, pp. 85-89.

(27) Monter, E. William, *Calvin's Geneva*, 1967 New York［モンター、E・W（中村賢二郎・砂原教男訳）『カルヴァン時代のジュネー

ヴ』ヨルダン社、一九七八年〕.

(28) Bergier, *Genève et l'economie européenne de la Renaissance*, pp. 98-99.

(29) *Ibid.*, pp. 121-122.

(30) *Ibid.*, pp. 132-133.

(31) *Ibid.*, pp. 137-139.

(32) *Ibid.*, pp. 153-154.

(33) *Ibid.*, p. 154.

(34) *Ibid.*, pp. 157-164.

(35) *Ibid.*, p. 164.

(36) *Ibid.*, pp. 175-208.

(37) *Ibid.*, pp. 100-103.

(38) *Ibid.*, p. 107.

(39) *Ibid.*, pp. 113-115.

(40) *Ibid.*, pp. 89-90.

(41) *Ibid.*, p. 95.

(42) *Ibid.*, pp. 96-97.

(43) *Ibid.*, p. 91.

(44) このリストの中で＊を付記したものは近世末・近代初頭の時点で言及されている市場定住地を示す。市場定住地名に付記されている数字は順に、週市の開催数、市場の歴史的起源：1は不明、2は一七〇〇年以前、3は一七〇〇年以降)、年市の開催数をそれぞれ示す（Radeff, Anne, *Du café dans le chaudon*, Lausanne 1996, pp. 470-493)。

Évian (2, 2, 3), Féternes (/, 2, 1), Sain-Paul (/, 3, 2), Thônon (2, 2, 4), Annecy (2, 2, 4), Thônes (1, 2, 4), Bonne (/, 2, 1), Aubonne (1, 2, 4), Gex (2, 2, 6), Saint-Jean-de-Gonville (/, 2, 2), Cluses (1, 2, 7), La Roche-sur-Foron (2, 2, 4), Sallanches (1, 2, 4), Viry (/, 2, 3), Sembrancher (/, 2, 2), Orsières (/, 2, 2), Martigny (1, 3, 3), Conthey (/, 2, 1), Chambéry (4, 2, 4), Montmélian (2, 3, 2), Saint-Jean-de

Maurienne (2, 1, 6), ,Besançon (7, 2, 4).

(45) Bergier, *Genève et l'economie européenne de la Renaissance*, pp. 90-91.

(46) *Ibid.*, p. 92.

(47) *Ibid.*, pp. 92-95.

(48) *Ibid.*, p. 95.

(49) *Ibid.*, pp. 279-313.

(50) *Ibid.*, pp. 318-336.

(51) *Ibid.*, p. 336.

(52) *Ibid.*, pp. 339-343.

(53) Ammann, Hektor, Oberdeutsche Kaufleute und die Anfänge der Reformation in Genf, in: *Zeitschrift für Wüttembergische Landesgeschichte*, 13, 1954, S. 150-193.

(54) Bergier, *Genève et l'economie européenne de la Renaissance*, pp. 344-349.

(55) *Ibid.*, pp. 349-353.

(56) *Ibid.*, pp. 217-221.

(57) *Ibid.*, pp. 221-222.

(58) *Ibid.*, p. 223.

(59) *Ibid.*, pp. 224-225.

(60) *Ibid.*, pp. 226-230.

(61) *Ibid.*, pp. 232-233.

(62) *Ibid.*, pp. 238-240.

(63) *Ibid.*, pp. 234-237.

(64) *Ibid.*, p. 269.

(65) *Ibid.*, p. 270.

(66) *Ibid.*, p. 271.
(67) *Ibid.*, pp. 273-274.
(68) *Ibid.*, pp. 247-251.
(69) *Ibid.*, pp. 251-253.
(70) *Ibid.*, pp. 402-409.
(71) *Ibid.*, pp. 419-421.
(72) *Ibid.*, pp. 432-434.
(73) *Ibid.*, pp. 434-436.
(74) Borel, Frédéric, *Les foires de Genève au XVe siècle*, Genève/ Paris 1892.
(75) ここでは、一例としてイタリア、フランス、ドイツ、スイス、イングランドおよび低地地方といったヨーロッパを俯瞰した都市史の研究叢書（*Recueils de la Société Jean Bodin (RSJB)*, 7 (1955), La Ville, Institutions économiques et soiales）をベルジェが挙げていることを指摘するにとどめる（Bergier, *Genève et l'economie européenne de la Renaissance*, p. 219)。

第8章

近世・近代のジュネーヴの経済
――商業都市から手工業都市へ

尾崎麻弥子

はじめに

西ヨーロッパにおいて近世（十六〜十七世紀）は、ルネサンス・宗教改革などを契機として、中世的な生産・流通・消費様式が変容し、近代的な経済への移行がおこなわれる時期であった。また、近代はフランス革命などの大きな市民革命や改革があいつぎ、国民国家の成立・確立へと向かう時代である。しかし、当然のことながらこうした変化は西ヨーロッパ全体で一様に起こったものではなく、時期においても具体的な内容においても地域ごとに様相を異にしていた。

ジュネーヴはリヨン、ストラスブールなどのヨーロッパの主要都市の間に位置していており、宗教改革とカルヴァンによる都市支配、宗教難民の流入については他の章ですでにあきらかにされているように、都市ジュネーヴにとって非常に大きな出来事であった。都市経済に及ぼした影響もまた、さまざまな側面においてたいへん大きなものであり、当該時期のジュネーヴ経済を語るにおいても外すことはできない要素である。また、同じく他の章で記されているようにルソーとの関係が深く、フランス革命に思想的に大きな影響を及ぼしたと同時に、フランスに近接していたため、フランス革命やその後の一連の事件の影響を直接に受けることとなった。

中世都市ジュネーヴはすなわち司教座都市であったため、都市当局がカトリックからプロテスタントへ変化することは政治のみならず経済体制をも一変させることであった。さらに、宗教難民の大量流入と流出による人口の大変動は経済にかなり大きな影響を及ぼした。労働人口の数量的な拡大のみならず、宗教亡命者のジュネーヴ手工業への資本や技術革新における大いなる貢献は、ジュネーヴ経済を質的に変化させることとなった。結論を若干先取りすることになるが、中世都市ジュネーヴの経済的機能として代表的だった大市の衰退に伴い、近世ジュネーヴは商業中心の経済から繊維産業と時計産業を主なものとする手工業中心の経済へ移行したが、この背景に、宗教亡命者の流入の影響が大きかったと考えられる。

とはいえ、近世ジュネーヴの手工業の発展には中世以来の商業の伝統、その際に一部商品として用いられた手工業製品製造の伝統も軽視することはできない。近世以降のジュネーヴで栄えた繊維産業、金銀細工および時計産業はいずれも遠隔地向け輸出商品であったため、情報の収集や販路の確保において、また、技術の連続性において、かつて大市を通して商業中心地であったことが非常に大きな役割を果たしていた。

近代に入るとジュネーヴは近接するフランスでおこった革命をはじめとする政治的事件の影響を色濃く受け、一七九八年から一八一四年まではフランスの一部となった。経済危機から近郊での農業の重要性が主張され、時計産業などの手工業は一時的に衰退した。

また、すでに述べたように本章対象時期は移入民による人口の増減が激しかったことに加え、宗教戦争や周辺の領域国家との政治的緊張がたびたびあり、戦争や疫病を伴う複数回の危機の時代が訪れた。気候変動による農作物

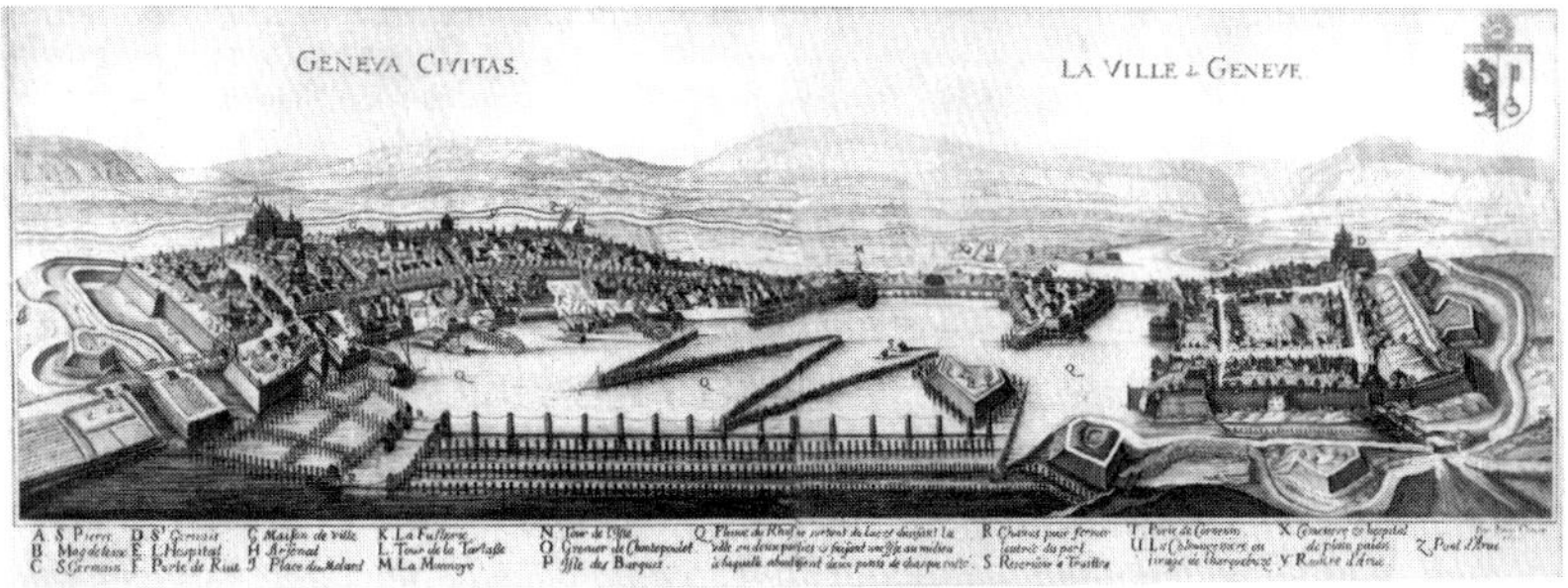

図 2-8-1　1655 年のジュネーヴ

出所：Vue panoramique gravée sur cuivre éditée par le libraire genevois Pierre Chouet, 1655, tirée par Fation, Olivier et Nicollier, Béatrice, *Comprendre l'Escalade. Essai de géopolitique genevoise, Genève*, Labor et Fides, 2002, p.88.

の収穫の増減も激しく、小麦価格の急騰を伴った食糧不足がしばしば問題となった。このような状況に対して、近世初期においては民間の対応に任されていたが、十七世紀から徐々に都市当局が対応措置をとることとなる。このような政策の代表的なものが一六二八年の小麦庁の創設であった。

本章では、上記のような近世および近代のヨーロッパの経済的特徴がどのようにジュネーヴに顕在したかについて、ジュネーヴ固有の事情に即しながら検討する。第1節で地理的特徴と時代ごとの概要を述べ、第2節では手工業都市としてのジュネーヴの特徴を宗教改革やフランス革命などの大きな事件の関連を中心に述べる。第3節ではジュネーヴにおける人口・食料問題とそれに対する当局の政策について検討する。

第1節　ジュネーヴの地域的特徴と経済的概要

地理的特徴および周辺地域との関係

ジュネーヴはレマン湖の西端に位置し、湖とローヌ川にまたがって都市が形成され、北をジュラ山脈、南をアルプス山脈に囲まれた盆地に位置する（図2-8-2参照）。

南および西には比較的大きな領域国家であったサヴォワ公国が存在し

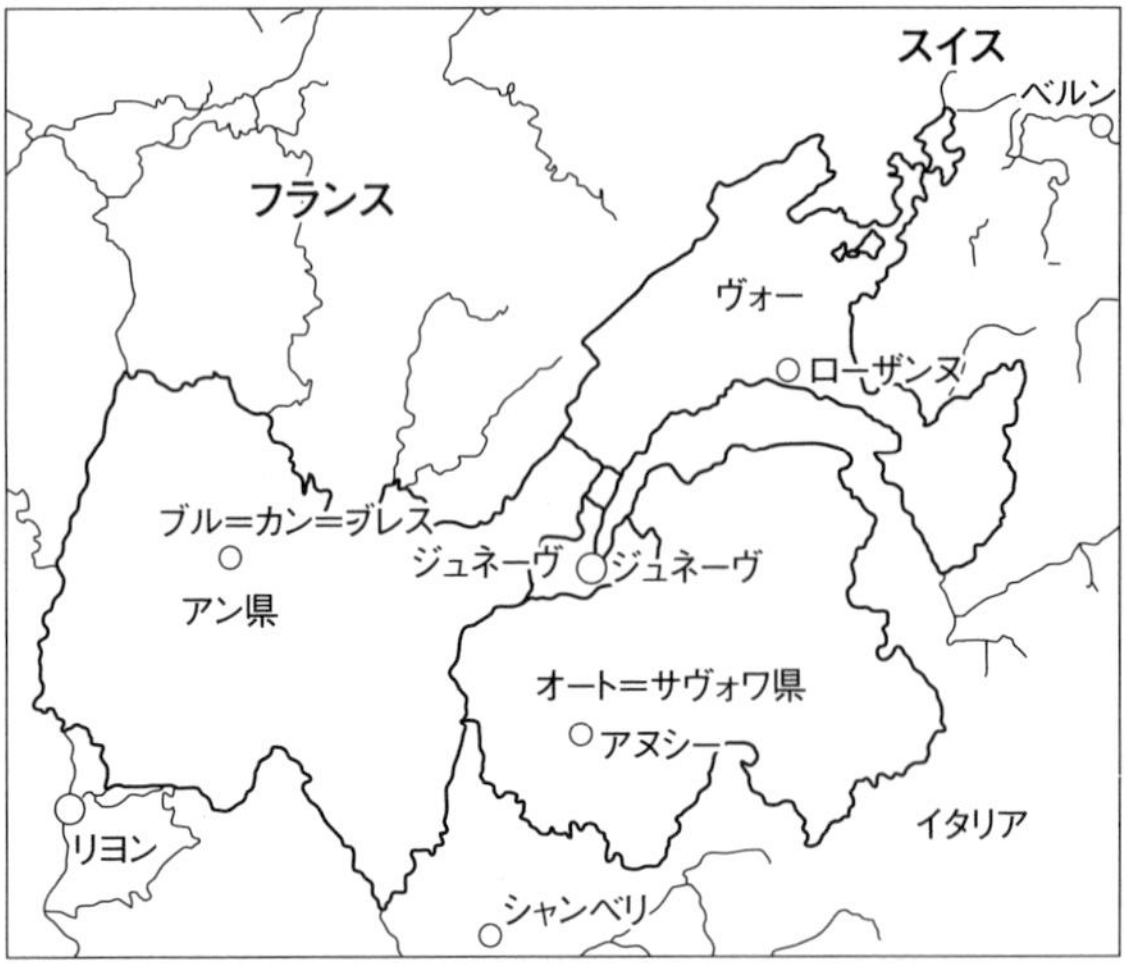

図 2-8-2　ジュネーヴ市とその周辺
Barbier, Claude, et Schwarz, Pierre-François, *Atlas historique du pays de Genève. Des celtes au grand Genève*, La Salévienne, 2014, p.11 より筆者作成。

た。都市ジュネーヴにおける宗教改革ののち、ジュネーヴの司教座はサヴォワ公国の主要都市であるアヌシーに移され、サヴォワ公国はカトリックのままとどまった。サヴォワ公エマニュエル＝フィリベルトは積極的なプロテスタントの迫害はおこなわなかったが、これは近距離にあるジュネーヴとの経済的利害関係を考慮したものと思われ、一五七〇年にはサヴォワ公と都市ジュネーヴの間での通商の自由が確認された[1]。

また本章対象時期にはサヴォワ公は都市ジュネーヴに対してたびたび領土的野心をもち軍事的攻撃を仕掛けた。このことはジュネーヴ経済にも大きな影響を与えることとなった。そのもっとも大きなものが一六〇二年一二月夜の「はしご作戦（エスカラード）」とよばれる奇襲作戦であった[2]。この奇襲作戦の失敗により、翌一六〇三年にサン＝ジュリアン条約が締結され、ジュネーヴ・サヴォワ公国間の国境が正式に確定した[3]。

ジュネーヴ北西部のジュラ山脈を越えた地域にはフランスのジェックス地方があり、ヴォルテールが領主をしていたフェルネー＝ヴォルテールなどとの経済的な関係が強かった(4)。

北東にローザンヌを中心とするヴォー地方があり、さらに北東にはフリブール・ベルンを通じたスイス盟約者団の諸都市・諸邦があり、その先にアルザス、西南ドイツや南ドイツへとつながっていた(5)。

南西部はフランス王国であったがフランスはルネサンスと宗教改革の波に揺れていた。十七世紀にはおもに南仏から、多くのプロテスタント難民がジュネーヴへと移住した。

なかでも都市リヨンはジュネーヴ経済にとってさまざまな側面でもっとも大きな存在であった。リヨンは、ジュネーヴにとって、比較的近距離に位置し、経済的に対抗関係を持った都市であった。司教座都市から宗教改革を経て都市共和国としての地位を保ち続けたジュネーヴに対して、リヨンは国家としての形を整えつつあった巨大な領域国家フランスに属していた。一六〇〇年ごろ、ジュネーヴの人口は一万五六〇〇人程度でリヨンは八万人程度であった。ジュネーヴにとってリヨンは手工業製品の販路として模索されていたが、繊維産業、特に絹製品、リボン製造において強大な競合相手であり、ライバル関係が意識されていた。リヨンおよびその周辺からジュネーヴへ移住するプロテスタント難民はドーフィネやラングドックからのものと比べてそれほど多くはなかったが、プロテスタント移民によるジュネーヴ手工業の発展に対しリヨンの業者は大きな懸念をもつようになった。

商業においては、ジュネーヴ大市の衰退にリヨンの大市が大きくかかわっていたことはよく知られている。フランスのルイ十一世が、義父であったサヴォワ公ルイと司教座都市ジュネーヴとの間の政治的対立をきっかけとして、リヨンの大市奨励のためにフランス人商人がジュネーヴの大市に行くことを禁止する政令を一四六二年一〇月二〇日に発布した(6)。このことにより当時ジュネーヴの商業および金融業にもっとも大きな影響力をもっていたイタリア人商人がジュネーヴを去りリヨンに定着することになり、大市は徐々に衰退していった(7)。このことが、近世においてジュネーヴ経済を商業中心都市から手工業都市へと転換させるきっかけとなった。しかし、ジュネーヴの大市衰退後も、その位置関係によりドイツや中欧との取引においてはまだジュネーヴのほうが有利であった。

ジュネーヴはまた、北イタリアと南ドイツを結ぶ南北の線上にある交通の要所としての役割をもっていた。南西部にはリヨン、南東部にはミラーノ、北にはストラスブールが存在し、フランクフルトやアントウェルペンとの商業へ結びついた。移動にはローヌ川とライン川、アール川を使った水路、湖とスイス高原を通じた陸および水路、地中海へはモン＝スニ、グラン＝サン＝ベルナール、シンプロンのアルプス山脈の三つの峠を通った。ジュネーヴは十六世紀半ばには商業の再分配の重要な通過点となっていた。

以上のように、ジュネーヴ市の経済はヨーロッパ規模での経済状況と深く結びついていた。布、香辛料、金属、そして十七世紀後半からは砂糖、綿花、コーヒーなどの植民地物産の商業の地中海、もしくは大西洋の港からの商業ルートの中継地点となった。

フランス革命ののち、一七九八年にジュネーヴは近隣の北サヴォワとともにフランスに占領され、フランスのレマン県の県庁所在地となった。このレマン県には、現在のフランスのオート＝サヴォワ県の県庁所在地であるアヌシーが含まれず、事実上の十九世紀までのジュネーヴを中心とする経済圏が政治的にも顕現したものであった。一八一四年のナポレオンの失脚と共に再び独立し旧体制に復帰したが、すぐにスイス盟約者団に加盟することとなった。

時代的特徴

気候

ヨーロッパにおいて、十五世紀までの大氷期が終了し、十六世紀前半は比較的穏やかな気候が続いた。そして十六世紀後半から小氷期として再び厳しい冬を迎えた。十七世紀の寒冷化はとりわけ厳しいものであったため、多くの地域で食糧危機がおこった。十八世紀初頭には比較的温暖な気候へ戻ったが、一七四〇年代の一〇年間のみ非常に寒冷な時期となった。十八世紀後半には夏は比較的高温であったが、非常に寒い冬と比較的冷涼な春と秋により平均気温は二十世紀の平均気温と比べて低いものであった(8)。

景　気

一般的に西ヨーロッパでは十六世紀はフランソワ・シミアンのいう景気拡大局面の「A局面」、十七世紀は停滞・衰退局面である「B局面」として特徴づけられている。それぞれの局面において、さらにいくつか細かい景気変動が存在する。

ジュネーヴにおいては、一五二三年ごろまでは経済は拡大傾向にあった。その後景気は停滞し、一五三〇年には激しい物価高騰がみられた。一五二八年から一五三〇年においてはサヴォワ公国による軍事攻撃があり、その影響を受けて経済が悪化した。一五二九年からはペストの流行による人口減少が大きな影響を与えた。一五三六年の宗教改革、一五四〇年から五九年の移入民の波による影響があり、人口増加、消費の拡大があった。商業都市から手工業都市への転換は、十六世紀半ばに完成した。

増加した人口は一五六〇年以降ふたたび減少し、一五七〇年には一五五〇年の水準に戻っていた。一五六〇年から一五七三年までは小麦の収穫が豊富であった。一五六八～七二年にペストがあり、人口減少に拍車をかけた。一五七二年にはフランスでサン＝バルテルミーの虐殺があったため、移入民は再び増加した。一五九三年から一六五〇年は短い経済復興の時代を経て、三十年戦争（一六一八～四八年）を経験し、一六一五年と一六五〇年代初頭にジュネーヴにペストが広がり、数々の受難が続いた長い不況の時代であった。

十七世紀後半にジュネーヴの経済は好転し、商品流通も盛んになった。従来の商品に加え、植民地物産の取引が開始され、流通中継地点としてのジュネーヴの役割が見直された。フランスではルイ十四世の登場とともに王権が拡大し、再びフランスから移入民が訪れるようになった。一六八五年のナントの勅令廃止をうたったフォンテーヌブローの王令とともにそれはピークに達した。この時期に流入した移入民たちがもっともジュネーヴ経済に多くの影響を与え、多くの場合、技術革新や資本の流入によりプラスに働くこととなった。しかし、プロテスタント難民を受け入れたことによるフランス王国との政治的緊張関係やそれに伴うフランスとの貿易量の低下、その結果としてのフランスとヨーロッパ北部の地域を結ぶ中継地点としての役割の衰退などにより、一六九〇年代には再び財政危機に陥った。十八世紀初頭には、次節で述べるように繊維産業、時計産業の発達が見られた一方で商人や小規模手工業者の失業が相次ぎ、このような状況はフランス革命時まで続いた(9)。

第2節　手工業都市としてのジュネーヴと宗教亡命者

一五三六年の都市共和国ジュネーヴにおける改革派の採用はジュネーヴ経済に直接的間接的に大きな変化をもたらした。司教座都市であった中世ジュネーヴにおいて、主たる経済活動はカトリック教会と深く結びついていたため、宗教改革とともにあらたな経済的秩序が生み出されることとなった。近世に発展していくことになる手工業部門で、その影響は顕著であった。一五五〇〜九〇年の間のフランスとイタリアからのプロテスタント難民が人材、生産技術、資本を集中させた。この資産は金銀細工産業と繊維産業の新しい部門へ投資された。本節では、はじめに手工業におけるギルド組織の形成と概要について述べ、次に当該時期に金銀細工産業から発展する時計産業について述べる。最後に、当時ジュネーヴの産業の中心となるインド更紗の捺染を中心に、繊維産業の発展について述べる。

ギルド制の確立と宗教改革

中世のジュネーヴにおいて、ギルド規制の成立は比較的遅かった。ベルン、フリブール、チューリヒ、バーゼルなどのスイス諸都市においては、ギルド（ツンフト）の成立とギルド規制の確立は比較的早かった。それに対し、リヨンやマルセイユなどのフランス南部の諸都市では、ギルドという体制ではなく、カトリック教会と結びついた組織に基づいて職業が実践されていた。中世のジュネーヴもまた、このような「信心会」と呼ばれる組織が形成され、そのもとに皮革関連業者、理髪師、外科医、大工、石工、屠畜業者などが束ねられた。こうした活動の実践は、教会におけるミサや修道院や病院における慈善活動を通じてコントロールされていた。こうした「信心会」は同職組合ではなく、異なる職業が同じグループに存在し、女性にも開かれていたなど、ギルドとは異なったシステムであった[10]。

一五三六年の宗教改革の受け入れにより、このようなカトリック教会と結びついた組織は消滅した。「信心会」所有の土地、財産、建物は没収され、病院や市当局に売却されることになり、新たにギルド組織が形成された。こうしたギルド組織の形成と発展は十六世紀後半におけるプロテスタント亡命者の大量流入と、それによって引き起こされることになる手工業の発展により加速することとなり、十六世紀後半から十七世紀前半にかけて、錫製品、印刷、金銀細工など四〇ほどの部門の組織が新たに形成された。初期には都市当局の規制を受けていたが、この二世紀半の間に徐々に親方の会議により価格および労働時間が定められ、厳格な規制が制定されるようになった[11]。

金銀細工から時計産業へ

すでに中世ジュネーヴにおいて、金銀細工は重要な手工業部門であった。そのことはジュネーヴが司教座都市であったことと大きく関連していた。金銀細工は、主に教会の装飾に使われていたのである。アントニー・バベル（Babel, Antony）によるとジュネーヴの金銀細工は大変評判がよく、ヨーロッパ各地の高位聖職者、教会、王家、大貴族などを顧客としていた。また、意匠を考える際の情報収集において、大市が重要な役割を果たしていた。[12]

大市の衰退および宗教改革により、近隣のカトリック地域の宮廷や貴族、高位聖職者とのつながりが弱まったこと、また、宗教改革によりジュネーヴの教会から十字架、聖像、聖杯、燭台などのカトリックの儀式に用いられる貴金属の需要が消滅したことにより、金銀細工産業は崩壊への道をたどるかと思われた。しかし、フランス、南部ベルギー、イタリアより十六世紀後半にジュネーヴに移住したプロテスタント亡命者の中に金属彫刻家、金銀細工師、宝石細工師が含まれており、彼らによってジュネーヴの金銀細工産業は新たな刺激を受けることとなり、一五六六年に複数の工程にかかわる手工業者がまとまって金銀細工ギルドが成立した。この金銀細工産業の中から時計産業が成立し、発展していくことになる。金銀細工は他地域の需要に応じる産業として存続したが、プロテスタント地域には教会の装飾品としての需要がなかったため、金銀細工の技術をもった手工業者たちが徐々に時計関連産業に移行するようになった。一七二五年には男性就業人口の五分の一が時計関連産業にかかわっていた。

十六世紀前半において時計産業は複数の同職組合の共同作業のもとで作られていたが、一六〇一年にそれらが統合され時計産業ギルドが成立した。当初ギルドの親方には代々ジュネーヴに居住する市民シトワイヤンもしくは新しく市民権を買ったブルジョワ以外はなることができなかったが、徐々に居住資格をもつ移入民であるアビタンが関連産業に参入するようになった。金を伸ばす技術、懐中時計の外側部分を作る技術、ガラス部分を作る技術、鎖をつくる技術などはこうした新規参入の移住者たち、すなわちプロテスタント亡命者たちによってもたらされた。[13]

出来上がった製品は、ジュネーヴにおいては、カルヴァン政策による、奢侈品の使用は禁止されていたため、金銀細工同様、都市内部で使用されることはほとんどなかった。当時の時計は時間を計るというよりも装飾品としての役割が強かった。置時計も多く生産されたが、代表的であったのは懐中時計であった。懐中時計の蓋の装飾には七宝の絵付けが用いられ、宗教画などのモチーフが色鮮やかに描かれていた。また、十字架や動物をかたどった時計もよく見られた（図2‐8‐3参照）。ジュネーヴの金銀細工がヨーロッパ各地でよい評判が得られたため、ジュネーヴ産の懐中時計もヨーロッパの王族、貴族によって広く購入され、さらにトルコや中国にまでその販路は広がった。

時計関連産業従事者の数は十七世紀後半から増加し、工程は複雑化したため一六六〇年ごろからぜんまい、鎖の製造、十七世紀末からガラス部分の製造が独立しておこなわれることになり、分業が進展した。ギルドは技術が農村へ広まることを警戒して厳しい規制をおこなったが、それにもかかわらず近隣地域で部品製造がおこなわれるようになった。仕上げは常にジュネーヴでおこなわれ、仕上げの調整をおこなう時計工は「キャビノティエ」と呼ばれ、彼らの社会的地位は高かった。賃金も高く、ジュネーヴ人の多くがその職業につくことを望んでいた。一六六六年のギルドにおける職人の親方との契約においては、一日の労働時間は当時のフランスの時計職人よりも短かった(14)。

図2-8-3　1630年ごろのジュネーヴの時計
（ブロワからの移民のピエール・デュアメル作）
出所：Montre en forme de lapin. Genève, Musée de l'horlogerie et de l'émaillerie, inv. AD, 198, tirée par Chardinal, Catherine, *La montre.des origines au XIXe siècle*, Fribourg, Office du livre, 1985, p.127.
注：ジュネーヴ時計七宝博物館は、2002年に閉鎖された。

十八世紀に勢いがピークに達したジュネーヴの時計産業は、フランス革命の影響などにより危機の時代に突入した。革命によりフランスの王族および貴族が時計の購入を控えるようになったこと、皇帝の啓蒙政策によりハプスブルク帝国の貴族たちも同様に購入を控えるようになったことがおもな原因であった。十九世紀になると周辺国家の工業化の影響を受け、時計産業においても廉価盤の大量生産の時計が市場に出回るようになったが、ジュネーヴの時計産業は手作業における機械式生産にこだわり、奢侈品としての地位を維持することによって、危機の時代を乗り越え再び高い評判をもつようになった。

繊維産業――綿布捺染を中心として

ジュネーヴは中世より繊維製品取引の重要な拠点の一つであった。こうした商業活動を補うように十六世紀にはファスティアン織（綿と亜麻の混合織物）がフランスおよびイタリアからのプロテスタント亡命者による技術伝播により発展し、光沢のある布の漂白を繰り返すことが可能となった。都市当局の振興政策もあいまって発達した。十七世紀後半よりインド更紗はヨーロッパ内で大変な流行となり、東インド会社から輸入されたものがイギリスなどで捺染され、それをオランダやフランスの諸企業が模倣し生産するようになった。こうした捺染の技術は十七世紀の第三四半世紀にジュネーヴに導入されたが、綿布の原材料を外国貿易に依存していたため、その産業は他のヨーロッパ地域、とりわけフランスの貿易政策の影響を強く受けた。一六八五年一〇月二五日にフランス政府により東インド会社経由以外の捺染布の製造および取引が禁止され、ジュネーヴの捺染布生産は大きな打撃を受けた。一六八五年以前のインド更紗工場はほとんどがカトリックの企業家によるものであったが、ナントの勅令廃止を受けたプロテスタント企業家が多くジュネーヴに移住し、ローヌ河沿いなどに多くの工場が設置された。

以上のように、ジュネーヴがかつて繊維産業取引の中心地のひとつであり、ファスティアン織などの織布の伝統があったということがインド更紗の捺染の定着を容易にしたこともまた確かである。従来の産業の基礎のもとに新しい産業が定着した。このことは、ジュネーヴが司教座都市からカルヴァンの都市へ変化したということに加え、商業都市から手工業都市へ転換したことの現れである。しかし、商業都市としての前身がなければ産業が成り立たなかったことをよく示している。

第3節　近代都市国家への移行――人口と食料政策

人口

都市ジュネーヴの人口は十六世紀ごろから激しく増加した。ジュネーヴの規模はそれほど大きなものではなく、十七世紀にはパリは人口四〇万人、マルセイユは八万人程度であったのに対してジュネーヴは一時的な人口上昇を除いて一万三千人から一万八千人程度の間で推移していた。

一五五〇年代にプロテスタント移入民の第一の波があり、一五五〇年には約一万三二〇〇人だった人口は一五六〇年に一時的に二万一四〇〇人にまで膨れ上がったが、一五七〇年には一万六千人まで減少した。十七世紀前半には減少し続け、一六五〇年には一万二七〇〇人と一五五〇年の人口を下回った。十七世紀後半から再び上昇を続け、一七二〇年には二万九〇〇人となり、一七九〇年の二万七四〇〇人まで上昇を続けた[15]。

アルフレッド・ペルヌーの推計によると、ジュネーヴの出生率は一五八九年に四六・七パーセントであったのに対し一六九八年には三八・一パーセントと下がっている[16]。第一節であげた気候および景気変動、またそれに伴った食料事情による栄養状態の変化が、こうした出生率の低下に対する影響力をもたなかったわけではない。しかし、十七世紀における人口の上昇と低下は、自然的な出生率や死亡率の問題よりは、流入と流出による影響がはるかに大きかったと考えられる。すでに何度も述べている通り、主にフランスからのプロテスタント難民の流入が人口増加のおもな原因であるが、多くのプロテスタント難民は、比較的近距離のジュネーヴを足掛かりとし同じくプロテスタント地域であるオランダやイギリスへ再流出するものも多かった。十八世紀後半になると、フランスによるプロテスタントに対する寛容な政策により、フランスからの移入民は減少した。しかし、十八世紀末になると、代わりにスイスドイツ語圏や西南ドイツなどドイツ語圏からの移入民が増加するようになったため、人口は減少せず増加を続けた。[17]

穀物政策――小麦庁の設置

一五三六年から十七世紀の第三四半世紀まで、人口の激しい変動とたびたび訪れた飢饉とペストの被害、さらには隣国のサヴォワ公国との外交問題により、食糧問題はしばしば深刻となった。この時代は農業技術の進歩も乏しく、穀物の流通も伝統的な規制のもとに留まり、新しい政府は大きな食糧問題と直面していた。一五三六年のカルヴァンによる新政府により、食料政策が模索されたが、約二〇年の間ははかばかしい成果もなく、場当たり的なイニシアティヴによる定まらない政策となった。[18] しかし、度重なる食糧難により、いざというときの食料買い入れのうちに、相当の資金の動員、穀物の買い付け、備蓄、売渡しなどをおこなう特別の組織を設ける必要性が出てきた。[19]

一六二八年に小麦庁がつくられた。小麦庁は発足当初より公益団体として組織され、長官には共和国政府の四人の総代のうち一人が就任し、その下に会計長、書記長、備蓄倉庫長など九人の役職者がいて、それぞれに秘書官がついた。[20]

収穫が良く地域の生産が都市の食料需要を十分カバーできる際には、近隣の農村の収穫物で都市への供給は十分であった。この際小麦庁は一定数の小麦の備蓄をおこなったが、市場への特別な介入はおこなわなかった。当時の技術では小麦を長期間にわたって保存することができなかったため、在庫を使い切ることが必要であり、小麦の市場価格は比較的高価であったため、一部をパン屋に比較的低価格で売却した。在庫消費のため、指定された複数のパン屋は割り当てられた量の小麦を購入しなければならなかった。通常時に小麦庁からパン屋に提供される小麦の量は一五〜一六パーセントであり、残りの約八五パーセントは自由競争の市場で取引されていた。凶作の際、また飢饉の際、近隣地域も含めて小麦の確保が難しい場合、当局は遠方から小麦を探さなければならなかった。サヴォワ公国やフランスや北イタリア、南ドイツに加え、時には北ドイツや北アフリカからも小麦を輸入しなければならない場合があった。また、イタリアから米の供給もあったが、当時ジュネーヴでは米は穀物としてそれほど高く評価されておらず、あくまで副次的な栄養素とみなされていた。[21]

こうした際、当局はまずは小麦の消費を減らすように試みた。白パンと焼き菓子類の製造を禁止し、雑穀のまざったパンの製造を奨励した。また、配給制を導入し、貧しい外国人を排斥し流出させた。小麦庁による小麦の供給は、前述の手段では不十分だった時、すなわち著しく小麦が不足していた時に限られていた。また、その際にもおもにパン屋への売却の増加を通して小麦の提供をおこなっていた。

小麦庁の備蓄を供給する介入は、都市当局がみずからイニシアティヴをとり、住民の食料安全保障を確保しようとした一例として示すことができる。この介入は衰退した地域の住民の生活を立て直すことに相当な貢献をしたと評価されている。しかし、こうした限界をもちつつ、この時期にジュネーヴでなされた食糧政策については、一定の評価はなされるべきであると考えられる。完全に平等に分配されたのではなかったと考えられるため、すべての住民に十分であったとはいえないであろう。

おわりに

これまで見てきたように、中世から近代への移行するにあたり都市ジュネーヴはさまざまな試練を受けた。大市の衰退、宗教改革による政治当局の変化、移入民による人口の変動、主にサヴォワ公国による外交的脅威、たびたび訪れた凶作と飢饉などであった。近代から現代にあたっては、フランス革命による政治的影響、革命期フランスによる占領とレマン県の創設、そしてスイス盟約遮断への加入とめまぐるしい変化に見舞われた。

近世における経済の質的な転換については、先に述べたように商業中心都市から手工業都市への変化という点がもっとも大きな変化であった。しかしインド更紗と時計関連産業という、奢侈品かつ遠隔地商品向けの商品が主要な産業であるという特殊な形での発展であった。遠隔地商業向け商品は、景気の変動やヨーロッパ全体の商業情勢に左右されやすいという性格がある。そうした商品が主要産業となっていく背景には、情報の収集などの点で、やはりジュネーヴの位置関係の地理的な優位性と中世以来の商業の伝統による商業ネットワークの存在が不可欠であった。すなわちジュネーヴは、中世以来の商業をベースにしつつ手工業都市としての形を整えたといってよいであろう。近代においては、数々の政治的事象にみまわれ、多くの変化をとげたにもかかわらず、ジュネーヴの経済的な特質には、本章対象時期前半に形作られた要素の影響が色濃く残っている点は無視できない。

◆註

(1) ギショネ、ポール（内田日出海・尾崎麻弥子訳）『フランス・スイス国境の政治経済史――越境、中立、フリー・ゾーン』昭和堂、二〇〇五年、一～五頁。

(2) 一六〇二年一二月にサヴォワ軍によっておこなわれた、都市ジュネーヴを急襲する奇襲作戦。はしごを使用して城壁を登って攻撃しようとしたため「はしご作戦」と呼ばれている。奇襲は失敗し、ジュネーヴの独立が確実なものとなった。ジュネーヴでは現在でもこのことを記念し毎年一二月に祭りがおこなわれている。

(3) ギショネ、前掲書、四頁。

(4) ジェックス地方については、内田日出海「フランス近代国家形成期における地方問題――ジェクス地方（le Pays de Gex）の場合」『東京国際大学論叢経済学部編』第二三号、四五～六〇頁、二〇〇〇年、を参照。

（5）十八世紀末にはドイツ語圏からジュネーヴへの移入民が多数訪れるなど、ドイツ語圏とのかかわりは、距離および言語の違いにもかかわらず深かった。移入民に関しては第3節を参照。
（6）Babel, Antony, *Histoire économique de Genève-Des origines au début du XVIe siècle-* Tome 2, Alexandre Jullien, 1963, p. 353.
（7）Binz, Louis, *Brève histoire de Genève, Chancellerie d'Etat Genève*, 2000, pp. 17-18.
（8）ル＝ロワ＝ラデュリ、エマニュエル（稲垣文雄訳）『気候の歴史』藤原書店、二〇〇〇年、一一一～一三三頁。
（9）Piuz, Anne-Marie, et Mottu-Weber, Liliane, *L'Economie genevoise, de la Réforme à la fin de l'Ancien Régime XVIe-XVIIIe siècles*, Genève, Société d'Histoire et d'Archéologie, 1990, p. 630.
（10）*Ibid*., p. 395.
（11）*Ibid*., pp. 396-397.
（12）Babel, Antony, *Histoire corporative de l'horlogerie, de l'orfeverie et des industries annexes*, Genève, Société d'Histoire et d'Archéologie, 1916, p. 485.
（13）Walker, Corinne, *Histoire de Genève Tome 2 de la cité de Calvin à la Ville Française (1530-1813)*, Genève, Collection Alain Cortat, 2015.
（14）Babel, l'horlogerie, pp. 476-482.
（15）Piuz, Anne-Marie, et Mottu-Weber, *op. cit.*, p. 45.
（16）Perrenoud, Alfred, *La population de Genève XVIe-XIXe siècles*, Genève, Société d'histoire et d'archéologie de Genève, 1979.
（17）尾崎麻弥子「十八世紀後半ジュネーヴ市の移入民における出身地・職業構成の転換と連続――アビタンの記録と滞在許可証の分析を中心として」『社会経済史学』七一巻二号、二〇〇五年。
（18）Guichonnet, Paul, *Histoire de Genève*, Toulouse, Privat et Genève, Payot, 1974.
（19）林正徳『ジュネーヴの食卓――ルソーの時代の食料・農業・農村と食料安全保障』農業統計協会、二〇〇五年、二八八頁。
（20）同前、二九二頁。
（21）Piuz, Anne-Marie, et Mottu-Weber, *op. cit.*, pp. 266-267.

あとがき

東京の私鉄・京浜急行線の「青物横丁」駅の横を走る通りに「ジュネーヴ平和通り」という表示の標識が掛けられている。道行く人はこの「ジュネーヴ」という響きにスイスを思い浮かべることはあっても、なぜこの通りに「ジュネーヴ」という名前がついているのかほとんど知ることもなく行き交う。この通りと交わる旧東海道沿いに「品川寺」という寺院があり、この寺院の境内にある「梵鐘」をめぐる由縁をもとに品川区とジュネーヴ市は相互に「友好都市」として二〇年余りにわたる友好関係を続け、現在に至っている。具体的には、品川区とジュネーヴ市は一九九一年（平成三年）九月九日「友好憲章」に調印し、親善訪問団を派遣したり、ホームステイによる青少年の相互交流を中心に文化、スポーツ等さまざまな分野で交流を行っており、両区市民の相互理解と友情を深めて今日に至っており、本年（平成二八年）は友好憲章調印二五周年の記念すべき年である。

品川寺の梵鐘をめぐる日本とスイスのつながりについては、本書の第一部の中で津川清一氏が長年の調査研究の成果を明らかにしている。そのうち、とくに戦後におけるジュネーヴ市と品川区の交流についての調査研究にあたっては、財団法人「品川区国際友好協会（ＳＩＦＡ）」の次長・堀内晋氏をはじめとして同協会の方々から多大なるご便宜を図っていただいた。ここで記して御礼を申し上げる次第である。

執筆者の一人として、本書が成る経緯について述べておきたい。

本書の執筆者の多くは「スイス史研究会」（代表：日本女子大学名誉教授 森田安一氏）という小さな研究会に集まった研究者であり、大きな学会や研究会で研究活動をしながらスイスという共通の基盤で各々が自己の研究領域で成果を挙げながら今日に至っている。一〇年余り前のことであるが、ドイツ文学者でありながらスイスについての啓蒙書を数多く著された慶應義塾大学名誉教授の故宮下啓三先生から、あるとき、スイスを取り上げるときには国際社会との関わりを絶えず意識していなければならないと言われたことがある。その際に宮下先生がどのような思いを込めて語られたのかは今となっては知る由もないが、その当時、宮下先生ご自身が十九世紀以降のスイスとイギリスの関係や戦間期のジュネーヴと日本との関係について調べているということを存じ上げていたので、いつしかジュネーヴのことが筆者の頭に残ったのである。もう一つは、森田安一先生の名著『物語　スイスの歴史』（中公新書）中のルソーとジュネーヴが取り上げられた部分の叙述には若き日の森田先生の思いが込められているように思い、共編著者を含めた執筆者たちの間でいつしかジュネーヴ史についての本をまとめてはどうかという話になった。ただ、いずれも一〇年もしくは五年余り前のことであり、さまざまな紆余曲折があって刊行時期が大幅に遅れてしまい、とくに宮下先生のお手元に本書をお届けすることができなかったことは誠に残念なことである。

最後に、出版をめぐる厳しい情勢の中で本書の企画を採択していただいた株式会社昭和堂の編集部長鈴木了市氏、そして煩雑な編集作業について真摯に携わっていただいた同社編集部の神戸真理子氏に深く感謝する次第である。

二〇一六年九月九日

ジュネーヴ市と品川区の友好憲章調印二五周年の記念日に

岩井隆夫

人名索引

あ行

アッピア、ルイ（Apppia, Louis, 1818-1898）　227, 247, 251
アドール、ギュスターヴ（Ador, Gustave, 1845-1928）　225-226, 231, 236-237, 246
アンベール、エメエ（Humbert, Aimé, 1819-1900）　062-063, 066, 070, 105, 244
石井菊次郎（1866-1945）　075-076
ヴィレ、ピエール（Viret, Pierre, 1511-1571）　125
ヴェルミーリ、ピエトロ・マルティレ（Vermigli, Pietro Martire, 1499-1562）　134-135, 149
ヴォルテール、フランソワ・マリー・アルーエ・ド（Voltaire, François Marie Arouet de, 1694-1778）　205, 209, 217
エッカリウス、ヨハン・ゲオルク（Eccarius. Johann Georg, 1818-1889）　182-183, 185
エルマン、イレーヌ（Herrmann, Irène, ? - ）　043
オキーノ、ベルナルディーノ（Ochino, Bernardino, 1487-1564）　134-135, 149
オリヴェタン、ロベール（Olivétan, Robert, 1506-1538）　123

か行

ガイゼンドルフ、ポール-フレデリック（Geisendorf, Paul-Frédéric, 1910-1965）　036, 132
カエサル、ガイウス・ユリウス（Caesar, Gaius Iulius, 前 100-44）　003, 028, 043, 194
カルヴァン、ジャン（Calvin, Jean, 1509-1564）　011, 012, 016, 025, 029, 034-035, 040-041, 045-047, 056-057, 060, 086, 108, 112, 123, 129, 132, 140, 142, 144-145, 147, 153-155, 157-160, 164, 166, 169, 193, 199-200, 281, 290, 292, 294
川合清隆（1940-　）　047, 216
川西実三（1889-1978）　079-080, 088- 090, 109
ギショネ、ポール（Guichonnet, Paul, 1920- ）　041-042
ギヨーム、ジェイムズ（Guillaume, James, 1844-1916）　178, 181-182, 185-186, 190, 192
キングドン、ロバート・M（Kingdon, Robert McCune, 1927-2010）　040
クラマー、ルネ-マルゲリット（Cramer, Renée-Marguerite, 1887-1963）　234, 237, 240, 250
グリエル、ジョセフ（Guriel, Joseph, ?-1890）　065
クルリー、ピエール（Coullery, Pierre,

1818-1903)　177-179
ゴウティエ、ジャン・アントワーヌ（Gautier, Jean-Antoine, 1674-1729)　031
小林拓也（1973-)　047, 058
小林義彦（1927-)　047, 057

さ行

サイード、エドワード・W.（Said, Edward W., 1935-2003)　063
シーボルト、フィリップ・フランツ・フォン（Siebold, Philipp Franz von, 1796-1866)　068
シミアン、フランソワ（Simiand, François, 1873-1935)　287
ジュノー、マルセル（Junod, Marcel, 1904-1961)　046-047, 057-059, 251
ジュリアン、スタニスラ（Julien, Stanislas, 1797-1873)　065, 106-107
スポン、ジャコブ（Spon, Jacob, 1647-1685)　029-032
ソシュール、オラース - ベネディクト・ド（Saussure, Horace-Bénédict de, 1740-1799)　019
ソシュール、フェルディナン・ド（Saussure, Ferdinand de, 1857-1913)　023, 046-047

た行

チン・ター・ニー（陳大年、Tschin-Ta-Ni, 1842-?)　066
デュアメル、ピエール（Duhamel, Pierre, 1630-1686)　291
デュナン、アンリ（Dunant, Henry, 1828-1910)　022, 045-047, 057, 219-225, 227, 229-230, 239, 242, 246
デュフール、アラン（Dufour, Alain, 1928-2017)　040, 055
デュフール、アルフレッド（Dufour, Alfred, 1937-)　002, 042-043, 047, 196-197
デュフール、ギヨーム・アンリ（Dufour, Guillaume-Henri, 1787-1875)　220-221, 223, 243
デュ・ロヴレ、ジャック＝アントワーヌ（Du Roveray, Jacques-Antoine, 1747-1814)　211
トゥレティーニ、ウィリアム（Turrettini, William, 1810-1879)　064
トゥレティーニ、ジャン・アルフォンス（Turrettini, Jean-Alphonse, 1671-1737)　017
トゥレティーニ、フランソワ（Turrettini, François, 1845-1908)　063-070, 104-107
トゥレティーニ、フランチェスコ（Turrettini, Francesco, 1547-1628)　139, 141-142, 146-147, 151
ド・トラ、ロベール（De Traz, Robert, 1884-1951)　044-045
ド・ベーズ、テオドール（de Bèze, Théodore, 1519-1605)　040-041, 144, 154, 158-160, 162, 164-169
ドリュック、ジャック＝フランソワ（De Luc, Jacques François, 1698-1780)　209

な行

新渡戸稲造（1862-1933)　071, 073, 075-076, 081, 087-090

は行

バクーニン、ミハイル・アレクサンドロヴィッチ (Bakounine, Mikhail Alexandrovitsch, 1814-1876) 180-181
バベル、アントニー (Babel, Antony, 1888-1979) 037-038, 290
パレアリオ、アオニオ (Paleario, Aonio, 1503-1570) 134-135, 144, 149, 151
ピアジェ、ジャン (Piaget, Jean, 1896-1980) 023, 029-030
ピタール、ウジェーヌ (Pittard, Eugène, 1867-1962) 083-084, 109
ビュルラマキ、ジャン - ジャック (Burlamaqui, Jean-Jacques, 1694-1748) 019
ビンツ、ルイ (Binz, Louis, 1930-2013) 041
ファスィヨ、ピエール (Fatio, Pierre, 1662-1707) 202-205, 210
ファレル、ギヨーム (Farel, Guillaume, 1489-1565) 123-127, 129, 155, 198
フェリエール、フレデリック - オーギュスト (Ferrière, Frédéric-Auguste, 1848-1928) 225, 231, 233-234, 236, 239-240, 246-247, 249, 252
プフィツマイアー、アウグスト (Pfizmaier, August, 1808-1887) 065-068
プリヴァ、エドモン (Privat, Edmond, 1889-1962) 082
ブルラマッキ、ヴィンチェンツォ (Burlamacchi, Vincenzo, 1598-1682) 138-141, 146, 150
フロマン、アントワーヌ (Fromment, Antoine, 1509-1581) 124-125
ヘイルズ、ジョン (Hales, John, 1839- 推定 1882) 182, 185, 192
ベルジェ、ジャン - フランソワ (Bergier, Jean-François , 1931-2009) 038-040, 254-259, 269, 271, 273, 275-276, 280
ベルトリエ、フィリベール (Berthelier, Philibert, 1465-1519) 118-120
ペレ、アンリ (Perret, Henri, 1825-1896) 176, 185, 192
ボニヴァール、フランソワ (Bonivard, François, 1493-1570) 028-029, 031-032, 050, 119
ボルジョオ、シャルル (Borgeaud, Charles, 1861-1940) 035
ポレ、ミッシェル (Porret, Michel, 1955-) 042

ま行

マルクス、カール・ハインリヒ (Marx, Karl Heinrich, 1818-1883) 172, 178-182, 185-186, 188, 192
マロ、クレマン (Marot, Clément, 1496/97-1544) 159-160
ミシュリ・デュクレ、ジャック＝バルテルミー (Micheli du Crest, Jacques-Barthélemy, 1690-1766) 205
メチニコフ、レオン (Metchnikof, Léon, 1838-1888) 063-064, 069, 107
モノワール、テオドール (Maunoir, Théodore, 1806-1869) 220
モワニエ、ギュスターヴ (Moynier, Gustave, 1826-1910) 219-220, 223-231, 243-244, 246, 249
モンター、E・ウィリアム (Monter, E. William, 1936-) 040-041, 119, 155

や行

柳田国男（1875-1962）　036, 071, 073-090, 104, 108

ユーグ、ブザンソン（Hugues, Besançon, 1487-1532）　118-122, 198

ら行

ラパール、ウィリアム（Rappart, William Emmanuel, 1883-1958）　035-037, 075, 108

ルイ1世（サヴォワ公）（Louis I de Savoie, 1423-1483）　195

ルイ11世（Louis XI, 1423-1483）　009-010, 285

ルシィ、ヘルベルト（Lüthy, Herbert, 1918-2002）　038-039

ルション、フランソワ（Ruchon, François, 1897-1953）　036-037

ルソー、ジャン-ジャック（Rousseau, Jean-Jacques, 1712-1778）　018, 032, 034, 043, 045-047, 057, 199, 207-209, 213, 217, 282

ルター、マルティン（Luther, Martin, 1483-1546）　133-134, 154, 166, 168, 171

レクル、エリセ（Reclus, Elisée, 1830-1905）　063-064, 106

地名索引

あ行

アヴィニョン（Avignon）　007
アントウェルペン／アントワープ（Antwerpen, Antwerp）　136, 140-142, 158, 161, 163, 286
イタリア（Italia）　003, 009, 028, 030, 042, 049, 072, 106, 132-136, 138-145, 147-148, 150-152, 163-165, 182, 184, 192, 219, 244, 251, 256, 259, 265-266, 268, 270, 272-275, 280, 285-286, 288, 290, 292, 295
ウィーン（Wien）　027, 035, 065-066, 093, 194, 247
江戸（Edo）　066
オート＝サヴォワ（県）（Haute-Savoie）　042, 085-086, 286

か行

グラウビュンデン（Graubünden）　144, 146
グラン＝サン＝ベルナール（峠）（Grand-Saint-Bernard）　286
ケー・デュ・モン＝ブラン（Quai du Mont-Blanc）　075

さ行

サヴォワ（Savoie）　257-258, 265
サレーヴ山（Salève）　074, 085-086, 089
サン・ティミエ（Saint-Imier）　174, 181, 192
サン・ピエール寺院（Cathédrale Saint-Piere）　005, 007
サン＝ジュリアン（Saint-Julien（en Genevois））　284
ジェノヴァ（Genova）　133, 266
ジャントー（Genthod）　076, 104
シャンパーニュ（Champagne）　007, 195, 269-270, 272
シャンペル（Champel）　078-079, 085, 108
シンプロン（峠）（Simplon）　270, 286
ストラスブール（Strasbourg）　003, 011, 194, 199, 269, 281, 286
ソンヴィリエ（Sonvillier）　174, 181

た行

チューリヒ（Zurich, Zürich）　014, 123, 131, 142, 174, 203-205, 207, 209, 211, 213, 261, 266, 268-289

な行

ナポリ（Napoli）　065, 140
ヌシャテル（Neuchâtel）　062-064, 070

は行

ハーグ（Den Haag）　073, 181, 184-185,

189, 192
バーゼル（Bâle, Basel） 014, 030-031, 038, 086, 131, 142, 158, 174, 179, 189, 227, 251, 266, 268-269, 289
パリ（Paris） 011, 019, 032-036, 038-040, 043-044, 047, 055-056, 061, 065, 069, 075, 093, 141, 143, 146, 156, 158-165, 174, 176-179, 181, 190, 219, 223, 225, 243, 268, 272, 293
フィレンツェ（Firenze） 132, 142, 166, 257, 266, 272-273
フェルネー＝ヴォルテール（Ferney-Voltaire） 285
フリブール（Fribourg） 010, 258, 261. 268, 273
プロヴァンス（Provence） 007, 195, 268
北京（Peking） 065
ベルン（Berne, Bern） 010, 013-014, 029, 083, 086, 120-125, 127-158, 131, 137, 155, 197-199, 203-205, 207, 209, 211, 213, 230, 237, 247, 261, 268, 285, 289

ま行

ミラーノ（Milano） 003, 266, 286
モン＝スニ（峠）（Mont-Cenis） 286

ら行

リヨン（Lyon） 003, 009, 029-030, 050, 136, 139-143, 145-146, 150, 160, 162-163, 171, 174, 194, 260-261, 265, 268, 271, 273-274, 281, 285-286, 289
ルッカ（Lucca） 106, 132-150
ローマ（Roma） 003, 065, 134-137, 142, 144, 148

事項索引

あ行

アカデミー（Académie）→学院
あつめぐさ（出版社）　064, 066
アリアナ美術館（Musée Ariana）　091, 093, 096-097, 099, 100-101, 103, 105
インテル・アルマ・カリタス（Inter arma caritas）　229, 230, 236, 238, 242, 245, 248-249
エスカラード（梯子）作戦（le projet d'escalade）　015, 284
エスカラード事件（Escalade）　029, 086, 200-202, 206
エスペラント（espéranto）　081, 082, 083, 087, 104
エンブレム・ブック（Livre d'emblèmes/Emblem book）　153-154, 164-169, 171
大市（grande foire）　007-010, 012, 195, 254-263, 265-275, 282, 285, 290, 295

か行

改革派ネットワーク　162
学院（アカデミー）（Académie）　011-012, 017, 019, 022, 029, 031, 033-037, 039-040, 042, 044, 144, 247
学寮（コレージュ）（Collège）　011-012, 031, 036, 056
旧市民（シトワイヤン）（Citoyen）　007, 018, 032
共産主義者同盟（Der Bund der Kommunisten）　172
行政臨時委員会（le Comité provisoire d'Administration）　213
兄弟都市同盟（la combourgeoisie）　006, 010, 013-014, 029
軍事公安臨時委員会（le Comité militaire ou Comité provisoire de sûreté）　213
国際赤十字・赤新月社連盟（Ligue des Sociétés de la Croix-Rouge et du Croissant-Rouge, 1991年より Fédération des Sociétés de la Croix-Rouge et du Croissant-Rougeと改称）　048, 241, 253
国際負傷軍人救護常置委員会（五人委員会）（Comité international permanent de secours aux militaires blessés en temps de guerre, ou Comité des cinq）　221-226, 246
国際捕虜中央局（Agence international des prisonniers de guerre）　232-233, 239, 250
国際連盟（Société des Nations, League of Nations）　023-024, 027, 036, 044-045, 047, 061, 070-073, 075-076, 078-079, 081-083, 087, 089-090, 096, 104-105, 108, 218, 241, 246
国際労働機関（Organisation internationale du travail (OIT), International Labour

Oranisation (ILO))　024, 073
国際労働者協会（第一インターナショナル）（仏：L'Association internationale des Travailleurs　独：Die Internationale Arbeiterassoziation 英：The international Workingmen's Association）　023, 173, 176, 180-181, 183, 185, 189-190, 218, 226
コミューン（運動）（commune）　005-010, 021, 112, 113, 181
小麦庁（Chambre des brés）　283, 294-295

さ行

サヴォワ家（Maison de Savoie）　007-008, 013, 114, 120, 129, 194-195, 197
サヴォワ公（Duc de Savoie）　008-010, 014-015, 029, 113-114, 116-120, 122-123, 125-127, 129, 193, 195, 197-198, 200-201, 206, 217, 283-285, 287, 294-295
サヴォワ伯（Comte de Savoie）　005-006, 008, 113, 257, 271, 273
サン＝バルテルミーの虐殺（Massacre de la Saint-Barthélemy）　012, 150, 287
シトワイヤン（Citoyen）　007, 148, 290
品川区国際友好協会（SIFA: Shinagawa-Ku International Friendship Association）　100
市民総会／総会（Conseil Général）　007, 018, 020, 114-116, 121-122, 128-129, 155, 196, 198-201, 203-207, 209-214, 218
宗教改革（Reformation）　006, 011-012, 014-015, 028-029, 035, 040-042, 045-047, 073, 079, 112-114, 123-129, 133-135, 139-140, 144-145, 154-156, 166-167, 193-194, 259, 273, 281, 283-285, 287-290, 295
宗教改革ホール（Salle de la Réformation）　073, 079
宗教亡命者（Religious refugee）　132, 282, 288
住民簿（Livre des habitants）　036, 048, 132-133
出版業（l'édition du livre）　153-154, 156-158, 161-164, 169-170
ジュネーヴ公益協会（Société genevoise d'utilité publique）　220, 222, 226, 243
ジュネーヴ司教（l'éveque de Genève）　005-006, 009, 041, 113, 129, 154, 195, 264
ジュネーブ・品川友好協会（Association d'Amitié Genève-Shinagawa）　095, 101
ジュネーブ・品川友好憲章（Charte d'Amitié entre les Villes de Shinagawa et Genève）　100-101, 103
『ジュネーヴ詩篇歌』（Le Psautier de Genève）　154, 158-164, 169
ジュネーヴ大学（Université de Genève）　022-023, 029, 034-039, 040-043, 048, 050, 075, 082-083, 089, 108, 226, 229, 231, 250, 252
ジュネーヴ地理学研究会（Société de Géograhie de Genève）　063, 069
ジュネーブ日本倶楽部（JCG: Japan Club of Geneva）　102
ジュネーヴ伯（Comte de Genève）　005-006, 008, 194
ジュネーヴ歴史考古学協会（Société d'histoire et d'archélologie de Genève）　033, 034, 037
ジュラ連合（Fédération jurassienne）　184
ジュルナル・ド・ジュネーヴ（Journal de Genève）　045, 056, 226, 231, 239, 248
小会議／市参事会（Petit Conseil ou Conseil

des Vingt-Cinq) 010-011, 028-029, 031-032, 035, 051, 114-117, 120-122, 125-126, 128, 148, 155-156, 196, 199-204, 206-213
信仰亡命者 161
新市民（ブルジョア）（Bourgeois） 007, 013, 018, 031, 155
信心会（organisations religieuses et charitables, les conféries） 289
新来者（アビタン）（Habitant） 007, 018
スイス同盟派（Eidguenots） 117, 118, 119, 120, 121, 122, 123
政治的棄権主義（abstentionnisme） 180
赤十字国際委員会（Comité international de la Croix-Rouge (CICR), International Committee of the Red Cross (ICRC)) 022, 026, 038, 046, 070, 080, 218-219, 226, 230, 235, 244, 248-251
『戦争と慈悲』（La guerre et la charité） 227, 229
戦地軍隊に於ける傷者及病者の状態改善に関する条約（1864年8月22日のジュネーヴ条約：Convention pour l'amélioration du sort des militaires blessés dans les armées en campagne. Signée à Genève le 22 août 1864.) 223, 244
総会（Conseil Général） → 市民総会
『ソルフェリーノの思い出』（Un Souvenir de Solférino） 057, 219-220, 222, 223

た行

第一インターナショナル → 国際労働者協会
対抗宗教改革（Counter Reformation） 133
大商会（Grande Boutique, Gran Bottega） 139, 142-144, 147, 151
大梵鐘 091-097, 099-100, 103-104
調停規定（Règlement de l'illustre Médiation pour la pacification des troubles de la République de Genève） 207, 210
敵非軍人ノ運命ニ関スル条約案（東京宣言）（Projet de convention internationale concernant la condition et la protection des civils de nationalité ennemie qui se trouvent sur le territoire d'un belligérant ou sur un territoire occupé par lui, ou Projet de Tokyo） 241
土地っ子（ナティーフ）（Natif） 018, 032

な行

ナントの勅令廃止（Révocation de l'édit de Nantes）［フォンテーヌブローの王令（Édit de Fontainebleau）］ 012, 015-016, 288, 292
難民都市（ville de réfugié） 012
二百人会議（Conseil des Deux-Cent） 028, 116, 122, 124, 126-127, 139, 144, 155-156, 198-207, 209-212
ヌシャテル地理研究会（Société Neuchâteloise de Géograophie） 063
年市（foire） 262-265, 269, 278

は行

パレ・ウィルソン（Palais Wilson） 073-074, 079, 084
ピエール・ファスィヨ事件（Affaire Pierre Fatio） 203-205
避難都市（ville de réfuge） 014, 022
砲門閉塞事件（Affaire du Tamponnement）

206
捕虜の待遇に関する1929年7月27日のジュネーヴ条約（捕虜条約）(Convention relative au traitement des prisonniers de guerre, signée à Genève le 27 juillet 1929, ou Code des prisonniers de guerre)　241, 252
品川寺　091-092, 094-097, 099-105

ま行

ミシュリ事件（Affaire Micheli du Crest）205
盟約者団（スイス）(Confédération, Eidgenossenschaft)　006, 009-010, 013, 021, 193, 197, 213, 250, 257, 274, 285-286
恵みの法令（Edit bienfaisant）　211
門閥（パトリシアン）(Pattricien)　018, 020, 032

や行

ユグノー（huguenot）　015-016, 039, 158, 202

ら行

立法会議（Conseil législatif）　214
ルソー事件（Affaire Rousseau）　018, 207-208
レフェランダム（référendum）　088-089
ロヴレ事件（Affaire Roveray）　210
ロマン連合（Fédération romande）　180
和平法令（黒い法規集）(Edit pacification ou Code noir)　211-213

文献一覧

欧文献

第一部 第1章

Dufour, Alfred, *Histoire de Genève*, 5e éd. [Que sai-je? No.3210], Paris, 2014［大川四郎訳『ジュネーヴ史』白水社、文庫クセジュ、近刊］.

第一部 第2章

Archives D'Etat de Genève, *Etat général des fonds* sous la direction de Catherine Santschi, Genève, Société auxiliaire des Archives d'Etat, 2004（本書はジュネーヴ州公文書館所蔵史料の概要、利用案内などについてのガイドブックである。整理・分類が終わった史料は、同館ホームページ上で閲覧することができる。Cf., site "Fonds et Collections" des Archives d'Etat Genève (URL: https://ge.ch/arvaegconsult/ws/consaeg/public/FICHE/AEGSearch, consulté le 13 février 2018).

—— (éd.), *Registre de la Compagnie des Pasteurs de Genève au temps de Calvin*, collection *Travaux d'humanisme et Renaissance*, vol. 55, Librairie Droz, Genève, 2 tomes, 1962-1964.

Association de l'Encyclopédie de Genève, *Encyclopédie de Genève*, 11 tomes, Office du Livre S. A., Fribourg, 1982-1996.

Babel, Antony, *Histoire économique de Genève des origines au début du XVIe siècle*, 2vols., Alexandre Jullien, Éditeur, Genève, 1963.

Berchtold, Jacques et Porret, Michel (éds.), *La peur au XVIIIe siècle : discours, représentations*, collection Recherches et rencontres, vol. 5 (Littérature), librairie Droz, Genève, 1994［ベールシュトルド、ジャック／ポレ、ミシェル編（飯野和夫・田所光男・中島ひかる訳）『18世紀の恐怖——言説・表象・実践』叢書ウニベルシタス第782巻、法政大学出版局、2003年］.

Bérenger, Jean-Pierre, *Histoire de Genève depuis son origines jusqu'à nos jours*, 6 vols., 12°, Georg, Genève, 1772-1773.

Bergier, Jean-François, *Genève et l'économie européenne de la renaissance*, École pratique des haues études, sixième section, Centre de recherches historiques, collection *Affaire et gens d'affaires*, vol. 29, S.E.V.P.E.N., Paris, 1963.

Binz, Louis, *Vie religieuse et réforme ecclésiastique dans le diocèse de Genève, Vie religieuse et réforme ecclésiastique dans le diocèse de Genève pendant le grand schisme et la crise conciliaire (1378-1450)*, thèse (Lettre Genève), collection Mémoires et Documents publiés par la Société d'histoire et d'arhéologie de Genève, vol. 46, Genève, Librairie Alexandre Jullien, 1973.

——, *Brève histoire de Genève*, Chancellerie d'Etat, Genève, 1981.

——, *Une histoire de Genève - Essais sur la Cité*, recuillis par Serge Desarnaulds, édités par Barbord Roth-Lochner, Marc Neuerschwander, Jean- François Pitteloud, Editions La Baconnière, Genève, 2016.

Bonivard, François, *Chroniques de Genève*, édition critique par Micheline Tripet, 3 tomes, Droz, Genève, 2001-2014.

Borgeaud, Charles, *Histoire de l'Université de Genève*, Georg & Co, Libraires de l'Université, Genève, 1900-1934, 6 vols..

d'Alembert, Jeam Le Rond, art. "Genève", dans *Encyclopédie ou dictionnaire raisonné des sciences des arts et des métiers*, paru une société des gens de lettres, mis en ordre & publié par M. Diderot, de l'Académie Royal des Sciences & des Belles-Lettres de Prusse, nouvelle impression en facsimilé de la première édition de 1751-1780, Stuttgart-Bad Cannstatt 1966, Friedrich Frommann Verlag (Günther Holzboog), volume 7, pp. 578_{sic} (précisément 574) -578.

de Traz, Robert de, *L'Esprit de Genève*, collection *Les "Écrits"*, Editeur, Paris, 1929, réédifée en collection *Poche suisse*, n° 139, L'Age d'Homme, Lausanne, 1996.

Duboisson, Françoise, *Guide bibliographique de l'histoire de Genève*, Bibliothèque publique et universitaire, ville de Genève, Départment des affaires culturelles, Georg Editeur, Genève.

Dufour, Alain, *La guerre de 1589-1593*, vol. 4 de *La Seigneurie de Genève et la Maison de Savoie de 1559 à 1605* (4 vols.) dirigée par Lucien Cramer, Librairie Alexandre Jullien, 1958.

——, *Histoire politique et psychologie historique; suivi de deux essais sur Humanisme et reformation; et Le mythe de Genève aux temps de Calvin*, Collection *Travaux d'histoire éthico-politique*, tome 11, Librairie Droz, Genève, 1966.

Dufour, Alain et Lecaze, Bernard, "Les historiens genevois", dans *Encyclopédie de Genève tome 4 Les institutions politiques, judiciaires et militaires*, sous la direction de Bernard Lescaze et François Hirsch, Association de l'Encyclopédie de Genève, Genève, 1985.

Dufour, Alfred, *Histoire de Genève, collection Que sais-je?*, Presses Universitaires de France, 1ère édition (1997), 5e édition (2014).

Fazy, Henri, "Avant-propos" et "Notice biographique", dans *Les Chroniques de* Genève écrites par Michel Roset, publiées par Henri Fazy, Genève, Georg & Co, Librairie de l'Institut, 1894.

Francillon, Roger (éd.), *Histoire de la littérature en Suisse romande,* nouvelle édition, Édition Zoe, Genève-Carouge, 2015.

Galiffe, Jacques-Augustin (dit James), *Notices généalogiques sur les familles genevoises depuis les premiers temps jusqu'à nos jours,* continuées par Jean-Barthélemy-Gaïfre (dit John) Galiffre, Louis Dufour Vernes, Eugène Ritter et al., Genève, J. Barbezat, puis, J. Jullien, 1829-1908, 7 vols, réimprimées par Éditions Slatkine, 1976.

Gautier, Jean-Antoine, *Histoire de Genève des origins à l'année 1691*, 8 vols., avec un volume suppléant pour tables, 1896-1914, Genève, Rey et Malavallon Imprimeurs.

Geisendorf, Paul-Frédéric, *La vie quotidienne à Genève au temps de l'Escalade*, Libraire Labor et Fides, Genève, 1952.

——, *Livre des habitants de Genève*, collection *Travaux d'humanisme et Renaissance*, tome 25 et 26, Librairie Droz, Genève, 1957-1963.

——, *Bibliographie raisonnée de l'histoire de Genève des origines à 1789*, collection Mémoires et documents publiés par la Société d'histoire et d'archéologie de Genève, tome 43, Librairie A. Jullien, Genève, 1966.

Guichonnet, Paul, *La Savoie du Nord et la Suisse. Neutralization, Zones françaises*, collection L'Histoire en Savoie (nouvelle série), No. 2, Société Savoisienne d'Histoire et d'Archéologie, Chambéry, 2001［ギショネ、ポール（内田日出海・尾崎麻弥子共訳）『フランス・スイス国境の政治経済史――越境、中立、フリーゾーン』昭和堂、2005 年］.

—— (éd.), *Histoire de Genève*, Univers de la France et des pays francophones (Collection dirigée par Ph.Wolff de l'Institut - Série: *Histoire des villes)*, Libraires Privat (Toulouse en France) et Payot (Lausanne en Suisse), première édition (1974), troisième édition mise à jour (1986).

Herrmann, Irene, *Genève entre Republique et Canton – les vicissitudes d'une intégration nationale (1814-1846)*, Éditions Passé Présent/Presses de l'Université Laval, 2003.

Jullien, John, *Histoire de Genève racontée aux jeunes Genevois,* 3 vols., Librarie Jullien, Genève, 1843-1863.

Kaden, Erich-Hans, *Le jurisconsulte Germain Colladon, ami de Jean Calvin et de Théodore de Bèze*, Mémoires de la Faculté de Droit de Genève, N° 41, Georg, Librairie de l'Université, Genève, 1974.

Kingdon, Robert McCune, *Geneva and the Coming of the Wars of Religion in France: 1555-1563*, collection *Travaux d'humanisme et Renaissance,* vol. 22, Librairie Droz, Paris et Genève, 1956.

Kobayashi, Takuya, “Vitam impendre vero”, dans *Traces des pérégrinations de Rousseau dans ses écrits sur la botanique - Hommage à R.T.Tousson et F.S.Eigeldinger,* Champion-Slatkine, Paris et Genève, 2012.

——, “Quelles sont les plantes favorites de Rousseau ?”, “La bibliothèque botanique de Rousseau”, “Une herborisation avec le docteur Neuhaus”, “Les herbiers de Rousseau”, dans *Rousseau botaniste - Recueil d'articles et catalogue d'expostion* sous la direction de C. Jaquier et T. Léchot, Fleurier et Pontalier, Belvédire, 2012.

Lüthy, Herbert, *La Banque Protestante en France - de la Révocation de l'Edit de Nantes à la Révolution,* École pratique des haues études, sixième section, Centre de recherches historiques, collection *Affaire et gens d'affaires,* vol. 19, S.E.V.P.E.N., Paris, 1959-1961, 2 vols.

Mallet, Edouard, “Recherches historiques et statistiques sur la population de Genève - son mouvement annuel et sa longévité, depuis le XVIe siècle jusqu'à nos jours (1549-1833)”, dans *Annales d'hygiène publique,* tome 17 (1837), 1ère partie.

Mettral, Véronique et Fleury, Patrick (éds.), *Histoire de Genève par les textes - Des Origines à nos joues,* Éditions Slatkine, Genéve, 2011.

Monter, Emmanuel William, *Studies in Genevan Government: 1536-1605,* Collection *Travaux d'humanisme et Renaissance,* vol. 62, Librairie Droz, 1964.

——, *Calvin's Geneva,* Collection New Dimensions in History (Historical Cities), John Wiley & Sons Inc., New York/London, 1967 [モンター、E. W.（中村賢二郎・砂原教男訳）『カルヴァン時代のジュネーヴ——宗教改革と都市国家』ヨルダン社、1978 年].

Ozawa, Nana, *Louis Adolphe Bridel – Ein Schweizer Professor an der juristischen Fakultät der Tokyo Imperial University (Die geschichtliche Bedeutung der Yatoi zur späten Meijizeit),* collection Rechtshistorische Reihe N^O 382, Peter Lang, Frankfurt am Main/Berlin/Bern/Bruxelles/New York/Oxford/Wien, 2010.

Porret, Michel, *L'Ombre du diable : Michée Chauderon, dernière sorcière exécutée à Genève,* avec préface d'Alessandro Pstore, Georg, Genève, 2009.

——, *Le crime et ses circonstances: de l'esprit de l'arbitraire au siècle des Lumières selon les réquisitions des procureurs générales de Genève,* avec le préface de Bronislaw Baczko, collection *Travaux d'histoire éthico - politique,* vol. 54, Droz, Genève, 1995.

Rappard, William Emmanuel, *L'avènement de la démocratie moderne à Genève (1814-1847),* Alex. Jullien, Éditeur, Genève, 1942.

Rivoire, Emile, *Bibliographie historique de Genève au XVIIIe siècle,* 3vols., Mémoires et documents publiés par la Société d'histoire et d'arhcéologie de Genève (tome 26, 27, 35), Genève, J. Jullien et Georg, Paris, A. Picard, 1897-1935.

Rivoire, Emile et Berchem, Victor van, *Les sources du droit du canton de Genève,* 4 vols.,

Aarau, H. R. Sauenländer, 1927-1935.
——, Victor van, *Registres du Conseil de Genève,* publiés par la Société d'histoire et d'archéologie de Genève, 13 vols., H. Kündig, Genève, 1900-1940.
Ruchon, François, *Histoire politique de la République de Genève de la Restauration à la suppression du budget des cultes (31 décembre 1813 - 30juin 1907)*, 2 vols., Alexandre Jullien, Éditeur, Genève, 1953.
Schedel, Hartmann, *La chronique universelle de Nurumberg. L'édition de 1493, coloriée et commentée,* Introduction et Appendice par Stephan Füssel, Librairie Taschen GmbH (Köln, London, Madrid, New York, Paris, Tokyo), 2001.
Société d'Histoire et d'Archéologie de Genève, *Histoire de Genève,* 2 vols. (1er vol. Des Origines à 1789, 2 vols. De 1789 à 1931), Genève, Alexandre Jullien, Éditieur, 1951-1956, Imperimerie du Journal de Genève.
Spon, Jacob, *Histoire de Genève*, réimpression de l'édition de Genève, Édition Slatkine, Genève, 2 tomes, 1976.
Histoire de Genève, 3 tomes, collection Focus 11-13, Éditons Alphil - Presses universitaires suisses, Neuchâtel, 2014.
tome 1 (par Mathieu Caesar): La cité des évêques (IVe - XVIe siècle),
tome 2 (par Corinne Walker): De la cité de Calvin à la ville française (1530-1813),
tome 3 (par Olivier Perroux): De la création du canton en 1814 à nos jours,
SERVICES/ARCHIVES/Rechercher dans les archives de la Gazette de Lausanne et du the Journal de Genève (URL :http://www.letempsarchives.ch/, consulté le 30 avril 2018) .
Éditions Slatkine Genève (URL: http://www.slatkine.com/fr/content/11-notre-societe, consultée le 13 février 2018).

第一部 第3章

第1節

AT=Archives Turrettini (Private Archives of the Turrettini Family, Rue de l'Hôtel de Ville No. 8, Geneva, Switzerland), Ta. - Th. 2
MEN, FA=Musée d'Ethnographie Neuchâtel (Switzerland), Fonds Aimé Humbert.
RT= 柳亭種彦『浮世形六枚屏風』(第一版)、1821年。国立国会図書館、請求記号：08-67［http://dl.ndl.go.jp/info:ndljp/pid/2537601］(2014/05/17)。
De Claparèd, Arthur, "Nécrologie. François Turrettini, 1845-1908", in: *Le Globe. Organ de la Société Géographique de Genève*, 1909.
Ferretti, Federico, "De l'empathie en géographie et d'un réseau de géographes: la Chine

vue par Léon Metchnikoff, Elisée Reclus et François Turrettini", in: *Cybergeo: European Journal of Geography*, 660, 2013, http://cybergeo.revues.org/26127 [2015/01/24].

Humbert, Aimé, *Le Japon Illustré*, Paris: Hachette, 1870.

Hürlimann, Martin, Aimé Humbert (1819-1900), in: Patrick Ziltener (Hg.): *Handbuch Schweiz-Japan: Diplomatie und Politik, Wirtschaft und Geschichte, Wissenschaft und Kultur: Texte, Dokumente und Bilder aus 400 Jahren gegenseitiger Beobachtung, Austausch und Kooperation: mit den bilateralen Verträgen von 1864, 1896, 1911 und 2009*, Zürich: Chronos, 2010.

Jud, Peter, *Léon Metchnikoff (Lev Il'ic Mecnikov) 1838-1888. Ein russischer Geograph in der Schweiz*, Zürich: Oriole, 1995.

Julien, Stanislas, *Syntaxe Nouvelle de la Langue Chinoise* (vol. 1). Wien: K. K. Hof- und Staatsdruckerei, 1869.

——, *Syntaxe Nouvelle de la Langue Chinoise* (vol. 2). Paris: Imprimerie Orientale Victor Goupy, 1870.

Medhust, Walter Henry, *An English and Japanese Vocaburlary*, Compiled from Native Works, Batavia, 1830.

Metchnikoff, Léon, *L'Empire Japonais*. Genève: L'Atsume Gusa, 1881.

Pantzer, Peter, *August Pfizmaier 1808-1887*, Wien: Literas, 1987.

Perrot, Alain, *François Turrettini "le chinois", Tschin-Ta-Ni "le Genevois": le sinologue et son collaborateur*, Genève: S. Hurter, 1996.

Pfizmaier, August, *Sechs Wandschirme in Gestalten der vergänglichen Welt. Ein japanischer Roman im Originaltexte sammt den Facsimiles von 57 japanischen Holzschnitten*, Wien: Kaiserl. königl. Hof und Staats-Druckerei, 1847.

Rüegg, Jonas, "Aimé Humbert: Wertvorstellungen eines Bourgeois und das Japan der Bakumatsu-Zeit." *Asiatische Studien* 69-1, 2015.

——, "The Challenges of Publishing Japanese Sources in 19th Century Europe" in: *Bulletin of Center for Interdisciplinary Studies of Science and Culture, Kyoritsu Women's University & Junior College*, 21, 2015 [『共立女子大学・共立女子短期大学総合文化研究所紀要』21 巻、2015 年].

Turrettini, François, *Komats et Sakitsi ou: la rencontre de deux nobles coeurs dans une pauvre existence. Nouvelles scènes de ce Monde périssable, exposées sur six feuilles de paravent. Par Riutei Tanefiko*, Genève, Paris, London: Atsume Gusa, 1875.

——, *Heike monogatari: récits de l'histoire du Japon au XIIe siècle*, vol. 1, In: Bibliothèque Nationale de France, Acc. No: FRBNF35723469, 1871 [http://gallica.bnf.fr/ark:/12148/bpt6k9680212c/f15.image (Accessed 2018/02/22)].

Said, Edward W., *Orientalism,* 25th anniversary ed., New York: Vintage Books, 2003 [1978].

第２節

Célésole, Alfred, *Légendes des Alpes vaudoises,* Payot, 1921.

Mayor, Jean-Claude, *Genève:passée et présent sous le même angle,* Slatkine, 1983.

Sous la direction de David Ripoll, *CHAMPEL-LES-BAINS,* Infolio, 2011.

Journal de Genève, 10. 12. 1926, 13. 01, 1927.

Le 5 juin 1957 Eugène Pittard a 90 ans, Imprimrie Albert Kundig, 1957.

第二部 第１章

Borgeaud, Charles, "La conquête religieuse de Genève," in *Guillaume Farel 1489-1565,* M. G. Borel-Girard (ed.), Neuchâtel-Paris, 1930.

Delarue, Henri, "La première offensive évangélique à Genève, 1532-1533," in *Bulletin de la Société d'histoire et d'archéologie de Genève* 9, 1948,

Dufour, Théophile, "Un opuscule inédit de Farel. Le résumé des actes de la Dispute de Rive, 1535," in MDG 22, 1886.

Gardy, Frédéric, "Genève au XV siècle," in Jullien A. (ed.), *Histoire de Genève des Origines à 1798,* Genève, 1951.

Jullien, Alexandre (ed), *Histoire de Genève des Origines à 1798,* Genève, 1951.

Jussie, Jeanne de, *Le levain du Calvinisme ou commencement de l'hérésie de Genève,* A. -C. Grivel (ed), Genève, 1865.

Micheli, Léopold, Les institutions municipales de Genève au XVe siècle, in *Mémoires et documents publiés par la Société d'histoire et d'archéologie de Genève,* 32, 1912.

Neaf, Henri, "L'Emancipation politique et la Réforme," in Jullien, A. (ed), *Histoire de Genève des Origines à 1798,* Genève, 1951.

Roget, Amédée, *Les Suisses et Genève ou l'émancipation de la communauté genevoise au XVIe siècle,* 2 vols, Genève, 1864.

――, *Histoire du peuple de Genève depuis la Réforme jusqu'à l'Escalade,* Genève, 1870-1883, I.

――, "Le Conseil Général," in *Etrennes genevoises, Hommes et choses du Temps passé* 3, 1879.

――, "Les Syndics de Genève," in *Etrennes genevoises, Hommes et choses du Temps passé* 2, 1878.

Werner, Georges, "Les institutions politique de Genève de 1519 à 1536," in *Etrennes genevoises,* 1926.

第二部 第2章

Adorni-Braccesi, Simonetta "Maestri e scuole nella Repubblica di Lucca tra Riforma e Controriforma", *Società e Storia,* 33, 1986.

——, "Vincenzo Burlamacchi (Ginevra 1598-1682) e il Libro di ricordi degnissimi delle nostre famiglie", *Actum Luce,* 22, 1993.

——, *"Una città infetta": La Repubblica di Lucca nella crisi religiosa del Cinquecento,* Firenze, 1994.

——, "Religious refugees from Lucca in the sixteenth century: political strategies and religious proselytism", *Archiv für Reformationsgeschichte,* 88, 1997.

——, "L'emigrazione religiosa dei Lucchesi in Francia e a Ginevra tra la seconda metà del XVI e gli inizi del XVII secolo", *Eretici, esuli e indemoniati nell'età moderna,* a cura di Mario Rosa, Firenze, 1998

Berengo, Marino, *Nobili e mercanti nella Lucca del Cinquecento,* Torino, 1974.

Burlamacchi, Vincenzo, *Libro di ricordi degnissimi delle nostre famiglie,* a cura di Simonetta Adorni-Braccesi, Roma, 1993.

Caponetto, Salvatore, *Aonio Paleario (1503-1570) e la Riforma protestante in Toscana,* Torino, 1979.

Garcia, Stéphane, "Tra rete familiare e respublica literaria: l' itinerario di Elia Diodati (1576-1661)", *L'emigrazione confessionale dei lucchesi in Europa,* a cura di Simonetta Adorni-Braccesi e Carla Sodini, Firenze, 1999,

Geisendorf, Paul-F., *Livre des habitants de Genève,* publié avec une introduction et des tables, t. 1 (1549-1560), Genève, 1957.

Ginsburg, Carlo, *Dizionario biografico degli italiani,* 5, Roma, 1963.

Luzzati, Michele, *Dizionario biografico degli italiani,* 16, Roma, 1973.

McNair, Philip, *Peter Martyr in Italy: An Anatomy of Apostasy,* Oxford, 1967.

McNair, Philip and Tedeschi, John, "New light on Ochino", *Bibliothèque d'Humanisme et Renaissance,* 35, 1973.

Miani, Gemma, *Dizionario biografico degli italiani,* 5, Roma, 1963.

Monter, E. William, "The Italians in Geneva, 1550-1600: a new look", *Genève et l'Italie,* Genève, 1969.

Pascal, Arturo, "Da Lucca a Ginevra: Studi sulla emigrazione religiosa lucchese a Ginevra nel secolo XVI", *Rivista storica italiana,* 49-52, 1932-1935.

Ristori, Renzo, "Le origini della Riforma a Lucca", *Rinascimento,* 3, 1952.

Turchetti, Marino, *Dizionario biografico degli italiani,* 40, Roma, 1991.

L'emigrazione confessionale dei lucchesi in Europa, a cura di Simonetta Adorni-Braccesi

e Carla Sodini, Firenze, 1999.
Sommario della Storia di Lucca compilato da Girolamo Tommasi, a cura di Carlo Minutoli, Lucca, 1969.

第二部 第3章

Adams, Alison, *Webs of allusion: French Protestant emblem books of the sixteenth century*, Genève, 2003.

Alciati, Andrea, *Emblematum Libellus,* Paris, 1534.

De Bèze, Théodore, *Icones, id est verae imagines virorum doctrina simul et pietate illustrium, quorum praecipuè ministerio partim bonarum literarum studia sunt restituta, partim vera religio in variis orbis Christiani regionibus, nostra patrúmque memoria fuit instaurata: additis eorundem vitae & operae descriptionibus, quibus adiectae sunt nonnullae picturae quas emblemata vocant*, Genève (Jean de Laon), 1580.

Gilmont, Jean-François., *Le livre réformé au XVIe siècle*, Paris, 2005.

——, Théodore de Bèze et ses imprimeurs, dans: *Théodore de Bèze* (Actes du Colloque de Genève, septembre 2005) , Genève, 2007.

Jostock, Ingeborg, *La censure négociée: le contrôle du livre à Genève, 1560-1625,* Genève, 2007.

Manetsch, Scott M., *Theodore Beza and the Quest for Peace in France, 1572-1598,* Leiden, 2000.

Marot, Clément et Théodore de Bèze, *Les psaumes en vers français avec leurs mélodies,* (publié avec une introduction de Pierre Pidoux), Genève, 1986.

Pidoux, Pierre, *Le Psautier huguenot du XVIe siècle : mélodies et docuements*, 2vols, Bâle, 1962.

Reuben, Catherine, *La traduction des Psaumes de David par Clément Marot. Aspect poétiques et théologiques,* Paris, 2000.

第二部 第4章

Guillaume, James, *L'Internationale, documents et souvenirs (1864-1878)*, tome 1+2, Paris 1905, reprint Genève, 1980.

——, *L'Internationale, documents et souvenirs (1864-1878)*, tome 3+4, Paris 1909, reprint Paris, 1985.

Freymond, Jacques (éd.), *La Première Internationale. Recueil de documents pubulié sous la direction de Jacques Freymond*, tome 1+2, Genève, 1962.

—— (éd.), *La Première Internationale. Recueil de documents pubulié sous la direction de Jacques Freymond*, tome 3+4, Genève, 1971.
Vuilleumier, Marc, La Première Internationale en Suisse, *La Première Internationale. L'institution, l'implantation et le rayonnement.* Colloques internationaux du Centre Nationale de la Recherche Scientifique, Paris 16-18 Nov. 1964, Paris, 1968.
Karl Marx, Friedrich Engels, Gesamtausgabe, I-20, Berlin, 1992
The General Coucil of the First International 1864-1866. Minutes, Moscow, 1962.

第二部 第5章

DHS = Dictionnaire Historique de la Suisse（WEB版）.
SHAG, 1951: Société d'Histoire et d'Archéologie de Genève, *Histoire de Genève des origines à 1798,* Alexandre Jullien: Genève, 1951.
SHAG, 1956: Société d'Histoire et d'Archéologie de Genève, Histoire de Genève de 1798 à 1931 Alexandre Jullien: Genève, 1956.
Binz, Louis, *Brève histoire de Genève*, Chancellerie d'Etat Genève, 2000.
Chenevière, Guillaume, *Rousseau, une histoire genevoise*, Labor et Fide: Genève, 2012.
Dufour, Alfred, *Histoire de Genève, PUF* (Que sais-je?): Paris, 1997.
Fatio, Olïvier et Nicole, *Pierre Fation et la crise de 1707,* Labor et Fides, Genève, 2007.
Gay, Peter, *Voltaire's Politics, ThePoet as Realist, Vintage Books*, New York, 1965.
Guerdan, René, *Histoire de Genève,* Mazarine: Paris, 1981.
Rousseau, Jean-Jacques, *Œuvres Complète* I, Gallimard: Paris, 1959.
——, *Œuvres Complète* II, Gallimard: Paris, 1964.
——, *Œuvres Complète* III, Gallimard: Paris, 1964.
Voltaire, François Marie Arouet, *Correspondance,* VII, Gallimard: Paris, 1981.
Walker, Corinne, *Histoire de Genève, De la cité de Calvin à la ville française (1530-1813),* Édition Alphil-Presses Universitaires Suisses, 2014.
anonymous, Règlement de l'illustre médiation pour la pacification des troubles de la république de Genève, les frères de Tournes: Genève, 1738.

第二部 第6章

BICR = Bulletin international de la Croix-Rouge.
RICR = Revue internationale de la Croix-Rouge.
Ador, Gustave, "Devoirs internationaux des Sociétés de la Croix-Rouge dans la guerre européenne (cent cinquante huitième ciruculaire aux Comités Centraux)", inclu dans

BICR, N°180, Octobre 1914.
——, "Constitution des Commissions et d'un Bureau central en faveur de l'assistance des prisonniers de guerre (cent cinquante neuvième circulaire aux Comités Centraux)", inclu dans *BICR*, N°180.
Altermatt, Urs, *Conseil fédéral - Dictionnaire biographique des cent premiers conseillers fédéraux,* Collection Archives vivantes, Éditions Cabédita, 1993.
Armanios, Rachad, *Le Dr Frédéric Ferrière. Les années de formation d'un médecin et d'un philanthrope*, mémoire de licence, Départment d'histoire générale de la Faculté des lettres de l'Université de Genève, 2003.
Arsever, Sylvie, "En 1914, le CICR apprend à protéger les civils", dans l'édition du lundi 11 août 2003 de "Le Temps", repris sur le site du CICR (https://www.icrc.org/fre/resources/documents/misc/5qkl9w.htm, consulté le 28 mars 2017).
Bimpage, Serge, *Moi, Henry Dunant, j'ai rêvé le monde - Mémoires imaginaires du fondateur de la Croix-Rouge,* Albin Michel, Paris, 2003.
Boissier, Pierre, *Histoire du Comité international de la Croix-Rouge - De Solférino à Tsoushima*, Institut Henry-Dunant, Genève, 1978.
Bugnion, François, *Le Comité international de la Croix-Rouge et la protection des victimes de la guerre*, Comité international de la Croix-Rouge, deuxième édition, Genève, 2000.
Chaponnière, Corinne, *Henry Dunant - La croix d'un homme*, Perrin, Paris, 2010.
CICR, L'avis de décès "Gustave Moynier - Président du Comité international de la Croix-Roug", dans *BICR*, N°164, octobre 1910.
——, article "L'Agence internationale des prisonniers de guerre", dans *BICR*, N°180, octobre 1914.
——, "II. Les Croix-Rouges des neutres", dans l'article "La guerre européenne", inclu dans *Bulletin international de la Croix-Rouge,* N°181, Janvier 1915.
——, L'appel aux belligérants et aux pays neutres au sujet des mesures de représailles contre les prisonniers, du 12 juillet 1916, dans *BICR*, N°187, juillet 1916.
——, "Appel contre l'emploi des gaz vénéneux (Genève, le 6 Février 1918)", dans *BICR,* N°194, avril 1918.
——, la necrologie "Paul Des Gouttes (1869-1943)", inclu dans *RICR*, N°294, Juin 1943.
——, "Démission de Madame Edouard Crick-Cramer", dans *RICR*, N°333, septembre 1946.
——, "Décès de Mme R.-M.Frick-Cramer", dans *RICR,* N°539, novembre 1963.
Cramer, Renée-Marguerite, "Rapatriment des prisonniers de guerre centraux en Russie et en Sibérie et des prisonniers de guerre russes en Allemagne", dans *RICR*, No17,

Mai 1920.

Des Gouttes, Paul, "Notes sur la carrière de Gustave Ador", dans, *RICR*, N°122, avril 1928.

Dunant, Henry, *Mémoires,* reconstitués et présentés par Bernard Gagnebin, Lausanne, Institut Henry-Dunant, editions L'Age d'hommes S. A., Lausanne, 1971.

Durand, Roger, 'Henry Dunant (1828-1910) et la Suisse', dans "*Citoyens de Genève, citoyens suisses*", édité par Comité genevois pour le 150e anniversaire de l'Etat fédéral, Editions Suzane Hurter, Genève, 1998.

Ferrière, Frédéric-Auguste, "VII. Civiles", dans l'article "L'Agence internationale des prisonniers de guerre", dans *BICR,* N°180, octobre 1914.

——, "VI. Les Civils", dans l'article "L'Agence internationale des prisonniers de guerre *(Deuxième article*)", *BICR,* N°181, janvier 1915.

——, Frédéric, "Projet d'une Convention internationale réglant la situation des civils tombés à la guerre au pouvoir de l'ennemi", dans *RICR,* N°54, Juin 1923.

Harouel, Véronique, *Genève - Paris (1863-1918) - Le droit humanitaire en construction,* thèse de doctorat soutenue à la Faculté de droit et des sciences sociales de l'Université de Poitiers, Société Henry Dunant, Genève, 2003.

Hay, Alexandre, "Le Comité international de la Croix-Rouge", dans *Genève, ville internationale, Encyclopédie de Genève,* vol. 8, 1990.

Herrmann, Irène, "Gustave Ador 1845-1928 - un Genevois cosmopolite au service de la Suisse", dans "*Citoyens de Genève, citoyens suisses*". 1998.

——, art. "Une pionnière de l'humanitiare - Margucrite Frick Cramer (1887-1963)", dans *Quel est le salud qui m'a poussé ? - cent figures de l'histoire suisse,* sous la direction de Frédéric Rossi et Chiristophe Vuilleumier, Infolio éditions, Gollion (Canton de Vaud,en Suisse), 2016.

Huber, Max, l'annonce "Décès du vice-président Georges Werner" et la necrologie "Georges Werner (1879-1935)", inclu dans *BICR,* N°389, Janvier 1935.

Kurz, Hans Rudolf, *Histoire de l'Armée Suisse de 1815 à nos jours,* 1985, Editions 24 heures, Lausanne.

Langendorf, Jean-Jacques, "Guillaume Henri Dufour 1787-1875", dans "*Citoyens de Genève, citoyens suisses.*

Loissier, Jean-Georges, la nécrologie "Mme R. -M. Frick-Cramer", dans l'édition du *Journal de Genève* du 24 octobre 1963, N°249, p. 10 (Cf., Le Temps/Services/ Archives, http://www.letempsarchives.ch/, consulté le 18 février 2018)

Moorehead, Caroline, *Dunant's Dream - War, Switzerland and the History of the Red Cross,* Carrol & Graf Publishers, Inc., New York, 1999.

Moyenier, Gustave et Appia, Louis, *La Guerre et la Charité – traité théorique et pratique*

de philanthropie appliquée aux armées en campagne, Librairie Cherbuliez, Genève et Paris, 1867.

Müller, Rudolf, *Entstehungsgeschichte des Roten Kreuzes und der Genfer Konvention*, Stuttgart, Druck und Verlag von Greiner & Pfeiffer, 1897.

Ninagawa, Arata, "Le rôle futur de la Croix-Rouge et le Pacte de la Paix", dans *RICR*, N°3, Mars 1919.

——, "La Ligue des Nations et la Ligue de Croix-Rouges", inclu dans *RICR*, N°6, Juin 1919.

Palmieri, Daniel, "Introduction", dans *Les Procès-Verbaux de l'Agence internationale des Prisonniers de Guerre (AIPG)*, édieés et annotés par Daniel Palmieri, Comité international de la Croix-Rpuge, Genève, 2014.

Pitteloud, Jean-François et als. (éds.), *Procès-verbaux des séances du Comité international de la Croix-Rouge (1863-1914)* (ci-après, *PVSCICR*), Société Henry Dunant/Comité international de la Croix-Rouge, Genève, 1999.

Reid, Daphnne A. et Gilbo, Patrick F, "Beyond Conflict - The International Federation of Red Cross and Red Crescent Societies, 1919-1994", International Federation of Red Cross and Red Crescent Societies, Geneva, 1997.

Reverdin, Albert et Des Gouttes, Paul, "Biographie du Dr Ferrière", dans *RICR*, N°67, juillet 1924.

Rolland, Romand, "Inter Arma Caritas", dans l'édition du 14 novembre 1914 du *Journal de Genève*［ロラン、ロマン（宮本正清ほか共訳）『ロマン・ロラン全集　18　エセーⅠ　政治論 1914-1934』みすず書房、1982 年］.

Schindler, Dietrich et Toman, Jiří (eds.), *Droit des conflits armés*, Comité international de la Croix-rouge & Institut Henry-Dunant, Genève, 1996.

Senarclens, Jean de, *Gustave Moynier - Le Bâtisseur*, Slatkine, Genève, 2000.

Siordet, Frédéric, *Inter Arma Caritas - L'œuvre du Comité international de la Croix-Rouge pendant la seconde guerre mondiale*, Comité international de la Croix-Rouge, Genève, 3ème édition, 1973.

Trembley, Jacques (éd.), *Les savants genevois dans l'Europe intellectuelle du XVII*e *au milieu du XIX*e *siècle*, Edition du Journal de Genève, 1988.

Zweig, Stefan, "Das Herz Europas - Ein Besuch im Genfer Roten Kreuz", dans *Neue Freie Presse* (N°19/59, p. 3, Wien, Décembre 1917), inclu dans *Die schlaflose Welt - Aufsätze und Vorträge aus den Jahren 1909-1941*, édité par Knut Beck, Fischer Taschenbuch Verlag, Frankfort sur le Main, 4ème édition, 2003［ツヴァイク（藤本淳夫訳）「ヨーロッパの心――ジュネーヴの赤十字訪問」内垣啓一ほか共訳『ツヴァイク全集　15　エラスムスの勝利と悲劇』みすず書房、1975 年］.

"L'AMBASSADE JAPONAISE", dans *BICR*, 5me Année, N° 17, octobre 1873.

第二部第７章

SZG=Schweizerische Zeitschrift für Geschichte.

Ammann, Hektor, Oberdeutsche Kaufleute und die Anfänge der Reformation in Genf, in: *Zeitschrift für Wüttembergische Landesgeschichte,* 13, 1954.

Bergier, Jean-François, *Genève et l'economie européenne de la Renaissance,* Paris 1963.

——, Commerce et politique du blé à Genève aux XVe et XVIe siècles, in: *SZG* 14, 1964.

——, Péages du XVe siècle au Pays de Vaud, in: *Beiträge zur Wirtschafts- und Stadtgeschichte,* 1965.

——, *Problèmes de l'histoire économique de la Suisse: population, vie rurale, échanges et trafics,* Berne 1968.

——, Salaires des pasteurs de Genève au XVIe siècle, in: *Mélanges d'histoire du 16e siècle,* 1970.

——, Zu den Anfängen des Kapitalismus: das Beispiel Genf, *Kölner Vorträge zur Sozial- und Wirtschaftsgeschichte,* Heft 20, 1972.

——, *Naissance et croissance de la Suisse industrielle,* Berne 1974.

——, Histoire des Alpes : perspectives nouvelles, *Sonderausgabe der Schweizerischen Zeitschrift für Geschichte,* 29, Basel 1979.

——, Villes et campagnes en Suisse sous l'ancien régime : quelques variations, in: *SZG* 31, 1981.

——, *Une histoire du sel,* Fribourg 1982.

——, *Histoire économique de la Suisse,* Lausanne 1984.

——, *Guillaume Tell,* Paris 1988.

——, *Zwischen Wahn, Glaube und Wissenschaft : Magie, Astrologie, Alchemie und Wissenschaftsgeschichte,* Zürich 1988.

——, Une Commission Indépendante d'Experts : pour quoi faire?, in: *Die Schweiz im Zweiten Weltkrieg,* Zürich 1997.

——, Sur le rôle de la "Commission indépendante d'experts Suisse - Seconde Guerre mondiale", in: *SZG* 47, 1997.

——, *Pour une histoire des Alpes, moyen âge et temps modernes,* Aldershot 1997.

——, *Die Schweiz in Europa: zeitgemässe Gedanken eines Historikers,* Zürich 1998.

——, Les foires et leur signification économique, sociale et culturelle au début de l'âge

moderne, in: *Bozen im Messenetz Europas (17.-19. Jahrhundert)*, 2007.
Borel, Frédéric, *Les foires de Genève au XVe siècle,* Genève/ Paris 1892.
Braudel, Fernand, *La Méditerranée et le monde méditerranéen à l'époque de Philippe II,* Paris 1949, 2. ed. 1966［ブローデル、フェルナン（浜名清美訳）『地中海〈普及版〉』全5巻、藤原書店、2004年］.
Günther, Adolf, *Die Alpenländische Gesellschaft*, Jena 1930.
Kreis, Georg, Nachruf auf Jean-François Bergier (1931-2009), in: *SZG* 60, 2010.
Monter, E. William, *Calvin's Geneva,* New York, 1967［モンター、E. W.（中村賢二郎・砂原教男訳）『カルヴァン時代のジュネーヴ』ヨルダン社、1978年］.
Nabholz, Hans, Eine Eidgenossenschaft in der Dauphiné, in: *Archiv des Historischen Vereins des Kantons Bern* 31, 1932.
Radeff, Anne, *Du café dans le chaudon*, Lausanne 1996.
Recueils de la Société Jean Bodin (RSJB), 7 (1955), La Ville, Institutions économiques et soiales.

第二部第8章

Babel, Antony, *Histoire corporative de l'horlogerie, de l'orfeverie et des industries annexes*, Genève, Société d'Histoire et d'Archéologie, 1916.
——, *Histoire économique de Genève-Des origines au début du XVIe siècle,* Genève, Alexandre Jullien, 1963.
Binz, Louis, *Brève histoire de Genève, Chancellerie d'Etat Genève*, 2000.
Guichonnet, Paul, *Histoire de Genève*, Touluse, Privat et Genève, Payot, 1974.
——, *La Savoie du nord et la Suisse. Neutralisation. Zones franches,* Chambéry, Société Savoisienne d'Histoire et Archéologie, 2001.［ギショネ、ポール（内田日出海・尾崎麻弥子共訳）『フランス・スイス国境の政治経済史——越境、中立、フリー・ゾーン』昭和堂、2005年］
Perrenoud, Alfred, *La population de Genève XVIe-XIXe siècles*, Genève, Société d'histoire et d'archéologie de Genève, 1979.
Piuz, Anne-Marie, et Mottu-Weber, Liliane, *L'économie genevoise, de la Réforme à la fin de l'Ancien Régime XVIIe–XVIIe siècles*, Genève, Société d'Histoire et d'Archéologie de Genève, 1990.
Walker, Corinne, *Histoire de Genève Tome 2 de la cité de Calvin à la Ville Française (1530-1813),* Genève, Collection Alain Cortat, 2015.

日本語文献

第一部第 1 章

カエサル、ユリウス（国原吉之助訳）『カエサル文集（ガリア戦記・内乱記）』（筑摩書房、1981 年）「ガリア戦記」第 1 巻。

第一部第 2 章

天瀬裕康［本名、渡辺晋］『ジュノー記念祭——広島からのルポとエッセイ』渓水社、2010 年。

井口吉男「ジュネーヴ宗教改革史——都市コミューン・ジュネーヴにおける宗教改革導入（1）（2）（3・完）」大阪市立大学『法学雑誌』第 37 巻第 2 号、1990 年、第 37 巻第 3 号、1991 年、第 38 巻第 1 号、1991 年
——「〈研究ノート〉フランソワ・ボニヴァールの政治思想」大阪市立大学『法学雑誌』第 41 巻第 2 号、1995 年。

——「〈研究ノート〉中世都市ジュネーヴにおける福祉施設」大阪市立大学『法学雑誌』第 48 巻第 1 号、2001 年。

今井清一「堀さん談話の断片」堀悌吉君追悼録編纂委員会編『堀悌吉君追悼録』1959 年、非売品、国立国会図書館蔵書（昭和 35 年 1 月 27 日受入。510107 号）。

大川四郎「明治期一日本人留学生の大日本帝国憲法論——野澤武之助（1866-1941）がジュネーヴ州立大学法学部に提出した博士号請求論文について」『愛知大学法経論集』第 172 号、2006 年。

——「〈研究ノート〉1945 年来日前の赤十字国際委員会代表マルセル・ジュノー博士による人道活動について——日本国内史料をもとにして」愛知大学法学部『法経論集』第 193 号、2012 年（英文要約文が 103 ～ 116 頁に所収）。

大川四郎・加藤順一・原禎嗣・上野史朗共編『太平洋戦争中の日本国内における欧米人捕虜の待遇に関する日本赤十字社文書の研究』平成 18 ～ 19 年度科学研究費補助金基盤研究（C）研究成果報告書、課題番号 18530015、2008 年 12 月。

大佐古一郎「ドクター・ジュノーと広島」連載〈1〉～〈28〉（最終回）、広島県医師会速報誌、通巻第 900 ～ 931 号（1977 年 7 月 5 日～ 1978 年 5 月 15 日）。

——『ドクター・ジュノー　武器なき勇者』新潮社、1979 年。

——『平和の勇者ドクタージュノー——探せ！ヒロシマの恩人の軌跡』蒼生社、1989 年。

尾崎麻弥子「18 世紀後半ジュネーヴ市の移入民における出身地・職業構成の転換と連続——アビタンの記録と滞在許可証の分析を中心として」『社会經濟史学』第 71 巻第 2 号、2005 年。

——「近代スイスの時計産業と部品製造業——18・19 世紀のジュネーヴと周辺地域の事

例」踊共二・岩井隆夫編『スイス史研究の新地平——都市・農村・国家』昭和堂、2011 年。

小沢奈々『大正期日本法学とスイス法』慶應大学出版会、2015 年。

岡村民夫「ソシュールの方言研究とスイス・ロマンド」森田安一編『スイスの歴史と文化』刀水書房、1999 年。

——「アンリ・デュナン（1828-1910）——情熱的博愛と国際志向」鈴木靖・法政大学国際文化学部編『国境を超えるヒューマニズム』法政大学出版局、2013 年。

加太宏邦「スイス・ロマンド文学という制度」森田安一編『スイスの歴史と文化』刀水書房、1999 年。

カルヴァン（渡辺信夫訳）『キリスト教綱要』Ⅰ・Ⅱ・Ⅲ／1・Ⅲ／2・Ⅳ／1・Ⅳ／2・別巻、新教出版社、1962 ～ 1965 年。

——（竹森満佐一訳）『新約聖書註解』Ⅰ - ⅩⅤ、、新教出版社、1962 ～ 2005 年。

——（出村彰訳）『詩編註解』Ⅰ - Ⅳ、新教出版社、1970 ～ 1974 年
——（赤木義光訳）『神学論文集』新教出版社、2003 年。

——（アジア・カルヴァン学会編訳）『カルヴァン説教集』1・2、キリスト新聞社、2006-2010 年。

川合清隆『ルソーとジュネーヴ共和国——人民主権論の成立』名古屋大学出版会、2007 年。

ギショネ、ポール（内田日出海・尾崎麻弥子共訳）『フランス・スイス国境の政治経済史——越境、中立、フリーゾーン』昭和堂、2005 年。

久米邦武編（田中彰校注）『特命全権大使　米欧回覧実記（五）』岩波文庫、1982 年。

倉塚平「ジュネーヴ神政独裁の理念と形態（1）～（4）」明治大学『政経論叢』第 29 巻第 5 号、1960 年、第 30 巻第 3・4 号、1961 年、第 31 巻第 2 号、1963 年、第 33 巻第 2 号、1965 年。

——「ミカエル・セルヴェトゥスの思想形成」『明治大学政経論叢』第 35 巻第 1 号、1966 年。

——「ジュネーヴ神政政治の体系——革命独裁の一先駆形態として」『歴史学研究』第 274 号、1963 年。

倉松中「海軍軍縮をめぐる 1920 年代の英米関係——1927 年ジュネーヴ海軍軍縮会議を中心として（両大戦間の国際関係史）」日本国際政治学会編『季刊 国際政治』第 122 号、1999 年、有斐閣。

——「1920 年代の海軍軍縮会議とその影響——1927 年ジュネーヴ海軍軍縮会議を中心として」横井勝彦編『武器移転の世界史——「軍縮下の軍拡」はなぜ起きたのか』東洋経済評論社、2014 年。

桑原武夫編『ルソー研究』岩波書店、1951 年。

小池滲「シスモンディ研究序説——シスモンディの生涯と彼の遺産（上）（中）（下）（完）」『関西大学経済論集』第 42 巻第 6 号、1993 年、第 43 巻第 4 ～ 6 号、1994 年。

小谷年司「スイスと国交の始まった頃の時計産業」森田安一編『日本とスイスの交流——幕末から明治へ』山川出版社、2005 年。

小林拓也「植物学者『ルソー』」『思想』第 1027 号、岩波書店、2009 年。

――「植物学者としてのルソー――ルニョー『有用植物誌』への書込みからみた新局面」『フランス語フランス文学研究』90 号、2007 年。

小林淑憲「内乱後のジュネーヴ共和国と『社会契約論』」『政治思想研究』第 1 号、2001 年。

――「文芸共和国におけるスイス――ジュネーヴとその周辺」踊共二・岩井隆夫共編『スイス史研究の新地平――都市・農村・国家』昭和堂、2011 年。

――「アルプス発の文明批判――ジャン＝ジャック・ルソーの世界」踊共二編『アルプス文化史――越境・交流・生成』昭和堂、2015 年。

小林義彦『誇り高き市民――ルソーになったジャン＝ジャック』岩波書店、2001 年。

佐藤信太郎編『父、佐藤市郎が書き遺した軍縮会議秘録』文芸社、2001 年。

沢崎堅造『キリスト教経済思想史研究――ルーテル、カルヴァン、聖トマス、アイグスチヌス研究』未来社、1965 年。

篠原初枝『国際連盟――世界平和への夢と挫折』中公新書、2010 年。

ジュノー、マルセル（大川四郎訳）「参考資料Ⅱ　Dr. ジュノーの 1945 年 11 月 9 日付け報告」「参考資料Ⅲ　Dr. ジュノーの 1945 年 11 月 5 日付け報告」日本赤十字国際人道研究センター『人道研究ジャーナル』第 2 号、2013 年。

――（丸山幹正訳）「マルセル・ジュノー『広島の惨虐（広島 1945. 8. 6）』」『広島県医師会速報』第 939 号、1978 年。

――（丸山幹正訳）『ドクター・ジュノーの戦い――エチオピアの毒ガスからヒロシマの原爆まで』勁草書房、1981 年。

スイス銀行協会編（全国銀行協会連合会調査部訳）『技術進歩と金融』至誠堂、1962 年。

ソシュール、フェルディナン・ド（小林英夫訳）『言語学言論』岡書院、1928 年。

――（小林英夫訳）『一般言語学講義』岩波書店、1972 年。

田上雅徳『初期カルヴァンの政治思想』新教出版社、1999 年。

角田房子『いっさい夢にござ候――本間雅晴中将伝』中央公論社、1975 年。

出村彰『スイス宗教改革史研究』日本基督教出版団、1971 年。

デュナン、アンリー（木内利三郎訳）『赤十字の誕生――ソルフェリーノの思い出』白水社、1959 年。

中江兆民（松本三之介ほか編）『中江兆民全集（1）』岩波書店、1983 年。

中宮光隆「シスモンディと周囲の人々との交流の一齣」熊本県立大学総合管理学会編『アドミニストレーション』第 15 巻第 3・4 号、2009 年。

鳴子博子『ルソーにおける正義と歴史――ユートピアなき永久民主主義革命論』中央大学出版部、2001 年。

橋本祐子『私のアンリー・デュナン伝――赤十字の創立者に学ぶ』学習研究社、1978 年。

東浦洋「〈研究ノート〉Dr. ジュノーの幻の原爆被災者支援？」日本赤十字国際人道研究センター『人道研究ジャーナル』第 2 号、2013 年。

――「〈講演録から〉日本人がその創設に影響を与えた国際機関」日本赤十字国際人道研

究センター『人道研究ジャーナル』第 4 号、2015 年。

ビュッヘンバッハ、G.（織田正雄・倉田勝弘共訳）『スイス経済の秘密』東洋経済新報社、1979 年。

広瀬隆『赤い楯――ロスチャイルドの謎（下）』集英社、1991 年。

――「私の血となり肉となってきた人名事典」『kotoba』29（特集「わが理想の本棚」）、2017 年秋号。

フェイス、ニコラス（斎藤精一郎訳）『秘密口座番号――スイス銀行の秘められた世界』日本放送出版協会、1982 年。

フェーレンバッハ、T. R.（向後英一訳）『スイス銀行――世界経済、影の巨大組織』早川書房、1974 年。

吹浦忠正『赤十字とアンリ・デュナン――戦争とヒューマニティの相克』中公新書、1991 年。

松永勝「原爆秘話　広島の恩人ドクター・ジュノー」『婦人公論』1978 年。

松本暉雄「身分法学者ルイ・ブリデルのフェミニズム――『女性と権利』を中心として」『関西大学法学論集』第 9 巻第 2 号、1960 年。

丸山圭三郎『ソシュールの思想』岩波書店、1971 年。

柳田国男「ジュネーヴの思ひ出」『定本　柳田國男集　第 3 巻』筑摩書房、1968 年。

吉田静一『異端の経済学者――シスモンディ』新評論社、1974 年。

――『フランス古典経済学研究――シモンド・ド・シスモンディの経済学』有斐閣、1982 年。

ルソー（小林善彦ほか訳）『ルソー全集』全 14 巻、1978 ～ 1984 年、白水社。

第一部 第 3 章

第 1 節

ダレス、フィリップ「ホルナー、アンベール、そしてその後――人類学的視点に於けるスイス人の日本像」森田安一編『日本とスイスの交流――幕末から明治へ』刀水書房、2005 年。

第 2 節

鮎沢福子「ありがたき新渡戸先生」『新渡戸稲造全集 別巻』教文館、1987 年。

石井菊次郎「新渡戸稲造博士を偲ぶ」『新渡戸稲造全集 別巻』教文館、1987 年。

オーシロ、ジョージ『新渡戸稲造――国際主義の開拓者』中央大学出版部、1992 年。

岡村民夫『柳田国男のスイス―― 渡欧体験と一国民俗学』森話社、2013 年。

川西実三「鮎沢君を語る」『世界の労働』第 23 巻第 2 号、1973 年。

川西田鶴子「想ひ出」『新渡戸稲造全集 別巻』教文館、1987 年。

国際連合普及会編『国際連合』第 1 巻第 1 号、国連社、1946 年。

佐谷眞木人『民俗学・台湾・国際連盟――柳田國男と新渡戸稲造』講談社、2015 年。

篠原初枝『国際連盟――世界平和への夢と挫折』中央公論新社、2005 年。

新渡戸稲造「国際的教育の設備」鈴木範久編『新渡戸稲造論集』岩波書店、2007年。

――「太平洋問題京都会議 開会の辞」鈴木範久編『新渡戸稲造論集』岩波書店、2007年。

プリバー［プリヴァ］、エドモンド『エスペラントの歴史』大島義人・朝比賀昇訳、理論社、1957年。

堀三千『父との散歩』人文書院、1980年。

村松晋「川西実三の視座――新渡戸門下の「社会派官僚」をめぐる一考察」『ピューリタニズム研究』第9号、日本ピューリタニズム学会、2015年。

柳田国男『定本柳田國男集 第3巻』筑摩書房、1968年。

――『定本柳田國男集 別巻第3』筑摩書房、1971年。

――『定本柳田國男集 別巻第4』筑摩書房、1971年。

――『柳田國男全集 第28巻』筑摩書房、2000年。

第3節

里信邦子「日本・スイス150周年を桜で祝う　スイスにソメイヨシノと太白桜を植樹　子どもが親を想って花見をしてくれたら」swissinfo.ch、2014年4月11日［http://www.swissinfo.ch/jpn］（2015年4月29日閲覧）

第二部 第1章

井口吉男「フワンソワ・ボニヴァールの政治思想」『法学雑誌』第41巻第2号、1995年。

――「ジュネーヴ宗教改革前史（1）――都市コミューン・ジュネーヴにおける宗教改革導入」『法学雑誌』第37巻第2号、1990年。

――「ジュネーヴ宗教改革前史（2）――都市コミューン・ジュネーヴにおける宗教改革導入」『法学雑誌』第37巻第3号、1991年。

――「ジュネーヴ宗教改革前史（3・完）――都市コミューン・ジュネーヴにおける宗教改革導入」『法学雑誌』第38巻第1号、1991年。

ヴェーバー、M.（世良晃志郎訳）『都市の類型学』創文社、1964年。

第二部 第2章

カメン、ヘンリー（成瀬治訳）『寛容思想の系譜』平凡社、1970年。

小山啓子「近世フランスの大市都市リヨンとイタリア人」共生倫理研究会編『共生の人文学――グローバル時代と多様な文化』昭和堂、2008年。

清水廣一郎『中世イタリア商人の世界――ルネサンス前夜の年代記』平凡社、1993年。

高津美和「説教師ベルナルディーノ・オキーノの亡命――カトリック改革と宗教改革のはざまで」『イタリア学会誌』第56号、2006年。

――「16世紀ルッカの「異端者」と政治エリート――イタリアと宗教改革・人文主義」

森田安一編『ヨーロッパ宗教改革の連携と断絶』教文館、2009年。

——「16世紀ルッカにおけるアオニオ・パレアリオの教育活動——近世イタリアの宗教的「共生」をめぐる一考察」森原隆編『ヨーロッパ・「共生」の政治文化史』成文堂、2013年。

——「フランチェスコ・ブルラマッキの陰謀——16世紀ルッカの政治と宗教」『エクフラシス』第5号、ヨーロッパ中世・ルネサンス研究所、2015年。

宮下志朗『本の都市リヨン』晶文社、1989年。

モンター、E. W.（中村賢二郎・砂原教男訳）『カルヴァン時代のジュネーヴ——宗教改革と都市国家』ヨルダン社、1978年。

第二部 第3章

アルチャーティ、アンドレア（伊藤博明訳）『エンブレム集』ありな書房、2000年。

カルヴァン（出村彰訳）『カルヴァン旧約聖書註解詩篇』1～4、新教出版社、1970～1974年。

久米あつみ『カルヴァンとユマニスム』御茶の水書房、1997年。

コットレ、ベルナール（出村彰訳）『カルヴァン　歴史を生きた改革者——1509-1564』新教出版社、2008年。

トンプソン、J. W.（箕輪成男訳）『出版産業の起源と発達』出版同人、1974年。

ハービンソン、E. H.（根占献一監訳）「第5章 カルヴァン」『キリスト教的学識者——宗教改革時代を中心に』知泉書館、2015年。

本間美奈「宗教改革期アントウェルペンの印刷業をめぐる一考察——プランタン印刷工房を事例に」『文学研究論集』第20号、2004年。

——「『詩篇歌』出版をめぐる16世紀出版業者のネットワーク——リヨン・ジュネーヴ・アントウェルペン」『文学研究論集』第30号、2009年。

——「16世紀低地地方における仏訳詩篇歌出版と改革派教会」『駿台史学』第140号、2010年。

森田安一『ルターの首引き猫——木版画で読む宗教改革』山川出版社、1993年。

モンター、E. W.（中村賢二郎・砂原教男訳）『カルヴァン時代のジュネーヴ——宗教改革と都市国家』ヨルダン社、1978年。

第二部 第4章

荒川繁「国際労働者協会と組織原則 II ジュネーヴ大会とローザンヌ大会（上）」『北海道教育大学紀要』（人文科学・社会科学編）第51巻、第2号、2001年、145～159頁。

渡辺孝次『時計職人とマルクス——第一インターナショナルにおける連合主義と集権主義』同文舘出版、1994年。

——「第一インターナショナル、集権派ジュネーヴ大会（1873年9月8日～13日）」『松

山大学論集』第 28 巻第 2 号、2016 年。
『マルクス＝エンゲルス全集』第 16 巻、大月書店、1966 年。

第二部 第 5 章

カエサル（近山金次訳）『ガリア戦記』岩波書店、1964 年。

川合清隆『ルソーとジュネーヴ共和国――人民主権論の成立』名古屋大学出版、2007 年。

森田安一『スイス――歴史から現代へ（補訂版）』刀水書房、1988 年。

モンター、E. W.（中村賢二郎・砂原教男訳）『カルヴァン時代のジュネーヴ――宗教改革と都市国家』ヨルダン社、1978 年。

第二部第 6 章

荒木映子『ナイチンゲールの末裔たち――〈看護〉から読みなおす第一次世界大戦』岩波書店、2014 年。

泉澤守行「〔研究ノート〕ジュネーヴ条約 150 周年　極東の一番端の国とジュネーヴ条約」日本赤十字国際人道研究所編集『人道研究ジャーナル』第 1 巻第 3 号、2014 年。

岡村民夫「アンリ・デュナン――情熱的博愛と国際志向」鈴木靖・法政大学国際文化学部編『国境を超えるヒューマニズム』法政大学出版局、2013 年。

海軍大臣官房編『海軍諸例則　巻 4（3）』1941 年（1988 年に原書房より復刻再版）。

亀山美知子『近代日本看護史　Ⅱ　戦争と看護』ドメス出版、1984 年。

蜷川新『興亡五十年の内幕』六興出版、1948 年。

日本赤十字社編『日本赤十字社史続稿（自明治 41 年至大正 11 年）』日本赤十字社、1929 年。

――編『日本赤十字社史続稿（大正 12 年～昭和 10 年）第 4 巻』1957 年。

橋本祐子『赤十字の創設者に学ぶ　私のアンリー・デュナン伝』、学習研究社、1978 年。

パラヴィチーニ、フリッツ（赤十字国際委員会編）『第一次世界大戦中の救恤活動の記録第 20 巻　在横浜医師フリッツ・パラヴィチーニ博士による日本国内捕虜収容所視察報告（1918 年 6 月 30 日～同年 7 月 16 日）』（“Dokumente herausgeben während des Krieges 1914-1918 - Zwanzigste Folge - Bericht des Herrn Dr.F.Paravicini, in Yokohama, über seinen Besuch der Gefangenlager in Japan (30.Juni bis 16.Juli 1918), herausgebende von Internationales Komitee von Roten Kreuz, 1919, Verlag Georg & Coie., Basel und Genf）〔大川四郎編訳『欧米人捕虜と赤十字活動――パラヴィチーニ博士の復権』論創社、2005 年〕。

東浦洋「日本人がその創設に影響を与えた国際機関」『人道研究ジャーナル』第 4 号、日本赤十字国際人道研究センター、2015 年。

吹浦忠正『赤十字とアンリ・デュナン――戦争とヒューマニティの相剋』中央公論社、

1991年。

ロラン、ロマン（宮本正清・山口三夫・新村猛・蛯原徳夫共訳）『ロマン・ロラン全集18　エセー　I　政治論1914-1935』みすず書房、1982年。

第二部第7章

黒澤隆文編訳・川崎亜紀子・尾崎麻弥子・穐山洋子共訳『中立国スイスとナチズム――第二次大戦と歴史認識』京都大学学術出版会、2010年。

第二部第8章

内田日出海「フランス近代国家形成期における地方問題――ジェクス地方（le Pays de Gex）の場合」『東京国際大学論叢経済学部編』第23号、45～60頁、2000年。

尾崎麻弥子「18世紀後半ジュネーヴ市の移入民における出身地・職業構成の転換と連続――アビタンの記録と滞在許可証の分析を中心として」『社会経済史学』71巻2号、2005年。

林正徳『ジュネーヴの食卓――ルソーの時代の食料・農業・農村と食料安全保障』農林統計協会、2005年。

ル＝ロワ＝ラデュリ、エマニュエル（稲垣文雄訳）『気候の歴史』藤原書店、2000年。

本間美奈（ほんま・みな）　第二部 第3章

1966年東京都生まれ。明治大学大学院文学研究科史学専攻博士後期課程満期修了。明治大学兼任講師。修士（史学）。

主な業績：「宗教改革とカトリシズム」「〈ケーススタディ〉改革思想を歌にのせて——活字と楽譜の伝達力」踊共二編『アルプス文化史——越境・交流・生成』（昭和堂、2015年）。「宗教改革期のコミュニケーションをめぐる研究動向——低地地方を事例に」（『比較都市史研究』第31号、2012年）、「16世紀低地地方における仏訳詩篇歌出版と改革派教会」（『駿台史学』第140号、2010年）など。

渡辺孝次（わたなべ・こうじ）　第二部 第4章

1955年岐阜県生まれ。一橋大学社会学研究科博士課程修了。松山大学経済学部教授。博士（社会学）。

主な業績：『時計職人とマルクス』（同文舘、1994年）。「工業化、経済危機と社会運動」森田安一編『スイスの歴史と文化』（刀水書房、1999年）。「工業化するスイス」踊共二編『アルプス文化史——越境・交流・生成』（昭和堂、2015年）など。

小林淑憲（こばやし・よしのり）　第二部 第5章

1963年群馬県生まれ。東京都立大学大学院社会科学研究科政治学専攻博士課程単位取得退学。北海学園大学経済学部教授。博士（政治学）。

主な業績：「アルプス発の文明批判——ジャン＝ジャック・ルソーの世界」踊共二編『アルプス文化史——越境・交流・生成』（昭和堂、2015年）。「ルソー——反時代的著述家の改革思想」犬塚元責任編集『岩波講座政治哲学2　啓蒙・改革・革命』（岩波書店，2014年）など。

尾崎麻弥子（おざき・まやこ）　第二部 第8章

1974年東京都生まれ。早稲田大学大学院経済学研究科博士課程満期退学。
國學院大學准教授。修士（経済学）。

主な業績：「近代ヨーロッパにおけるサヴォワ人の移民ネットワーク——イメージと実態」田村愛理・川名隆史・内田日出海編『国家の周縁——特権・ネットワーク・共生の比較社会史 』（刀水書房、2015年）。「19世紀におけるスイス－フランス国境地域のナショナル・アイデンティティと経済的実体」内田日出海・谷澤毅・松村岳志編『地域と越境——「共生」の社会経済史』（春風社、2014年）。「スイス・フランス国境地域と第一次大戦」（『國學院大學紀要』第49巻、2011年）など。

Jonas Rüegg（よなす・るえぐ）　第一部 第3章 第1章

1989年スイス・チューリヒ生まれ。チューリッヒ大学東アジア研究科日本研究専攻学士、ハーバード大学東アジア研究科歴史専攻修士取得。同大歴史専攻博士課程後期。修士（ハーバード大学）。

主な業績：“Aimé Humbert: Wertvorstellungen eines Bourgeois und das Japan der Bakumatsu-Zeit”, *Asiatische Studien/Etudes Asiatiques,* 69-1, 2015.『スイス「ロマンシュ語」入門』（共著、大学書林、2015）。“Mapping the Forgotten Colony: the Ogasawara Islands and the Tokugawa Pivot to the Pacific”, *Cross-Currents,* 3、2017など。

津川清一（つがわ・せいいち）　第一部 第3章 第3節

1950年石川県生まれ。中央大学法学部法律学科卒業。国際電気通信連合（ITU）電気通信標準化部門（ITU-T）第3研究委員会議長。

井口吉男（いぐち・よしお）　第二部 第1章

1959年大阪府生まれ。大阪市立大学大学院法学研究科後期博士課程単位取得退学。関西大学・大阪経済大学他非常勤講師。

主な業績:「ジュネーヴ宗教改革前史」(『法学雑誌』第37・38巻、1990年・1991年)。「カルヴァン——政治秩序の正統性と抵抗権」藤原保信・飯島昇藏編『西洋政治思想史Ｉ』（新評論、1995年）。「丸山眞男の『前期的国民主義』論」（『甲南大学総合研究所叢書』82、2005年）など。

高津美和（たかつ・みわ）　第二部 第2章

1975年広島県生まれ。早稲田大学大学院文学研究科博士後期課程単位取得退学。早稲田大学文学学術院非常勤講師。

主な業績：「宗教改革はイタリアに伝わったか——ルターとアルプス以南の世界」踊共二編『記憶と忘却のドイツ宗教改革——語りなおす歴史1517-2017』（ミネルヴァ書房、2017年）。「フランチェスコ・ブルラマッキの陰謀——16世紀ルッカの政治と宗教」(『エクフラシス——ヨーロッパ文化研究』第5号、2015年)など。

編者紹介

大川四郎（おおかわ・しろう）　第一部 第2章、第二部 第6章

1959年鹿児島県生まれ。名古屋大学大学院法学研究科博士課程前期課程修了、ジュネーヴ大学法学部 D.E.S.（高等教育免状）課程修了。愛知大学法学部教授。修士（法学）。

主な著作：「第二次世界大戦中の国内捕虜および抑留民間人の待遇」（人道研究ジャーナル誌第6号、東信堂、2017年)。「赤十字国際委員会駐日代表部首席代表フリッツ・パラヴィチーニ博士（1874-1944）とそのスイス人協力者達――第二次世界大戦中の日本における彼らの人道活動について」ロジャー・モッティーニ編『スイスと日本――課題を抱えた時代のパートナーシップ（スイス - 日本商工会議所創立25周年記念年鑑)』(Schwabe AG、2010年)。「明治期一日本人留学生の大日本帝国憲法論――野沢武之助（1866-1941）がジュネーブ州立大学法学部に提出した博士号請求論文について」(『愛知大学法経論集』第172号、2006年）など。

岡村民夫（おかむら・たみお）　第一部 第3章 第2節

1961年神奈川県生まれ。立教大学大学院文学研究科博士課程後期課程満期退学。法政大学国際文化学部教授。修士（文学)。

主な著作：『旅するニーチェ　リゾートの哲学』（白水社、2004年)、ジル・ドゥルーズ『シネマ2＊時間イメージ』(共訳、法政大学出版局、2006年)、『イーハトーブ温泉学』（みすず書房、2008年)、『柳田国男・新渡戸稲造・宮沢賢治――エスペラントをめぐって』（共著、日本エスペラント学会、2010年)、『柳田国男のスイス――渡欧体験と一国民俗学』（森話社、2013年)、「アルプス絵画　その曙からたそがれまで」踊共二編『アルプス文化史――越境・交流・生成』（昭和堂、2015年）など。

執筆者紹介

岩井隆夫（いわい・たかお）　第一部 第1章、第二部 第7章

1949年東京都生まれ。慶應義塾大学大学院経済学研究科博士課程単位取得退学。放送大学講師（非常勤)。博士（経済学)

主な著作：H. C. パイヤー『異人歓待の歴史』（翻訳、ハーベスト社、1997年)。『近世スイス農村市場と国家』(中央印刷出版部、2002年)。『スイス史研究の新地平』（共編、昭和堂、2011年）など。

国際都市ジュネーヴの歴史——宗教・思想・政治・経済

2018年6月30日　初版第1刷発行

編　者　大川四郎
　　　　岡村民夫

発行者　杉田啓三

〒607-8494　京都市山科区日ノ岡堤谷町3-1
発行所　株式会社　昭和堂
振替口座　01060-5-9347
TEL（075）502-7500／FAX（075）502-7501

© 2018　大川四郎・岡村民夫ほか

印刷　亜細亜印刷

ISBN978-4-8122-1730-6
＊乱丁・落丁本はお取り替えいたします。
Printed in Japan

本書のコピー、スキャン、デジタル化等の無断複製は著作権法上での例外を除き禁じられています。本書を代行業者等の第三者に依頼してスキャンやデジタル化することは、たとえ個人や家庭内での利用でも著作権法違反です。

踊共二 編

アルプス文化史

——越境・交流・生成

古来よりアルプスの山々を越えて人や思想、モノが行き交っていた。アルプスを軸に交流するヨーロッパとアルプス独自の事象を描き出す。

本体二七〇〇円

踊共二・岩井隆夫 編

スイス史研究の新地平

——都市・農村・国家

中世盛期から現代に至るまでのスイスの歴史を都市・農村・国家の風景という観点から明らかかする。新しいスイス史研究入門書。

本体四五〇〇円

ポール・ギショネ 著／内田日出海・尾崎麻弥子 訳

フランス・スイス国境の政治経済史

——越境、中立、フリー・ゾーン

北サヴォワとスイスが構築してきた国境を越える経済的、社会的、文化的関係を歴史的に分析する。

本体二七〇〇円

昭和堂〈価格税抜〉

http://www.showado-kyoto.jp